CAÇANDO EICHMANN

NEAL BASCOMB

CAÇANDO EICHMANN

COMO UM GRUPO DE SOBREVIVENTES DO HOLOCAUSTO CAPTUROU O NAZISTA MAIS NOTÓRIO DO MUNDO

Tradução
Maria Beatriz de Medina

OBJETIVA

Grafia atualizada segundo o Acordo Ortográfico da Língua Portuguesa de 1990, que entrou em vigor no Brasil em 2009.

Título original
Hunting Eichmann

Capa
Marcelo Pereira

Imagem de capa
© dpa/Corbis/Latinstock

Preparação de originais
Elisabeth Xavier de Araújo

Revisão
Fátima Fadel
Luciano Monteiro
Héllen Dutra

CIP-Brasil. Catalogação na fonte
Sindicato Nacional dos Editores de Livros, RJ

B315c
Bascomb, Neal
Caçando Eichmann: como um grupo de sobreviventes do Holocausto capturou o nazista mais notório do mundo / Neal Bascomb; tradução Maria Beatriz de Medina. — 1ª ed. — Rio de Janeiro: Objetiva, 2010.

Tradução de: Hunting Eichmann.
ISBN 978-85-390-0128-6

1. Eichmann, Adolf, 1906-1962. 2. Criminosos de guerra — Alemanha — Biografia. 3. Fugitivos da justiça — Argentina — Biografia. 4. Serviço secreto — Israel. I. Título.

CDD: 920.9943086
10-4072 CDU: 929:94(43)"1945/..."

EDITORA SCHWARCZ S.A.
Praça Floriano, 19, sala 3001 — Cinelândia
20031-050 — Rio de Janeiro — RJ
Telefone: (21) 3993-7510
www.companhiadasletras.com.br
www.blogdacompanhia.com.br
facebook.com/editoraobjetiva
instagram.com/editora_objetiva
twitter.com/edobjetiva

Não se deve apenas fazer justiça, mas manifestar
e indubitavelmente ver que se fez justiça.

— Gordon Hewart, Lord Chief Justice
[presidente do Supremo Tribunal da Justiça da Inglaterra], 1924

... E viestes, nosso precioso inimigo,
Criatura renegada, homem cercado de morte.
O que dizeis agora, diante de nós aqui reunidos?

— Primo Levi, "Para Adolf Eichmann", 1960

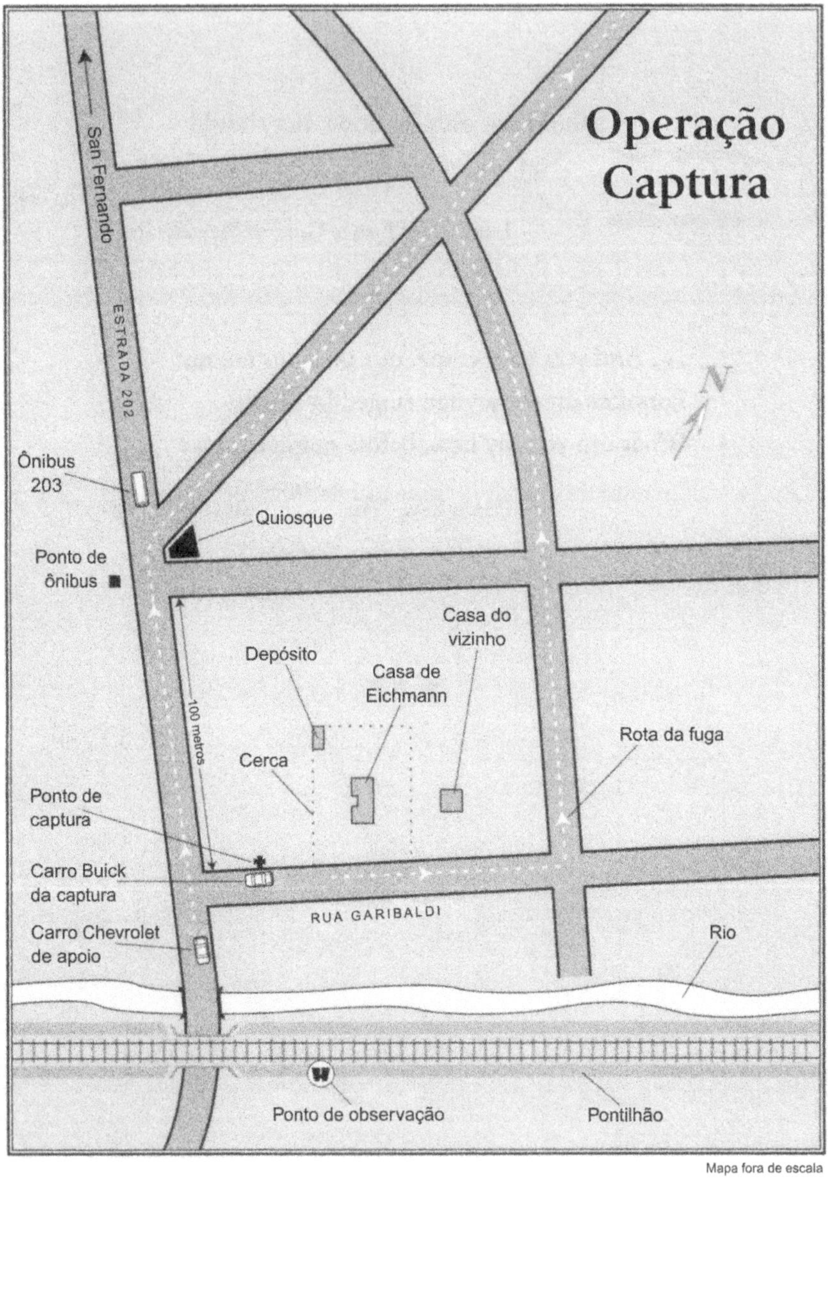

Mapa fora de escala

Prólogo

O HOMEM DO ÔNIBUS 203 ESTAVA ATRASADO.

Há três semanas a equipe que o rastreava observava o alvo retornar do trabalho para a pequena casa-fortaleza de tijolos na rua Garibaldi. Toda noite era a mesma coisa: às 19h40, o ônibus 203 parava no quiosque da estrada estreita a 100 metros da esquina da rua Garibaldi; o homem descia do ônibus; outro passageiro, uma mulher, também descia no mesmo ponto. Os dois se separavam. Às vezes, o homem parava no quiosque para comprar um maço de cigarros, mas isso nunca levava mais do que um minuto. Depois, atravessava a rua e andava até a casa. Se um carro se aproximasse, ele acendia a lanterna — uma ponta vermelha, a outra branca — para assinalar sua presença. Quando chegava à propriedade, contornava a casa uma vez antes de entrar, como se verificasse que tudo estava seguro. Lá dentro, cumprimentava a mulher e o filho pequeno, acendia mais alguns lampiões de querosene e se sentava para jantar. Era um homem de rotina e horários exatos. Sua previsibilidade o tornava vulnerável.

Mas nessa noite de 11 de maio de 1960, quarta-feira, às 19h40 nem o ônibus 203 nem o homem apareceram. A equipe aguardava em dois carros. Um sedã Chevrolet preto estava estacionado à beira da estrada 202, de frente para o ponto de ônibus. Assim que o homem aparecesse, caso aparecesse, o motorista do veículo de apoio piscaria os faróis para cegá-lo antes que virasse à esquerda na direção da casa. O carro da captura, uma limusine Buick preta, estava estacionado na rua Garibaldi, entre a estrada e a casa do homem. O motorista, com uniforme de chofer, abrira o capô para dar a impressão de que a limusine enguiçara. Dois outros homens estavam do lado de fora do carro, na noite fria e ventosa, fingindo mexer no motor. Esses dois eram fortes e estavam encarregados de agarrar o alvo e colocá-lo no carro, o mais rápido e silenciosamente possível.

Às 19h44, o ônibus finalmente se aproximou pela estrada 202, mas seguiu sem parar no quiosque. A equipe não podia esperar muito nesse bairro isolado de periferia, ao norte de Buenos Aires, na Argentina, sem atrair muita atenção. Só havia umas poucas casas na planície quase sem árvores. Os carros estranhos ao bairro se destacavam.

O chefe da equipe, escondido no banco traseiro da limusine, insistiu que ficassem, apesar do risco. Não houve discussão da equipe. Não agora, não nessa hora crucial. Não se devia permitir que o homem escapasse à captura.

Exatamente 15 anos antes, nos últimos dias do Terceiro Reich, Adolf Eichmann, tenente-coronel da SS, chefe do Departamento IVB_4 do Escritório Central de Segurança do Reich e gerente operacional do genocídio nazista, fugira para os Alpes austríacos. Fora dado como morto em ação pela mulher que, agora, esperava impaciente que o marido voltasse do trabalho. Fora procurado por investigadores aliados e caçadores de nazistas independentes, como Simon Wiesenthal. Fora supostamente executado por vingadores judeus. Disseram que morava na Alemanha Ocidental, na Inglaterra, no Kuwait, nos Estados Unidos e até em Israel. Sua pista passara de quente a fria e esquentara de novo.

Tivera tanto sucesso ao ocultar sua identidade que os agentes do Mossad agora posicionados na rua Garibaldi não tinham cem por cento de certeza de que o homem que iam capturar fosse mesmo Eichmann. Havia um plano de emergência, um dentre muitos, para o caso de não ser. Ainda assim, estavam suficientemente convencidos para montar uma operação arriscada em solo estrangeiro, envolvendo mais de dez agentes, inclusive o próprio chefe do serviço secreto israelense. Tinham lido a ficha de Eichmann e se informado a fundo sobre o papel que ele tivera no homicídio coletivo de judeus. Eram profissionais, mas para eles era impossível ser imparciais nessa missão. Desde que chegara à Argentina, um dos agentes não parava de ver os rostos de seus familiares que tinham sido mortos no Holocausto.

Podiam esperar mais alguns minutos pelo ônibus 203.

Às 20h05, a equipe viu outro leve halo de luz a distância. Momentos depois, os faróis do ônibus brilharam fortes na estrada, perfurando a escuridão. Os freios guincharam, a porta do ônibus se abriu com ruído e os dois passageiros desceram na rua. Equanto o ônibus partia, a mulher virou à esquerda, se afastando do homem. Este seguiu para a rua Garibaldi, curvado para a frente contra o vento. As mãos estavam enfiadas no casaco. O trovão retumbava a distância, avisando sobre a tempestade. Chegara a hora de Adolf Eichmann responder pelo que fizera.

1

DO LADO DE FORA DE MAUTHAUSEN, um campo de concentração construído ao lado de uma pedreira de granito na margem norte do rio Danúbio, na Alta Áustria, estava o tenente-coronel Obersturmbannführer Adolf Eichmann à frente de uma longa coluna de 140 caminhões e viaturas para oficiais comandantes. Era meio-dia de domingo, 19 de março de 1944, e naquele dia ele completava 38 anos.

Vestido com a farda cinza-claro da SS, parecia ter a simpatia e o humor de um pedaço de granito. O cabelo era fino e louro-escuro; os lábios, estreitos; o nariz, comprido; e os olhos, azul acinzentados. O crânio entrava abruptamente nas têmporas, característica ainda mais acentuada pelo quepe agora puxado sobre a cabeça. De altura mediana, mantinha o corpo bem-proporcionado levemente inclinado para a frente, como um rastreador atrás da trilha fresca. Enquanto observava os homens se prepararem para partir, o canto esquerdo da boca se contorcia inconscientemente, lhe repuxando o rosto em uma carranca.

O comboio de mais de quinhentos integrantes da SS estava pronto. Na fila de veículos, os motores rugiram ao ganharem vida e a fumaça preta da exaustão se espalhou pela estrada. Eichmann subiu no Mercedes do estado-maior e deu sinal para os motociclistas que encabeçavam a coluna avançarem rumo a Budapeste, seguindo a trilha aberta pela 1ª Divisão Panzer.

Doze horas antes, 11 divisões da Wehrmacht tinham avançado pela fronteira húngara enquanto os paraquedistas saltavam na capital histórica para ocupar prédios do governo e posições estratégicas. Adolf Hitler ordenara a ocupação do país para evitar que o parceiro do Eixo buscasse o armistício com os aliados, agora que o Exército Vermelho avançava a leste.

Enquanto a coluna de veículos se afastava rapidamente de Mauthausen, Eichmann esperava que, dali a poucos meses, esse campo e seus satélites se enchessem de mais escravos judeus para trabalhar na pedreira e nas fábricas vizinhas de munição, aço e aviões. "Mandem o Mestre em pessoa", ordenara o Reichsführer-SS Heinrich Himmler, se referindo a Eichmann nas instruções para vasculhar a Hungria de leste a oeste atrás de judeus. Os que estivessem em boas condições físicas seriam levados para os campos de "destruição pelo trabalho"; os que não estivessem deveriam ser exterminados imediatamente. Na invasão da Hungria, a missão de Eichmann era secundária, mas importantíssima. Ele se encheu de orgulho com a confiança que Himmler demonstrara ao encarregá-lo de supervisionar pessoalmente a operação. Eichmann não permitiria que nada o impedisse de merecer o novo apelido, "Mestre". Reuniu os oficiais mais experientes e eficazes de toda a Europa para ajudá-lo.

Com o exército alemão já cercando Budapeste, a coluna da SS enfrentou pouca resistência e avançou com facilidade pela Hungria. Ao longo dos 400 quilômetros de estrada até a capital, o pessoal de Eichmann se sentia confiante a ponto de tirar uma folga e se juntar a ele para brindar ao seu aniversário com uma garrafa de rum. Além dessa parada e mais duas para reabastecer, Eichmann nada teve para fazer na viagem além de fumar um cigarro atrás do outro e refletir melhor sobre a estratégia para eliminar, o mais depressa possível, os 725 mil judeus da Hungria, sem qualquer levante (como acontecera na Polônia) nem fugas em massa (como na Dinamarca). Essas duas operações lhe marcavam os pensamentos enquanto o comboio de um quilômetro e meio ressoava pela estrada.

Nas semanas anteriores, ao elaborar o seu plano para a Hungria, Eichmann aproveitara os oito anos de experiência como supervisor da questão judaica na SS. Como chefe do Departamento IVB_4, era ele o responsável pela execução da política de Hitler para aniquilar os judeus. No cargo, Eichmann agia como se fosse o diretor de uma divisão de algum conglomerado internacional. Estabelecia metas ambiciosas; recrutava e delegava funções a subordinados eficientes; viajava com frequência para acompanhar o progresso desses subordinados; estudava o que funcionava e o que não dava certo e fazia os devidos ajustes; não se esquecia de prestar contas de sua eficácia aos chefes, com gráficos e números. Sua posição exigia que navegasse em meio a frequentes mudanças políticas, restrições legais e disputas internas. E embora usasse farda, não media o sucesso pelas batalhas vitoriosas, mas por cronogramas obedecidos, cotas cumpridas, eficiência obtida, diretrizes seguidas e unidades movidas. As operações que comandara na Áustria, Alemanha, França, Itália, nos Países Baixos, na Bélgica, Dinamarca, Eslováquia, Romênia e na Polônia lhe ensinaram o melhor método para obter esse sucesso. Agora pretendia levá-lo para a Hungria.

O primeiro estágio do plano se concentrava em isolar os judeus. Seriam dadas ordens para impor o uso da Estrela Amarela, proibir as viagens e o uso de telefone e rádio, e impedir que os judeus ocupassem cargos públicos e praticassem várias outras profissões. Havia mais de cem dessas medidas, que visavam identificar e remover os judeus da sociedade húngara. O estágio seguinte seria tomar posse da riqueza deles para os cofres do Terceiro Reich. As contas bancárias seriam congeladas. As fábricas e empresas pertencentes a judeus seriam desapropriadas e o patrimônio de todos os indivíduos, espoliado, inclusive seus cartões de racionamento. Em seguida, viria a guetificação, para remover os judeus de suas moradias e concentrá-los até que o quarto e último estágio pudesse ser posto em prática: a deportação para os campos. Assim que lá chegassem, outro departamento da SS seria responsável por seu destino.

Para evitar fugas e revoltas, Eichmann pretendia lançar manobras ardilosas em todos os quatro estágios. Planejava se reunir frente a frente com os líderes judeus para lhes assegurar que as medidas que restringiam a comunidade eram apenas uma necessidade temporária da guerra. Contanto que esses líderes, organizados num conselho, cuidassem da implementação, ele prometeria não causar qualquer dano à comunidade. Seriam aceitas propinas de judeus em troca da promessa de melhor tratamento, medida que não só extorquia mais riqueza judaica como também dava a impressão de que os indivíduos poderiam se salvar caso obedecessem às exigências alemãs. Eichmann também achava melhor iniciar os estágios três e quatro nos distritos mais remotos, deixando Budapeste, onde havia mais possibilidade de resistência organizada, por último. Mesmo quando os judeus fossem obrigados a embarcar nos trens, seriam informados de que estavam sendo realojados em nome de sua própria segurança ou para trabalhar para a Alemanha. Essas manobras talvez não enganassem ninguém, mas ganhariam tempo e submissão suficientes para que a força bruta fizesse o resto.

Em todos esses planos, Eichmann sabia que precisava da ajuda e da força de trabalho do efetivo húngaro. Dada a sua limitada equipe de 150 pessoas, conquistar a cooperação delas seria a primeira providência a ser tomada quando chegasse a Budapeste, senão o cronograma de remessas para Auschwitz, Mauthausen e outros campos se atrasaria.

Quando chegaram a Budapeste, o exército alemão estava tomando suas posições nas ruas, enquanto esquadrilhas de caças, com cruzes pretas nas asas, zumbiam voando baixo sobre o Danúbio. Os agentes da Gestapo se espalharam pela cidade para prender húngaros proeminentes que pudessem resistir à ocupação. Havia centenas de judeus em suas listas. Eichmann instalou o seu posto de comando no grandioso Hotel Majestic, que ficava num morro arborizado a oeste da antiga cidade de Buda. Foram distribuídos sentinelas e instalados três rolos de arame farpado em volta do hotel, e guardas com pastores-alemães foram trazidos para patrulhar o terreno.

Por medo de ser assassinado por partidários dos judeus e comandos aliados, Eichmann era muito cuidadoso com a segurança. Preferia ficar nos bastidores, exercendo sua autoridade por meio dos subordinados, e raramente permitia que o fotografassem. Como precaução, sempre levava consigo, no carro do estado-maior, um arsenal de granadas e submetralhadoras.

Em seu novo quartel-general, o Mestre passou a primeira de muitas noites insones montando todos os elementos da máquina que, passo a passo, exploraria sistematicamente e depois retiraria todos os judeus da Hungria. Para ele, eram inimigos do Reich e, como um câncer, precisavam ser extirpados e aniquilados.

Ao romper da aurora de 15 de abril, último dia da Páscoa judaica, essa máquina chegou à porta da família de Zeev Sapir. Zeev tinha 20 anos e morava com os pais e cinco irmãos mais novos na aldeia de Dobradovo, localizada a 16 quilômetros de Munkács, uma cidade na região montanhosa de Rutênia Cárpata, no nordeste da Hungria.

Os policiais acordaram a família e ordenaram que fizessem suas malas. Podiam levar comida, roupas e roupa de cama, mas no máximo 50 quilos por pessoa. As poucas heranças valiosas que possuíam foram confiscadas antes que a família fosse posta na rua. Então, os policiais intimidaram e açoitaram a comunidade de 103 pessoas na caminhada até Munkács. Os muito novos e os muito velhos foram levados em carroças de feno puxadas a cavalo.

No mês que seguiu a ocupação alemã na Hungria, Sapir suportou com dignidade as muitas restrições impostas aos judeus. Sempre houvera um forte sentimento antisemita entre o povo de Rutênia Cárpata. Nascido numa família fortemente ortodoxa, Sapir cresceu sendo chamado de "judeuzinho" pelas outras crianças e, em sua curta vida, passara pelos vários regimes que tinham controlado aquele canto do mundo. Fossem tchecos, húngaros ou ucranianos, todos tinham oprimido o seu povo. Alguns anos antes, os húngaros tinham levado seu irmão mais velho para um campo de trabalhos forçados. A princípio, os alemães não pareciam piores. Zeev usava a Estrela de Davi, assim como o resto de sua comunidade. Conseguia contornar o toque de recolher e as restrições às viagens com seu mercado negro de farinha que sustentava a família. As outras medidas impostas pelo novo governo, como restrições à imprensa, demissões, proibição de frequentar lugares públicos e confisco de propriedade judaica, entre muitas outras, não tiveram muito efeito imediato sobre a pobre aldeia rural que era o seu lar.

Agora, contudo, ele estava assustado. A família chegou a Munkács à noite, exausta por carregar a bagagem durante a longa marcha. As ruas estavam repletas de homens, mulheres e crianças, todos indo na mesma direção. Chegaram ao pátio de uma antiga fábrica de tijolos, seu novo lar. No vários dias que se seguiram, 14 mil judeus da cidade e das cercanias foram amontoados no gueto. Disseram-lhes que tinham sido removidos da "zona operacional militar" para protegê-los contra o avanço dos russos.

A notícia não serviu de conforto a Sapir, cuja família morava numa cabana improvisada com pouca comida além das colheradas de sopa de batata servida das banheiras. Havia ainda menos água: o gueto só tinha acesso a duas torneiras. Com o passar dos dias e das noites, o choro de fome e sede das crianças tornou-se quase insuportável. Então vieram as chuvas torrenciais. Expostos a céu aberto, não havia como fugir do aguaceiro que transformou o pátio num poço de lama e fomentou epidemias de tifoide e pneumonia. De alguma forma, Sapir, seus pais e os quatro irmãos menores (de 15, 11, 6 e 3 anos) e a irmã (de 8) conseguiram não adoecer.

Durante o dia, os policiais húngaros faziam suas brincadeiras cruéis, obrigando grupos de trabalho a transferir pilhas de tijolos de uma ponta do gueto a outra sem razão nenhuma além de exercer o poder.

Na terceira semana de gueto, Sapir não fazia ideia de quanto tempo ficariam lá ou para onde seriam mandados em seguida. Quem se aventurasse a fazer perguntas desse tipo corria o risco de levar uma surra. Sapir leu num jornal local que lhe passaram que um oficial da alta hierarquia da SS logo inspecionaria o gueto. Talvez esse oficial alemão, que se chamava Eichmann, desse a resposta.

Quando Eichmann chegou, toda a população do gueto recebeu ordens de se reunir num semicírculo no pátio principal. Cercado por um séquito de trinta oficiais húngaros e da SS, Eichmann entrou no pátio usando calças largas de montaria, botas pretas e quepe. Com voz forte e clara, anunciou aos prisioneiros: "Judeus, vocês não têm nada a temer. Só queremos o melhor para vocês. Logo sairão daqui e serão levados para lugares muito bons mesmo. Trabalharão lá, suas mulheres ficarão em casa e seus filhos irão à escola. Terão uma vida maravilhosa." A única opção de Sapir era acreditar.

Logo depois da visita de Eichmann, em 22 de maio, chegaram os trens pela linha que ia até a antiga fábrica de tijolos. Brandindo açoites, porretes e submetralhadoras, os guardas obrigaram os judeus a ir do gueto até os trilhos. Todos os homens, mulheres e crianças foram despidos, as roupas e os poucos pertences revistados atrás de qualquer objeto de valor. Os que hesitaram em obedecer às ordens foram violentamente espancados. O terror e a confusão foram profundos.

Um guarda rasgou os documentos pessoais de Sapir e em seguida lhe devolveu as roupas. Depois de se vestir, ele ficou com a família e os outros da aldeia quando foram empurrados para um vagão de gado. Todos os 103 judeus da aldeia foram amontoados num único vagão que acomodaria oito vacas. Deram-lhes um balde d'água e um balde vazio à guisa de vaso sanitário. Os guardas fecharam a porta, deixando-os no escuro, e trancaram o vagão.

O trem partiu com estrondo. Ninguém sabia para onde eles iam. Quando o trem passava por pequenas estações pelo caminho, alguém tentava ler as placas das plataformas para ter ideia da direção, mas era difícil demais enxergar pela única janelinha do vagão, coberta de arame farpado para evitar fugas. No final do primeiro dia, o calor, o mau cheiro, a fome e a sede ficaram insuportáveis. Os irmãos menores de Sapir choravam por água e comida; a mãe acalmou-os com sussurros de "Vá dormir, meu filho". Sapir ficou em pé quase o tempo todo. Havia pouco espaço para sentar e o espaço que havia estava reservado para os mais fracos. Aldeões de todas as idades desmaiaram de exaustão, vários morreram sufocados. Em certo ponto, o trem parou. A porta se abriu e o guarda perguntou se queriam água. Sapir saiu correndo para encher o balde na estação. Quando voltou, o guarda derrubou o balde cheio d'água de suas mãos. Teriam de aguentar sem a água.

Quatro dias depois de partir de Munkács, o trem parou com um guincho. Era tarde da noite e, quando a porta do vagão de gado se abriu, os holofotes circundantes queimaram os olhos dos passageiros. Os guardas da SS gritaram: "Fora! Saiam! Depressa!" Os cães latiram quando os judeus saíram todos do trem, como sombras de si mesmos. O dono de uma loja da aldeia de Sapir voltou para o vagão: deixara para trás o seu *tallit*. Um homem de uniforme listrado, que carregava a bagagem deles, apontou uma chaminé cuspindo fumaça.

— Para que precisa do *tallit*? Logo você estará lá.

Naquele momento, Sapir sentiu o fedor de carne queimada. Então entendeu o que os esperava nesse lugar chamado Auschwitz. Um oficial da SS dividiu os recém-chegados em duas filas, com um aceno de mão ou "Direita" e "Esquerda" ditos com rispidez. Quando Sapir e a família chegaram ao oficial, Sapir foi mandado para a esquerda, os pais e irmãos para a direita. Ele lutou para ficar com eles, mas foi surrado pelos guardas. E nunca mais viu a família. Ao ser levado por uma estrada poeirenta ladeada de cercas de arame farpado, sua batalha pela sobrevivência mal começava.

Seis semanas depois, às oito e meia da manhã de domingo, 2 de julho de 1944, as sirenes de ataque aéreo soaram em toda a Budapeste, a Rainha do Danúbio. Logo depois, os primeiros dos 750 bombardeiros pesados aliados, comandados pela XV Força Aérea dos Estados Unidos, lançaram seus explosivos sobre a cidade. Os canhões antiaéreos e os caças alemães tentaram impedir o ataque surpresa, mas foram sobrepujados por ondas e mais ondas de bombardeiros com sua escolta. Eichmann se protegeu na mansão de dois andares no alto do morro, antes pertencente a um industrial judeu, enquanto Budapeste se incendiava. Quatro horas depois, o último bombardeiro desapareceu no horizonte. Colunas de fumaça subiam em toda a cidade. O bombardeio intenso arrasou bairros inteiros. Refinarias, fábricas, tanques de armazenagem de combustível, pátios da ferrovia e dezenas de outros locais foram destruídos. Milhares de civis morreram.

Ao sair incólume da mansão, Eichmann viu folhetos aliados caindo do céu e pousando em seu gramado. A propaganda inimiga revelava que os soviéticos avançavam a leste rumo à Romênia, enquanto a oeste os Aliados tinham desembarcado na França e na Itália e seguiam rumo à Alemanha. O Terceiro Reich enfrentava a derrota, afirmavam os folhetos, e toda resistência seria sufocada. Além disso, o presidente Franklin Roosevelt declarara que a perseguição aos judeus húngaros e de outras minorias vinha sendo acompanhada com "extrema gravidade" e devia cessar. Os responsáveis seriam caçados e punidos. Nem o bombardeio aliado, nem a ameaça de um presidente americano, nem mesmo o próprio Hitler impediriam Eichmann de completar sua obra-prima, a destruição dos judeus húngaros, que começara resolutamente com as deportações em Munkács.

Ele saiu da mansão para avaliar os danos ao quartel-general no Hotel Majestic. Tudo o que conseguira até então estava fresco em sua mente. Na primeira semana de julho, o plano que elaborara demonstrara uma eficiência monumental. Cinco das seis zonas operacionais onde os judeus tinham sido condenados à deportação, num total de 437.402 "unidades", tinham sido limpas pelas autoridades húngaras, que se mostraram cúmplices muito dispostos a participar do seu projeto. Todo dia, uma média de quatro trens levando uma carga de 3.500 judeus era recebida em Auschwitz-Birkenau. Somente dez por cento dos recém-chegados eram considerados aptos para os campos de trabalho. O restante recebia "tratamento especial" nas câmaras de gás. A coordenação entre Eichmann e Rudolf Höss, comandante do campo, assegurou desde o princípio que o campo de extermínio estivesse pronto para o volume a ser processado. Aumentaram o pessoal, ampliaram as rampas, construíram um novo sistema de ferrovias com trilhos e modernizaram o crematório.

Só os judeus de Budapeste continuavam na Hungria. Já tinham sido deslocados para casas designadas e marcadas com uma estrela amarela, e o toque de recolher proibia-os de sair dessas moradias a não ser entre as duas e as cinco horas da tarde. Os policiais das províncias vizinhas estavam a postos para ajudar na deportação iminente e os trens estavam sendo programados.

Mas havia forças se reunindo contra os planos de Eichmann e, com o avanço aliado em ambas as frentes e agora o ataque a Budapeste, essas forças ganhavam mais vigor. Nas últimas semanas, os protestos internacionais — desde Roosevelt até o papa Pio XII e o rei da Suécia — insistiam com o almirante Miklós Horthy, regente da Hungria (que Hitler mantivera na posição de figura de proa), para que interrompesse as ações contra os judeus. Horthy se mostrou receptivo a esse clamor, não só por causa do que soubera recentemente, pelo relato de dois fugitivos de Auschwitz, sobre os campos de extermínio como também devido à recente tentativa de golpe de László Baky, secretário de Estado húngaro e aliado fundamental de Eichmann no Ministério do Interior. Cinco dias depois do bombardeio aliado, em 7 de julho, Horthy suspendeu as deportações e demitiu Baky e seus amigos dos cargos que ocupavam.

Furioso com a interrupção, ainda assim Eichmann ordenou a seus delegados que enviassem para Auschwitz 7.500 judeus presos numa fábrica de tijolos ao norte da cidade. Não sofreu resistência. Uma semana depois, tentou o mesmo com 1.500 judeus do campo de concentração de Kistarcsa, a 18 quilômetros de Budapeste. Depois que soube da partida do trem, o Conselho Judaico da cidade convenceu Horthy a detê-lo a caminho do campo de extermínio, para que voltasse a Kistarcsa. Berlim ainda não reagira à suspensão das deportações, mas Eichmann não se incomodou. Não ia permitir que o regente impedisse os seus planos. Em 19 de julho, convocou à sua sala o Conselho Judaico. Enquanto um dos seus subordinados mantinha ocupados os integrantes do conselho, Eichmann mandou a Kistarcsa soldados da SS que, com violência, forçaram os judeus a voltar ao trem. Só quando o trem cruzou a fronteira da Polônia, Eichmann liberou o conselho.

Naquela mesma semana, Hitler ponderou sobre o conflito com Horthy. Para mantê-lo na aliança com a Alemanha, Hitler ofereceu permitir que 40 mil judeus de Budapeste emigrassem para a Palestina, mas o resto seria deportado para os campos como planejado. Isso não agradou a Eichmann, que não queria ver um único judeu escapar de suas mãos. E foi à sala do plenipotenciário alemão na Hungria.

— Sob nenhuma circunstância, Himmler, Reichsführer da SS, concorda com a emigração dos judeus húngaros para a Palestina — enfureceu-se Eichmann. — Os judeus em questão são material biológico importante, sem exceção, muitos deles sionistas veteranos, cuja emigração é extremamente indesejável. Apresentarei a questão ao Reichsführer da SS e, se necessário, pedirei nova decisão do Führer.

O plenipotenciário e Berlim não se comoveram. Com a guerra indo mal para a Alemanha, muitos líderes do Reich, Himmler inclusive, viam os judeus como uma moeda de troca muito necessária. Eichmann achou que isso fosse prova de fraqueza, muito embora se preocupasse com seu próprio futuro; admitiu a um colega da SS que temia que seu nome encabeçasse as listas de criminosos de guerra dos Aliados, devido ao papel extraordinariamente público que desempenhava na Hungria.

Em agosto, quando os russos conquistaram a Romênia, Himmler engavetou completamente o plano de deportações. Eichmann recebeu ordens de dispensar sua unidade na Hungria, mas nem assim ele cedeu. A não ser por uma breve missão na Romênia, demorou-se em Budapeste nos dois meses seguintes, aguardando a oportunidade de voltar ao seu plano.

Cavalgava e dirigia seu veículo todo-terreno pelos campos. Passava fins de semana prolongados no castelo pertencente a um dos colegas húngaros ou ficava na mansão de dois andares, com seus jardins exuberantes e o séquito de criados. Jantava em restaurantes finos de Budapeste e bebia até cair nos cabarés. Com a mulher e os três filhos em Praga, mantinha duas amantes fixas, uma divorciada rica de 30 anos e a consorte de um conde húngaro. Eichmann se dedicara a essas ocupações desde que chegara a Budapeste, mas agora tinha mais tempo do que nunca para se entregar a elas. Mesmo assim, estava cada vez mais tenso com o avanço da guerra. Fumava muito e costumava explodir sem razão com seus subordinados.

No final de outubro, com os russos a apenas 150 quilômetros de Budapeste e Horthy recentemente deposto, Eichmann fez uma última tentativa de terminar o que começara na Hungria. "Viram, estou de volta", declarou aos líderes judeus da capital. Conseguiu permissão do plenipotenciário alemão para mandar 50 mil judeus para campos de trabalho na Áustria. O fato de que, por causa dos bombardeios aliados, não houvesse trens disponíveis para levá-los na viagem de 200 quilômetros não o desanimou. Quando o inverno chegou, mandou os primeiros 27 mil judeus, inclusive crianças e enfermos, numa marcha forçada. Com poucas provisões e sem abrigo, em poucos dias, dezenas deles começaram a ficar para trás. Eram fuzilados ou deixados para morrer nas valas ao lado da estrada. Até Höss, comandante de Auschwitz, que testemunhou a mesma cena quando viajava entre Budapeste e Viena, se horrorizou com as condições impostas aos judeus. Era um massacre proposital, algo cuja interrupção Himmler decretara. Quando recebeu de um oficial superior a ordem de interromper a marcha, Eichmann a ignorou. Finalmente, no início de dezembro, Himmler convocou Eichmann ao seu quartel-general na Floresta Negra. Antes do encontro, Eichmann limpou com pedra-pome e limão os dedos manchados de nicotina, por conhecer muito bem a aversão do Reichsführer ao cigarro.

— Embora até agora o senhor tenha exterminado judeus — disse Himmler, numa voz tingida de raiva —, de agora em diante eu lhe ordeno que seja o protetor dos judeus. Se não for capaz disso, é melhor dizer logo!

— Sim, Reichsführer — respondeu Eichmann, sabendo que qualquer outra resposta ou ação de sua parte seria suicídio.

Certa manhã, no final de dezembro de 1944, o vento do inverno penetrava numa cabana de madeira em Jaworzno, campo-satélite de Auschwitz. Na tarimba, Zeev Sapir não parava de tremer. Trocara a segunda camisa por um pão e as poucas roupas que restavam pendiam soltas do seu corpo definhado.

Às quatro e meia da manhã, soou a sirene. Sapir pulou da cama para evitar a chuva de golpes que sofreria caso demorasse. Correu para fora com os outros cem prisioneiros da cabana, expostos agora ao frio e ao vento cortante enquanto aguardavam a chamada. Então começou o turno de 12 horas nas minas de carvão de Dachsgrube. Ele era obrigado a encher 45 carroças de carvão por turno, ou receberia 25 chicotadas. Isso já seria difícil se estivesse com a saúde perfeita, mas depois de ter como desjejum apenas uma xícara de café e a décima sexta parte de um pão, todo turno era um esforço hercúleo. Sapir muitas vezes falhava.

Naquela noite, quando voltou ao campo, exausto e com a pele coberta de pó de carvão, Sapir e os outros 3 mil prisioneiros receberam ordens de começar a andar. O Exército Vermelho avançava sobre a Polônia, disseram os guardas da SS. Sapir não se incomodou. Mandaram que andasse; andou. Com essa atitude e a mão do destino, se mantivera vivo nos últimos oito meses.

Quando chegara a Auschwitz, vindo da Hungria, e fora separado da família, Sapir foi surrado, levado a um quartel, despido, inspecionado, desinfetado para matar piolhos, barbeado e tatuado no antebraço esquerdo com o código A3800. Na manhã seguinte, foi obrigado a trabalhar nas câmaras de gás, onde suspeitava que a família morrera durante a noite. Sapir arrastou os mortos das câmaras e colocou-os de costas no pátio, onde um barbeiro cortou-lhes o cabelo e um técnico dentário arrancou os dentes de ouro. Depois, levou os cadáveres para grandes valas, onde foram empilhados como troncos e queimados. Um canal que passava pelo meio da vala drenava a gordura que exsudava dos corpos. Essa gordura era usada para atiçar o fogo do crematório. A fumaça grossa, as chamas vermelho-escuras e a fumaça acre lhe envenenaram a alma.

Sapir perdeu a noção do tempo, não sabia mais o dia da semana nem a hora do dia. Só conhecia dia e noite. De algum modo escapara à execução, destino da maioria dos trabalhadores encarregados de cuidar das câmaras de gás e crematórios. Os alemães matavam regularmente esses trabalhadores para manter em segredo suas atividades. Entretanto, Sapir foi mandado para Jaworzno, onde suportaria outro tipo de selvageria.

Agora, saindo em fila do campo-satélite, Sapir e os outros prisioneiros se arrastavam pela neve funda. Caminharam dois dias, sem saber para onde iam. Quem se retardasse ou parasse para descansar era fuzilado. Quando caiu a noite do segundo dia, chegaram a Bethune, cidadezinha da Alta Silésia, e lhes mandaram que se sentassem à beira da estrada.

O oficial comandante da SS caminhou pela fila, dizendo: "Quem não conseguir continuar fique aqui e será levado de caminhão." Fazia muito tempo que Sapir aprendera a não acreditar nessas promessas, mas estava cansado demais, com frio demais, e indiferente demais para se importar.

Duzentos prisioneiros ali ficaram, enquanto os outros seguiram marchando. Sapir dormiu no lugar onde caiu na neve. Pela manhã, o grupo recebeu ordens de ir até um campo, com pás e picaretas, e cavar. A terra estava congelada, mas cavaram e cavaram, muito embora soubessem que cavavam a própria cova.

Naquela noite, foram levados ao refeitório de uma mina próxima. Todas as janelas tinham sido destruídas por ataques aéreos. Alguns oficiais da SS os seguiram até lá, encabeçados por um suboficial chamado Lausmann. "Sim, eu sei que estão com muita fome", disse ele com voz solidária quanto trouxeram uma grande panela para o salão.

Sapir se reuniu com os outros prisioneiros, faminto e quase cansado demais para ficar em pé. Os mais desesperados avançaram, na esperança de comer. Foram mortos primeiro. Lausmann agarrava um prisioneiro atrás do outro, inclinava-o sobre a panela e dava-lhe um tiro na nuca. Atirou e atirou. No meio do massacre, um jovem prisioneiro começou a fazer um discurso a quem quer que escutasse. "O povo alemão responderá à História por isso", declarou, antes de também receber uma bala.

Lausmann continuou a atirar até só restarem 11 prisioneiros, Sapir entre eles. Antes que fosse convocado a avançar, o superior de Lausmann chamou-o fora do salão. Os guardas da SS levaram os prisioneiros restantes de trem até o campo de concentração de Gleiwitz, onde foram jogados num porão cheio de batatas. Famintos, comeram as batatas congeladas. Pela manhã, foram levados para a floresta, com milhares de outros. De repente, as metralhadoras abriram fogo, ceifando os prisioneiros. Sapir correu entre as árvores até as pernas cederem. Desmaiou com a queda. Acordou sozinho, com o pé ensanguentado e um único sapato. Quando o Exército Vermelho o encontrou, pesava 29 quilos. A pele estava amarela e seca como pergaminho. Era janeiro de 1945. Só em abril ele começou a recuperar um pouco da saúde física.

Sapir nunca esqueceria a promessa que Eichmann fizera no gueto de Munkács nem o apelo à justiça do colega prisioneiro antes de ser executado. Mas muitos e muitos anos se passariam até que fosse levado a recordar essas coisas.

2

COM A GUERRA CHEGANDO ao fim, o mundo se preparava para ficar frente a frente com os vestígios do horror a que Sapir sobrevivera. Em 12 de abril de 1945, os Aliados abriram uma estrada para Berlim. O rio Reno fora cruzado semanas antes, e os exércitos britânico e canadense avançaram para leste, pelo norte da Alemanha, com seus tanques Sherman. Os exércitos americanos tinham cercado o vale do Ruhr, isolando o complexo industrial de Hitler e abrindo um buraco enorme na frente ocidental. Só havia umas poucas divisões alemãs desorganizadas entre Berlim e as 85 divisões aliadas. Uma ponta de lança do IX Exército dos Estados Unidos já criava cabeças-de-ponte no rio Elba, a apenas 96 quilômetros da capital do Terceiro Reich. A leste de Berlim, 1,25 milhão de soldados russos, com 22 mil peças de artilharia, estava às margens do rio Oder, a apenas 56 quilômetros da capital.

Enquanto essas tropas se juntavam para impor a derrota final à Alemanha, dois coronéis da Wehrmacht, levando uma bandeira branca em seu Mercedes, se aproximaram do quartel-general avançado do 159º Batalhão britânico. Levavam o oferecimento de um cessar-fogo local para entregar o controle de Bergen-Belsen, campo de concentração devastado pelo tifo e localizado a poucos quilômetros do avanço dos blindados britânicos. Naquele mesmo dia, o general Dwight Eisenhower, comandante supremo da Força Expedicionária aliada, entrou no campo de trabalho perto da aldeia de Ohrdurf. E tremeu com o que viu.

No decorrer da guerra, chegaram aos aliados notícias sobre os atos genocidas cometidos pelos alemães. Já no verão de 1941, os decifradores de códigos de Bletchley Park, na Grã-Bretanha, interceptaram transmissões que descreviam com detalhes as execuções em massa de judeus na União Soviética. Em 1942, Witold Pilecki, do movimento polonês de resistência, se deixara prender para ser levado a Auschwitz, de onde enviava notícias periódicas que chegaram aos governos ocidentais. Dois judeus eslovacos tinham fugido de Auschwitz-Birkenau no auge do extermínio de judeus húngaros e fizeram um relatório detalhado do número de veículos que chegavam ao campo, da nacionalidade dos recém-chegados e de seu destino nas câmaras de gás. Foi o relato deles que levou à chuva de protestos junto ao almirante Horthy contra as deportações húngaras em 1944, inclusive do presidente Roosevelt, que afirmou: "Aos hitleristas, subordinados, funcionários e satélites, ao povo alemão e a todos os outros povos sob o jugo nazista, deixamos clara a nossa determinação de punir toda participação nesses atos de selvageria."

Roosevelt fizera declaração semelhante já em outubro de 1942. Dois meses depois, Anthony Eden, secretário do Exterior britânico, anunciou na Câmara dos Comuns que a meta de Hitler era exterminar o povo judeu. Naquela época, a opinião britânica, redigida por Winston Churchill numa mensagem ao gabinete em 1943, era de que, depois da prisão, os líderes alemães deveriam passar por um breve julgamento para assegurar sua identidade e, seis horas depois, ser "fuzilados [...] sem recurso a instâncias superiores". Curiosamente, foi Josef Stalin, bastante acostumado a julgamentos sumários, que segurou Churchill, com a ajuda de Roosevelt. Em outubro de 1944, numa visita de Churchill a Moscou, Stalin insistiu que não deveria ocorrer nenhuma execução sem julgamento justo, "senão o mundo dirá que tivemos medo de julgá-los". Ainda assim, conforme a guerra se aproximava do final, os líderes Aliados continuavam no empurra-empurra sobre a melhor maneira de levar os nazistas à justiça.

Praticamente não se faziam planos para capturar esses criminosos. Em primeiro lugar, os Aliados tinham dificuldade em concordar a respeito de quem seria considerado criminoso de guerra. Os britânicos sustentavam a visão estreita de que os aliados só deveriam ir atrás de personagens alemães importantes, cujos "crimes notórios [...] não têm localização geográfica específica". Os russos e americanos queriam uma definição muito mais abrangente. Isso resultou num número confuso de listas de criminosos de guerra. Aos Aliados não faltava apenas uma lista definitiva; o mais importante foi que, em abril de 1945, para encontrar esses criminosos de guerra, só tinham sido organizadas sete equipes de investigação, num total aproximado de cinco oficiais e sete homens em cada uma delas. Em contraste, uma operação anglo-americana com o nome em código de Paperclip ("clipe de papel") recrutou 3 mil investigadores para se espalhar por todo o Terceiro Reich, prender cientistas alemães importantes e recolher informações tecnológicas antes dos russos. Os encarregados de rastrear os criminosos de guerra não tinham sequer um nome em código para a operação. Eram essas as prioridades de Washington e Londres quando a guerra na Europa chegava ao fim.

Apesar dos relatórios dos serviços de informações sobre as atrocidades alemãs lidos pelo general Eisenhower, ele estava completamente despreparado para o que encontrou em Ohrdurf. Guiado por ex-presos, ele e o estado-maior viram, no hospital, homens que tinham sido violentamente torturados e passavam fome, deitados ombro a ombro, esperando apenas que a morte chegasse. Num porão, viram uma forca em que os prisioneiros tinham sido pendurados com cordas de piano de comprimento suficiente para que os dedos dos pés tocassem o chão, retardando a morte, mas prolongando a agonia. Num dos pátios, viu cerca de quarenta cadáveres cheios de piolhos, empilhados em fila. Num campo adjacente, viu mais 3.200 cadáveres, muitos com marcas de tiro na nuca, junto a uma pira de lenha que visava claramente a destruir todos os vestígios de sua existência. O general Omar Bradley, que acompanhava Eisenhower, não conseguia nem falar; o general George Patton, sempre durão, vomitou numa parede. Quando saiu de Ohrdurf, Eisenhower disse aos oficiais: "Quero que todas as unidades americanas que não estejam realmente nas linhas de frente vejam este lugar. Dizem que o soldado americano não sabe por que está lutando. Agora, pelo menos, saberá contra o que está lutando." De volta ao quartel-general, o abalado comandante supremo enviou mensagens a Washington e Londres exigindo que legisladores e jornalistas fossem a Ohrdurf. Ele queria esses crimes documentados.

Nos dias seguintes, os americanos libertaram grandes campos, como Nordhausen e Buchenwald. Em 15 de abril, os britânicos finalmente entraram em Bergen-Belsen, levando consigo repórteres e cinegrafistas para documentar os 60 mil "esqueletos vivos" que cambalearam rumo aos jipes. Um jornalista do *Evening Standard* escreveu: "A indignidade da morte acima do chão — os dentes nus, a revelação da estrutura que deveria ser sagrada, e que já fora sagrada para algum ente querido, os corpos empilhados em seu cinzento medonho, as coisinhas dignas de pena, com garras em vez de mãos, que eram os bebês, ainda sob a proteção de um osso emaciado que já fora o braço da mãe — tudo no monte da morte nazista." As fotografias e os filmes feitos em Bergen-Belsen e nos campos que Eisenhower abriu aos repórteres causaram imensa impressão no público. O jornal *Jewish Chronicle*, que meses antes publicara detalhes sobre Auschwitz depois de sua libertação pelos russos, perguntou então: "Por que tivemos de esperar até agora por essa repugnância generalizada?"

Finalmente, o horror em carne e osso da Solução Final foi revelado, com toda a intensidade, aos povos e a seus líderes. A cada dia, eram descobertas e documentadas mais provas monstruosas, e a perseguição aos responsáveis ganhou mais importância.

Em 13 de abril, a antiga grande capital da Alemanha estava em ruínas. Os frequentes ataques aéreos tinham devastado a cidade. A fumaça preta flutuava pelas ruas, muitas vezes obscurecendo o sol. O lamento das sirenes era constante. Os berlinenses andavam pelo nevoeiro até seus escritórios e fábricas e ficavam em longas filas para obter comida. A vida continuava. Cumprimentavam-se com as palavras "*Bleib übrig*": Sobreviva.

No número 116 da Kurfürstenstrasse, a sobrevivência dominava os pensamentos da Gestapo. Tinham-se mudado para o prédio cavernoso de cômodos enormes e escadarias de mármore onde Eichmann mantinha o seu escritório depois que bombas incendiárias fizeram em pedaços o quartel-general da Prinz Albrecht Strasse. Certa tarde, Eichmann, que voltara a Berlim em dezembro anterior quando os russos invadiram Budapeste, encontrou alguns colegas oficiais da Gestapo amontoados numa sala onde, em outros tempos, quando os nazistas avançavam pela Europa, costumava tocar violino acompanhado de vários integrantes do seu estado-maior. Tinham arrumado uma mesa e um funcionário do departamento, cujo serviço era forjar documentos, anotava a nova identidade que cada oficial queria para criar certificados de emprego, correspondência da empresa e outros papéis. Nos fundos da sala, separado da multidão que queria os documentos, Eichmann observava, enojado com a cena, oficiais da SS que agora procuravam se transformar em vendedores de seguros ou coisa parecida para não serem presos pelos Aliados.

Heinrich Müller, seu superior, foi até ele.

— E então, Eichmann? Qual é o problema?

— Não preciso desses documentos. — Eichmann deu um tapinha na pistola Steyr em seu coldre. — Veja: este é o meu passaporte. Quando eu não encontrar mais saída, será o meu último recurso. Não preciso de mais nada.

— Se tivéssemos cinquenta Eichmanns, teríamos vencido a guerra automaticamente — disse Müller, fazendo o outro se encher de orgulho com o comentário.

Eichmann tinha a ideia romântica de se esconder em sua "toca da raposa", em Berlim. Desde que voltara de Budapeste, onde escapara por pouco da artilharia russa na véspera do Natal, construíra um abrigo subterrâneo no número 116 da Kurfürstenstrasse, que continha um gerador, um sistema de ventilação e bastante querosene, material de primeiros socorros, água e comida para durar várias semanas. Lá fora, mandara seus homens transformarem os escombros em posições defensivas, com armadilhas para blindados e ninhos para atiradores de elite. Se o pior acontecesse, Eichmann tinha à mão cápsulas de cianureto.

Mas o plano de se enfiar na toca e aguardar o avanço aliado foi atrapalhado por Himmler, que convocou Eichmann ao novo quartel-general num castelo perto da capital. O Reichsführer-SS, mais ansioso do que nunca para negociar com os Aliados, ordenara a Eichmann que juntasse 1.200 dos judeus mais importantes que estavam no campo de Theresienstadt, a noroeste de Praga, e os levasse para os Alpes tiroleses como reféns, para que Himmler pudesse barganhar suas vidas.

— Nunca estive tão otimista. Nunca. Conseguiremos um tratado melhor do que em Hubertusburg [no final da Guerra dos Sete Anos, em 1763] — disse Himmler, dando um tapa na perna. — Perderemos alguma coisa, mas ainda assim o tratado será melhor.

Nas poucas horas que restavam antes do ataque a Berlim, Eichmann voltou ao escritório e reuniu sua desanimada unidade. Despediu-se dela, dizendo que sabia que a guerra estava perdida e que deveriam fazer o possível para continuar vivos.

— Quanto a mim — disse ele —, nada mais resta que me interesse no mundo, além de lutar até o fim, e só penso em encontrar a morte nessa luta. — E continuou, implacável: — Pularei alegre e feliz na cova sabendo que comigo estão 5 milhões de inimigos do Reich.

Cinco milhões era o número de judeus que, nas estimativas de Eichmann, teriam sido exterminados durante a Solução Final. Apesar do orgulho pela realização, ele já queimara todos os arquivos do departamento.

Com aquela despedida, Eichmann seguiu para Praga, ao sul, num carro blindado do estado-maior, passando entre as tropas russas e as americanas, para dar ordens ao comandante local da SS quanto à remoção dos judeus de Theresienstadt. De Praga, Eichmann partiu para Innsbruck, na Áustria, para preparar a chegada dos reféns. Numa estrada deserta, um caça aliado metralhou o carro de Eichmann. Ele escapou desse ataque, mas foi pego pelo bombardeio de uma cidade industrial no norte do Tirol. Foi atirado fora do carro, que ficou destruído. Era 17 de abril. Na véspera, os russos tinham começado o ataque final a Berlim.

Eichmann logo arranjou um Fiat Topolino para continuar a viagem. Quando chegou a Innsbruck, informou a Franz Hofer, líder do Partido Nazista do Tirol, a chegada iminente de 1.200 judeus. Hofer tinha outras preocupações e não se mostrou cooperativo. Então, Eichmann conseguiu dois hotéis no desfiladeiro de Brenner para abrigar os reféns. Tentou entrar em contato com Praga para começar as deportações, mas o telefone estava mudo. Teria de voltar a Praga para garantir que as ordens de Himmler fossem cumpridas.

No caminho, parou em Linz, na Alta Áustria, para visitar o pai, que lhe disse que as instruções de Himmler tinham pouca importância naquele estágio avançado da guerra. Mas Eichmann sentia necessidade de obedecer às ordens, e saiu da sua cidade natal poucas horas depois que o quartel-general da polícia estadual foi bombardeado e arrasado por um ataque aéreo aliado. O III Exército americano logo chegaria.

Em Praga, Eichmann encontrou tudo devastado. A maior parte do comando da SS se espalhara, com exceção do comandante, que lhe disse:

— Não restou nada em Berlim... Os russos invadiram.

Esforçando-se para descobrir o que deveria fazer, Eichmann conseguiu falar pelo telefone com Ernst Kaltenbrunner, em Altaussee. Desde o assassinato de Reinhard Heydrich, em 1942, Kaltenbrunner estivera à frente do Reichssicherheitshauptamt (RSHA), ou Escritório Central de Segurança do Reich, braço forte da SS que cuidava dos serviços de informações nacional e internacional, da Gestapo e da polícia criminal. Ele ordenou a Eichmann que fosse a Altaussee receber novas instruções. Os judeus de Theresienstadt deviam ser esquecidos. Eichmann embarcou no Fiat e seguiu pela estrada, apegado à ordem de uma estrutura de comando que desmoronava de cima a baixo.

Em 30 de abril, os russos chegaram ao coração de Berlim. Com o porte imenso de seu poder de fogo, o Exército Vermelho dominara rapidamente a cidade. Duas semanas antes, exatamente às três da madrugada, uma barragem maciça de artilharia com 40 mil canhões anunciara a chegada dos russos. Logo se seguiram uma onda atrás da outra de bombardeiros pesados. Então, os blindados entraram pelas ruas do centro de Berlim, destruindo todos os prédios suspeitos de ocultar soldados alemães. Em seguida, veio a infantaria do Exército Vermelho, flanqueando as barricadas das ruas com tiros de bazuca em paredes de quintais e porões. Os lança-chamas arrancaram os que se escondiam no subsolo. Os corpos dos muitos que tentaram fugir da luta, de civis e de soldados, enchiam as ruas, com o pó dos tijolos e das pedras pulverizados cobrindo suas formas imóveis.

Quinze metros abaixo da Chancelaria do Reich, num bunker reforçado, com trinta cômodos, Adolf Hitler se recusou a fugir de Berlim. Durante as duas semanas anteriores, numa hora prometia uma vitória milagrosa, na seguinte ficava roxo de raiva, os membros a tremer, certo de que a guerra estava perdida. Só os seus delírios raivosos contra os judeus continuaram constantes. O comando desmoronara: Himmler, Hermann Göring e os generais tinham traído sua confiança e começado a negociar tratados de paz, e seu contato com o mundo exterior se reduziu a quase nada. Com os russos se aproximando sobre a estrutura fumegante do vizinho Reichstag, Hitler se retirou para seu quarto, tomou uma dose de cianureto e deu um tiro na têmpora direita com a pistola Walther. O Reich de Mil Anos acabara.

Os fiéis a Hitler — dos integrantes do seu círculo mais íntimo, que havia pouco tempo tinham dominado toda a Europa, até os oficiais da SS nos campos, que todo dia tinham nas mãos a vida e a morte — não tinham mais qualquer poder. A maioria dos atores secundários já despira a farda e fugira. No mês anterior, o preço de um carro com gasolina, um bom documento falso e uma Estrela Amarela autêntica atingira números absurdos. Dos líderes mais importantes, só Joseph Goebbels, Martin Bormann e dois outros generais ainda estavam com Hitler no bunker, quando o Führer se suicidou. O resto do círculo mais íntimo abandonara Berlim nos dias e semanas anteriores. Goebbels preferiu o suicídio, assim como a esposa. Os seis filhos indefesos não tiveram escolha. Os dois generais também se suicidaram. Bormann, secretário particular de Hitler, atravessou, numa corrida desesperada, o cerco soviético. Sumiu, e acredita-se que morreu, embora sua morte nunca tenha sido confirmada.

Quando Eichmann chegou a Altaussee em 2 de maio, a aldeia à beira do lago estava cheia de líderes do Partido Nazista e membros da Gestapo, das Sicherheitsdienst (as SD) e de outras unidades de Berlim. Localizada num vale estreito e coberto de florestas, no sopé dos picos nevados de 3 mil metros de altitude das montanhas Dachstein e Totengebirge, a aldeia estava perfeitamente situada para fazer parte do reduto alpino que os Aliados tanto temiam. Seria fácil tornar intransponíveis as duas estradas que iam até lá e qualquer bombardeiro teria dificuldade de atingir seu centro. Entretanto, Eichmann sabia que o reduto era um mito. Não havia fortalezas na montanha nem planos coordenados para operações de guerrilha por trás das linhas inimigas. Ainda assim, era um lugar onde se proteger, depois de fugir de Berlim. Juntamente com outros oficiais da SS, Eichmann, que conhecia a região desde menino, mudara a família para lá quando a guerra se virara contra eles.

Sem demora, foi até a mansão perto da cidade em que Kaltenbrunner estava alojado. Um auxiliar levou Eichmann à sala de jantar, onde o chefe jogava paciência. Kaltenbrunner usava o casaco da SS, calças de esqui e botas. Com 1,98 metro de altura, braços que mais pareciam troncos de árvore e uma cicatriz profunda que ia da bochecha até a mandíbula forte e destacada, o comandante do RSHA era imponente. Natural de Linz e amigo de família, promovera a ida de Eichmann para a SS, e lhe dissera, na ocasião: "Você: você nos pertence."

— Está tudo bem? — perguntou Eichmann, esperando notícias de Berlim.

— Bem mal — respondeu Kaltenbrunner.

Pediu ao auxiliar que trouxesse um conhaque para Eichmann e, enquanto bebiam, lhe contou que Hitler estava morto. Eichmann ficou estupefato. Adorava o Führer e acreditava que um indivíduo que subira de anspeçada a líder de toda a Alemanha merecia que se subordinasse cegamente a ele. Agora Hitler se fora, e o Terceiro Reich estava perdido.

Kaltenbrunner ordenou a Eichmann que levasse alguns soldados para as montanhas e começasse a resistência. Explicou que isso daria a Himmler alguma influência nas negociações de paz com os Aliados.

Os dois se separaram sem muita cerimônia nem sentimento. Quando saía da sala, Eichmann ouviu Kaltenbrunner dizer baixinho, com seus botões: "Quanta bobagem. O jogo acabou."

Desesperado atrás de instruções, Eichmann se dedicou à missão como se o destino da Alemanha já não estivesse selado. Recrutou vários oficiais do seu departamento, inclusive Rudolf Jänisch, seu secretário pessoal, e Anton Burger, que estava com ele desde a época de Viena. Ocuparam o Park Hotel e reuniram mais ou menos uns duzentos homens, numa coletânea disparatada de integrantes da Waffen-SS e da Juventude Hitlerista, muitos incapacitados por ferimentos ou com pouco treinamento militar. Antes que Eichmann partisse para as montanhas, Kaltenbrunner o instruiu a levar na missão o fascista romeno Horia Sima e vários integrantes da milícia da sua Guarda de Ferro. O chefe do RSHA estava esvaziando Altaussee dos criminosos de guerra, para se distanciar deles. Kaltenbrunner tinha ilusões de ser de uma linhagem diferente.

Com medo do ataque aliado, um médico do hospital de campanha local implorou a Eichmann que saísse da aldeia com os seus combatentes. Depois de equipar os homens com fardas de inverno, armas, um cofre oculto com ouro e *reichsmarks* e uma frota de caminhões, Eichmann os levou para as montanhas. Tinha fuzis de assalto e bazucas suficientes para causar muito prejuízo ao inimigo durante um mês, pelo menos.

A neve pesada começou a cair e logo os homens foram forçados a usar pás para abrir caminho para os jipes e a camionete do rádio. Ao amanhecer do dia seguinte, o grupo chegou à aldeia de Blaa-Alm, no alto dos Alpes. Durante a caminhada, Eichmann observou os homens o bastante para saber que formavam um grupo mal treinado, desorganizado e desobediente, que não serviria para a resistência guerrilheira. Em Blaa-Alm, liberou os piores do lote e deu a cada homem 5 mil marcos, anotando num caderno todas as despesas. Os soldados partiram sem protestar. Depois, Eichmann ordenou que os soldados restantes treinassem o uso das armas e mandou Burger, exímio esquiador, observar o povoado de Rettenbach-Alm, ainda mais alto na montanha.

Quando Burger voltou, Eichmann levou as tropas até o povoado e as instalou em cabanas na montanha. Dali a alguns dias, chegou uma ordenança mandada por Kaltenbrunner, com instruções de Himmler: "É proibido atirar em ingleses e americanos." A ordem, a última que Eichmann recebeu do Reich, eliminou a necessidade daquela tropa heterogênea. Não haveria nenhuma resistência gloriosa. A guerra de Eichmann acabara.

3

NA MANHÃ SEGUINTE, 8 de maio, depois de uma longa noite sem dormir na cabana da montanha, Eichmann transmitiu aos homens a ordem recebida. Estavam livres para fazer o que quisessem; ele planejava visitar a família uma última vez e depois se esconder nas montanhas. Devido às suas atividades durante a guerra, não tinha dúvida de que os Aliados o considerariam um criminoso. Tinha de evitar a captura.

Sozinho e a pé, Eichmann desceu pela neve até Blaa-Alm e depois seguiu para Altaussee. Ao chegar à aldeia, no fim da tarde, soube que o grande-almirante Karl Dönitz, chefe de Estado alemão em exercício, concordara com a rendição incondicional. No vale vizinho, do outro lado das montanhas, os soldados americanos dançavam nas ruas de Bad Ischl. Logo as tropas aliadas chegariam a Altaussee.

De farda camuflada e com uma metralhadora, Eichmann escapuliu até o lago onde a família morava. Tinham alugado um pequeno chalé que dava para o lago, no final da Fischerdorf Strasse, rua que serpenteava pela encosta numa ladeira íngreme. Não havia tempo para despedidas prolongadas. Ele passara boa parte da guerra longe da mulher e dos três filhos e não era mais o mesmo homem que, num concerto em Linz, em 1931, conhecera Veronika (Vera) Liebl, miúda e de olhos azuis, filha de um fazendeiro tchecoslovaco.

Na época, Eichmann, que tinha 25 anos e não completara o curso secundário, era vendedor externo da Vacuum Oil Company. Vinha de uma família de classe média com cinco filhos e circulava numa motocicleta vermelho-rubi para impressionar a nova namorada. A única insinuação de tendência política, por assim dizer, era a filiação ao grupo juvenil de uma organização maior de veteranos de guerra alemães, de um nacionalismo combativo e que fazia campanhas contra os "bolcheviques judeus". Em 1935, Eichmann e Vera se casaram na igreja, apesar do desdém dos camaradas da SS, que desprezavam os rituais religiosos. Moça católica inocente e descomplicada, Vera tinha em comum com o marido o gosto pela música clássica, mas não ligava muito para a política e não quis se filiar ao Partido Nazista. Se não fosse a ascensão de Hitler ao poder e o Terceiro Reich, os dois poderiam ter levado uma vida tranquila em Linz. Mas logo Eichmann foi arrebatado pela SS, e Vera concentrou-se em criar os três filhos. Nunca discutiam as atividades dele, e as visitas pouco frequentes e as numerosas infidelidades criaram uma distância entre os dois. Apesar do casamento abalado, Vera continuou dedicada ao marido.

Eichmann comprou uma cesta de ervilhas e um pouco de farinha em Altaussee. Foi tudo o que conseguiu encontrar. Ao contrário de alguns camaradas da SS, não tinha acumulado uma fortuna oculta em ouro e moeda estrangeira. Arrependeu-se amargamente de não ter extorquido pessoalmente resgates de líderes judeus; em troca da vida, eles ficariam contentes em pagar o que pedisse.

— A guerra acabou — disse a Vera. — Não precisa se preocupar. Serão os americanos e britânicos que virão. — Mas, para o caso de os russos chegarem primeiro, deu à esposa uma cápsula de cianureto e uma para cada um dos filhos. Depois, deixou instruções com ela para o caso de alguém ir até a casa investigar. Entraria em contato assim que se instalasse em lugar seguro.

Depois, Eichmann foi até o lago, onde os filhos brincavam — Klaus, de 9 anos, Horst, de 5, e Dieter, de 3 — e abraçou-os um de cada vez. Enquanto os via brincar, o pequeno Dieter escorregou e caiu no lago. Eichmann pescou o menino da água, o deitou sobre os joelhos e lhe deu várias palmadas. Enquanto o filho berrava, Eichmann lhe disse que nunca mais se aproximasse da água. Talvez nunca mais visse os filhos, foi o que pensou; era melhor lhes deixar um pouco de disciplina. Para ele, era o máximo que um pai podia fazer pelos filhos.

— Seja corajosa e cuide das crianças — disse a Vera, e foi embora a pé.

Sem nenhuma ordem a cumprir nem líderes a seguir, Eichmann estava à deriva. Enquanto escalava as montanhas, o exército dos Estados Unidos, inclusive os investigadores de um destacamento do Corpo de Contrainformação* que procuravam Kaltenbrunner, seguia para Altaussee. Já estava escuro quando Eichmann chegou a Blaa-Alm. A maioria dos integrantes da Juventude Hitlerista e os outros soldados que levara para a montanha tinham debandado. Seus homens da Waffen-SS e Horia Sima com sua guarda tinham ficado, sabendo que eram alvos dos Aliados. Eichmann passou a noite na aldeia e decidiu subir ainda mais a montanha no dia seguinte, com os homens que quisessem ir com ele. Tinha certeza de que conseguiria escapar da captura se ficasse nas montanhas que conhecia tão bem.

Ao amanhecer, Polanski, motorista que o servia havia muito tempo, perguntou se poderia pegar um dos veículos e partir. Agora que a guerra acabara, planejava abrir uma empresa de transportes. Eichmann sugeriu que pegasse um dos caminhões; para ele, agora a frota era inútil. Mais tarde, naquela mesma manhã, Otto Hünsche, um dos oficiais da SS que também descera até Altaussee para ver a família, voltou com a notícia de que os blindados americanos tinham acabado de entrar na área. Hünsche escapara deles e se escondera nos campos perto de Altaussee antes de voltar a Blaa-Alm.

O grupo de Eichmann caminhou até Rettenbach-Alm e se instalou em algumas cabanas na montanha. Nos dias seguintes, percorreram os morros circundantes atrás de patrulhas aliadas ou combatentes da resistência austríaca que pudessem entregar sua localização aos americanos. Puseram cartazes avisando que quem entrasse na área seria fuzilado. Mas sabiam que sua descoberta era inevitável. Enquanto Eichmann estava fora, os camaradas decidiram que não queriam ser encontrados com o supervisor da Solução Final. Escolheram Anton Burger para dar a notícia.

— Coronel, conversamos sobre a situação. Não podemos atirar em ingleses nem americanos, e os russos não estão vindo para cá — Burger se arriscou a dizer. — O senhor está sendo caçado como criminoso de guerra. Nós, não. Achamos que o senhor nos faria um grande serviço se nos deixasse e nomeasse outro comandante.

---

* Counter Intelligence Corps ou CIC. (N. da T.)

A deslealdade de seus homens o feriu, mas Eichmann sabia que estavam certos. Só Rudolf Jänisch foi voluntário para ficar com ele. Vestiram fardas da Luftwaffe que tinham trazido consigo e jogaram fora os documentos pessoais e tudo o que pudesse identificá-los. Depois de um brinde de *schnapps* de despedida, Eichmann e Jänisch saíram a pé de Rettenbach-Alm, seguindo para o norte.

Um ano antes, na Hungria, Eichmann conhecera Joel Brand, representante judeu que tentara trocar 10 mil caminhões por um milhão de vidas judias. Quando Brand olhou a pistola de Eichmann em cima da escrivaninha, o oficial sorriu friamente e disse:

— Sabe, muitas vezes penso que alguns do seu povo adorariam acabar comigo. Mas não seja otimista demais, sr. Brand. Pode ser que os tempos mudem, pode ser que percamos a guerra, mas vocês não me pegarão... Não, tomei todas as providências para essa eventualidade.

Era tudo ostentação. Eichmann não estava nem um pouco preparado para ser um fugitivo. Tinha pouco dinheiro, nenhum esconderijo, nenhum documento falso e só um jovem ajudante ainda leal a ele. Enquanto seguiam rumo à Alemanha, encontraram soldados aliados por toda parte. A rede se fechava.

Depois de garantida a paz, os Aliados ocuparam rapidamente a Alemanha. Impuseram a lei marcial, criaram postos de controle em pontes e cruzamentos, instituíram o toque de recolher e o blecaute, organizaram patrulhas itinerantes e mandaram os soldados da Wehrmacht para campos de prisioneiros de guerra. A meta era controlar o país, evitar o surgimento de uma resistência secreta organizada e fazer o policiamento de rotina para restaurar sem demora a ordem pública. Os quartéis-generais aliados deram ordens a todos os grupos de exércitos de cada setor para prenderem e interrogarem todos os integrantes do Partido Nazista, começando com o círculo íntimo de Hitler e descendo até os líderes dos grupos locais; integrantes da SD, da Gestapo e de outros ramos da SS; autoridades graduadas da polícia, da Wehrmacht, da Juventude Hitlerista e do Ministério da Propaganda, entre muitos outros. Os líderes aliados queriam imobilizar a Alemanha e remover até o último vestígio do Estado nazista.

Desde a libertação dos primeiros campos de concentração, os Aliados tinham aumentado enormemente o número de indivíduos dedicados a capturar líderes nazistas e outros criminosos de guerra. O CIC, cujo principal serviço na Alemanha era recolher informações e ajudar a proteger o exército dos Estados Unidos de agentes subversivos, descobriu que, com o final das hostilidades, pouco havia a fazer nesse aspecto, e voltou sua atenção para a lista dos mais procurados. Os serviços britânicos de informações também colaboraram com a iniciativa, embora com menos vigor imediato. Os Aliados tinham recrutado investigadores de crimes de guerra, cuja tarefa específica era reunir provas e prender os suspeitos de envolvimento nas atrocidades. Em Versalhes, os agentes aliados examinaram minuciosamente os documentos e arquivos pessoais capturados, elaborando um registro de criminosos de guerra e suspeitos de subversão. Esse Registro Central de Criminosos de Guerra e Suspeitos de Subversão* foi acrescentado a uma longa lista já compilada pela Comissão de Crimes de Guerra das Nações Unidas. Na primeira semana de maio, a lista continha mais de 70 mil nomes. Como na época se gabou Anthony Eden, ministro do Exterior britânico, à Câmara dos Comuns, "da Noruega aos Alpes bávaros, os Aliados fazem a maior caçada humana da história".

Os principais líderes nazistas, identificados e visados pelos Aliados muito antes do fim da guerra, encabeçavam a lista. No dia seguinte à fuga de Eichmann de volta às montanhas, o coronel Robert Matteson, oficial de 31 anos do CIC, formado em Harvard e lotado no III Exército americano, levou seus soldados até Altaussee. Tinham lhe contado que Kaltenbrunner estava com a amante na região. Pouco depois da chegada, Matteson e sua equipe prenderam pelo menos vinte nazistas e ocuparam a mansão da qual Kaltenbrunner acabara de partir — assim como a estação de rádio por meio da qual mantinha contato com Berlim. Alguns dias depois, receberam de um combatente local da resistência austríaca a informação de que Kaltenbrunner, seu auxiliar e dois guardas da SS estavam escondidos numa cabana de caça, no Totengebirge.

Guiados por quatro ex-soldados da Wehrmacht que conheciam o território e com o apoio de um pelotão de infantaria americana, Matteson

* Central Registry of War Criminals and Security Suspects ou CROWCASS. (N. da T.)

subiu a montanha, disfarçado com um *lederhosen*, a jaqueta alpina, e calçados com solas de cravos. Para não ser percebido, o grupo caminhou pela neve funda durante a noite. Cinco horas depois, às primeiras luzes da aurora, avistaram a cabana. Matteson percorreu sozinho os últimos 500 metros até a porta. No bolso, levava um bilhete que mandara a amante de Kaltenbrunner escrever, implorando que seu amor se rendesse pacificamente aos americanos. Bateu à porta.

Um homem de barba por fazer e roupas civis abriu uma fresta na porta.

— O que quer?

— Quero entrar. Estou com frio — respondeu Matteson, a arma escondida.

O alemão fez que não com a cabeça. O agente do CIC passou o bilhete da amante e, assim que leu o conteúdo, o homem fechou a porta com força. Pela janela, Matteson o viu correr pela sala e pegar um revólver. Outro homem na cama também estendeu a mão para a arma. Matteson se jogou atrás de uma parede sem janelas da cabana e assoviou para chamar o pelotão. Os soldados cercaram a casa e mandaram Kaltenbrunner e seus homens se renderem. A porta se abriu e eles saíram, as armas para cima. A princípio, Kaltenbrunner tentou se passar por médico da Wehrmacht, mas foi denunciado pela altura, pela cicatriz no rosto e pela insígnia de identificação da Gestapo, com a inscrição "nº 2". Na SS, Kaltenbrunner só ficava abaixo de Himmler.

Já Himmler não se entregou tão facilmente. No fim da guerra, reuniu o estado-maior e disse: "Bem, cavalheiros, sabem o que têm de fazer agora? Têm de se esconder nas fileiras da Wehrmacht." Himmler seguiu o próprio conselho. Raspou o bigode e, com farda de sargento e um tapa-olho preto, tentou passar pelas linhas britânicas com seis dos seus homens, mas foram pegos por acaso por uma patrulha. Durante um exame médico de rotina antes do interrogatório, Himmler mordeu uma cápsula de cianureto escondida na boca e morreu em 15 minutos.

Outros líderes nazistas importantes foram logo encarcerados na prisão aliada de Mondorf-les-Bains, no sudeste de Luxemburgo. Hermann Göring rendeu-se nos Alpes, insistindo que só falaria com o general Eisenhower. Sem cerimônia, dois soldados içaram para fora do carro os 120 quilos do segundo homem no comando, abaixo apenas de Hitler. O grande-almirante Dönitz, o general Alfred Jodl, o marechal de campo Wilhelm Keitel e o ministro dos Armamentos Albert Speer se renderam sem protestar. Fritz Sauckel, chefe do programa de trabalho escravo, foi encurralado quando se escondia numa caverna. Numa patrulha de rotina, um major judeu americano identificou Julius Streicher, o violento editor antissemita, barbado e disfarçado de artista plástico, com o pincel na mão. Hans Frank, governador-geral da Polônia, tentou se esconder entre os prisioneiros de guerra alemães, mas ficou tão nervoso com o risco de ser descoberto que cortou o pulso esquerdo e o pescoço e quase não sobreviveu. Os soldados da 101ª Divisão Aerotransportada descobriram Robert Ley, que encabeçava a Frente de Trabalho alemã, numa cabana na montanha muito parecida com aquela em que Kaltenbrunner fora encontrado. Joachim von Ribbentrop, ministro do Exterior, foi dos últimos a serem pegos. Filho de um mercador de vinhos, alimentara esperanças de que o pai o protegeria, mas este informou à polícia o paradeiro do filho. Os soldados britânicos prenderam Ribbentrop ainda na cama, em seu esconderijo em Hamburgo. Usando pijamas de seda listrada de rosa e branco, sentou-se e disse, em inglês impecável: "O jogo acabou. Parabéns."

Os nazistas mais famosos caíram em mãos aliadas nas primeiras semanas da ocupação. Todo dia, mais de setecentos indivíduos das listas de prisão automática eram capturados e ficavam presos à espera do interrogatório que descobriria a natureza de suas ações durante a guerra para um possível julgamento. Muitos dos seus irmãos receberam tratamento mais rápido.

Embora os russos tivessem mantido prisioneiros vários nazistas importantes para levá-los aos julgamentos aliados, muitas vezes sua vingança foi imediata, contrariando a advertência mais antiga de Stalin a Churchill sobre a necessidade de julgamentos justos. Com a ajuda de comunistas locais e de sobreviventes dos campos, o NKVD, serviço secreto russo, prendeu vários suspeitos de serem criminosos nazistas e mandou-os para prisões na União Soviética, onde nunca mais se ouviu falar deles. Outros foram executados, as costas perfuradas por balas de metralhadora.

Os russos não foram os únicos a fazer justiça com dureza. Depois que a guerra acabou, grupos de vingadores judeus, formados por sobreviventes dos campos, combatentes da resistência e soldados da Brigada Judaica (moradores da Palestina que tinham se unido a um grupo especial do exército britânico em 1944), caçaram e mataram sumariamente homens da Gestapo e das SS que tinham cometido crimes contra judeus. O Haganah, tropa secreta de defesa judaica sediada na Palestina, comandava alguns desses pelotões. Outros operavam inteiramente por conta própria. Muitas vezes disfarçados de policiais militares britânicos, os pelotões pegavam as vítimas à noite, as levavam para um lugar afastado da floresta ou junto a um lago e as fuzilavam ou afogavam. Um grupo chegou a elaborar um plano para matar 15 mil prisioneiros de guerra alemães presos num campo americano perto de Nuremberg polvilhando seu pão com pó branco de arsênico. Mais de 2 mil prisioneiros adoeceram, mas nenhum morreu.

Com tanta gente determinada a descobrir nazistas, Adolf Eichmann tinha uma vantagem: ainda não fora identificado como criminoso de guerra importante. Seu nome estava nas listas aliadas, devido especificamente às suas "atividades" na Tchecoslováquia, mas naquela época era um mero tenente-coronel entre dezenas de milhares de nomes. Os Aliados ainda não conheciam o grau de seu envolvimento com a Solução Final. Se o coronel Matteson soubesse das atividades do chefe do Departamento IVB_4 quando capturou Kaltenbrunner, talvez Eichmann também tivesse sido preso em poucos dias. Mas dado o início tardio da investigação aliada sobre os crimes de guerra nazistas, ele fugira.

De Altaussee, Eichmann e Jänisch caminharam e pegaram carona para oeste, rumo a Salzburgo. Escaparam das tropas aliadas, se escondendo nos campos quando ouviam soldados se aproximarem, e dormiam à noite em celeiros abandonados. A viagem de 80 quilômetros demorou vários dias, mas só quando a cidade estava ao alcance dos olhos uma patrulha americana os avistou e foram obrigados a se render. Eichmann se apresentou como Adolf Barth, cabo da Luftwaffe, usando o sobrenome do seu verdureiro de Berlim, mas não houve muitas perguntas. A patrulha levou os dois para um campo montado às pressas, com apenas um fio de arame farpado como cerca e nenhum holofote. Estava cheio de soldados alemães encontrados perambulando pela área, todos cansados e famintos, ainda usando a farda por falta de outras roupas. A maioria só queria comida e um lugar para dormir, assim como os 9 milhões de prisioneiros de guerra já presos pelos Aliados em todo o noroeste da Europa, e não havia muita necessidade de segurança.

Assim que a noite caiu, Eichmann e Jänisch esgueiraram-se para fora do campo e andaram até Salzburgo. A cúpula da principal catedral da cidade desmoronara e muitos prédios e casas perto da estação ferroviária tinham sido arrasados, mas em termos gerais Salzburgo foi uma das poucas cidades da Alemanha e da Áustria cujo centro histórico sobreviveu à guerra. Eichmann conhecia bem sua beleza anterior à guerra; dez anos antes, passara ali a lua de mel. Durante os próximos dias, os dois oficiais da SS esconderam-se nos becos sinuosos calçados de pedras da cidade velha, longe das patrulhas aliadas.

Certa tarde, Eichmann subiu até o famoso castelo do século XI de Salzburgo e observou o campo em volta. Estava convencido de que não merecia estar fugindo: só cumprira o juramento da SS de que "minha honra é a minha lealdade", e executara as ordens que recebera. Analisou se o homem que levara a noiva exatamente para aquele mesmo lugar uma década antes tinha mudado. Não, decidiu, não mudara. Sabia que não era assassino nem vilão.

A verdade é que fora uma estrada longa e sinuosa até Eichmann chegar ao nível do fanatismo regado a ódio que o caracterizara na Hungria. Nascido numa pequena cidade industrial da Alemanha, fora criado em Linz, na Áustria, pelo pai, um gerente de classe média, protestante severo e nacionalista fervoroso. Em Linz, também cidade natal de Hitler, assim como na Áustria e na Alemanha em geral, a maioria da população via os judeus como intrusos racialmente inferiores que personificavam a dupla ameaça do capitalismo internacional e do bolchevismo. Mas o antissemitismo não foi a motivação de Eichmann para se tornar nazista. O desastre de Versalhes depois da Primeira Guerra Mundial, a necessidade que a Alemanha tinha de estabilidade e, em termos mais pessoais, o desejo de usar a mesma farda castanha e elegante dos outros rapazes da sua idade foram razões suficientes.

Eichmann filiou-se ao Partido Nazista em 1932. Foi para a Alemanha, recebeu algum treinamento militar, leu mais sobre o nacional-socialismo e alistou-se na SD, comandada por Reinhard Heydrich. Como membro da operação de coleta de informações do partido, Eichmann estava encarregado de compilar uma lista de maçons alemães, que os nazistas consideravam inimigos. Diligente, atento aos detalhes e respeitoso diante da autoridade, chamou a atenção de Edler von Mildenstein, encarregado de criar um órgão para tratar dos assuntos judeus. Dado o grau de aversão que Hitler sentia pelo povo judeu, como evidenciado em 1935, com a imposição das Leis de Nuremberg, que privaram de cidadania os judeus alemães, foi um bom passo na carreira de Eichmann.

Na época, Mildenstein tinha para com os judeus uma atitude bem menos violenta do que muitos outros da SS e acreditava que mandá-los para a Palestina seria a solução do problema. Encarregou Eichmann de estudar o sionismo. Nos três anos seguintes, trabalhando no ambiente instável da SS, Eichmann passou os dias escrevendo relatórios sobre judeus, monitorando suas organizações e tentando aprender hebraico (um fracasso), investigando planos de emigração, e chegou a viajar para a Palestina em 1937, posando de jornalista do *Berliner Tageblatt*. Logo tornou-se o "especialista" em assuntos judeus da SD. Embora sua opinião sobre os judeus tivesse endurecido — escreveu num artigo que eles eram "o inimigo mais perigoso do Terceiro Reich" —, ainda achava que a emigração era a melhor maneira de se livrar deles.

Em 1938, quando a Alemanha ocupou a Áustria, Eichmann teve a primeira oportunidade de pôr em prática essa ideia. O segundo-tenente Eichmann chegou a Viena para representar a SD no tratamento dos 200 mil judeus austríacos. Depois de prender os principais líderes da comunidade judaica, usou muitos deles para organizar e financiar a emigração da população judia. Em seu escritório no Palais Rothschild, Eichmann sentiu a euforia do poder pela primeira vez e escreveu a um amigo: "Estão em minhas mãos; não ousam dar um passo sem mim." Pelo sucesso e pela "dureza requerida", ganhou a promoção a primeiro-tenente. Também desenvolveu a capacidade de ver os judeus não como seres humanos, mas como um rebanho a ser levado de um lugar para outro. Depois de um ano em Viena, ele foi mandado à Tchecoslováquia para organizar ali uma operação semelhante.

Quanto mais território os nazistas ocupavam, mais judeus ficavam sob seu controle, o que significava mais oportunidades na carreira de Eichmann. Quando a Alemanha ocupou a Polônia em setembro de 1939, Heinrich Müller, novo chefe da Gestapo, nomeou Eichmann para comandar o Escritório Central de Emigração Judaica, departamento responsável pela deportação forçada dos judeus para as fronteiras do território ocupado pelos alemães. Saía a emigração, entrava a deportação. Depois da invasão da Polônia, ato que precipitou a declaração de guerra dos Aliados, a primeira grande tarefa de Eichmann foi reassentar 500 mil poloneses para abrir espaço para a etnia alemã. Nessa época ele já era hábil em desenraizar comunidades e organizar o transporte, mas o maior problema era encontrar lugar para onde mandá-las. Formulou a proposta de reinstalar milhões de judeus em Madagascar, um plano brutal em seu alcance e execução, mas que não vingou, devido à hesitação dos oficiais superiores. Ainda assim, Eichmann se mostrara parte essencial de todo planejamento relativo ao problema judeu.

Enquanto isso, as famílias judias que tinham sido arrancadas dos seus lares em toda a Polônia e em outros territórios ocupados pelos alemães definhavam em guetos e campos de trabalho. Mas seu sofrimento e suas mortes eram cada vez mais irrelevantes para Eichmann. Eles eram um problema logístico que exigia solução.

No fim do verão de 1941, Heydrich convocou Eichmann a Berlim e lhe disse: “O Führer ordenou o extermínio físico.” Hitler já comandara a chacina de judeus na invasão da União Soviética, mas agora queria que o mesmo destino fosse levado a todos os judeus europeus. Eichmann foi enviado para verificar as operações de morticínio já em andamento na Polônia, sob o comando de Odilo Globocnik, chefe de polícia da SS, assim como as realizadas pelos *Einsatzgruppen*, esquadrões da morte organizados por Heydrich para seguir a Wehrmacht até a Europa oriental e a Rússia, e eliminar judeus, ciganos, comunistas e todos os outros “inimigos” do Reich. Perto de Lodz, homens, mulheres e crianças foram reunidos e embarcados em camionetes nas quais se bombeava a fumaça da exaustão dos veículos. Em Minsk, foram forçados a entrar em covas e despir-se, e depois fuzilados às centenas. Apesar de seus sentimentos para com os judeus, Eichmann sentiu-se nervoso com o que viu e disse isso a Müller. Essa não era mais uma “solução política”, disse Eichmann. Ao mesmo tempo, temia que a nova política eliminasse a necessidade do seu departamento. Esse medo de perder o cargo e o poder superou seus receios e, depois de mais considerações, aceitou a necessidade de livrar a Europa dos judeus por meio do extermínio.

Em 20 de janeiro de 1942, Heydrich reuniu 15 importantes autoridades do Reich interessadas no problema judaico num palacete em Wannsee, subúrbio a sudoeste de Berlim. A pauta era criar planos sistemáticos para a Solução Final e centralizá-los sob o comando da SS. Eichmann preparou relatórios curtos e informativos sobre medidas contra judeus, deportações e uma análise país a país dos 11 milhões de judeus que se visava a exterminar. Também cronometrou as reuniões. Mais tarde, tomou um brandy com Heydrich e Müller, brindando à sua liderança, sentados junto ao fogo e olhando a neve que caía.

Embora só recentemente promovido a tenente-coronel, Eichmann foi encarregado de ser a "autoridade competente" do RSHA, encarregado da coordenação de todos os assuntos relacionados à Solução Final. Livrou-se de toda a culpa e de todo o desconforto remanescentes que talvez ainda sentisse com o envolvimento no homicídio coletivo dizendo a si mesmo que seus chefes, "os Papas", tinham "lhe dado ordens".

Eichmann se entregou à nova tarefa com vigor característico. Não tinha criado a política do aniquilamento, ponderou, mas era responsabilidade sua obter sucesso em sua execução. Quanto mais judeus levasse para os campos de extermínio, melhor ficaria aos olhos dos superiores e melhor, pensava, serviria ao Reich. Distinguiu-se na tarefa, levando milhões de judeus de toda a Europa ao encontro da morte. Mas a cada desafio, a cada vitória, ficava mais obcecado pelo trabalho, mais convencido de sua importância e mais atraído pelo poder de vida ou morte. O judeu não era mais uma pessoa, sequer uma unidade a ser movida de um lugar para outro. O judaísmo era uma doença que ameaçava todos os alemães. "Estavam roubando de nós o fôlego da vida", escreveu. Precisavam ser erradicados, e era ele quem cuidaria disso até o fim. Na Hungria, Eichmann chegou ao auge da barbaridade. Ele foi a comprovação viva do ditado "o poder tende a corromper; o poder absoluto corrompe absolutamente".

Em maio de 1945, enquanto fitava Salzburgo, Eichmann lutava para negar a pessoa em quem se transformara, mas não se iludia a ponto de pensar que os Aliados não iriam atrás dele, ainda mais com o papel incomumente público que tivera na Hungria. Estava ansioso para voltar à Alemanha, sabendo que lá a possibilidade de não ser descoberto era maior do que na Áustria, onde passara a maior parte da vida. Mas não seria fácil. Daquele ponto de vantagem no castelo, podia ver os americanos vigiando todas as estradas que entravam e saíam de Salzburgo.

Recrutou uma enfermeira local para ajudar Jänisch e a ele a fugirem. Ela os levou até o posto de controle e disse aos americanos que aqueles dois cabos da Luftwaffe eram pobres e só queriam voltar ao seu país. Os guardas os deixaram passar.

Em seguida, Eichmann e Jänisch precisavam cruzar a fronteira alemã para entrar na Baviera. Agachados à beira da estrada, sem serem vistos, observaram que um cortejo fúnebre com alguns acompanhantes seguidos por soldados cruzava a fronteira sem muitas perguntas dos americanos. Mas, quando Eichmann e Jänisch tentaram segui-los, foram detidos. Dessa vez, um dos soldados examinou-os com mais atenção e descobriu a tatuagem preta de meio centímetro na parte de baixo do braço esquerdo de Eichmann, que indicava seu tipo sanguíneo. Em silêncio, Eichmann amaldiçoou Himmler por exigir a tatuagem dos integrantes da SS. Nas montanhas, tentara queimá-la com o cigarro aceso, mas ainda era perceptível.

Os homens foram levados de caminhão até um campo de detenção bem vigiado. Eichmann se apresentou como sargento Barth da Waffen-SS, mas nos próximos dias não pôde deixar de notar que os oficiais alemães eram mais bem tratados pelos americanos do que os praças. Quando foi interrogado por um tenente americano que falava alemão, já inventara para si uma nova identidade.

Quando lhe perguntaram o nome, respondeu: "Otto Eckmann." Era um nome parecido com o seu, o bastante para que atendesse quando chamado, mesmo que estivesse distraído. Além disso, se algum conhecido o chamasse pelo nome verdadeiro, talvez os guardas não desconfiassem.

— Posto?

— Segundo-tenente, 22ª Divisão de Cavalaria da Waffen-SS.

— Nascido?

— É claro — disse Eichmann, com um toque de arrogância, mas acrescentou: — Em 19 de março de 1905. Em Breslau.

Era um ano antes da sua data de nascimento verdadeira, coisa fácil de lembrar, e escolhera Breslau porque a cidade estava em mãos russas e fora dizimada por repetidas campanhas de bombardeio, o que, suspeitava, teria destruído todos os livros das paróquias e registros oficiais.

O oficial americano anotou os detalhes e, depois de fazer mais algumas perguntas básicas sobre o serviço de Eichmann durante a guerra, o mandou embora e lhe disse que voltasse ao seu destacamento de trabalho. O tenente tinha uma unidade de transporte alemã inteira para interrogar antes do fim do dia.

No mês de junho, Eichmann e Jänisch foram levados de um campo temporário a outro, vivendo de rações das campanhas e lamentando a perda do Terceiro Reich. Na viagem entre os campos, Eichmann viu a ruína que o cercava. Havia tanques e carros destroçados pelas estradas e montes de metal retorcido, que já tinham sido aeroplanos, espalhados pelo campo. As pontes tinham sido destruídas e os trilhos das ferrovias cortados, e a maioria das cidades sofrera campanhas indiscriminadas de bombardeio, com seus prédios reduzidos a pilhas de escombros. Nada disso se comparava à devastação humana. Centenas de milhares de refugiados, muitos deles recém-libertados dos campos de concentração e de trabalho escravo, entupiam as estradas e enchiam as aldeias por onde passavam os prisioneiros de guerra. Vestidos com pouco mais do que farrapos, os sapatos em frangalhos cheios de jornal, ficavam escondidos em casas vazias e enegrecidas ou caminhavam em pequenos grupos rumo a um destino desconhecido, levando as poucas posses que tinham em sacolas de pano jogadas ao ombro. Abriam covas apressadas à beira da estrada para cadáveres esquecidos.

Num campo na floresta bávara, Eichmann encontrou um oficial alemão chamado Rudolf Scheide, que trabalhava como auxiliar do comandante. Obediente, Eichmann revelou o nome verdadeiro e explicou que queria ser registrado com o nome falso, Eckmann. "O que você faz com o seu nome é problema seu", disse-lhe Scheide com desdém. Ele cuidava de centenas de prisioneiros de guerra que todos os dias chegavam de caminhão.

No final de junho, Eichmann e Jänisch foram embarcados em outro veículo e levados para mais um campo, em Weiden, 80 quilômetros a leste de Nuremberg. Esse campo era um vasto cercado de arame farpado. Um mar de soldados, inclusive mais de 2 mil oficiais, ocupavam o campo, muitos deles abrigados em buracos cavados no chão, já que havia poucas barracas. Os soldados usavam trincheiras como latrinas e havia pouca comida e água para os milhares de homens.

Eichmann decaíra muito desde os dias do palacete elegante com vista para Budapeste, onde era servido por criados e bebia os melhores vinhos. Mas Weiden não era nada comparado aos lugares para onde mandara os "inimigos do Reich". Enquanto Otto Eckmann labutava em seu destacamento de trabalho, os sobreviventes começavam a entender a natureza de seu posto na SS. Em breve, Adolf Eichmann não seria apenas mais um dentre dezenas de milhares de procurados. Seria um dos alvos principais.

4

— JÁ OUVIU FALAR de Adolf Eichmann? — perguntou o capitão Choter-Ischai, da Brigada Judaica, ao homem à sua frente, que estava apenas começando a recobrir a estrutura óssea alta e de ombros largos depois de passar anos em campos de concentração.

— Ouvi alguns judeus húngaros de Mauthausen citarem o nome — disse Simon Wiesenthal. — Para mim, não significa nada.

— É melhor dar uma olhada — disse Choter-Ischai, explicando ter informações de que, em Berlim, Eichmann estava profundamente envolvido nos assuntos judeus e devia ser preso. — Infelizmente, ele vem da nossa terra. Nasceu na Palestina.

Depois que o capitão se foi, Wiesenthal examinou os arquivos da agência do Escritório de Serviços Estratégicos,* em Linz, onde trabalhava. As informações sobre esse tal Eichmann eram escassas. Não havia o primeiro nome, apenas um posto: tenente-coronel. A ficha detalhava que Eichmann estivera envolvido em ações na Áustria, na Tchecoslováquia, na França, na Grécia e na Hungria, mas não havia nada específico. Wiesenthal anotou o nome para fazer indagações futuras e voltou ao torvelinho de suas atividades em meados de junho de 1945. Há apenas quatro semanas, pesando 44 quilos, saíra cambaleando dos alojamentos escuros de Mauthausen para a luz do sol e vira um blindado americano cinzento passar pelo portão. Desmaiara com a visão.

* O norte-americano Office of Strategic Services, de sigla OSS, precursor da CIA. (N. da T.)

Antes que os nazistas invadissem a Polônia, Wiesenthal fora arquiteto de prestígio crescente e marido com esperanças de constituir família. Os nazistas lhe mataram a mãe, lhe tiraram a esposa e ele sofrera tamanho terror no corpo e na mente que tentara se suicidar duas vezes. No final da guerra, temeu que, se não fosse atrás dos responsáveis, não tivesse mais razão de viver. Enquanto se recuperava em Mauthausen, o ex-arquiteto de 36 anos implorou a uma Unidade de Crimes de Guerra do exército americano que o contratasse. Numa carta ao comandante, descreveu os 12 campos de concentração aos quais sobrevivera e citou os nomes e, especialmente, os postos de 91 indivíduos, além de descrição de seus crimes: "Major-general Katzmann, da SS: responsável pela morte de pelo menos um milhão de pessoas; comissário Shöls, da Gestapo: controlador do cronograma da chacina em toda a Galícia polonesa; Friedrich Warzok, comandante do campo de concentração de Janowska: besta que liquidou pelo menos 60 mil judeus e costumava queimar prisioneiros vivos em seus alojamentos; guarda Hujar, da SS, do campo de concentração de Plaszow: ganhador de numerosas apostas de que perfuraria duas cabeças de uma só vez com uma única bala."

O investigador-chefe contratou Wiesenthal e deu-lhe poder de prisão, e o ex-arquiteto capturou mais de uma dúzia de integrantes da SS com a ajuda da unidade americana antes de ser transferido para o OSS. A agência americana de espionagem também estava interessada em prender oficiais da SS, só que mais como iniciativa de contraespionagem que por crimes de guerra.

No mês seguinte a Choter-Ischai ter lhe informado o nome de Eichmann, Wiesenthal pouco descobriu sobre o tenente-coronel além dos boatos de ex-prisioneiros de Mauthausen de que ele falava iídiche e hebraico fluentemente. No final de julho, foi a Viena coletar informações para a investigação sobre ex-oficiais da SS. Encontrou-se com Gideon Raphael, importante agente da Brichah, organização secreta que organizava o êxodo de judeus da Europa para a Palestina, desafiando o bloqueio britânico. Raphael entregou a Wiesenthal a lista de criminosos de guerra que a Agência Judaica para a Palestina (precursora do governo israelense) vinha compilando a sério desde 1944.

O nome Eichmann encabeçava a lista. Raphael tinha mais informações sobre Eichmann do que os Aliados, embora não soubesse o primeiro nome.

Aparentemente, seu apelido era Eichie. Era dado como casado com um filho e, supostamente, nascera em Sarona, colônia templária alemã na Palestina. Mais uma vez, o relatório afirmava que falava hebraico e iídiche. O mais importante é que dizia que era "oficial superior do quartel-general da Gestapo, do Departamento de Assuntos Judeus". Wiesenthal sabia que isso significava que Eichmann trabalhara na administração dos campos de extermínio.

Depois de voltar a Linz, Wiesenthal foi direto ao chefe, o capitão O'Meara, do OSS, para discutir o caso de Eichmann.

— Ele é o cabeça do ramo judeu da Gestapo — disse O'Meara, e encorajou Wiesenthal a procurá-lo.

Sem que Wiesenthal soubesse, os Aliados vinham obtendo cada vez mais informações sobre Eichmann com o interrogatório dos oficiais da SS capturados, inclusive alguns que tinham trabalhado diretamente com ele. Conheciam sua posição de chefe da seção judia da Gestapo e tinham uma ideia geral de sua atividade.

Dali a algumas noites, no apartamento da Landstrasse, 40, a apenas duas portas do escritório do OSS, Wiesenthal sentou-se à escrivaninha para examinar a lista de nomes. "Eichmann" estava sublinhado para dar ênfase. A senhoria entrou para limpar o quarto e espiou a lista por sobre o seu ombro.

— Eichmann! — exclamou ela. — Deve ser o general Eichmann da SS que cuidava dos judeus. Sabia que os pais dele moram aqui, nesta rua? Fica poucas casas abaixo, no número 32.

Espantado, Wiesenthal avisou imediatamente o OSS, mas se recusou, quando lhe pediram, a ir em pessoa à casa. Não aguentaria a ideia de tocar a mesma maçaneta que o indivíduo que participara da organização de tantas mortes.

Em 28 de julho, dois agentes do OSS foram até o número 32 da Landstrasse. Interrogaram o pai de Eichmann, que admitiu com relutância que seu filho Adolf fora da SS, mas era tudo o que sabia de suas atividades durante a guerra. Adolf fora visitá-los perto do fim da guerra, mas desde então o pai não tivera notícias dele. Os agentes souberam que nascera em Solingen, na Alemanha, não na Palestina; que tinha três filhos, e não um só; e que era casado com uma mulher chamada Vera Liebl. Ao revistar a casa, não encontraram nenhuma fotografia de Adolf.

— Tem alguma foto? — perguntou o agente do OSS, suspeitando que o homem escondia alguma coisa.

O velho Eichmann fez que não com a cabeça.

— Ele nunca gostou de ser fotografado — disse.

Numa fila de homens da SS, o segundo-tenente Otto Eckmann esperava nervoso que os sobreviventes judeus dos campos de concentração fitassem seu rosto para ver se o reconheciam. Guardas americanos armados e investigadores de crimes de guerra dos países Aliados observavam com expectativa.

Com a nova identidade, Eichmann passara o verão são e salvo, sem nenhum tropeço, nos vários interrogatórios padronizados do CIC sobre as atividades durante a guerra. Nenhuma resposta provocou mais indagações, e ele passava os dias empilhando munição pesada num armazém da força aérea. No final de agosto, os americanos o levaram para outro campo, localizado em Ober-Dachstetten, a oeste de Nuremberg. O seu auxiliar Jänisch foi mandado para um campo diferente. Eichmann ficou isolado entre trezentos ex-oficiais da SS, designado para um grupo de trabalho. Ninguém ali sabia quem ele era.

No final de setembro, as sessões de reconhecimento de ex-nazistas ocorriam com frequência cada vez maior. Nenhum sobrevivente reconheceu Eichmann ao passar pelas filas. Ao contrário da exibição pública da maioria dos homens da SS, fosse nos campos, fosse na supervisão das deportações, Eichmann preferira permanecer nas sombras. A não ser na época em que ficou em Viena e na Hungria, mandava que os subordinados se encontrassem com representantes judeus e executassem seus planos. Também fizera questão de evitar que tirassem fotografias suas. Nos documentos de identidade, usara sempre uma foto oficial da Gestapo e destruíra os negativos. Essa cautela precoce agora rendia frutos. Ainda assim, tinha certeza de que um dia seria descoberto numa das sessões de reconhecimento.

Em outubro, Eichmann foi chamado ao centro de interrogatório do CIC, na vizinha Ansbach. Teve certeza de que se metera em encrenca quando foi confrontado por um investigador experiente que falava um alemão perfeito e conhecia suficientemente as complexidades bizantinas da SS para pegá-lo mentindo.

Eichmann contou ao investigador o seu serviço, como fizera parte da divisão da Waffen-SS que combatera os russos perto de Budapeste, depois servira sob o comando do famoso general Sepp Dietrich na defesa de Viena, no fim da guerra. Sobre a razão de ter chegado ao campo de prisioneiros sem documentos, Eichmann explicou que os destruíra depois da retirada de Viena, obedecendo ao procedimento regular do exército. O investigador o fez parar várias vezes, sondando detalhes militares que qualquer tenente da Waffen-SS conheceria, mas não Eichmann. Além disso, quando o investigador o pressionou, Eichmann não conseguiu evitar exibir uma arrogância que o identificava como oficial de posto superior. Quando o interrogatório terminou, o investigador disse a Eichmann que suas respostas seriam conferidas e que certamente haveria mais interrogatórios.

Muito embora tivesse fornecido informações que exigiriam tempo e viagens para serem investigadas, Eichmann temia ter-se revelado. Voltou a Ober-Dachstetten no ônibus militar, tremendo só de pensar em como os guardas poloneses do campo o tratariam se conhecessem sua identidade. A ideia do suicídio se esgueirou em sua mente, e ele chegou a perguntar a um dos outros oficiais da SS, que fora farmacêutico antes da guerra, de quanta morfina precisaria para se matar. Seu desespero chegou ao ponto máximo ao saber que os Aliados estavam prestes a levar os grandes líderes do Terceiro Reich a um tribunal em Nuremberg.

Duas horas antes do amanhecer de 21 de novembro, os guardas acordaram os prisioneiros de Nuremberg para prepará-los para o primeiro dia do Tribunal Militar Internacional. Depois de vários meses de discussões políticas e jurídicas, os Aliados tinham concordado com a denúncia e com uma lista de 24 réus para o grande julgamento de crimes de guerra. Os réus tinham sido extensamente interrogados. Os promotores tinham reunido pilhas de documentos nazistas incriminadores, muitos encontrados escondidos em minas de sal, guardados em castelos no campo ou enfiados por trás de paredes falsas em prédios do governo. Agora, o julgamento começaria a sério.

Os guardas deram aos prisioneiros o desjejum de café e aveia, barbearam e vestiram os militares com fardas simples e os civis com terno e gravata. Como acontecia desde a captura, cada movimento seu era vigiado, para impedir tentativas de suicídio. Balançando o cassetete, o diretor da prisão avisou-os de que o mau comportamento no tribunal provocaria a perda de privilégios. Depois, foram levados pela prisão de quatro em quatro, percorreram a passagem coberta e entraram no Palácio da Justiça. Uma porta de ferro se abriu para um elevador gradeado, de tamanho suficiente para prisioneiros e guardas.

No segundo andar, os guardas os escoltaram até a sala do tribunal, e lá os sentaram em dois bancos de madeira compridos, de acordo com a ordem dos nomes na denúncia. Primeira fila: Hermann Göring, Rudolf Hess, Joaquim von Ribbentrop, Wilhelm Keitel, Alfred Rosenberg, Hans Frank, Wilhelm Frick, Julius Streicher, Walter Funk e Hjalmar Schacht. Segunda fila: Karl Dönitz, Erich Raeder, Baldur von Schirach, Fritz Sauckel, Alfred Jodl, Franz von Papen, Arthur Seyss-Inquart, Albert Speer, Konstantin von Neurath e Hans Fritzsche. Dos outros quatro réus, Ernst Kaltenbrunner sofrera uma hemorragia cerebral três dias antes, Robert Ley se enforcara na cela com uma toalha, Gustav Krupp fora considerado fraco demais para aguentar o julgamento, e Martin Bormann ainda estava desaparecido.

Dez guardas com cassetetes, cintos e capacetes brancos estavam ao lado e atrás dos réus. O resto da sala do tribunal, semelhante a um anfiteatro, estava vazio. Às nove e meia da manhã, as portas se abriram. Os advogados de defesa entraram e se sentaram na frente do banco dos réus. Os promotores se instalaram no lado oposto. Os intérpretes e estenógrafos do tribunal ocuparam seus lugares e os mais de 250 jornalistas, os deles. Às dez horas em ponto, o auxiliar de justiça pediu ordem e quatro juízes, naturais dos Estados Unidos, da União Soviética, da Grã-Bretanha e da França, entraram enquanto se fazia silêncio.

Depois de uma breve introdução do presidente do tribunal, a promotoria apresentou a denúncia contra os réus, dividida em quatro partes: crimes contra a paz, crimes de guerra, crimes contra a humanidade e conspiração para cometer esses crimes. Hora após hora, foi lida a denúncia, um retrato incriminador, com violações de tratados internacionais, controle totalitário, guerra de agressão, trabalho escravo, chacina de soldados capturados, pilhagem, destruição desumana de milhares de aldeias e cidades, e mais tortura, fuzilamento, morte por gás, enforcamento, fome e extermínio sistemático de inocentes para abrir espaço para a "raça superior". Alguns réus fizeram uma careta, enxugaram a testa e se mexeram no lugar, pouco à vontade. Outros ficaram imóveis como pedras. Göring fez uma careta para as câmeras. Hess gemia horrivelmente, segundo ele de dor de estômago, e teve de receber uma injeção para relaxar. Correram lágrimas pelo rosto de Ribbentrop, que acabou removido para chorar sozinho no corredor. Na pausa para o almoço, Schirach, o elegante ex-líder da Juventude Hitlerista, de 38 anos, virou-se para um psicólogo clínico que supervisionava os prisioneiros e disse, secamente: "Suponho que teremos bife no dia em que forem nos enforcar."

No dia seguinte, os réus se declararam culpados ou inocentes. Primeiro, Göring respondeu, com olhar desafiador: "No sentido da acusação, me declaro inocente." Os restantes também se declararam inocentes. Então Robert Jackson, principal promotor americano, levantou-se para fazer o arrazoado inicial. Vestido com um terno risca de giz, com a corrente do relógio pendurada no colete, falou com intensidade comedida.

> O privilégio de dar início ao primeiro julgamento de crimes contra a paz do mundo a se realizar na história impõe grave responsabilidade. Os crimes que buscamos condenar e punir foram tão calculados, tão malignos e tão devastadores que a civilização não pode tolerar que sejam ignorados, porque não sobreviverá caso se repitam. O fato de quatro grandes nações, enrubescidas pela vitória e aguilhoadas pela injustiça, deterem a mão da vingança e voluntariamente submeterem os inimigos cativos ao julgamento da lei é um dos tributos mais importantes que o poder já pagou à razão.

Nas semanas seguintes, a promotoria apresentou seus argumentos sobre cada uma das acusações, levando em conta os documentos nazistas apreendidos e os depoimentos sobre o modo como os planos desses crimes tinham sido desenvolvidos pelos réus, os métodos que tinham usado para realizá-los e as ordens dadas para sua execução. A culpa deles era clara, mas o julgamento também tornou óbvio que muitos outros nazistas tiveram participação direta nesses crimes. Um dos nomes que tiveram mais destaque foi o de Adolf Eichmann.

Ele foi mencionado pela primeira vez no vigésimo dia do julgamento. A promotoria citou um líder judeu húngaro que escreveu, sobre a chegada dos alemães em março de 1944: "Juntamente com a ocupação militar alemã, chegou a Budapeste uma 'Unidade da Seção Especial' da polícia secreta alemã com o único objetivo de liquidar os judeus húngaros. Era encabeçada por Adolf Eichmann. [...] Os comandantes dos campos de extermínio só usavam as câmaras de gás seguindo instruções diretas ou indiretas de Eichmann." No dia seguinte, Eichmann foi citado como "chefe da Seção Judaica da Gestapo", que certa vez declarara com autoridade que 4 milhões de judeus tinham sido deportados e depois mortos nos campos de extermínio.

Pouco depois de recomeçada a sessão de 3 de janeiro de 1946, o capitão Dieter Wisliceny, da SS, ocupou o banco das testemunhas. Ele trabalhara com Eichmann durante 11 anos e também era amigo da família. Seu depoimento evidenciaria o papel que Eichmann desempenhara no genocídio.

Em resposta a uma pergunta do tenente-coronel Smith Brookhart, da promotoria, que indagara se Eichmann mostrara a Wisliceny a ordem de Himmler para dar início à Solução Final, a testemunha disse:

— Sim, Eichmann me entregou o documento e vi a ordem com meus próprios olhos.

— O senhor fez alguma pergunta sobre o significado da expressão "Solução Final" usada na ordem? — perguntou o tenente-coronel Brookhart.

— Eichmann me explicou o que isso queria dizer. Disse que os planos de aniquilação biológica da raça judaica nos Territórios Orientais estavam disfarçados no conceito e na expressão "Solução Final".

— Eichmann lhe disse alguma coisa a respeito do poder que essa ordem lhe dava?

— Ele me disse que, dentro do RSHA, estava pessoalmente encarregado do cumprimento dessa ordem — respondeu Wisliceny. — Com esse fim, recebeu total autoridade do chefe da Polícia de Segurança; era pessoalmente responsável pelo cumprimento da ordem.

— O senhor fez a Eichmann algum comentário sobre sua autoridade?

— Fiz. Para mim, era claríssimo que essa ordem significava a morte para milhões de pessoas. Disse a Eichmann: "Deus permita que os nossos inimigos nunca tenham a oportunidade de fazer o mesmo com o povo alemão", e em resposta a isso ele me disse para não ser sentimental.

Com esse depoimento inequívoco, a importância e o caráter de Adolf Eichmann foram revelados pela primeira vez ao público em geral. Entretanto, desde o verão os investigadores aliados estavam cada vez mais ansiosos pela sua captura. Em agosto, o CIC entrevistara a mulher dele em Altaussee. Ela informara aos investigadores que não tivera contato com o marido desde que se separaram em março de 1945. Também não tinha fotos dele para lhes dar.

No início de setembro, o interrogatório de vários outros conhecidos íntimos de Eichmann, como Wisliceny, propiciara uma descrição detalhada do chefe do Departamento IVB_4 e de seus auxiliares mais próximos. Era óbvio que ainda estava vivo no fim da guerra, e seus auxiliares duvidavam de que tivesse se suicidado. Os investigadores tinham várias pistas do seu paradeiro, entre elas Altaussee e Salzburgo. Mais tarde, naquele mesmo mês, os Aliados, num relatório especial, trataram Eichmann como "procurado com urgência pelo quartel-general supremo da Força Expedicionária Aliada para interrogatório e possível julgamento pela Comissão de Crimes de Guerra". Em novembro, os boletins distribuídos entre as várias regiões do CIC rotulavam-no como "da mais alta importância entre os criminosos de guerra" e davam dele um retrato vivo e exato:

Idade: Cerca de 40 anos
Altura: 1,78 metro
Peso: 70 quilos
Tipo físico: Esbelto, vigoroso
Cabelo: Ralo no alto, louro-escuro
Olhos: Azul acinzentados
Rosto: Traços fortes, nariz adunco
Postura: Ereta, militar, andar de montanhista
Dialeto: Fala com sotaque austríaco, voz estridente, rouca e não modulada, sempre alta

Outros sinais de identificação: Costuma usar bengala. Os movimentos são bastante nervosos; ao falar, tem uma tosse nervosa, um tique no canto da boca, fecha um dos olhos.

Mas, no início de 1946, fazia mais de seis meses que Eichmann continuava em mãos aliadas sem ser notado, o que revela como era fragmentada e sobrecarregada a situação dos investigadores de crimes de guerra. Além dos primeiros alvos da elite nazista, que agora estavam em julgamento, os britânicos se arrastavam e os americanos ainda não tinham investigadores suficientes para o número de indivíduos a que visavam. Para atrapalhar ainda mais sua atividade, a tão louvada lista de suspeitos do CROWCASS só foi amplamente distribuída no outono de 1945 e, mesmo assim, era volumosa demais para ser eficaz.

Os Aliados mostraram-se mais do que capazes de capturar dezenas de milhares de suspeitos nas categorias de prisão automática. Todos foram fotografados e interrogados, e suas características físicas, anotadas. Mas sem um centro coordenado para essas informações, dispondo de pessoal suficiente, nem Eichmann nem os outros que mentiram sobre sua identidade seriam descobertos num sistema de prisioneiros de guerra com mais de duzentos campos americanos somente na Alemanha.

Ainda assim, alguns investigadores aliados lutaram com vigor contra essas dificuldades. Alguns dias depois do depoimento de Wisliceny, o CIC enviou outro boletim aos escritórios regionais, requisitando que qualquer pista sobre Eichmann, que era "responsável, pelo menos em parte, pelo extermínio de cerca de 6 milhões de judeus", fosse investigada para assegurar sua prisão. O boletim alertava que Eichmann era "um tipo desesperado que, se encurralado, tentará escapar a tiros. É um alpinista hábil e presume-se que mude com frequência sua localização".

No campo de Ober-Dachstetten, Eichmann planejava a fuga. No início de janeiro de 1946, por meio da rede de boatos dos prisioneiros, soube do depoimento de Dieter Wisliceny. Dera o nome dele ao filho caçula. Se um dos seus amigos mais íntimos o dedurava aos Aliados, Eichmann podia ter certeza de que outros também o faziam, talvez seu auxiliar Jänisch, que conhecia a sua identidade falsa. Agora que fora publicamente identificado como o centro da Solução Final, com certeza o preço da sua cabeça subira.

Há meses o medo da captura o vinha corroendo. Nunca tinha certeza de quem o procurava, com quanta diligência, se tinham sua fotografia, se tinham informantes. Em Ansbach, sobrevivera a outro interrogatório, que, entretanto, o deixara ainda mais convencido de que os interrogadores não acreditavam nele. Acabariam por identificá-lo como Eichmann ou algum sobrevivente judeu o reconheceria. De um modo ou de outro, a descoberta era certa se permanecesse no campo.

Eichmann foi diretamente até o coronel Opperbeck, o oficial da SS de posto mais alto no campo. Oito meses depois do colapso do Terceiro Reich, ainda sentia necessidade de buscar aprovação antes de agir. Revelou a Opperbeck o seu nome e o seu posto, seu cargo no RSHA e o desejo de fugir.

— Já faz algum tempo que sei quem você é — disse Opperbeck. — Como nunca me disse nada, fiquei calado.

Concordaram em fazer uma reunião dos oficiais da SS. Naquela noite, reuniram-se na latrina e Eichmann disse aos oficiais que queria fugir do campo. Não revelou seu nome, só afirmou que temia que os Aliados estivessem atrás dele devido às suas atividades políticas. Disse ao grupo que planejava ir para o Egito, onde talvez pudesse se abrigar em segurança.

Os oficiais consentiram com a fuga. Um deles, Hans Feiersleben, sugeriu que Eichmann ficasse algum tempo na Alemanha. Tinha um irmão que era guarda-florestal no norte do país e poderia lhe arranjar emprego numa área isolada, onde os Aliados nunca o encontrariam. Outro, Kurt Bauer, aconselhou-o a ir primeiro a Prien, a sudeste de Munique, onde sua irmã o esconderia e o ajudaria na viagem.

Quando a reunião terminou, Eichmann tinha um plano. Os outros oficiais ajudaram-no a falsificar documentos em nome de Otto Heninger. Um ordenança tentou queimar sua tatuagem da SS. E uma mulher com quem flertava pela cerca do campo lhe passou um casaco tirolês e tinta para tingir de verde as calças da Luftwaffe. Com meias de lã puxadas sobre as calças, pareceria um caçador qualquer na floresta.

Dali a algumas noites, Eichmann fez a barba e vestiu a roupa nova. Seguiu até uma parte da cerca de arame farpado fora das vistas dos guardas. No escuro, escalou agilmente a barreira, evitando as pontas afiadas. Do outro lado da cerca, hesitou, sentindo-se indefeso, exposto ao acaso de uma patrulha qualquer. Apressou-se a entrar na floresta.

5

EM FINS DE MAIO DE 1946, Tuviah Friedman aguardava, numa rua de Viena, o homem que só conhecia pelo nome de Arthur. Arthur era o chefe do Haganah em Viena e líder da organização Brichah, que estava ajudando Friedman, de 24 anos, e milhares de outros judeus a emigrar secretamente para a Palestina. O pedido de Friedman para se encontrarem nada tinha a ver com essa viagem, mas para ele a importância era igual ou maior.

Quase no final da guerra, Friedman voltara à sua casinha em Radom, pequena cidade industrial no centro da Polônia que os russos tinham libertado quando avançavam rumo a Berlim. Na rua, diante da casa, encheu-se de lembranças da infância: Itka, a irmã mais nova, andando de bicicleta e afastando com a mão os cachos louros do rosto; o destemido irmão menor, Hershele, brincando no telhado; Bella, a irmã mais velha, lendo um dos seus preciosos livros; o pai a lhe mostrar o funcionamento da impressora, na gráfica; a mãe usando um dos vestidos bonitos que fazia no ateliê. Os pais, Itka e Hershele, estavam mortos, graças aos nazistas, e ele não sabia se Bella ainda vivia. Ele sobrevivera aos guetos, ao trabalho escravo, aos caprichos assassinos dos guardas da SS e à fuga meio planejada do campo de trabalho, por dentro do esgoto. Só conseguiu afinal escapar enterrando uma baioneta no pescoço de um soldado alemão. Na rua, diante da casa, agora habitada por uma família que se mudara para lá assim que os judeus foram levados de Radom, Friedman soube que, para ele, aquele mundo acabara. Ele nunca mais voltaria.

Entrou para a milícia polonesa e foi mandado a Dantzig para prender os alemães que ainda estivessem na cidade destruída. Seu superior lhe aconselhou que adotasse o nome Jasinki; com o cabelo louro, não passaria por judeu. Concordou, relutante, porque queria a vaga. Logo descobriu que tinha talento para investigar e interrogar, sem falar no ardor genuíno, alimentado pela dor e pela raiva, capaz de fazer os prisioneiros da SS se encolherem de medo diante dele. Em Dantzig, Friedman encontrou Bella, que por milagre sobrevivera a Auschwitz.

Nos meses seguintes, ele ficou cada vez menos à vontade com a mentira de viver fingindo que era Jasinki. No início de 1946, pediu baixa das forças armadas, foi morar num kibutz perto de Dantzig e, dali a alguns meses, entrou em contato com o Brichah e começou a jornada para a Palestina. No caminho, encontrou um velho amigo nas ruas de Viena, que lhe falou de um soldado da SS que tinham conhecido em Radom. Friedman seguiu diretamente até a casa do tal homem, soube que estava escondido num campo americano de prisioneiros de guerra, foi procurá-lo disfarçado e obteve sua confissão. Depois, ouviu falar de outro oficial da SS de Radom, também escondido em Viena. Friedman pediu para ver o chefe do Haganah, na esperança de obter sua ajuda para conseguir provas contra o oficial.

Um carro preto parou junto ao meio-fio e o motorista abriu a janela do passageiro. Saiu uma fumaça de cigarro. "Friedman?", perguntou o motorista. Ele fez que sim e entrou no carro.

Arthur Pier apresentou-se enquanto dirigia. Era alto e magro; falava e se vestia como um aristocrata. Embora um pouco mais velho do que Friedman, tinha um ar de competência tranquila que, na mesma hora, deixou Friedman impressionado. Ele contou a Pier a vontade que tinha de chegar à Palestina.

— E estamos ansiosos para levá-lo para lá — disse Pier. — Também pertenço a um kibutz e precisamos de rapazes fortes como você, Tadek.

Friedman ficou surpreso ao ver que Pier conhecia seu apelido, mas nada disse. Chegaram ao número 2 da Frankgasse, no centro de Viena. A placa na porta dizia ORGANIZAÇÃO AUSTRÍACA DE REFUGIADOS, mas na verdade era a sede do Brichah, com seis salas cheias de atividade. Pier convidou Friedman a ir à sua sala e fechou a porta. Friedman explicou que, antes de partir para a Palestina, queria ajuda para ir a Stuttgart colher depoimentos contra dois oficiais das SS.

— Quais são os nomes deles? — perguntou Pier, folheando um caderninho preto sobre a escrivaninha. — Esse caderninho é o resultado de dois anos de muito trabalho na Palestina... Konrad Buchmayer? Está na lista... Em Radom há um oficial da Gestapo chamado Schokl. Deve ser o seu Richard Schoegl. — Ele fez uma rápida marquinha a lápis junto de cada nome. Depois, olhou para Friedman. — Tadek, há algumas semanas o líder do seu kibutz me falou de você e do seu trabalho em Dantzig.

Pier explicou que emigrara de Viena quando os nazistas tomaram o poder. Depois de alguns anos ajudando outros a irem para a Palestina, a Agência Judaica encarregara-o de colher provas contra criminosos de guerra nazistas junto aos refugiados que chegavam a Haifa. Nos 18 meses seguintes, ele montou dossiês sobre milhares de alemães, os quais passou ao OSS americano e ao Tribunal Penal Internacional de Nuremberg. Também contou a Friedman que, no fim da guerra, David Ben-Gurion, líder da Agência Judaica, reunira Pier e outros membros importantes da organização e os convocara a ir para a Europa organizar a mudança dos judeus para a Palestina. Isso daria mais força à tentativa de criar um Estado independente. Ben-Gurion também lhes dissera que se unissem aos Aliados na caça aos criminosos de guerra, usando as informações que Pier obtivera. Eles tinham de ser levados à justiça, insistira Ben-Gurion, batendo o punho na mesa para enfatizar.

Fingindo-se de jornalista, Pier chegara em novembro de 1945, levando consigo uma pasta de fundo falso que continha o caderno e moedas de ouro para custear a operação. Logo ficou sobrecarregado com a responsabilidade de levar os refugiados em segredo para a Palestina. Só agora é que conseguira montar uma equipe para procurar criminosos de guerra e levá-los a julgamento.

— Não é tarefa fácil. Nenhum de nós trabalha por dinheiro — disse Pier. — Sei que você tem experiência com isso e vou lhe pedir que trabalhe conosco, para achar esses assassinos.

Friedman lhe deu ouvidos. Agora entendia por que sobrevivera aos horrores da guerra: para fazer esse serviço.

— Já ouviu falar em Adolf Eichmann? — perguntou Pier, apontando o nome no caderno.

Friedman lhe disse que não, se achando um bobo por não saber quem era.

— Você tem de encontrar Eichmann. Vou dizer de novo: você tem de encontrar Eichmann. — Pier apontou o caderno outra vez. — Quero riscar o nome dele da lista.

Friedman recebera a sua missão. Era um dos vários homens que Pier vinha pondo na trilha do tenente-coronel que conhecera em Viena. Nos dois últimos anos, Pier ouvira muitas histórias sobre Eichmann, principalmente sobre os seus feitos na Hungria. Queria que fosse capturado e levado à justiça.

O Haganah não era o único grupo atrás de Eichmann. Outros perseguidores, que trabalhavam de forma independente, tinham parte das informações de Pier e acreditavam já ter avistado a presa. Entretanto, ao contrário de Pier, queriam justiça imediata e não um julgamento.

Cinco vingadores judeus, usando fardas e submetralhadoras do exército britânico, esconderam o jipe num bosque perto de uma aldeola entre Linz e Salzburgo. Esperaram que o último resto de luz sumisse do céu. Os olhos estavam fixos num pequeno chalé de dois andares. Quando a noite os envolveu totalmente, seguiram devagar morro acima, para matar Adolf Eichmann.

Quando se aproximaram da casa, um deles avançou sozinho, rosnando feito cachorro. Lutara com Tito na guerrilha contra os fascistas na Iugoslávia e tinha experiência em lidar com cães de guarda. Os três cães enormes que guardavam o chalé vieram em sua direção e ele jogou a seus pés um naco de carne envenenado. Alguns minutos depois, os cães estavam mortos. O resto do grupo foi para o lado da casa. Uma olhada rápida pela janela mostrou quatro homens jantando. Os vingadores se prepararam.

Tinham vindo à Áustria atrás de Eichmann na primavera de 1946. Encontraram sua mulher em Altaussee e Otto, o irmão mais velho, na vizinha Bad Aussee. Depois de um mês de vigilância, seguiram duas vezes os dois até esse mesmo chalé. O fato de a mulher e o irmão de Eichmann tomarem trens diferentes até a aldeia e depois irem por caminhos separados encontrar esses homens deixara os judeus desconfiados. Eles passaram várias semanas vigiando o chalé. Era óbvio que ali moravam quatro homens. Nunca saíam durante o dia e toda noite um aldeão levava comida e outros suprimentos. Os vingadores estavam convencidos de que um deles era Eichmann. Seus traços e sua altura combinavam com as descrições que tinham obtido, e as visitas de Vera e Otto Eichmann foram uma confirmação a mais.

A um sinal, dois judeus se lançaram com os ombros sobre a porta do chalé, arrombando-a. Ergueram as armas para os quatro homens indefesos e mandaram que ficassem em pé. Os quatro se ergueram, com cuidado para não fazer movimentos ameaçadores.

— Você — disse em alemão um dos vingadores. — Venha cá!

— Eu? — respondeu um dos homens, tremendo.

Dois judeus o arrastaram para fora da casa, enquanto os outros ficavam com as armas apontadas para os que ficaram em volta da mesa. Uma vez fora do chalé, um dos dois derrubou o prisioneiro com um golpe na nuca. Levaram-no até o jipe e afastaram-se vários quilômetros pelo pinheiral. Tirado do jipe e jogado na lama, o prisioneiro acordou.

O líder do grupo desceu do jipe e ficou em pé junto dele.

— Somos judeus, Adolf Eichmann. Temos muitas contas a acertar.

— Juro pela minha mulher, pelos meus filhos, pela memória da minha mãe, que não sou Adolf Eichmann. Ele era um assassino. Fui apenas um soldado. Vocês são gente boa — implorou. — Tenham misericórdia.

— Você sabe quanta misericórdia teve com o povo judeu.

O prisioneiro confessou que participara dos *Einsatzgruppen*, os "grupos de intervenção" de Himmler, e que matara alguns judeus, mas só porque recebera ordens. Implorou que acreditassem nele e lhes disse que a mulher e o irmão de Eichmann eram amigos do dono do chalé. Dali a instantes, sua torrente de palavras diminuiu e ele disse:

— O máximo que podem fazer é me matar.

Com isso, os vingadores dispararam várias rajadas em seu peito. Amaldiçoaram sua existência e o enterraram numa cova sem túmulo.

Adolf Eichmann ainda estava bem vivo na manhã seguinte, depois que os cinco vingadores judeus fuzilaram aquele homem na Áustria. Acordou numa cabana no meio de uma floresta do norte da Alemanha, região ocupada pelos britânicos, com 19 lenhadores, todos eles soldados desmobilizados da Wehrmacht. Depois do desjejum, Eichmann e os colegas entraram na floresta com seus machados e serrotes. Chamavam de "ilha" a área coberta de floresta densa no pântano de Lüneburg. Para Eichmann, a ilha, que não tinha eletricidade nem telefone, era o lugar ideal para se esconder de seus perseguidores, que, como viu num dos raros jornais que chegavam ao acampamento, o chamavam de "assassino em massa".

Depois de fugir de Ober-Dachstetten, Eichmann se entrincheirou até a manhã seguinte numa estação abandonada da ferrovia, a vários quilômetros do campo. Então, pegou um trem para Munique e depois outro para Prien. Levava uma carta de apresentação para Nellie Krawietz, irmã do oficial Bauer, da SS, uma belíssima viúva de guerra de 24 anos. Ela não fez perguntas e arranjou para Eichmann um quarto numa fazenda nos arredores da cidade. Nas seis semanas seguintes, os dois se encontraram quase todo dia, embora ele pouco revelasse além do nome Otto Heninger e que era pai divorciado de três filhos, que não via desde o fim da guerra.

No distrito, os militares americanos estavam por toda parte, e, em fevereiro de 1946, Eichmann estava cada vez mais nervoso. Pediu a Nellie que lhe comprasse duas passagens para Hamburgo; ela deveria acompanhá-lo, para que parecessem um casal viajando no fim de semana. Seria mais discreto, explicou. Enamorada do homem silencioso e um tanto melancólico, Nellie concordara. Durante a viagem, lhe implorou que se entregasse a um tribunal de desnazificação, para não passar o resto da vida na clandestinidade. Num momento de descuido, ele explicou que se envolvera com os campos de concentração e que, na verdade, o seu nome era Adolf Eichmann. Se fosse pego, afirmou, seria preso pelos Aliados durante muito mais do que alguns anos, isso se não o executassem, destino planejado para os condenados no tribunal de Nuremberg, que estava em andamento. Nellie prometeu guardar segredo e visitá-lo sempre que possível.

Em março, Eichmann andou até a prefeitura de Eversen, no limite sudoeste do pântano de Lüneburg, a 95 quilômetros de Hamburgo. Apresentou às autoridades da zona britânica documentos falsos que afirmavam que era natural de Breslau, prisioneiro de guerra desmobilizado da Wehrmacht — a mesma informação da identidade anterior. O funcionário não questionou nenhum detalhe e aprovou os documentos de residente em nome de Otto Heninger. Eichmann havia localizado o irmão do oficial Feiersleben da SS e conseguido um emprego de lenhador. Estava trabalhando lá havia vários meses.

No final de um dia longo, numa parte da floresta devastada pelo fogo, Eichmann voltou ao acampamento, com as roupas e o rosto enegrecidos pela madeira carbonizada. Com os outros homens, lavou-se na água da chuva recolhida em velhos barris de munição e depois se instalou junto à fogueira, onde comeu um ensopado aguado. À noite, os lenhadores jogavam cartas, bebiam a aguardente local e fumavam Lucky Strike. Era um grupo rude, de fala e comportamento grosseiros. Às vezes, Eichmann pegava emprestado o violino de um dos guardas florestais, mas fora isso fazia o máximo esforço para se misturar aos outros. Gostava da paz da floresta; sentia-se em segurança. Por enquanto, era tudo o que queria.

Numa manhã gelada do início de 1947, Arthur Pier e Tuviah Friedman entraram na prisão de Viena onde Joseph Weisl, ex-motorista de Eichmann, esperava o julgamento por crimes de guerra. Friedman conseguira a entrevista e, como sempre, espantou-se com a facilidade com que as portas se abriam quando dizia que trabalhava com o chefe do Haganah.

O diretor da prisão lhe emprestou a sala para o interrogatório. Um guarda levou até lá o preso de 28 anos. Pier recostou-se na cadeira do diretor, fumando um charuto, com Friedman sentado a seu lado, com caderno e caneta. Primeiro, Pier fez a Weisl algumas perguntas básicas sobre sua experiência na guerra e a fuga para a Áustria. Em seguida, perguntou diretamente:

— Está tentando me dizer que Eichmann foi morto na guerra?

— Não, não, não sei o que lhe aconteceu. Só sei que, cerca de um mês antes da guerra terminar, todos os oficiais da SS mudaram de posto. Ninguém queria estar acima de tenente.

— Que tipo de homem ele era, Weisl?

— Hã... Nos últimos anos, todo mundo tinha medo dele, pavor mesmo... Ele parou de rir e de sorrir. Acho que sabia demais.

— Você ficou encarregado do quartel de Doppl por um bom tempo, não foi? E Eichmann visitava Doppl com frequência, certo? — perguntou Pier.

Já tinham montado um dossiê sobre o motorista. Alguns meses antes, Dieter Wisliceny, assessor de Eichmann, fora transferido para uma prisão na Tchecoslováquia, depois dos julgamentos de Nuremberg. Ao chegar lá, dera muitíssimos detalhes sobre quem tinha trabalhado com Eichmann e, para escapar da punição pelos seus crimes, chegou a se oferecer para ajudar a procurá-lo.

Weisl hesitou em responder à pergunta, passando os olhos de um a outro. Pier lhe ofereceu um cigarro e Friedman baixou a caneta, na tentativa de deixá-lo à vontade.

— É claro que os senhores sabem que Eichmann tinha uma amante em Doppl. *Frau* Maria Mösenbacher. Era uma mulher e tanto, e ele passava muito tempo com ela — disse Weisl.

— Onde ela mora hoje? — perguntou Pier.

Weisl explicou que ela ainda morava lá. Pegou a caneta e o bloco de papel da mesa e desenhou um mapa de Doppl, indicando o lugar exato.

— Ela ainda deve ter uma foto de Eichmann. Eu mesmo vi. Ela se orgulhava muito dele.

— Agora, me diga — perguntou Friedman —, ele sabe mesmo hebraico?

Weisl deu uma risadinha.

— Eichmann falava com os judeus de Viena, os ricos, que não entendiam nada de hebraico. Depois, sempre se ria, porque convenceu os judeus de que nascera na Palestina.

Pier levantou-se. Ele e a família estavam entre os que Eichmann expulsara de Viena, em 1938.

— Por hoje, basta — disse, fazendo um sinal ao guarda na porta e depois virando-se para Weisl. — Vocês da SS eram um belo grupo, um belíssimo grupo — disse, com sarcasmo. — Mas chega. Acabou. *Kaput*.

Friedman e Pier voltaram à sede, na Frankgasse 2. Nos últimos oito meses, enquanto conseguiam prender muitos oficiais da SS e reuniam uma vasta documentação sobre crimes de guerra, Friedman e mais alguns que trabalhavam no escritório do Haganah tinham seguido muitas pistas de Eichmann. Alguns da equipe mais próxima do nazista, como Anton Burger, foram capturados e interrogados. Eles também procuraram familiares de Eichmann e várias amantes suas. Ninguém sabia do seu paradeiro.

Friedman e Pier tinham ouvido um boato de que ele estaria num campo de prisioneiros de guerra alemães, e insistiram que os Aliados verificassem todos os campos, mas não tinham uma fotografia dele para mostrar. Das dezenas de pessoas que entrevistaram, ninguém possuía uma foto. Tinham uma boa descrição física de Eichmann, mas isso não era comparável a uma fotografia. Agora, pelo menos, Weisl talvez tivesse lhes dado uma boa pista para consegui-la.

Pier queria Manus Diamant na missão, e Friedman sabia que era a opção certa. No dia seguinte, em Viena, Diamant embarcou no trem para Linz.

Bonito e charmoso, Diamant costumava ser o "agente Romeu" da equipe do Haganah na Áustria. Tinha olhos azuis, bigode cheio e podia representar qualquer papel que lhe dessem com facilidade e confiança. Em outra vida, talvez fosse um grande ator, mas nascera judeu em Katowice, no sul da Polônia, em 1923. Aos 11 anos, roubava suásticas dos Mercedes estacionados diante do consulado alemão. Adolescente, vira nazistas espancarem refugiados judeus, destino que jurou que não seria o seu. Aos 18 anos, fora para Varsóvia com a família e entrou para a resistência secreta. Quando os nazistas limparam os guetos, Diamant fugiu da cidade com documentos arianos falsos, mas não conseguiu salvar a família. Com 21 anos, estava na Áustria, ajudando os judeus a fugir enquanto se fingia de dr. Janowski, patologista de um hospital de Graz. Dali, foi para a Hungria, onde comprou armas para a resistência e sabotou trens de munição alemães. Preso numa operação policial de fronteira, foi mandado para Auschwitz, mas conseguiu convencer os guardas de que era polonês.

Depois da guerra, Diamant fora para Viena trabalhar com o Haganah. Já conquistara a confiança da mulher de Eichmann em Altaussee e cortejara várias amantes dele. Entretanto, todos os esforços foram em vão. Vera Eichmann fora vigiada atentamente e não dera nenhuma pista do paradeiro do marido, nem mesmo se estava vivo ou morto. As amantes também se mostraram pouco úteis, sendo que nenhuma delas tinha sequer uma foto do ex-namorado.

Dessa vez, Diamant torcia para que tivessem mais sucesso. Fingindo-se de ex-oficial holandês da SS, parou em Linz para se encontrar com Simon Wiesenthal. Este ainda morava na cidade com a esposa, que sobrevivera à guerra. Conhecia bem aquelas redondezas. Embora trabalhassem separados, Wiesenthal e os investigadores do Haganah costumavam trocar informações e contatos. Ele deu a Diamant informações sobre Doppl e mencionou algumas pessoas com quem poderia entrar em contato na busca de Maria Mösenbacher, a amante de Eichmann.

Em Doppl, depois de fazer algumas perguntas, Diamant soube que *Fraulein* Mösenbacher era uma quarentona frívola e atraente de quem poucos gostavam e que várias vezes se gabara do relacionamento com "Adolf", um oficial da alta hierarquia da SS. Também descobriu que ela se mudara e alugara um apartamentinho mobiliado em Urfahr, cidade do outro lado de Linz. Na semana seguinte, ele a seguiu, anotando quando ia ao cabeleireiro, à mercearia, à farmácia e ao correio e quando voltava para o apartamento em frente à confeitaria. Assim, quando algumas compras caíram da cesta, Diamant estava lá para recolhê-las. Apresentou-se, com um sorriso, como Henry van Diamant.

— Obrigada. Muito obrigada. Meu nome é Maria... obrigada.

Ele cumprimentou com o chapéu e se ofereceu para levá-la em casa. Nas semanas seguintes, aproximou-se dela aos poucos. Encontraram-se para um café, depois um jantar, depois um passeio no campo. Certa noite, no jantar, deixou a carteira cair aberta de propósito para mostrar a identidade falsa de SS holandês, para explicar por que não podia voltar à Holanda. Comprou-lhe blusas e chocolates. Para convencê-la de seu intenso interesse pela fotografia amadora, deu-lhe algumas fotos de paisagens que fingiu ter tirado, embora as tivesse comprado. Então, certa noite, na casa dela, algumas semanas depois que tinham se conhecido, ele lhe mostrou um álbum cheio de suas "fotos de família" (todas compradas).

— Também tenho um — disse Mösenbacher, orgulhosa, tirando da estante um álbum de bordas douradas. Folheou as páginas, apontando imagens do irmão e dos pais.

Dia após dia, Diamant tolerou aquela mulher tediosa, que falava tão mal dos judeus, tudo para chegar a esse ponto. Rezou para que ela tivesse a fotografia de Eichmann.

— Sabe, tive muitos admiradores. — Ela parou na foto de um homem de 30 e poucos anos, de nariz longo e fino e lábios franzidos. — Este é Adolf... Namorávamos firme. Quem sabe o que lhe aconteceu... Provavelmente não sobreviveu à guerra, senão com certeza já teria dado sinal de vida.

Nas duas horas seguintes, demorando-se no jantar e tomando vinho com Maria, tudo o que Diamant queria era ir embora e pôr em andamento o plano para obter a fotografia. Na manhã seguinte, foi até a polícia austríaca com uma carta de Arthur Pier. Dali a algumas horas, a polícia apreendeu os álbuns, com o pretexto de ter recebido a denúncia de que Mösenbacher escondia neles cartões de racionamento roubados. Diamant não conseguiu impedir o tremor das mãos quando segurou a fotografia.

Voltou a Viena e a mostrou a Pier e Friedman.

— Bom trabalho, Manus. Este é o assassino do nosso povo.

Centenas de cópias foram feitas e distribuídas à polícia e aos investigadores aliados de toda a Europa. Diamant entregou pessoalmente uma cópia a Wiesenthal, que lhe disse:

— Agora sabemos como ele é. Esse é o primeiro passo para pegá-lo.

6

EICHMANN QUERIA IR EMBORA da floresta. Os 18 meses como lenhador, fingindo ser um trabalhador simples, sem família, ambição nem condição social, o tinham desgastado. As únicas vezes em que se aventurara a sair da floresta foi para beber num domingo, na taberna de Celle e nos encontros ocasionais com Nellie Krawietz. Embora estivesse em segurança nos terrenos pantanosos de Lüneburg, sentia-se como uma toupeira, não como um homem. Queria outra vida.

Os jornais lhe recordavam a vida antiga. A captura e a confissão de Rudolf Höss, comandante de Auschwitz, levara Eichmann, o "assassino em massa", de volta às manchetes. Höss dera ainda mais provas do envolvimento de Eichmann com os campos de extermínio, detalhando as visitas frequentes, as discussões sobre a adequação do Zyklon-B às câmaras de gás e a obsessão total por "destruir cada um dos judeus em que conseguisse pôr as mãos". Certo dia, Eichmann leu que um grupo de judeus o pegara numa cabana na Áustria, o levara de jipe até a floresta e o fuzilara. De acordo com os matadores, permanecera desafiador até o fim. Ele saboreou cada detalhe, certo de que também se mostraria igualmente bravo diante da morte. Entretanto, ficou mais perturbado com uma reportagem que descrevia a sua fuga de Ober-Dachstetten e dava até a data certa. Seu ajudante Jänisch ou algum dos oficiais da SS que estavam no campo tinham contado aos investigadores que o fugitivo Otto Eckmann era, na verdade, Adolf Eichmann. Pelo menos, não houvera menção da sua nova identidade e, supostamente, ele estava a caminho para entrar em contato com o grande *mufti* de Jerusalém.

Quando as primeiras tempestades do inverno de 1947 açoitaram o pântano de Lüneburg, Eichmann começou a pensar em como e onde poderia construir uma vida nova com a família, sem medo de ser descoberto a qualquer momento. Começou a perguntar discretamente se alguém conhecia um jeito de sair da Europa. Também procurou descobrir um modo de tirar o seu nome da lista de procurados. O boato de que fora morto por vingadores judeus não foi suficiente para convencer os investigadores de crimes de guerra a abandonar a sua busca.

Em dezembro de 1947, Simon Wiesenthal viajou até o quartel-general do CIC em Bad Ischl, na Áustria, depois que um agente o convocou para uma reunião urgente. O agente lhe deu a notícia perturbadora de que Vera Eichmann acabara de pedir ao tribunal local que o marido fosse considerado legalmente morto "pelo bem dos filhos". De acordo com o depoimento oficial de Karl Lukas, da Tchecoslováquia, anexado à petição, Eichmann fora fuzilado em Praga por guerrilheiros, em 30 de abril de 1945. Essa história, o agente do CIC ouvira da família Eichmann durante todo o ano anterior, mas agora tinham uma testemunha que a atestava.

Devido às suas investigações, Wiesenthal sabia que isso era impossível. Ele interrogara pessoas ligadas a Eichmann que o tinham encontrado em Altaussee, em maio de 1945, pouco antes que ele sumisse. Também lera as notícias sobre a fuga de Ober-Dachstetten e, no tribunal de crimes de guerra de Nuremberg, ouvira o depoimento do oficial alemão Rudolf Scheide, que jurara aos investigadores americanos que, em 15 de junho de 1945, um prisioneiro que se apresentava como Eichmann queria ser chamado de Eckmann, antes mesmo de chegar a Ober-Dachstetten. Esse pseudônimo, duas vezes confirmado, foi enviado a todos os órgãos aliados de investigação, sem resultado. A essa altura, Eichmann já devia ter mudado de nome outra vez. Ainda assim, as notícias provavam que, definitivamente, não morrera em Praga no final da guerra.

Se o pedido de Vera Eichmann à justiça fosse atendido, Adolf Eichmann desapareceria das listas de procurados dos Aliados e da polícia austríaca. Ninguém procura um morto. Wiesenthal tinha certeza de que Vera não fizera o pedido para se casar de novo nem para receber pensão de viúva, mas porque queria que a caçada ao marido terminasse e, provavelmente, agia a pedido dele. Embora a polícia interceptasse toda a correspondência dela, Wiesenthal estava convencido de que Eichmann poderia lhe passar informações por outros canais, se quisesse.

O agente do CIC convenceu Wiesenthal de que só conseguiria persuadir o juiz a retardar o inquérito por um mês. Wiesenthal agiu depressa e mandou a Praga um dos seus auxiliares, para investigar o tal Karl Lukas. Dez dias depois, recebeu a notícia de que Lukas era casado com Maria Liebl, irmã de Vera. O juiz recusou o pedido.

Foi uma vitória pequena, mas importante, à luz da busca infrutífera de Wiesenthal a Eichmann nos últimos dois anos e meio. O arquivo sobre o nazista crescera. Ele interrogara quase todos os integrantes da equipe de Eichmann. Passara semanas em Nuremberg vasculhando os registros do tribunal atrás de menções ao seu nome, num trabalho que lhe revelou a verdadeira extensão do envolvimento de Eichmann com a Solução Final. Desde então, Wiesenthal descobrira muitos documentos nazistas sobre o programa de extermínio e o papel que Eichmann e seus subordinados desempenharam em sua execução. Em Linz, o caçador de nazistas era conhecido nas ruas como "Eichmann-Wiesenthal", por estar constantemente atrás de pistas e vigiando a família.

Mas o fracasso na busca de Eichmann lhe pesava, e nisso ele não estava sozinho. Manus Diamant lhe contara um incidente acontecido alguns meses depois de conseguir a fotografia na casa de Maria Mösenbacher. Apesar da ampla distribuição da foto e do contato íntimo com a família Eichmann (também se fazendo passar por ex-oficial holandês da SS), não houve mais pistas de seu paradeiro e Diamant se irritara com a falta de progresso. Certa tarde, foi ao lago com os três filhos de Eichmann, que tinham passado a chamá-lo de "tio Henry". Sentado no barco, foi tomado pela lembrança de cenas a que assistira durante a guerra: crianças tiradas dos braços das mães; judeus fugindo dos soldados de farda negra da SS, que marchavam pelas ruas; tiros, tiros, tiros.

Quando sua mente clareou, ele viu que tinha agarrado um dos remos e fitava Dieter Eichmann, que ria e brincava ao sol de verão. Diamant sentira vontade de golpear Dieter e os outros dois meninos para se vingar. Adolf Eichmann merecia pagar ao menos esse preço pelo que fizera, pensou Diamant, em uma raiva silenciosa. Mas relaxou os dedos no remo e voltou à margem. Vera Eichmann o recebeu quando voltou e comentou que parecia tenso.

— Não foi nada — disse Diamant para tranquilizá-la. — As crianças se comportaram muito bem. — E jurou nunca mais voltar à casa.

Naquele mês de dezembro, Diamant se foi da Áustria. Depois da resolução das Nações Unidas de 27 de novembro de 1947, que dividiu a Palestina para a criação de um Estado judeu, Arthur Pier desfez o grupo de agentes do Haganah e voltou com Diamant para o Oriente Médio. Esperava-se uma guerra contra os Estados árabes que se opunham à criação de Israel, e eles eram necessários para que se contrabandeasse armas e se preparasse a defesa.

Para Wiesenthal, também estava claro que o resto do mundo seguia em frente. O início da Guerra Fria secara a vontade e os recursos dos Aliados, afastando-os da perseguição de criminosos de guerra. As condenações de Nuremberg tinham deixado muitos líderes políticos satisfeitos com a punição adequada às atrocidades nazistas. Estavam em andamento os julgamentos subsequentes de líderes de *Einsatzgruppen*, médicos de campos de concentração e juízes do Terceiro Reich, entre outros. No final, esses processos condenaram apenas 185 réus. Houve alguns julgamentos a mais e os processos de desnazificação dos que ficaram presos nos campos, depois da guerra. Cerca de 9.600 ex-nazistas foram para a prisão pelos seus crimes, em geral com penas curtas a cumprir. Esse número era apenas uma pequena fração dos 160 mil alemães que, como estimavam Wiesenthal e outros, se envolveram em crimes de guerra, desde líderes como Heinrich Müller e Adolf Eichmann e indivíduos famosos como Josef Mengele, que supervisionava a seleção em Auschwitz e realizou experiências horrendas com os prisioneiros, até policiais e soldados do exército e da SS que participaram das atrocidades. Ou eles foram libertados dos campos de prisioneiros de guerra ou nunca chegaram a ser capturados. Poucos continuavam demonstrando interesse em levar esses criminosos à justiça.

Só Tuviah Friedman permaneceu em Viena, para continuar a caçada com Wiesenthal. O CIC e a polícia austríaca os ajudavam, mas a ação dessas organizações era mais reativa do que pró-ativa. Os dois homens labutavam noite e dia para colher depoimentos de sobreviventes e todas as provas que pudessem achar contra os criminosos de guerra. Embora administrassem centros de documentação separados, costumavam trabalhar juntos, trocando informações e rastreando os indivíduos de suas listas de procurados, mais recentemente alguns envolvidos no campo de extermínio de Belzec. Eichmann estava sempre em seus pensamentos, mas na perseguição só tinham encontrado becos sem saída. Ele parecia ter sumido como um fantasma, e a cada dia o desejo deles de encontrar uma pista do seu paradeiro não se realizava.

Quando 1947 já se encerrava, numa tarde escura de inverno, Wiesenthal estava em seu escritório, cercado de relatos de assassinatos, torturas e outros horrores que enchiam os arquivos e oscilavam em pilhas sobre a escrivaninha. Na parede em frente havia um grande mapa-múndi, com algumas linhas desenhadas a lápis para representar as rotas que, pelo que ouvira dizer, os criminosos de guerra teriam seguido para chegar ao Oriente Médio e à América do Sul. No mês anterior, Wiesenthal encontrara um ex-agente secreto nazista que lhe falara de uma organização criada por oficiais da SS para retirar nazistas clandestinamente da Europa. Fitando o mapa, Wiesenthal não pôde deixar de pensar que, se Eichmann já tivesse seguido uma dessas rotas, talvez nunca fosse encontrado.

Em Altensalzkoth, aldeia perto de Lüneburg, Eichmann sentou-se à mesa e redigiu uma carta de despedida a Nellie Krawietz, datada de abril de 1950. Agradeceu-lhe a ajuda e o companheirismo e lhe explicou que partia para o território soviético, com esperanças de que os russos o recrutassem. "Se não tiver notícias minhas nas próximas quatro semanas", escreveu, "pode riscar o meu nome com uma cruz".

Na manhã da partida, Eichmann vestiu terno e gravata pela primeira vez há muito tempo. Nos últimos dois anos, alugara um quarto na casa de Anna Lindhorst, viúva de guerra que morava com o filho adolescente. Depois que a madeireira falira e ele perdera o emprego, arrendou dela um terreno e abriu uma granja. Devido ao controle de preços, vendia os ovos no mercado negro, principalmente à comunidade judaica da vizinha Belsen, onde ficava o antigo campo de concentração. Eichmann achou a situação irônica. Costumava passar por soldados britânicos na área e às vezes até lhes vendia ovos, mas não estava preocupado. Ninguém suspeitava que ele era mais do que um criador de galinhas. Eichmann economizou e esperou.

Chegara a hora de fugir. No ano anterior, os britânicos tinham anunciado a suspensão das tentativas de julgar criminosos de guerra, e os americanos estavam preocupados com os russos, principalmente com a divisão de Berlim. A carteira de identidade de Eichmann, emitida em junho de 1948, expiraria em seis semanas. Ele a obtivera em Celle, depois de entrar em contato com alguns ex-oficiais da SS envolvidos com a rede clandestina que tirava fugitivos da Europa.

Antes de partir, Eichmann sentou-se com a senhoria e lhe contou uma história diferente da que escrevera na carta a Nellie, para confundir quem tentasse segui-lo. Explicou que ia para a Escandinávia, onde sua experiência como mecânico o ajudaria a arranjar emprego. Disse-lhe que o guarda-florestal Feiersleben viria no dia seguinte para cuidar da granja. Desde que tinham se conhecido, Anna Lindhorst nunca suspeitara que havia algo errado com o inquilino, que sempre se mostrara bondoso com seu filho e pagava o aluguel em dia. Acreditou na história dele.

Então, Eichmann pegou a mala e foi embora da floresta. Depois do macacão azul desbotado que sempre usava, as roupas novas fizeram com que se sentisse alguém distinto. Com o nome Otto Heninger, viajou de trem para Munique, com medo de ser descoberto a qualquer momento, agora que saíra da segurança relativa da floresta. De Munique, seguiu para uma cidade próxima à fronteira da Baviera. A dificuldade seria cruzar a Áustria para chegar à Itália. Eichmann memorizara cada ponto de parada e cada contato do percurso que o agente da rede clandestina, com quem se comunicou por anúncios codificados no jornal e só conhecia como "Günther", lhe passara. Pela ajuda, Eichmann lhe pagou trezentos marcos, um quinto das suas economias.

A cidade fervilhava de policiais de fronteira, obviamente atrás de fugitivos. Eichmann tremeu ao preencher o formulário de registro no hotel e entrou em pânico quando o contato não foi ao encontro marcado. (Mais tarde, soube pelos seus auxiliares que o homem estava no hospital.) Depois de aguardar uma semana, o contato conseguiu que um caçador local guiasse Eichmann pela fronteira. Ele estava feliz por ir embora. Pendurou a mala nas costas e os dois seguiram a pé pelos bosques e montanhas, por caminhos muito usados, e só pararam quando chegaram a uma cabana no alto da encosta. Ao anoitecer, Eichmann olhou os campos alemães lá embaixo: depois do dia seguinte, era provável que nunca mais voltasse a ver a sua terra natal.

Enquanto faziam o desjejum no dia seguinte, o caçador olhou pela janela e avistou um guarda de fronteira subindo o caminho.

— Não se preocupe — disse a Eichmann. — Ele deve ter visto a fumaça da chaminé. Provavelmente, só quer um café.

Petrificado, Eichmann se escondeu num armário empoeirado, tentando não espirrar enquanto o caçador e o guarda de fronteira conversavam e tomavam café. Depois que o guarda se foi, Eichmann saiu aos trambolhões do armário e o caçador o levou por uma rota sinuosa, distante das patrulhas, até Kufstein, na Áustria. Após passar a noite num mosteiro que estava na lista de esconderijos, foi de táxi para Innsbruck. Ali, tinha dois contatos. O primeiro, ex-tenente da SS, o mandou embora, dizendo ofensivamente: "Mandam mesmo tudo quanto é vagabundo para cá!" O segundo levou Eichmann até uma estalagem perto do Passo Brenner, que cruza os Alpes entre a Áustria e a Itália. Havia soldados franceses em ação na área e Eichmann teve de se esconder no sótão, cheio de teias de aranha e objetos descartados pelo dono da pensão.

Dali a vários dias, o estalajadeiro achou que era seguro sair e levou-o pela borda do desfiladeiro. Dessa vez, Eichmann não pôde levar a mala; o homem temia que despertasse suspeitas caso cruzassem com uma patrulha. A quase 2 quilômetros da fronteira da Itália, um padre de batina preta e bicicleta encontrou os dois na estrada. A mala de Eichmann estava com o padre; ele atravessara a fronteira sem dificuldade.

Depois que o estalajadeiro voltou à Áustria, Eichmann e o novo companheiro tomaram um copo de vinho para comemorar o sucesso da travessia. O padre arranjou um carro para levá-los a Merano, uma aldeia tirolesa no norte da Itália. Eichmann passou a noite num castelo, outro esconderijo para nazistas em fuga. No dia seguinte, recebeu uma nova carteira de identidade, emitida pela prefeitura de Termeno, uma aldeia vizinha.

Tudo fora arranjado. Para viajar pela Europa e cruzar o Atlântico rumo à América do Sul, Eichmann encontrou uma rede cujos tentáculos se estendiam pelo continente e incluíam o Vaticano e os níveis mais altos do governo argentino. Seu novo nome seria Ricardo Klement. O agente clandestino que levara a carteira de identidade também tinha o visto de entrada em seu destino final: Buenos Aires.

Em fevereiro de 1945, Juan Perón reunira os principais luminares da influente comunidade alemã de Buenos Aires, a maioria deles partidários entusiasmados do Terceiro Reich. O vice-presidente e ministro da Guerra da Argentina, de 49 anos — para os inimigos, um oportunista maquiavélico; para os Aliados, o salvador digno e carismático das massas —, anunciou que a Argentina suspenderia seu compromisso com a neutralidade e declararia guerra à Alemanha. "Foi mera formalidade", explicou Perón como desculpa, para salvar o país de ser punido quando a luta terminasse. Não era segredo que a Argentina havia sido uma área de preparativos para as atividades nazistas de coleta de informações e de guerra encoberta no Hemisfério ocidental. Na reunião, o vice-presidente argentino deixou claro que não abandonaria a comunidade alemã.

Perón descendia de uma longa linhagem de oficiais militares nacionalistas, católicos fervorosos e com pouco amor aos princípios democráticos. Fora adido militar em Roma, de 1939 a 1941, e grande admirador de Benito Mussolini e dos fascistas italianos. Dois anos depois de voltar à Argentina, tentou um golpe de Estado com um grupo de militares. Por cortejar os operários da indústria, conquistou popularidade suficiente para ganhar as eleições presidenciais, menos de um ano depois da guerra. Foi mais um voto de confiança do que uma eleição, uma vez que ele praticamente governava o país de 15 milhões de habitantes, só não ocupava o cargo.

Depois da derrota da Alemanha, Perón quis assegurar a imigração de cientistas e engenheiros nazistas para beneficiar a pesquisa militar do seu país e promover a industrialização. Mas também sentia que era seu dever ser amigo dos alemães e dos outros países do Eixo, e ajudou todos os que quisessem ir para a Argentina a começar vida nova, sem dar importância ao que tivessem feito durante a guerra. Considerou os julgamentos de Nuremberg um "ultraje que a história jamais perdoará" e prometeu fazer todo o possível para ajudar outros indivíduos a evitar o destino daqueles réus. Foi muito menos receptivo com os que queriam se unir à grande comunidade judia do país e nomeou como chefe da imigração um antissemita fervoroso, que publicou um livro que afirmava que os judeus "se abrigam como um quisto no povo em que se estabelecem".

Comandados por chefe do serviço secreto argentino, Rodolfo Freude, os agentes da rede de fuga estabeleceram bases operacionais em toda a Europa. Freude era filho de um rico empresário argentino, com contatos importantes entre os nazistas, que ajudara a financiar a campanha eleitoral de Perón.

A rede incluía o germano-argentino Carlos Fuldner, ex-capitão da SS muito ligado a Himmler; ex-membros da Waffen-SS e da Abwehr (organização alemã de coleta de informações); um embaixador croata em Berlim, durante a guerra; um jornalista espanhol; e criminosos de guerra da Bélgica, da França, da Tchecoslováquia, dos Países Baixos e da Alemanha, que pagaram a dívida contraída com sua liberdade resgatando colegas fugitivos. Esses agentes, que recebiam ordens diretamente de Freude no palácio presidencial da Casa Rosada, no centro de Buenos Aires, facilitavam o financiamento das operações, subornavam autoridades locais, arranjavam esconderijos e meios de transporte para os que estavam aos seus cuidados, manobravam por entre os órgãos de imigração e os consulados argentinos para obter os vistos e outros documentos necessários e se coordenavam com os representantes do Vaticano.

A rede nunca teria sido tão eficaz sem a ajuda da Igreja Católica, principalmente do bispo Alois Hudal, reitor do Pontifício Instituto Teutônico de Santa Maria dell'Anima, em Roma. Inicialmente um asilo de pobres, no século XV essa igreja se tornou o centro dos católicos germanófonos da Itália, e ainda exibia em sua torre a águia imperial alemã. Com Hudal, austríaco e devoto de Hitler que brandia com orgulho o broche dourado de membro do Partido Nazista, a igreja abrigou e ajudou criminosos de guerra a fugir da Europa, trabalhando de mãos dadas com os agentes de Perón. Em 1948, Hudal escreveu em pessoa a Perón para pedir vistos para 5mil alemães e austríacos que tinham "lutado bravamente" contra o comunismo. Ele não aceitava a expressão "criminoso de guerra" e acreditava que aqueles a quem ajudava eram inocentes de todos os crimes, porque só tinham cumprido as ordens recebidas de seus superiores. Nessa iniciativa, Hudal foi auxiliado por cardeais e por padres. Uma série de mosteiros e conventos na Alemanha, na Suíça, na Áustria e na Itália serviram de refúgio para a fuga dos nazistas. O papa Pio XII não aprovou oficialmente o envolvimento do Vaticano na rede, mas com certeza fingiu que não via, principalmente devido ao compromisso da Igreja de ser um baluarte contra a disseminação do comunismo.

No pós-guerra, de acordo com um relatório confidencial do CIC, de 1947, a Europa estava cheia de refugiados. Era fácil encontrar passaportes falsos, documentos de identificação forjados e pessoas dispostas a ajudar. A Argentina e o Vaticano não foram os únicos a dar asilo a ex-nazistas, muitos deles envolvidos em atrocidades durante a guerra. Os Aliados também ajudaram vários criminosos de guerra a fugir, entre eles ex-oficiais da SS, recrutados para atividades de coleta de informações contra a União Soviética e seus satélites. De fato, para tirar pessoas da Europa, os Estados Unidos e outros países usaram algumas das mesmas rotas e os mesmos esconderijos de que a Argentina e o Vaticano se serviram.

Entretanto, nenhuma dessas operações foi administrada com o mesmo profissionalismo e na mesma escala que a criada por Juan Perón. Quando Eichmann saiu de Lüneburg para procurar um jeito de ir embora da Alemanha, um dos principais operadores da rede, Reinhard Kops, que servia de elo de ligação entre o bispo Hudal e os argentinos, escolheu imediatamente o seu nome. Kops era ex-especialista antimaçonaria e capitão da Abwehr, e o conhecera bem em Berlim e na Hungria. A fuga de Eichmann para a Argentina seria muito bem-vinda. Em junho de 1948, abriram uma pasta para ele na imigração, em Buenos Aires. Emitiram o visto de entrada e conseguiram em Termeno o documento de identidade. Eichmann precisava estar presente nos outros estágios do processo, seguindo um caminho claro que Kops ajudara a criar. Ele era apenas um dentre muitos cuja fuga foi armada no mesmo período, como o "Anjo da Morte", Josef Mengele; o "Açougueiro de Riga", Eduard Roschmann; o assassino em massa Erich Priebke; o "matador misericordioso" dos incapacitados e doentes mentais, Gerhard Bohne; e o temido Josef Schwammberger, comandante da SS. Agora Eichmann, o último desse grupo a partir da Alemanha, procurava segui-los rumo à liberdade oferecida por um país localizado do outro lado do mundo e governado por um amigo dos nazistas.

Como Ricardo Klement, Eichmann partiu de Merano. Naquela noite, chegou a Gênova. O farol de pedra, de quatrocentos anos, lançava seu clarão sobre o antigo porto, iluminando sua fuga.

Ele foi para a igreja de San Antonio, situada perto do porto, no meio de uma aglomeração de antigas casas de cores claras. Bateu à porta e esperou que o próximo contato, o padre Edoardo Dömöter, atendesse. O velho franciscano recebeu Eichmann no presbitério e o levou até o seu quarto. Kops recomendara pessoalmente Dömöter para se encarregar das operações em Gênova. Sabia que o padre húngaro era especialmente solidário com os nazistas em fuga.

No dia seguinte, Eichmann se apresentou na sede do Comitê Internacional da Cruz Vermelha (CICV) da cidade. Entregou ao funcionário o visto e a identidade de Termeno, junto com uma carta de referência de Dömöter. Esta afirmava que Ricardo Klement era refugiado de guerra e não conseguia obter documentos para viajar. Sem hesitação, o funcionário aprovou o pedido de um passaporte da Cruz Vermelha. Tirou a foto e as impressões digitais de Eichmann, pôs uma cópia no passaporte de cartolina e marcou-o com um carimbo do CICV, datado de 1º de junho de 1950. Felicíssimo, Eichmann saiu da sala sentindo-se novamente uma pessoa real. Em seguida, foi ao consulado argentino, onde recebeu o visto, mais uma vez sem complicações. Finalmente, foi ao escritório de imigração argentino. Verificaram os documentos e submeteram-no a um exame médico de rotina. O médico lhe tirou os óculos — talvez, pensou Eichmann, para ver se não eram um disfarce. Mas eram claramente verdadeiros, e ele foi aprovado no exame.

Durante a estada em Gênova, Eichmann passou as noites jogando xadrez e tomando Chianti com Dömöter. Na véspera da partida do navio, Eichmann aceitou o convite do padre para ir à missa e receber a bênção. No dia seguinte, 17 de julho de 1950, Eichmann foi para o porto com sua mala. De terno novo, gravata e chapéu preto, parecia um vendedor ambulante. Embarcou no navio de passageiros *Giovanna C* e deixou a mala no camarote da terceira classe. Depois, foi ao convés assistir à partida. Junto com ele, na viagem para a Argentina, estavam dois outros ex-nazistas que a rede de Perón ajudara: Wilhelm Mohnke, general-major* da SS que estivera com Hitler em seu bunker, e o capitão da SS Herbert Kuhlmann, comandante de uma divisão Panzer da Juventude Hitlerista.

---

* Esse posto não existe no Exército brasileiro; fica entre os de coronel e general de brigada. (N. da T.)

Quando o navio começou a se afastar do porto, Eichmann sentiu uma onda não só de alívio como também de triunfo por iludir os perseguidores. Assim que chegasse à Argentina, a possibilidade de ser descoberto pelos Aliados seria quase inexistente, ainda mais se fosse cuidadoso. Entretanto, saber que rompera irrevogavelmente com a pátria lhe reduzia a alegria. Ele pôs a mão no bolso e passou os dedos pelo punhado de terra alemã que recolhera antes de cruzar a fronteira da Áustria. Prometeu a si mesmo que levaria a família para se unir a ele, assim que se estabelecesse e arranjasse emprego.

A viagem de um mês até a Argentina transcorreu lentamente. Mais passageiros embarcaram no navio em Nápoles, Barcelona e Lisboa antes que seguisse para o sul, pelo litoral africano, até Dacar. Não havia alívio do calor escaldante. Depois, atravessou o Atlântico, com o tédio dos mares sem fim interrompido apenas por duas tempestades terríveis que levaram todos os passageiros a vestir o colete salva-vidas e ficar confinados nos camarotes.

Eichmann teve muito tempo para ler sobre o seu destino. Oito vezes maior do que a Alemanha, a Argentina se estendia desde as terras secas e ventosas do sul, suficientemente perto da Antártica para receber suas rajadas de vento gelado, até a mata tropical ao norte. A oeste, erguiam-se os Andes como um leviatã, com muitos picos que passavam de 6 mil metros. E a leste ficava o Oceano Atlântico, com 4 mil quilômetros de litoral. O coração do país, os prados férteis dos pampas, sustentavam seus 22 milhões de habitantes. Nessa planície, como escreveu um viajante, "as distâncias de uma casa a outra são grandes demais para se ouvir os cachorros latirem, mesmo na noite mais tranquila; uma terra em que os galos só cantam duas vezes, porque não há resposta. [...] É a terra em que o verde vem e vai como água e os pássaros seguem os arados como as gaivotas seguem os navios". Esse espaço vazio contrastava violentamente com a metrópole, Buenos Aires, que cobria 180 quilômetros quadrados nos quais vivia mais de um terço dos argentinos. Num país assim, Eichmann poderia se esconder entre os milhões de habitantes da cidade, à margem oeste do rio da Prata, ou em algum lugar isolado, longe do contato humano.

Finalmente, depois de uma escala rápida no Rio de Janeiro, o *Giovanna C* chegou a Montevidéu, no Uruguai, ao pôr do sol de 13 de julho. Ali passaria a noite, diante de Buenos Aires, do outro lado do rio, porque os navios só podiam atracar na capital argentina durante o dia. De pé na proa, Eichmann fitou as luzes do novo lar, que piscavam do outro lado. No dia seguinte, assumiria a quinta identidade em cinco anos. Imaginou as cinco numa conversa interior.

— Escute só — disse Barth a Eckmann —, todo aquele massacre, todas aquelas mortes, foram necessárias?

— E afinal, o que se ganhou? — perguntou Heninger antes de virar-se para Klement. — O que espera vindo para a Argentina?

Fitando a distância, Eichmann mais uma vez raciocinou com seus botões que só obedecera às ordens, assim como fizeram todos os soldados russos, franceses, britânicos ou americanos. Todos tinham cometido o seu quinhão de atrocidades, concluiu. Mas isso ficara no passado. A partir do dia seguinte, seria novamente capaz de viver sem o medo constante de ser capturado, sem ter de vasculhar cada rosto que passasse à procura de sinais de que fora reconhecido.

Pela manhã, o *Giovanna C* aproximou-se da margem das águas cor de caramelo do rio da Prata, em cuja planície Buenos Aires se estendia. Passou por enormes dragas que limpavam o rio raso e atracou no porto. Eichmann desembarcou, levando na mala tudo o que possuía, e entrou na fila da imigração. Repassando na mente os detalhes da nova identidade, preparou-se para responder às perguntas do funcionário.

Nome? Ricardo Klement. *Data de nascimento?* 23 de maio de 1913. *Nome da mãe?* Anna. *Estado civil?* Solteiro. *Profissão?* Mecânico. *Naturalidade?* Bolzano, Itália. *Língua natal?* Alemão. *Sabe ler e escrever?* Sei. *Religião?* Católica. *Razão para emigrar?* Arranjar emprego. *Onde vai ficar?* No Hotel Buenos Aires.

Não havia necessidade de ensaiar. O passaporte foi carimbado sem nenhuma pergunta e o funcionário apontou a Eichmann o seu novo país. Ele não tinha qualquer intenção de voltar à fronteira.

7

CARLOS FULDNER, DE 40 ANOS, coordenador sereno e poliglota da rota de fuga argentina, orientou Eichmann em sua nova vida. Começou lhe encontrando um apartamento no bairro Florida, no norte da cidade, e apresentando o recém-chegado a outros que ajudara a escapar.

Buenos Aires estava cheia de nazistas alemães refugiados, fascistas italianos, falangistas espanhóis, rexistas belgas e integrantes expatriados do governo francês de Vichy, da Guarda de Ferro romena, da Ustashi croata e da Cruz de Flechas húngara. O número de criminosos de guerra de alto nível chegava a algumas centenas, mas muitos outros milhares tinham pertencido a esses grupos e, no mínimo, eram cúmplices das atrocidades da guerra. Eles se associavam uns aos outros e alguns eram bem íntimos de Perón e trabalhavam diretamente para o governo ou em empresas estatais.

Eichmann descobriu que havia em Buenos Aires uma comunidade alemã bem enraizada, com seus próprios bairros, clubes, escolas e restaurantes, e até três grandes jornais na língua natal. A maior parte dessa comunidade apoiara Hitler durante a guerra e muitos des seus membros tinham a mesma antipatia pelos judeus, dos quais 300 mil viviam na Argentina. A derrota do Terceiro Reich foi considerada uma tragédia. Como escreveu um correspondente estrangeiro em maio de 1945, "de todas as capitais dos países em guerra com a Alemanha, Buenos Aires destacou-se por ser provavelmente a única onde não houve manifestações públicas de alegria com a queda de Berlim". O golpe só foi suavizado pela onda de ouro que veio da Alemanha logo antes e pouco depois da queda do Reich.

Apresentado por Fuldner, Eichmann se sentiu à vontade no seu novo mundo. A cidade o fazia lembrar bastante da Europa, graças, em boa parte, aos muitos imigrantes que tinham vindo da Espanha, da Itália, da Inglaterra e da Alemanha na primeira metade do século. Como Paris ou Roma, Buenos Aires se gabava das avenidas largas sombreadas por plátanos, dos jardins exuberantes, das praças elegantes com triunfantes chafarizes de mármore, das mansões grandiosas e dos prédios de apartamentos enfeitados com querubins e flores. Havia 47 teatros, como o Colón, inspirado na Ópera de Paris. Inúmeros restaurantes finos, universidades prestigiadas, lojas da moda, clubes exclusivos, editoras de alto nível e cinemas art nouveau: Buenos Aires tinha tudo isso. O orgulho que os moradores tinham do ambiente europeu da cidade era tamanho que, quando iam aos vizinhos Chile e Brasil, diziam que estavam "de viagem para a América do Sul".

Buenos Aires também era uma cidade comercial moderna que servia de centro distribuidor dos vastos recursos agrícolas e naturais da Argentina, além de ser o seu centro industrial. As autoestradas e as grandes ferrovias vinham de todas as direções, trazendo mercadorias do interior, e o porto, um dos maiores da América do Sul, as remetia para o exterior. O metrô passava sob a imponente silhueta branca dos prédios, e os carros e ônibus tinham substituído quase todas as charretes puxadas a cavalo que antes dominavam as ruas (embora ainda fossem vistas em ruas estreitas, entregando carne ou leite). Muitos bancos prosperavam no centro da cidade, e a Bolsa de valores explodia de tantos negócios.

Mas Buenos Aires também tinha favelas pobres nos arredores, chamadas *villas miserias*, onde centenas de milhares de pessoas moravam em barracos de lata e papelão, com uma única torneira para fornecer água a cinquenta famílias. Sua situação piorava com a organização econômica que canalizava a maior parte da riqueza do país para algumas centenas de famílias e que sofria com o desemprego crescente, o déficit orçamentário explosivo e o vigoroso mercado negro.

Eichmann tinha 485 pesos no bolso quando chegou a Buenos Aires. Com pouco dinheiro e sem documentos para trabalhar, poderia ter caído na pobreza de alguma *villa miseria* se não fosse a ajuda dos que o levaram para lá. Fuldner lhe arranjou emprego numa metalúrgica e facilitou a aprovação de sua carteira de identidade argentina junto à polícia de Buenos

Aires. Em outubro de 1950, com esses documentos, Eichmann passou a ser, total e completamente, Ricardo Klement, morador permanente e legalmente habilitado para trabalhar. Fuldner, então, o contratou como engenheiro da nova empresa CAPRI, fundada pelo governo para construir represas e usinas hidrelétricas em Tucumán. A empresa tinha em seus quadros mais de trezentos alemães, inclusive Herbert Kuhlmann, que viajara com Eichmann no *Giovanna C*, e dezenas de outros ex-nazistas, entre eles várias autoridades de alto nível do partido.

Em 30 de junho de 1952, Eichmann tomava mate junto à sua cabana, no povoado remoto de La Cocha, na província isolada de Tucumán, 1.800 quilômetros a noroeste de Buenos Aires. Cercado de montanhas escarpadas por quase todos os lados, com uma planície ao sul, morava sozinho, sem eletricidade, água corrente e sequer uma mercearia ou agência dos correios por perto. Os ventos de inverno que vinham dos Andes traziam pouco alívio ao ar quente e seco.

Eichmann selou o cavalo, vestiu o poncho e o chapéu de caubói de couro e foi até um dos vários rios que cortavam a região. À beira d'água, verificou a profundidade do rio e a força da corrente e depois anotou tudo num caderninho. No final da semana, repassava aos chefes as medições feitas e recebia o salário. Ganhava 2.500 pesos por mês como engenheiro-topógrafo da CAPRI, cujo nome alguns afirmavam jocosamente que significava "Companhia Alemã para Recém-Imigrados".

Mesmo entre os conterrâneos, Eichmann se mantinha isolado e se recusava a responder a perguntas sobre o passado. Quando seu supervisor Heinz Lühr, descontente com o trabalho desleixado que fazia e com a sua atitude arrogante, tentou descobrir mais sobre Ricardo Klement junto aos seus superiores, disseram-lhe que esquecesse o assunto e que bastava saber que Klement "passara por muitas dificuldades no passado".

Depois de dois anos de isolamento, remoendo amargamente a derrota da Alemanha e tendo de permanecer escondido, Eichmann não podia mais suportar a vontade de se unir à mulher e aos três filhos. Fuldner ajudara Eichmann a entrar em contato com Vera secretamente. Primeiro, ele lhe escreveu da Argentina no Natal de 1950, dizendo que "o tio de seus filhos, que todos achavam que morrera, está vivo e bem de saúde.

Ricardo Klement", e desde então lhe enviara dinheiro e instruções para a viagem.

Assim, naquele dia de 1952 em que Eichmann estava junto ao rio, a família embarcava no navio *Salta*, em Gênova. Ele detestava que a mulher tivesse de usar o nome de solteira e que os três filhos tivessem de afirmar que o pai estava morto e que iam para a Argentina morar com o tio, mas não tinha certeza de que a caçada terminara. As precauções ainda eram necessárias.

Dali a três semanas, Eichmann tomou o trem para Buenos Aires. Em 26 de julho, pouco depois que ali chegara, o país caiu de luto com a morte de Eva Perón, esposa de Juan Perón e primeira-dama amada pelo povo. As bandeiras foram hasteadas a meio mastro. As fábricas e os órgãos do governo fecharam. Sob o céu cinzento e tempestuoso, o povo da capital pendurou retratos da "guia espiritual" da Argentina nos cruzamentos e nos outdoors, e procissões à luz de velas percorreram as ruas.

Dois dias depois da morte de Evita, os passageiros do *Salta* desembarcaram em meio a uma chuva torrencial. Por precaução, Eichmann mandou dois amigos ao porto para buscar sua família, para o caso de sua partida em Gênova ter sido percebida. Foram levados a um hotel qualquer. Quando Eichmann surgiu na porta, a esposa gritou de alegria. Apesar do seu júbilo, não pôde deixar de notar como o marido envelhecera. As costas estavam mais curvadas, o rosto parecia cinzento e chupado, os cabelos tinham caído.

— Sou o seu tio Ricardo — disse Eichmann aos filhos, Klaus agora com 16 anos, Horst com 12 e Dieter com 10.

Pensando que o pai morrera havia anos, os dois filhos menores não questionaram a afirmativa de que o homem diante deles era o tio. Mas Klaus sabia que era o pai. Mesmo assim nada disse. Eichmann deu cem pesos a cada um e os meninos saíram correndo para explorar as redondezas. Os dois mais novos compraram sorvetes e balas, e Klaus, que saíra ao pai, comprou o primeiro maço de cigarros. Mais tarde, a família foi jantar fora. Eichmann ficou contente de estar de novo com os meninos.

Quando Eichmann e Vera ficaram sozinhos, ela mostrou a pilha de recortes de jornais que juntara nos últimos sete anos sobre os crimes terríveis que ele cometera. Queria uma explicação. Eichmann ficou furioso e assustador, com o rosto transformado numa máscara rígida.

— Veronika — disse ele, incisivo —, nunca matei um único judeu, nunca dei uma única ordem para matarem judeus. — Ela nunca voltou a lhe perguntar mais nada sobre o passado.

Assim que os trens voltaram a funcionar depois do funeral oficial de Eva Perón, a família pegou o Pullman Express para Tucumán e depois um caminhão até a casa afastada de Eichmann. Lá, ele revelou aos filhos a verdade sobre sua identidade e lhes disse que nunca deveriam contar a ninguém quem era, na verdade, o "tio Ricardo". Entretanto, ele se recusou a pedir aos filhos que usassem outro sobrenome que não fosse Eichmann.

Nos meses seguintes, os meninos cavalgaram pelo campo e estudaram as necessárias cem palavras novas de espanhol por dia (nem mais nem menos, era a ordem). Passaram a chamar o pai de *Der Alte*, "o velho". Vera preparava as refeições, limpava a casinha, cuidava do orçamento para fazer economia e lia a Bíblia toda manhã. Pela primeira vez desde o início da guerra, Eichmann dividiu o lar com a família por mais que alguns dias ou semanas. Agora sentia que poderia começar uma nova vida.

— A sra. Eichmann e os filhos desapareceram.

Wiesenthal desligou o telefone e foi imediatamente de Linz para Altaussee, de onde ligara o informante, para investigar. Era julho de 1952. Com a ajuda da polícia austríaca, visitou a casa da rua Fischerdorf, 8, e entrevistou os vizinhos e parentes de Vera Eichmann que ainda moravam na região.

As circunstâncias da partida convenceram Wiesenthal de que tinham partido para se encontrar com Eichmann. A casa estava vazia e havia um buraco no quintal, como se alguém tivesse desenterrado alguma coisa, talvez dinheiro ou documentos. O senhorio afirmou que Vera Eichmann se mudara sem avisá-lo e sem cancelar o contrato. Não fazia ideia de para onde ela e os três filhos tinham ido. Os meninos largaram a escola no meio do ano, sem dar ao diretor nenhuma explicação e sem pedir os documentos de transferência, que seriam necessários para se matricularem em outra escola. Um vizinho afirmou que Vera partira para o Brasil, para se casar com um fazendeiro rico. A irmã contou a história conflitante de que Vera se casara de novo e se mudara para a Alemanha, mas afirmou não conhecer o marido da irmã. Pouco depois, Wiesenthal descobriu, no consulado alemão de Graz, uma ficha que revelava que Vera recebera recentemente um passaporte alemão com o nome de solteira. Os filhos Horst e Dieter poderiam viajar com o passaporte dela, pois eram menores. Klaus tirara o seu próprio passaporte.

Wiesenthal sabia que a família era a última chance de encontrar Eichmann. Agora tinham partido, sem que ele tivesse como descobrir para onde. Ouviu boatos de que Eichmann estava na América do Sul, na Alemanha e no Oriente Médio, mas eram apenas boatos.

Wiesenthal caiu em depressão. Mal comia e bebia. Sofria de insônia e passava as noites acordado, com os mortos: os amigos, a família e estranhos que não conhecia. Quando a mulher lhe perguntou o que o perturbava, respondeu: "Os nazistas perderam a guerra, mas estamos perdendo o pós-guerra." Wiesenthal procurou o médico, que lhe disse que o trabalho lhe "prolongava o campo de concentração". E lhe aconselhou que arranjasse um passatempo; no mínimo, reduziria o estresse. Wiesenthal concordou em pensar no caso, mas recusou todas as sugestões de que parasse de perseguir criminosos de guerra. No final, passou a colecionar selos e descobriu que gostava disso.

O seu compatriota Tuviah Friedman desistira dos criminosos de guerra. Nos últimos anos, tremia ao ver os novos policiais nas ruas de Viena, muitos por volta dos 30 anos. Estava convencido de que vários tinham sido guardas de campos de concentração, mas a cúpula da polícia tinha se recusado a verificar o passado deles. Disseram a Friedman que o passado já morrera, opinião que ele sabia que também predominava na recém-constituída República Federal da Alemanha (a Alemanha Ocidental). Os seus deveres no centro de documentação minguavam, já que a maioria dos sobreviventes de campos de concentração e judeus removidos tinham se reinstalado em Israel, na Europa ou nos Estados Unidos. Os amigos de Friedman insistiram com ele para que pensasse no futuro, dizendo: "Você se afundou nas tristezas e nas lágrimas judias" por demasiado tempo. Anna, a futura noiva, resolvera emigrar para Israel e estudar medicina, e Friedman cedera. Ela era da Hungria, sobrevivente do Holocausto, e sentia que Israel era o único lugar onde se sentiria bem. Ele não podia lhe negar isso.

Friedman se preparava para partir para Israel, quando soube do desaparecimento de Vera Eichmann e dos filhos. Embora convencido de que ele e Simon Wiesenthal eram as duas únicas pessoas que ainda se preocupavam em procurar Adolf Eichmann e os outros de sua laia, sabia que tinha de ir para Israel. Remeteu as pastas com os depoimentos de sobreviventes e outros documentos, em duas malas enormes, para o Yad Vashem, o centro de documentação do Holocausto recém-fundado em Israel. Depois, partiu para Haifa, para procurar emprego e se casar com Anna.

De volta a Viena para uma visita em dezembro de 1952, Friedman se encontrou com Wiesenthal.

— Tadek — disse Wiesenthal —, continue fazendo os israelenses se lembrarem de Eichmann. Não deixe que lhe digam para esquecê-lo. Que o governo israelense faça tudo o que quiser: que construa casas, que ensine hebraico a todo mundo, que crie um exército forte. Ótimo, muito bom. Mas também precisam começar a procurar Eichmann. Exija que façam alguma coisa.

Friedman guardara o arquivo de Eichmann. Não o mandara para Yad Vashem. Mas disse ao amigo que ele precisava seguir em frente.

Segurando a mão de Friedman, Wiesenthal insistiu:

— Pense bem. Quando Eichmann for pego, será julgado por um tribunal judeu, num Estado judeu. É a história e a honra do nosso povo, Tadek: ambas estão em jogo.

No final de 1953, depois de um ano sem notícias de Eichmann, uma virada milagrosa do destino deu a Wiesenthal a melhor dica sobre o paradeiro do fugitivo desde o início da busca. Ele marcara um encontro com um velho barão austríaco em Innsbruck para conversar sobre selos. Monarquista dedicado que sofrera com Hitler, o barão Mast contou ao hóspede que estava angustiado com os ex-nazistas, que vinham recuperando altos cargos no governo como se "nada tivesse mudado".

Da gaveta da escrivaninha, o barão passou a Wiesenthal a carta de um coronel da Luftwaffe que nunca gostara de Hitler e estava morando na Argentina.

— Lindos selos, não é? — observou o barão. — Mas leia o que está dentro.

Wiesenthal desdobrou a carta e leu o conteúdo em silêncio: "Há algumas pessoas aqui que ambos conhecemos. [...] Estão aqui mais alguns que você não conheceu. Imagine só quem vi, e com quem já tive de falar duas vezes: aquele porco horrendo do Eichmann, que cuidava dos judeus. Mora perto de Buenos Aires e trabalha na companhia de água."

— O que acha disso? — perguntou o barão. — Alguns dos piores do lote conseguiram fugir.

Espantado, Wiesenthal correu de volta ao hotel para transcrever o que lera, além do nome e do endereço do remetente. Quando voltou a Linz, telefonou para o cônsul israelense em Viena e, em seguida, mandou-lhe um pacote que continha o teor da carta do barão, uma biografia de Eichmann, exemplos de sua letra, a fotografia e uma crônica dos oito anos de busca. Wiesenthal insistiu que, se os israelenses seguissem aquela pista, encontrariam Eichmann.

Quando os meses se passaram sem notícias de Israel, Wiesenthal se angustiou com a possibilidade de que nenhuma providência fosse tomada, mas não havia muita coisa que pudesse fazer. Não tinha recursos para ir pessoalmente a Buenos Aires e não sabia espanhol. Além disso, o governo argentino dera boas vindas aos ex-nazistas e era bastante hostil aos judeus. Mesmo que encontrasse Eichmann, sabia que não conseguiria prendê-lo nem tirá-lo do país. Ainda assim, tinha esperanças de que os israelenses agissem.

Em 30 de março de 1954, essa esperança também se desfez. O cônsul israelense, Arie Eshel, encontrou-se com Wiesenthal e lhe disse que os israelenses precisavam de mais detalhes sobre a localização de Eichmann antes de iniciar a investigação. Não tinham recursos para verificar todos os boatos sobre Eichmann. Já tinham muito com que se preocupar, com a construção do Estado e as tensões crescentes com o Egito. Israel precisava concentrar-se no futuro, não no passado. Eshel sugeriu a Wiesenthal que entrasse em contato com Nahum Goldmann, fundador do Congresso Mundial Judaico e, ao lado do primeiro-ministro israelense David Ben-Gurion, o líder judeu mais influente no cenário mundial. De acordo com Eshel, Goldmann estava interessado no que Wiesenthal descobrira sobre Eichmann.

Naquele mesmo dia, Wiesenthal escreveu uma carta a Goldmann. Começou-a assim: "Há anos venho lidando com Eichmann e, mesmo que tenha sido mais afortunado com inúmeras outras pessoas, sempre tive azar neste caso." Repetiu os detalhes que mandara aos israelenses e depois solicitou a Goldmann que agisse vigorosamente com base naquelas informações. E concluiu: "Só espero que o homem a quem o senhor entregar o caso tenha mais sorte do que eu. De qualquer modo, me disponho, com toda a sinceridade, a me envolver novamente no caso, caso isso lhe convenha."

Então, Wiesenthal aguardou mais uma vez. Esperava uma resposta rápida, mas dois meses se passaram sem notícias. Finalmente, recebeu um bilhete de Abraham Kalmanowitz, importante rabino de Nova York e estudioso judeu. Goldmann lhe passara o material. Kalmanowitz queria saber se Wiesenthal tinha o endereço exato de Eichmann, seu pseudônimo e alguma prova de que ainda estava vivo. "Isso é importantíssimo, já que não temos depoimentos confiáveis de que Eichmann foi visto desde o final da guerra", escreveu Kalmanowitz. Desapontado, Wiesenthal respondeu que havia muitas indicações de que Eichmann estava vivo, inclusive a fuga de Ober-Dachstetten e as atividades suspeitas da esposa. Quanto ao endereço e ao pseudônimo, não tinha nenhum dos dois, mas sugeriu que contratassem por quinhentos dólares um investigador que falasse espanhol para ir a Buenos Aires. Kalmanowitz contestou que o mais provável era que Eichmann estivesse em Damasco, na Síria, de acordo com as informações mais recentes de suas fontes. Além disso, afirmou o rabino, ele estava "mais interessado em provas definitivas do paradeiro de Adolf Eichmann, já que é a única informação com base na qual o nosso governo agirá".

Sem que Wiesenthal soubesse, desde o outono de 1953 o rabino Kalmanowitz fizera várias tentativas de convencer a CIA a investigar Eichmann. Mandara cartas ao presidente norte-americano, ao secretário de Estado e ao diretor do órgão. Também recrutara um senador de Nova Jersey para exercer pressão em Washington. Naquele mês de outubro, a CIA respondeu: "Não estamos no ramo de prender criminosos de guerra." Além disso, explicou a agência, mesmo que a CIA encontrasse Eichmann, o máximo que poderia fazer seria informar o governo da Alemanha Ocidental, que, de acordo com as leis mais recentes, tinha jurisdição sobre todos os criminosos de guerra. Entretanto, o chanceler alemão Konrad Adenauer também não estava muito interessado em persegui-los, tendo feito há dois anos a seguinte declaração: "Chegou a hora de parar de farejar nazistas. [...] Depois de começarmos, ninguém sabe onde isso vai parar." Kalmanowitz passara à CIA a carta de Wiesenthal, mas isso não fez a agência tomar providências.

Desanimado com a troca de cartas com Kalmanowitz, Wiesenthal escreveu a Goldmann uma última carta para lhe informar que a notícia recente da agência Reuters de que Eichmann fora morto por vingadores judeus na floresta perto de Linz era obviamente falsa e que Kalmanowitz se mostrara inútil em promover a investigação da pista argentina. Goldmann não respondeu. Pouco tempo depois, Wiesenthal fechou o escritório, embalou seus documentos em caixas que pesavam mais de 500 quilos e remeteu-as para o Yad Vashem. Como Friedman, guardou o arquivo de Eichmann, mas em sua cabeça parara de perseguir esse fantasma com quem ninguém mais parecia se importar. Seu desapontamento por não encontrar o criminoso de guerra não o deixava dormir à noite e o perseguia durante o dia. De várias maneiras, Eichmann passou a personificar a máquina nazista que entrara na vida de Wiesenthal em julho de 1941, em Lvov, quando fora preso e jogado contra uma parede com mais quarenta judeus. Metade do grupo foi morto com tiros no pescoço até que a Missa da noite, assinalada pelos sinos da igreja, interrompeu o massacre.

Com as batalhas travadas na Coreia e o aumento da intensidade do impasse entre o Ocidente e a União Soviética, o mundo não podia se incomodar com crimes do passado. "Temos outros problemas", disseram a Wiesenthal os seus amigos americanos. Essa parecia ser a atitude de todos e, assim, a caçada a Eichmann foi abandonada.

8

CERTA TARDE, no final de dezembro de 1956, Sylvia Hermann recebeu em casa o novo namorado, Nick Eichmann. Ela morava com os pais em Olivos, subúrbio com maioria de moradores alemães no distrito de Vicente López, em Buenos Aires, à margem do Prata, 16 quilômetros ao norte do centro da cidade. Os dois formavam um lindo casal. Nick era alto e louro, com límpidos olhos azuis e sorriso meio malandro. Sylvia também era bonita, com cabelo castanho e volumoso, olhos azuis e rosto expressivo. Também tinha a mente arguta e uma personalidade voluntariosa. Os dois tinham se conhecido recentemente num dos bailes da vizinhança e desde então saíram juntos várias vezes. Sylvia convidara Nick a conhecer seus pais, imigrantes alemães.

As apresentações foram feitas na língua natal. Nick apertou a mão de Lothar Hermann, o pai de Sylvia, homem franzino e cego. No jantar, falaram da Alemanha. Com orgulho, Nick disse que o pai fora um oficial de alto posto da Wehrmacht, que servira bem ao seu país. Lothar, advogado, nada disse de sua experiência. Mais tarde, a conversa passou para o destino dos judeus.

— Seria melhor se os alemães tivessem terminado o serviço de extermínio — declarou Nick.

Lothar se espantou com a declaração, mas novamente manteve o silêncio. O que o convidado não sabia é que Lothar era meio judeu e que, em 1936, fora preso em Dachau por atividades socialistas. Ao perceber o aumento da perseguição dos judeus, emigrara para a Argentina com a esposa cristã logo depois da Noite dos Cristais. Para evitar preconceitos da comunidade alemã de Buenos Aires, não mencionara a origem de sua família. Sylvia fora criada como cristã e poucas pessoas, mesmo entre os amigos mais íntimos, sabiam da ascendência judia do pai e que perdera a visão devido às surras que recebera da Gestapo.

Lothar não revelou nada disso a Nick e, ao contrário, desviou cuidadosamente a conversa em outra direção. Não viu necessidade de causar uma cena desagradável, e o rapaz não era o único a ter opiniões como aquela. Durante a guerra, as ruas de Buenos Aires tinham se enchido de pessoas da comunidade alemã levando bandeiras nazistas e apoiando a filosofia hitlerista recheada de ódio. A derrota do Terceiro Reich não eliminara magicamente esses sentimentos.

Embora Lothar recordasse cada palavra que fora dita naquela noite, Nick não pensou duas vezes no que disse. Podia ter trocado o apelido e não ser mais Klaus (forma germânica reduzida de Nikolas), mas, pelo bem do pai, seria aconselhável que, antes de soltar tanto veneno, se lembrasse de que ainda usava o sobrenome Eichmann. Mesmo depois de seis anos na Argentina, Adolf Eichmann ainda mantinha em segredo a sua identidade e a relação verdadeira com os meninos. Quando esperavam visitas em casa, ele costumava dar tapas na cara dos filhos para que não esquecessem a importância de ter cuidado com o que diziam e a quem diziam. Nunca se sabia em quem era possível confiar e quem poderia traí-los.

Como fizera em todas as manhãs de domingo nos últimos quatro meses, Adolf Eichmann pegou o ônibus de Olivos para o rico bairro Florida, em Buenos Aires. Era um dia típico de verão, quente e úmido, em fevereiro de 1957. Deu o sinal para o ônibus parar na rua Libertad e depois caminhou tranquilamente até uma casa branca de varanda elegante, sombreada por bétulas prateadas.

Willem Sassen, um holandês esguio de 38 anos, levou Eichmann diretamente para o escritório. A esposa sumiu, por não gostar do visitante, enquanto as duas filhas pequenas espiavam o convidado do corredor, pensando como esse homem, que o pai entrevistava durante horas detrás de portas fechadas, era estranho e sinistro.

Sassen e Eichmann puseram-se a trabalhar. O holandês colocou o microfone na mesa, pôs uma fita nova no gravador e prosseguiu com as perguntas sobre como Eichmann via o seu papel no Holocausto.

Numa voz grave e austera, interrompida pelas tragadas frequentes no cigarro, Eichmann respondia:

> Gostaria de descrever com mais detalhes o burocrata cuidadoso, o que pode ser uma desvantagem para mim. Esse burocrata cuidadoso se uniu a um lutador fanático pela liberdade do meu povo. Digo mais uma vez, o piolho que morde os outros não me incomoda, mas o que fica sob o meu colarinho, sim. Para mim, o que é útil para o meu povo é lei sagrada, é ordem sagrada. E, finalmente, tenho de lhe dizer, não me arrependo de nada. Não me humilho nem peço desculpas. Nos meses em que o senhor gravou tudo isso, em que o senhor conseguiu refrescar minha memória, me lembrei de muitas coisas. [...] Seria fácil demais, e eu poderia, com perfeição e sensatez, para o bem das opiniões atuais, representar um papel como se Saulo se transformasse em Paulo. Mas devo lhe dizer que não posso agir assim, porque não estou preparado para isso, porque o meu íntimo se recusa a dizer que fizemos algo errado.
>
> Não, tenho de lhe dizer com toda a honestidade que, se dos 10,3 milhões de judeus citados por Korherr [estatístico da SS], tivéssemos matado 10,3 milhões, eu ficaria satisfeito e diria: tudo bem, destruímos um inimigo. Já que, por uma armadilha do destino, a maioria desses judeus continuou viva, digo a mim mesmo que foi o que o destino pretendia, e tenho de me curvar ao destino e à providência. Teríamos cumprido o nosso dever para com o nosso sangue, para com o nosso povo e para com a liberdade de todos os povos se tivéssemos destruído o espírito mais arguto da humanidade de hoje. Como não foi assim, vou lhe dizer que nossos filhos terão de passar pelo sofrimento e pelo infortúnio do nosso fracasso, e talvez nos amaldiçoem.

Eichmann parou, tirando os óculos e passando a língua pelos dentes superiores falsos. Sassen sabia que, sempre que Eichmann ficava nervoso e evasivo, os lábios se franziam, e havia um leve tremor debaixo do olho esquerdo. Nessa sessão, contudo, ele estava mais sincero do que de costume, embora a seu modo sempre meio enigmático.

Era esse tipo de conversa franca que Sassen queria, e estava ansioso para começar a revisar as entrevistas e escrever uma biografia. Já abordara a revista *Life* sobre a possibilidade de "uma história real quentíssima", mas como não podia revelar a identidade de Eichmann, o editor lhe dissera que a revista não queria se envolver naquilo. Ainda assim, Sassen perseverou, certo de que tinha o furo do século.

Depois da guerra, o jornalista holandês, que servira num corpo especial de correspondentes de guerra e propagandistas da SS, fugira para a Argentina com a família a bordo de uma escuna fretada. Ao chegar, procurara Hans-Ulrich Rudel, antigo ás da Luftwaffe que era íntimo de Perón. Foi ele o *ghostwriter* das memórias de Rudel, e também se tornou assessor de relações públicas da presidência do país e jornalista do *Der Weg*, jornaleco mensal nazista de Buenos Aires. A publicação era editada nos fundos de uma livraria que servia de ponto de encontro de nazistas fugidos e seus simpatizantes.

Sassen e Eichmann se conheciam havia muitos anos (o jornalista levara Eichmann ao novo lar em Tucumán), mas desde que Eichmann se mudara para Buenos Aires, depois da falência da CAPRI, estavam se encontrando com mais frequência. Quando bebia com os colegas fugitivos, fosse no *biergarten* ABC, onde os garçons batiam os calcanhares ao chegarem à mesa, ou nos retiros de caça dos fins de semana, dominados por conversas sobre guerra e mulheres, Eichmann falava amargamente do fim da guerra e de seu patriotismo. "Fui um bom alemão no passado, sou um bom alemão hoje e morrerei como um bom alemão", dizia. A única vez em que mostrou muita exaltação foi quando falou em desmascarar as mentiras sobre a Solução Final. Certa noite, em 1956, ao lado de uma garrafa de vinho, Sassen convenceu Eichmann a contar sua história, insistindo: "Vamos escrever juntos um livro para refutar a propaganda inimiga."

Assim começaram as sessões. Eichmann ia à casa toda semana. Falavam durante quatro horas, às vezes tomando duas garrafas de vinho tinto, numa tentativa de Sassen para relaxar o entrevistado. Às vezes, outros nazistas compareciam às entrevistas, curiosos de saber o que Eichmann tinha a dizer. Depois de cada sessão, Sassen mandava a secretária transcrever as fitas num rolo imenso de papel, que a filha Saskia cortava em páginas separadas com uma faca de cozinha.

A transcrição revelava um homem decidido a provar que não fizera nada de errado em seu papel de chefe do Departamento IVB_4. Ele se esforçava para aumentar a sua importância e se inserir na elite nazista, enquanto ao mesmo tempo argumentava que, em última análise, não era responsável por nenhuma das mortes, porque só obedecera às ordens. Declarou não sentir ódio pelos judeus, mencionando um amigo judeu na juventude, e que preferia que tivessem emigrado do Terceiro Reich. Mas também fez uma defesa fervorosa de como os judeus tinham provocado a própria aniquilação. No esforço de conciliar esses pontos de vista opostos, Eichmann consumiu horas de fita e pastas e pastas se encheram com as transcrições cuidadosamente datilografadas.

Muitos trechos eram de arrepiar. Ele descreveu como cumpria o seu dever: "Eu me sentava à escrivaninha e me punha a trabalhar. O meu serviço era capturar os nossos inimigos judeus como peixes numa rede e transportá-los para o destino final." Explicou como convenceu a hierarquia nazista de seguir os seus métodos: "Usamos o exemplo de Varsóvia [em referência ao levante sangrento do gueto] como o caixeiro-viajante que vende um artigo com muito mais facilidade quando mostra um folheto publicitário." Sobre as ações na Holanda, disse: "Mandei os meus vagões fechados para Amsterdã e a maior parte dos 140 mil judeus holandeses foi levada para as câmaras de gás de Bergen-Belsen, Sobibor e Auschwitz. [...] Deu tudo certíssimo!"

Quando Eichmann leu a transcrição, ficou insatisfeito com o resultado e rabiscou centenas de comentários e correções nas margens. Estava ansiosíssimo para que as suas memórias justificassem as atividades passadas. Estava perdendo a batalha, mas se render à verdade significava enfrentar a realidade e a culpa do que fizera. Continuou com as entrevistas, domingo após domingo. Certa tarde, lamentou que, se a guerra tivesse outro caminho, teria passado o resto dos seus dias bem satisfeito como chefe de polícia de Linz. Os lábios se torceram num sorriso com a ideia. Sassen anotou todos os detalhes.

Ao voltar para o bairro decrépito de Olivos depois do encontro com Sassen, Eichmann lembrou-se de que estava muito longe da posição de respeito e destaque que pensava merecer. Alugava aquela casa modesta de um senhorio judeu e, pior ainda, no que lhe dizia respeito, quem assinara o contrato fora Herbert Kuhlmann. Eichmann emprestara dinheiro ao comandante da divisão Panzer para a viagem até a Argentina. Desde então, Kuhlmann fizera fortuna nos negócios e morava no bairro elegante de Palermo Chico, setor diplomático de Buenos Aires. Eichmann precisara recorrer a ele para alugar a casa.

Kuhlmann não foi o único ex-nazista a enriquecer em Buenos Aires, a morar num palacete e obter prestígio social na cidade. Josef Mengele e outros também tinham prosperado, mesmo depois de perder o seu maior benfeitor e protetor Juan Perón, em consequência do golpe militar de setembro de 1955. O sucesso dos colegas nazistas de Eichmann foi um golpe em seu orgulho, e ele estava convencido de que corriam pela cidade declarando: "Cuidado com Klement. Na verdade, ele é aquele porco do Eichmann."

Quando perdeu o emprego na primavera de 1953, Eichmann se mudou com a família para Buenos Aires. Todas as tentativas que fez para melhorar sua situação deram errado. Primeiro, abriu uma lavanderia com vários outros alemães. Os concorrentes chineses não deram trégua. Em seguida, investiu numa loja de tecidos. Essa também faliu, e o deixou quebrado. Depois, arranjou emprego como gerente de transportes de uma empresa de saneamento, mas logo foi demitido. Então se juntou a parentes distantes como gerente de uma granja, localizada a 65 quilômetros ao norte da cidade, onde também se criavam coelhos angorás. O negócio também faliu, e Eichmann voltou a Buenos Aires e arranjou um emprego braçal numa empresa atacadista de ferragens que pertencia a um ex-nazista. O nascimento do quarto filho, Ricardo Francisco, logo depois de se mudarem de Tucumán, foi a única alegria dessa época de fracassos. O menino recebeu o nome do padre franciscano que ajudara Eichmann em Gênova.

Em Olivos, Eichmann era uma presença silenciosa e introvertida. Caminhava inclinado para a frente e raramente trocava com os vizinhos mais do que algumas palavras em espanhol, com um forte sotaque. Brigava com a mulher com frequência, e o hábito dela de ler a Bíblia constantemente e cantar hinos o deixava louco de raiva. Certa noite, arrancou a Bíblia das mãos dela e rasgou-a ao meio, antes de sair batendo a porta. Também não estava contente com os três filhos mais velhos. Apesar dos sermões sobre disciplina e necessidade de objetivo na vida, achava que eram grosseiros e pouco curiosos intelectualmente. Klaus estava mais interessado em ir a cavalo de Buenos Aires a Tucumán para caçar onças do que em estudar, e Horst decidira entrar para a marinha mercante. O único desejo de Eichmann era que não se tornassem soldados nem se envolvessem com a política. Seria melhor para eles se fossem trabalhadores simples, que nunca vissem a guerra nem falassem dela. Infelizmente, as crenças de Eichmann tinham contaminado os filhos, que eram muito menos cuidadosos do que o pai gostaria na hora de declará-las aos outros.

Em Coronel Suárez, povoado nos Pampas algumas centenas de quilômetros a oeste de Buenos Aires, a família Hermann levava uma vida muito mais tranquila do que a que tinham recentemente deixado para trás em Olivos. Lothar abrira um novo escritório e se dedicava principalmente a ajudar trabalhadores a obter a aposentadoria. Sylvia tinha esperanças de frequentar uma universidade nos Estados Unidos, mas por enquanto ainda morava com os pais, ajudando no que fosse possível.

Em certo dia de abril de 1957, Sylvia lia para o pai o jornal *Argentinisches Tageblatt* quando encontrou uma notícia sobre um julgamento de crimes de guerra em Frankfurt. Um dos indivíduos mencionados como ainda desaparecidos era o oficial da SS responsável pela supervisão do assassínio em massa: Adolf Eichmann.

Ela parou de ler e ergueu os olhos. No mesmo instante, Lothar Hermann recordou o jantar, meses antes, em que Nick Eichmann falara abertamente que o pai servira bem à Alemanha e dissera que os judeus deveriam ter sido aniquilados.

Sylvia baixou o jornal. Disse ao pai que Nick nunca falara muito da família e só dissera que a mãe se casara de novo depois da guerra. Ela nem sabia se o pai estava vivo, embora Nick tivesse mencionado que ele fora um oficial superior da Wehrmacht que levara a família pela Europa, incluindo uma estada na Polônia. Ela nunca fora convidada a visitar a casa do namorado e mesmo agora escrevia a ele por meio de um amigo em comum, porque ele não lhe dera o endereço.

Lothar Hermann sabia que muitos ex-nazistas tinham ido para a Argentina depois da derrota da Alemanha. Devido aos comentários que Nick fizera sobre os judeus e o serviço do pai, Lothar tinha certeza de que era filho de um criminoso de guerra. O fato de que Nick nunca dissera a Sylvia onde morava reforçou essa crença.

Lothar sabia que tinha de contar a alguém, fazer alguma coisa. Se entrasse em contato com a embaixada alemã em Buenos Aires, tinha certeza de que avisariam Eichmann. O lugar estava infestado de gente que ainda alimentava grande admiração por Hitler. Em vez disso, Hermann decidiu escrever uma carta aos promotores de Frankfurt mencionados na notícia do jornal. Disse-lhes acreditar que Adolf Eichmann morava em Buenos Aires, com a mulher e os filhos.

Várias semanas depois, em Frankfurt, Fritz Bauer recebeu a carta. Um promotor público, que conhecia o seu interesse pela perseguição de criminosos de guerra, a repassara. Lothar Hermann não poderia ter encontrado melhor destinatário para o que tinha a transmitir. Bauer, homem de rosto largo e redondo, queixo duplo e corpo compacto, era o procurador-geral do Estado de Hesse, o cão de guarda do sistema jurídico da Alemanha Ocidental. Muitos juristas o consideravam uma força a levar em consideração, principalmente os que já tinham sido membros leais do Partido Nazista e que resistiam às iniciativas de processar nazistas que tivessem cometido atrocidades durante a guerra.

Nascido em Stuttgart, em 1903, filho de um comerciante judeu de tecidos, Bauer começou a estudar direito aos 16 anos, doutorou-se aos 22 e, com 26 anos, se tornou o juiz distrital mais jovem da Alemanha. Desde esses primeiros anos, sua filosofia fundamental do direito concentrava-se na responsabilidade do jurista de ser o defensor da constituição contra a "tendência estatal inata de se tornar um Estado policial". Em 1933, quando os nazistas tomaram o poder, o novo governo demitiu-o do cargo, porque era judeu. Dali a alguns meses, a Gestapo prendeu-o num campo de concentração devido à sua atividade no Partido Social-democrata. Libertado nove meses depois, fugiu para a Dinamarca, onde morou até que os alemães ocuparam o país, em 1940. Depois de outro período na prisão, Bauer passou para a clandestinidade e fugiu com a família para a Suécia num barco de pesca. Passou o resto da guerra publicando uma revista social-democrata com o futuro chanceler da Alemanha Ocidental, Willy Brandt, e estudando as vias legais para punir os nazistas por seus crimes.

Quando a guerra terminou, Bauer hesitou em voltar à pátria. Estava casado com uma dinamarquesa e não gostava da ideia de morar num país que apoiara um homem como Hitler. Mas depois da criação da constituição da Alemanha Ocidental, sentiu que seu dever era ajudar a promover a democracia e resistir a qualquer surgimento futuro do totalitarismo. Também acreditava que fazer as pazes com o passado era essencial para isso.

Quando voltou à Alemanha, Bauer foi nomeado procurador-geral regional. Logo fez fama com os processos de calúnia contra Otto Remer, político de direita que rotulara de "traidores do país" os que tinham tramado a tentativa de assassinar Hitler em julho de 1944. (Remer ajudara a frustrar a trama.) Bauer ganhou a ação, insistindo que a resistência à autoridade do governo era obrigação dos cidadãos responsáveis. Dali a alguns anos, ele se tornou procurador-geral de Hesse, onde encabeçou ativamente os processos contra criminosos de guerra nazistas. Em dezembro de 1956, assinou os mandados de prisão de Adolf Eichmann e de outros 12 sob a acusação de homicídio e cumplicidade com homicídio.

Depois de ler a carta de Lothar Hermann, Bauer percebeu que tinha em mãos uma pista concreta da localização de um dos arquitetos da Solução Final. Não pretendia esperar. Encarregou o seu principal promotor de reunir o máximo possível de informações sobre Eichmann, como atividades durante a guerra, descrição física, fotografias, último paradeiro conhecido (tanto dele quanto da família), tudo o que pudesse ajudar essa fonte argentina a identificá-lo concretamente. Depois, enviou as informações a Hermann, em Coronel Suárez, juntamente com o pedido de que encontrasse o endereço do indivíduo em questão. Ao mesmo tempo, tentou convencer a Interpol a iniciar a busca internacional de Eichmann.

De vestido azul, Sylvia Hermann desceu a rua Chacabuco, numa das áreas mais pobres de Olivos. Depois de viajar dez horas de trem com o pai desde Coronel Suárez, tomara o ônibus que circulava pelo bairro, na esperança de encontrar Nick e descobrir onde morava. Não deu certo, mas ela encontrou um amigo que sabia onde ficava a casa dele. Ela conferiu o número de cada casa até chegar à 4.261. A casa branca de um andar só, cercada por uma cerca baixa, era típica da área. Tinha poucos cômodos e teto inclinado de telhas de cerâmica. Cruzou o portão e bateu à porta da frente. Enquanto esperava resposta, notou alguém junto à cortina. Vários minutos se passaram.

O pai de Sylvia recebera uma carta de Fritz Bauer com uma fotografia desfocada de Adolf Eichmann, juntamente com a descrição dele e detalhes sobre a família. O nome e a idade de Nick e do irmão Dieter, que Sylvia também conhecera, combinavam com a descrição. Ela e o pai tinham certeza de que eram filhos de Eichmann. Agora a questão era saber se o pai estava vivo e se morava com eles.

Sylvia chegara à porta indefesa. Não havia ninguém para ajudá-la caso o seu objetivo fosse descoberto. Era óbvio que Adolf Eichmann era um assassino e, se estivesse mesmo escondido em Buenos Aires, faria o possível para não ser descoberto. Sylvia tentou parecer o mais calma possível enquanto esperava ser atendida.

Uma mulher baixa e robusta, com um menino nos braços, abriu a porta. Sylvia apresentou-se como amiga de Nick. A mulher disse que era mãe dele e, com cautela, mandou Sylvia entrar, perguntando se aceitava bolo e café.

Sim, disse Sylvia, e agradeceu. E sorriu para Dieter, que avistou do outro lado da sala.

— Nick está em casa? — perguntou.

— Não, saiu faz uma hora — respondeu Dieter, surpreso em vê-la.

Quando ela se sentou à mesa, um homem de óculos entrou na sala. Tinha uns 60 anos, a mesma idade que Adolf Eichmann teria. Andava com a cabeça meio curvada para a frente, como se inspecionasse algo no chão.

— Boa tarde — disse Sylvia.

Ele fez uma leve reverência e disse, em alemão:

— Prazer em conhecê-la, moça.

— O senhor é o sr. Eichmann? — perguntou ela com coragem.

Ele não respondeu.

— O senhor é o pai de Nick?

Ele hesitou, antes de dizer com rispidez:

— Não... Sou tio dele.

A voz estridente combinava com o que lera na carta de Bauer, mas a foto que Bauer mandara era de um homem muito mais novo e desfocada demais para ela ter certeza de que esse era Adolf Eichmann.

Nervosa, Sylvia começou a contar que terminara recentemente o curso secundário e planejava estudar línguas estrangeiras na universidade. Perguntou ao homem se falava inglês ou francês, e ele admitiu que aprendera algumas palavras de francês quando passou algum tempo na Bélgica e na França durante a guerra. A conversa logo morreu, mas ele ficara mais agradável com ela.

Antes que Vera trouxesse o café, Nick entrou pela porta. Espantado ao ver Sylvia na sala, foi logo perguntando:

— Quem lhe deu o meu endereço? Quem lhe disse que podia me visitar?

Ela respondeu que alguns amigos em comum tinham lhe dado o endereço e que ela só queria vê-lo enquanto estava em Buenos Aires.

— Fiz algo errado? — perguntou ela.

O homem mais velho disse que estava tudo bem e que ela era muito bem-vinda. Nick ficou em silêncio.

Então, Sylvia disse que tinha de ir embora e que esperava voltar logo para uma visita mais longa. Houve um estranho momento de silêncio quando o velho a acompanhou até a porta.

— Obrigado, pai — disse Nick. — Levo Sylvia até o ônibus.

Enquanto desciam a rua até o ponto, Sylvia disse que gostara de conhecer a família dele e perguntou por que chamara o tio de pai. Nick não deu importância à pergunta e disse que era simples sinal de respeito. No ponto, ela se despediu, dizendo que a partir dali sabia como faria para se encontrar com o pai. Quanto mais Nick se afastasse, mais segura ela se sentiria.

Quando encontrou o pai, contou tudo o que acontecera. Para eles, ficou claro que o homem na casa era o pai de Nick Eichmann e, devido aos muitos detalhes que se encaixavam, simplesmente o tão procurado criminoso de guerra nazista, o próprio Adolf Eichmann.

9

EM 19 DE SETEMBRO DE 1957, num motel numa autoestrada entre Frankfurt e Colônia, Fritz Bauer encontrou-se com Felix Shinar, chefe da missão de Israel e responsável pela supervisão do tratado de indenização com a Alemanha Ocidental. Esse tratado previa indenizações a serem pagas pelos crimes cometidos pelo Terceiro Reich contra os judeus. Como os dois países ainda tinham de formalizar as relações diplomáticas, Shinar era o indivíduo mais próximo de um embaixador.

Bauer foi diretamente à questão, já que não queria correr o risco de alguém vê-los juntos àquela hora.

— Eichmann foi encontrado.

— Adolf Eichmann? — perguntou Shinar, chocado e empolgado com a notícia. Um rabino de Frankfurt entrara em contato com ele e lhe contara que o procurador-geral queria conversar sobre um assunto importante, mas não lhe dissera qual.

— Sim. Está na Argentina.

— O que pretende fazer?

Era a pergunta que Bauer esperava e na qual ponderava desde que recebera, de Lothar Hermann, a notícia de que tinha mais certeza do que nunca de que encontrara Eichmann e de que agora tinha o endereço. Bauer conhecia bem a oposição que enfrentava por perseguir criminosos de guerra na Alemanha Ocidental. No decorrer dos anos, recebeu várias ameaças de morte, e documentos relacionados com as investigações tinham sumido misteriosamente do seu escritório. Além desses ataques pessoais, nos níveis mais altos do governo havia resistência a investigar muito profundamente o passado. Embora o chanceler Konrad Adenauer não estivesse manchado por nenhuma ligação com o nazismo e tivesse admitido as atrocidades cometidas pelos alemães com seu acordo de reparações com Israel a respeito das indenizações, o seu principal interesse era criar uma democracia viável, e costumava ignorar o histórico dos integrantes do governo durante a guerra caso achasse que poderiam ajudá-lo.

Muitos desses indivíduos estavam longe de ser inocentes. Entre os mais destacados, o secretário de Estado Hans Globke redigira a interpretação das leis de Nuremberg que privara de cidadania os judeus alemães. Bauer detestava o fato de Globke ocupar um dos cargos mais poderosos e influentes de Bonn. Se encontrar Eichmann derrubasse Globke, isso seria um benefício a mais. Mas Globke e outros como ele tinham fortes razões para não rever sua história obscura, tornando praticamente impossível a tentativa de Bauer de pegar Eichmann usando os caminhos oficiais do governo.

Antes de dar o primeiro passo, Bauer consultara Georg-August Zinn para saber qual a melhor maneira de proceder. Zinn ocupava posição elevada no Partido Social-democrata e era primeiro-ministro de Hesse. Tinham poucas opções. Nenhum deles possuía recursos nem direitos para iniciar uma investigação internacional por conta própria. A Polícia Federal alemã respondera negativamente ao pedido de Bauer de envolver a Interpol na busca de Eichmann, explicando que os crimes "políticos" dos nazistas estavam além das prerrogativas da Interpol. Bauer e Zinn temiam que, se procurassem o governo Adenauer, nada acontecesse ou, pior ainda, alguém avisasse Eichmann e ele desaparecesse para sempre. Ao dar informações a um país estrangeiro, Bauer sabia que cometia traição, mas sentia que não tinha outra opção se pretendia levar Eichmann a julgamento. Foi por isso que pediu o encontro com Sinar.

— Vou ser muito franco com o senhor — disse Bauer. — Não posso confiar no ministério alemão das Relações Exteriores. Não posso confiar nas embaixadas alemãs da América do Sul. Não posso confiar nem mesmo na minha própria equipe. Não vejo outro caminho senão recorrer ao senhor. Ninguém estaria mais interessado que o senhor na captura de Eichmann. É óbvio que quero manter contato com o senhor no que diz respeito a esse assunto, mas só se houver o mais completo segredo.

— Obrigado pela grande fé que o senhor demonstra ter em nós — disse Shinar, a emoção perceptível na voz e no rosto. — Israel jamais esquecerá o que o senhor fez.

Shinar prometeu transmitir a mensagem às pessoas certas, que logo entrariam em contato com Bauer. Então, os dois saíram separadamente do motel.

Não muito longe das águas azuis e transparentes do Mediterrâneo, na antiga aldeia templária alemã de Sarona, havia uma velha casa de pedra com telhas vermelhas. Parecia uma casa qualquer naquele bairro histórico de Tel Aviv, e quem passava por ela todo dia nem lhe dava atenção. Também não davam atenção ao homenzinho miúdo que ia e vinha o dia todo. Com 1,55 metro de altura, a calvície aumentando, as orelhas de abano e os olhinhos azul acinzentados e penetrantes, usava às vezes o terno simples e barato dos bancários e outras vezes roupas comuns de rua, a camisa aberta no peito de barril. Andava com passos animados e costas eretas, parecendo ter sempre aonde ir, mas isso não era raro. Israel era um país jovem, povoado por muita gente com a forte sensação de ter um objetivo na vida. Quem o ouvisse falar, o que só acontecia quando ele queria ser ouvido ou se o assunto não fosse secreto, escutaria um hebraico falado com leve sotaque do leste europeu, em rajadas curtas e cortantes, como um Kalashnikov. Esse homem era Isser Harel, o chefe do Mossad, o serviço secreto israelense, e a velha casa de pedra era a sede da organização.

Certo dia, no final de setembro, Harel entrou na casa e seguiu por entre as poucas dezenas de homens e mulheres que trabalhavam nas várias salas. Cumprimentou as duas secretárias, que lhe deram boas-vindas calorosamente, e entrou no escritório. A sala era mobiliada com uma escrivaninha simples, telefone, uma mesa comprida para reuniões, um sofá despojado e um cofre pequeno. Harel acabara de voltar de um encontro marcado às pressas, num café próximo, em Ramat Gan, com Walter Eytan, o ministro do Exterior israelense. Eytan tinha notícias urgentes da Alemanha que não queria passar por telefone:

— Adolf Eichmann está vivo e seu endereço na Argentina é conhecido.

Harel pediu à secretária que buscasse todos os arquivos sobre Eichmann o mais depressa possível. Ele sabia que Eichmann tivera um papel importante na matança sistemática de judeus durante a Segunda Guerra Mundial e que, com o passar dos anos, houvera muitos boatos sobre o seu paradeiro, e era só. A busca de criminosos de guerra não era uma das muitas obrigações que mantinham Harel ocupado durante as 18 horas dos seus dias de trabalho. Ele tinha na equipe só um indivíduo encarregado de reunir informações sobre ex-nazistas, que era um arquivista em essência, que reunia e cruzava informações recebidas de várias fontes pelo mundo.

A falta de atividade do Mossad nesse aspecto refletia a falta de interesse da sociedade israelense em defrontar os crimes cometidos contra o povo judeu. Os sobreviventes do Holocausto, embora fossem mais ou menos um quarto da população, raramente falavam da sua experiência, por ser demasiado dolorosa e por não quererem se concentrar no passado. Tinham um país a construir. Embora Israel tivesse aprovado, em 1950, uma lei que permitia o processo de nazistas e seus colaboradores, não houve pressão das autoridades do governo para prender ninguém usando essa lei. De fato, o único grande julgamento em Israel relacionado a crimes de guerra fora o de Rezsö Kasztner, israelense acusado de colaborar com Eichmann na Hungria. O supremo tribunal acabara decidindo que Kasztner salvara vidas judias em vez de auxiliar sua destruição, mas só depois que ele foi assassinado, em março de 1957. Durante o processo, pouca menção se fez de que Eichmann e sua laia é que deviam estar sendo julgados.

Mas a ansiedade do ministro do Exterior, normalmente taciturno, atiçara Harel. Ele sabia que lidava com uma pista não comprovada numa área que não tinha nenhuma relevância para a segurança de Israel, mas pelo menos queria dar uma olhada no arquivo. Era da sua natureza precisar saber uma das principais razões que tinham feito dele o maior espião de Israel.

Harel era o caçula de uma família de judeus ortodoxos de Vitebsk, no centro da Rússia, cuja próspera empresa familiar fora tomada depois da Revolução Russa de 1917. Deixada na miséria, a família mudou-se para a Letônia, onde o jovem Isser sobreviveu ao novo ambiente hostil com a força dos punhos, uma calma de esfinge e o hábito de devorar qualquer tipo de livro: tudo, de clássicos russos a contos de mistério e literatura sionista. Aos 16 anos, resistindo à insistência dos pais para que terminasse o secundário,

Isser saiu de casa para participar de uma fazenda coletiva criada por sionistas perto de Riga. Abraçou o estilo de vida e as ambições sionistas e um ano depois, em 1929, quando os muçulmanos massacraram 67 judeus na Palestina, decidiu emigrar. Conseguiu uma identidade falsa e viajou com um pequeno revólver e um punhado de balas. Num navio, chegou a Jaffa, antiga cidade portuária ao sul de Tel Aviv. Quando as autoridades britânicas revistaram os passageiros em busca de armas, Harel passou com facilidade pela inspeção, com o revólver e a munição escondidos no oco de um pão.

Harel foi para um kibutz em Herzliya, ao norte de Tel Aviv, onde cultivava laranjas durante o dia e dormia numa barraca à noite. Embora apelidado de "Pequeno Isser", era respeitado pela seriedade e pela ética forte no trabalho. Ele se casou e saiu do kibutz cinco anos depois para fundar uma empresa de embalagem de laranjas e prosperou até a Segunda Guerra Mundial. Em 1942, alistou-se no Haganah, temendo que Hitler atacasse a Palestina.

Uma de suas primeiras tarefas foi descobrir se um alemão que morava numa mansão isolada era espião nazista. Harel se esgueirou pelo terreno à noite, invadiu a casa e revistou-a de sala em sala até descobrir um esquema de falsificação que funcionava no porão. O camarada era um criminoso comum. Depois de um período como clandestino no exército auxiliar britânico, que terminou quando bateu num capitão por insultar os judeus, Harel foi recrutado pelo Shai, o serviço de informações do Haganah.

Instalados num apartamento de quatro quartos, identificado por uma placa onde se lia "Serviço de Orientação de Veteranos" e localizado acima de uma floricultura, bem perto do centro administrativo da polícia, os agentes do Shai espionavam e sabotavam as tentativas britânicas de derrotar a resistência do Haganah à ocupação. Administravam uma rede de informantes e espiões, roubavam documentos, grampeavam telefones, decifravam mensagens em código e construíam esconderijos de armas. Embora menos instruído, culto e polido do que muitos agentes do Shai, Harel logo aprendeu o ofício e foi encarregado de perseguir grupos dissidentes de extremistas judeus, como o Irgun e o Stern Gang.* A princípio, teve dificuldades com o fluxo imenso de informações, muitas delas sem importância,

* A Gangue Inflexível. (N. da T.)

e os chefes temeram que não conseguisse cumprir a tarefa. Entretanto, ele logo aprendeu a ler, interpretar e recordar os detalhes mais importantes de uma ficha operacional e conquistou a fama de ser incansável como cão de caça. Em 1947, Harel foi promovido a diretor do Shai em Tel Aviv, onde criou uma rede extensa de informantes árabes.

Na véspera de 14 de maio de 1948, quando os britânicos se aprontavam para evacuar a Palestina e David Ben-Gurion se preparava para anunciar o Estado judeu independente, Harel foi o único dos agentes de informações do Shai a prever que a Legião Árabe atacaria assim que fosse declarada a criação de Israel. Não era mera suspeita. Ele levara pessoalmente a Ben-Gurion a mensagem de um informante que acabara de voltar da Jordânia: "Abdulá vai à guerra, isso é certo. Os blindados estão prontos. A Legião Árabe atacará amanhã." Ben-Gurion mandou várias unidades do exército para preparar a defesa, frustrando o ataque surpresa. Harel atraíra a atenção do líder israelense.

Dois meses depois, com Israel ainda no meio da guerra, Harel uniu-se aos outros quatros líderes de seção, na sede do Shai, na rua Ben Yehuda, para reorganizar as operações israelenses de espionagem e coleta de informações. Foi escolhido para dirigir o Shin Bet, o serviço de segurança interna, uma das três divisões novas. Nesse papel, chamou ainda mais a atenção de Ben-Gurion quando dissolveu de uma vez por todas os grupos extremistas judeus. Entretanto, a tarefa mais importante de Harel era a contraespionagem, e logo se tornou especialista em descobrir espiões árabes e russos. Em 1952, esse talento mostrou-se essencial quando assumiu o Mossad. O Instituto de Coordenação fora criado havia apenas 12 meses para dar fim à desordem criada por diferentes divisões do serviço secreto, que muitas vezes competiam entre si nas missões de espionagem no exterior. O primeiro diretor do Mossad mostrou-se incapaz de administrar a entidade, algo que o chefe de 40 anos deixou bem claro: "O senhor tem de pedir demissão." No primeiro dia no cargo, Harel reuniu-se com a equipe de 12 agentes sobrecarregados, que trabalhavam em três salinhas, e disse: "O passado acabou. Não haverá mais erros. Avançaremos juntos. Não conversamos com ninguém, só entre nós." O caçador de espiões, que se aproveitara dos métodos negligentes e arrogantes dos alvos, era agora também chefe de espiões, e a ambos os cargos impôs uma abordagem disciplinada e incansável.

Nos anos seguintes, Harel combateu espiões estrangeiros e sabotadores árabes em seu papel de chefe do Shin Bet, enquanto também desenvolvia o Mossad e levava para lá alguns dos melhores agentes do serviço de segurança interna. Mandou espiões israelenses se infiltrarem em outros países do mundo e estabeleceu com a CIA um relacionamento importante. Em 1956, durante a Guerra de Suez com o Egito, usou as informações que coletara para apoiar as tropas israelenses em seus ataques, e também montou uma campanha de desinformação que impediu os egípcios de atacar cidades israelenses indefesas. No mesmo período, conseguiu realizar a imigração ilegal em massa de judeus marroquinos e marcou pontos ao obter a cópia de um discurso secreto de Nikita Kruschev, no Congresso do Partido Comunista da URSS, que criticava o regime violento de Stalin e assinalava um abrandamento da política soviética. Embora o Mossad ainda fosse uma agência pequena e em formação, conquistava fama como força eficaz e formidável na área de informações. Com o sucesso no Shin Bet e no Mossad, Harel logo ficou conhecido como *Memuneh*, "o encarregado" do serviço de informações israelense, que só respondia ao primeiro-ministro.

Harel não conseguia esquecer o que os nazistas tinham feito com o povo judeu. Em parte, o Estado de Israel existia para assegurar que o Holocausto nunca mais se repetisse. Mas Harel não mergulhou muito fundo na história do genocídio, sentindo que era algo tão profundamente cruel que ia além da sua capacidade de entender. Agora, sentado em silêncio à escrivaninha, abriu o dossiê de Eichmann. Leu transcrições dos julgamentos de Nuremberg, arquivos capturados das SS, depoimentos de integrantes do estado-maior de Eichmann e numerosos relatos sobre o seu paradeiro. Curiosamente, um relatório afirmava que Eichmann nascera na mesma aldeia onde hoje ficava o escritório de Harel. Algumas informações eram do Yad Vashem, outras de Simon Wiesenthal, outras ainda de Arthur Pier e sua equipe do Haganah, Tuviah Friedman e Manus Diamant. A fotografia obtida com a amante de Eichmann estava no dossiê. Muitas pistas relativas à sua localização vinham de cartas enviadas a embaixadas israelenses por pessoas que achavam tê-lo visto.

Quando o dia seguinte amanheceu, Harel virou a última página do grosso dossiê. Estava profundamente impressionado com o retrato que tinha agora de Adolf Eichmann. Ali estava um homem, pensou Harel, que montara um esquema para matar milhões de pessoas, que separara mães e filhos, que arrastara velhos em longas marchas, esvaziara aldeias inteiras e mandara todos para as câmaras de gás. Enquanto isso, batia no peito com orgulho por ser fiel ao juramento da SS, como soldado e como idealista. Para Harel, era óbvio que Eichmann matara sem remorsos e era especialista em métodos policiais e de espionagem. Disso, ele não tinha dúvida. Se ainda estivesse vivo, Eichmann tinha conseguido enganar os perseguidores várias vezes e removera todos os vestígios da sua existência nos últimos 12 anos. Essa nova informação vinda da Alemanha, por mais que parecesse boa, podia ser outra pista falsa. Ainda assim, dado o que agora sabia sobre Eichmann, Harel decidiu descobrir se era isso mesmo.

Primeiro, Isser Harel queria descobrir o que Fritz Bauer sabia, como recebera a informação e se era um indivíduo confiável com quem trabalhar. Seria prematuro planejar o que fariam caso descobrissem o criminoso de guerra, mas uma coisa Harel sabia com certeza: para capturar Eichmann, precisariam de muito mais do que um pedido de extradição às autoridades competentes da Argentina.

Depois de descobrir o possível com Felix Shinar, Harel mandou Shaul Darom, um dos seus agentes do Mossad, conversar com Bauer. Em 6 de novembro, Darom foi a Frankfurt e visitou o procurador-geral em casa. Satisfeito com a rápida reação israelense, Bauer explicou que sua fonte era um semijudeu que morava na Argentina e apresentara fatos sobre Eichmann que combinavam com detalhes conhecidos de sua vida, principalmente em relação à família. A fonte também fornecera o endereço onde a família morava com um homem da mesma idade de Eichmann. Devido aos boatos de que Vera Eichmann se casara de novo, Darom questionou se esse indivíduo não seria o segundo marido, possibilidade que Bauer aceitou mas desacreditou. Ele fizera pesquisas separadas sobre a localização de Vera e mandara um investigador da polícia entrevistar a mãe dela, numa cidade perto de Heidelberg, na Alemanha. A mãe afirmara não ter notícias de Vera desde 1953 e que a filha se casara com um desconhecido e se mudara para os Estados Unidos. Bauer suspeitava que a mãe mentira. Deu a Darom todo o arquivo de Eichmann, inclusive a foto fora de foco de uma ficha da SS. A única coisa que Bauer não revelou foi a identidade da fonte, para proteger Lothar Hermann. Todas as tentativas de Darom para convencer Bauer a ceder essa informação foram em vão.

Darom mandou a Harel um relatório positivo a respeito de Bauer, afirmando que, se tivesse de pintar o retrato do advogado alemão, lhe poria um livro numa das mãos e uma espada na outra. Também explicou que Bauer estava disposto a fazer o possível para encontrar Eichmann, mesmo às custas de perder o cargo, e que a pista parecia suficientemente boa para ser seguida.

Pouco depois, em janeiro de 1958, Harel mandou outro agente, Yoel Goren, a Buenos Aires para investigar quem morava na rua Chacabuco, 4.261. Goren passara vários anos na América do Sul e falava espanhol fluentemente. Harel mandou-o ter cuidado, temendo que o menor erro pudesse evidenciar sua presença e fazer Eichmann fugir.

Na semana seguinte, Goren foi várias vezes do centro da cidade a Olivos, de trem. A parte do bairro mais próxima do rio da Prata tinha muitas mansões grandiosas, para onde a elite fugia no verão. Quanto mais se ia para longe do rio, mais decadentes e menores ficavam as casas. Pelo sotaque que ouviu nas ruas, muitos moradores eram alemães, e ele chegou a ver suásticas pintadas nas paredes de alguns prédios. A rua Chacabuco ficava na parte mais distante do bairro, habitada por operários que iam e vinham da cidade para trabalhar. Era uma rua sem tráfego nem pavimentação, e os estranhos eram olhados com bastante desconfiança. Isso dificultou a vigilância, mas o que Goren viu no número 4.261 convenceu-o de que havia pouca possibilidade de Adolf Eichmann morar ali. Uma mulher desmazelada cuidava de um jardim minúsculo e a casa era mais adequada para um trabalhador braçal solteiro do que para a família de um homem que já ocupara posição importante no Terceiro Reich. De acordo com o que sabia a comunidade de informações, Adolf Eichmann pilhara pessoalmente a fortuna das famílias judias mais importantes da Europa, sem falar da riqueza mais modesta de milhares de outros. Era impossível que esse *bon vivant*, que apreciava a vida de luxo, estivesse reduzido a uma moradia tão miserável, mesmo que fosse como esconderijo.

Sub-repticiamente, Goren fotografou a casa antes de voltar a Tel Aviv e dizer a Harel que a "casinha miserável" na rua Chacabuco não poderia abrigar Adolf Eichmann, e que não vira ninguém parecido com ele entrar nem sair da casa enquanto esteve de vigia. Goren fez essa declaração apenas duas semanas depois de ser encarregado do caso.

Quando Shaul Darom voltou a conversar com Fritz Bauer, este mudou a impressão que tivera dos israelenses. Seria quase impossível que uma investigação tão rápida descobrisse um homem que, havia mais de 12 anos, conseguia evitar a captura. Darom informou ao procurador-geral que Harel não podia avançar a menos que conhecesse a identidade da fonte de Bauer. Tinham de confiar um no outro, tanto nesse assunto quanto em outros. Bauer cedeu, e concordaram que ele escreveria uma carta de apresentação para que o seu "representante" se encontrasse com Lothar Hermann. Harel não queria que nenhum vestígio da investigação vazasse entre os israelenses, embora depois do relatório de Goren ele já estivesse meio desconfiado de que Eichmann não morava no endereço da rua Chacabuco.

O chefe do Mossad pediu emprestado à polícia de Tel Aviv o seu chefe de investigações criminais, Ephraim Hofstetter, para servir de representante de Bauer. Queria que verificasse exatamente como Hermann soubera de Eichmann, se era digno de confiança e se escondia alguma coisa. Além disso, Hofstetter deveria descobrir a identidade do indivíduo que morava na rua Chacabuco, 4.261. O chefe do Mossad tinha uma fé imensa em Hofstetter, um profissional sério com vinte anos de experiência em investigações policiais. De origem polonesa, Hofstetter perdera os pais e a irmã no Holocausto e sabia de Eichmann por ter acompanhado o julgamento de Kasztner. O investigador falava alemão fluentemente e passaria com facilidade por emissário de Bauer.

No final de fevereiro, Hofstetter chegou a Buenos Aires com uma grossa camada de roupas de inverno e descobriu que chegara no ápice do verão. Do outro lado do comprido terminal de um só andar do aeroporto, foi saudado pelas risadas de um homem de tez pálida e cabeça rósea e careca: Ephraim Ilani, agente do Mossad especializado em operações árabes que tirara uma licença para estudar a história da povoação judia da Argentina. Ilani ajudara rapidamente Goren na investigação anterior. Harel ordenara a Ilani que trabalhasse de maneira muito mais íntima com Hofstetter, que só conhecia algumas palavras de espanhol. Fluente no espanhol local (além de em mais nove línguas), Ilani conhecia bem o país e tinha uma grande rede de amigos e contatos em Buenos Aires, graças ao seu bom humor e à personalidade gregária.

Os dois foram para Coronel Suárez no trem da noite. Às nove e meia da manhã, desceram na plataforma de uma estação bem destruída. Além de uma única rua ladeada de casas de madeira, a cidadezinha remota era pouco mais do que um ponto de parada antes dos pampas intermináveis. Era difícil imaginar um lugar menos óbvio para encontrar pistas do paradeiro de Adolf Eichmann.

Ilani perguntou como poderia encontrar a casa de Lothar Hermann. Os moradores e os funcionários das lojas locais desconfiaram dos dois, curiosos de saber o que esses estranhos estariam querendo com o seu vizinho. Não se ofereceram para ajudar. Na estação ferroviária, um motorista prometeu que os ajudaria, mas só se o contratassem para levá-los à casa de Hermann. Logo descobriram que poderiam ter percorrido a pé a pequena distância até o outro lado dos trilhos. Hofstetter foi sozinho até a porta e Ilani ficou para trás, caso houvesse problemas. Até onde sabiam, aquilo poderia ser uma armadilha.

Quando a porta se abriu, Hofstetter se apresentou.

— Meu nome é Karl Huppert. Mandei-lhe um telegrama de Buenos Aires para avisar que vinha.

Hermann fez um gesto para que Hofstetter entrasse na sala. Este não conseguiu identificar o que havia de estranho em Hermann e na sala, mas faltava alguma coisa. Além da mesa, do guarda-louças e de algumas cadeiras, a sala estava vazia. Só quando estendeu a carta de apresentação de Bauer e Hermann não a pegou, Hofstetter percebeu que ele era cego. Isser Harel o mandara investigar a pista de que Adolf Eichmann fora avistado por um homem que não enxergava.

Hofstetter logo perdeu o ceticismo quando Hermann e a mulher, que surgira quando chamada para ler a carta, explicaram com detalhes como começaram a desconfiar de Nick Eichmann e como a filha descobrira o endereço. Hofstetter achou Hermann meio fanfarrão, principalmente pelos comentários não confirmados de que Eichmann fizera uma cirurgia plástica e que tinha muitos recursos à disposição, mas os motivos para isso eram claros.

— Não pense que comecei essa história de Eichmann por algum desejo de servir à Alemanha — disse Hermann. — Meu único propósito é acertar as contas com os criminosos nazistas que causaram tanto sofrimento a mim e a minha família.

A porta da frente se abriu e Sylvia Hermann entrou na casa, cumprimentando os pais. Parou ao ver Hofstetter, e o pai lhe apresentou o "sr. Huppert". Sem hesitação, Sylvia lhe contou a visita à casa dos Eichmann.

— Havia algo especial na maneira como ele falava? — perguntou Hofstetter.

— A voz dele era desagradável e estridente, como descreveu o dr. Bauer numa das cartas.

Hofstetter perguntou se essas cartas não poderiam ter influenciado o seu modo de pensar.

— Não — disse ela diretamente. — Estou cem por cento certa de que foi uma impressão imparcial.

— O que a senhorita diz é bem convincente — disse Hofstetter, espantado com a coragem e a objetividade da moça. Tudo o que ela dizia combinava com as informações que recebera antes de partir de Tel Aviv. — Mas a identificação não é conclusiva. Vera Eichmann pode ter se casado de novo, ouvimos muitos boatos sobre isso, e os filhos podem ter continuado a usar o sobrenome do pai. — Ele explicou que precisava saber o pseudônimo da pessoa que morava com Vera e os filhos, além do seu local de trabalho. Também gostaria de ter alguma fotografia dele ou da família, algum documento em seu nome e, no melhor dos casos, as impressões digitais.

— Tenho certeza de que conseguirei essas provas — respondeu Lothar Hermann. — Tenho muitos amigos em Olivos, além de conhecidos entre as autoridades locais. Não seria difícil para mim conseguir tudo isso. Entretanto, é óbvio que terei de viajar a Buenos Aires outra vez, minha filha também... Isso envolverá mais despesas, e simplesmente não temos dinheiro.

Hofstetter prometeu que o seu pessoal cobriria as despesas. Para manter tudo em segredo, mandou que toda correspondência fosse enviada para um endereço no Bronx, em Nova York, aos cuidados de um tal A. S. Richter. Rasgou ao meio um peso argentino e deu metade a Hermann. Quem estivesse com a outra metade mereceria confiança.

Depois de duas horas de discussão e planejamento, Hofstetter agradeceu à família e foi embora. Diria a Harel que os Hermann eram confiáveis, mas que era preciso obter mais informações e que pareciam capazes de consegui-las. Enquanto caminhava de volta à cidade, o táxi que o levara até a casa freou a seu lado. Ilani espichou a cabeça para fora da janela de trás e perguntou, em tom de brincadeira:

— Posso lhe dar uma carona, senhor?

10

NO DIA 8 DE ABRIL, Sylvia Hermann e o pai visitaram o cartório de registro de imóveis de La Plata, capital da província de Buenos Aires, 55 quilômetros a sudeste da metrópole. O contato alemão remetera a quantia prometida, e os detetives amadores iam agora recolher as provas de que tinham encontrado o homem certo.

Um funcionário lhes trouxe os registros públicos da rua Chacabuco, 4.261, e Sylvia leu os detalhes para o pai. Em 14 de agosto de 1947, um austríaco, Francisco Schmidt, comprara o pequeno terreno em Olivos para construir duas casas. Eichmann era austríaco, Lothar sabia, e chegara a Buenos Aires depois da guerra. Schmidt devia ser o pseudônimo que estava usando. Entusiasmados com essa importante descoberta, Hermann e a filha pegaram o trem para Buenos Aires em busca de confirmação. Por um contato na empresa de energia elétrica, descobriram que havia dois relógios registrados naquele endereço, sob os nomes Dagoto e Klement. Em vez de duvidar do pseudônimo Schmidt, Hermann supôs que esses seriam nomes falsos que Schmidt inventara para esconder a sua pista. Quando Hermann procurou as pessoas que tinham vendido a Schmidt o terreno da rua Chacabuco, recebeu uma descrição que lembrava a que Bauer mandara de Eichmann e que a filha confirmara na visita rápida à casa. O vendedor também lhes disse não só que Schmidt tinha cicatrizes no rosto como também que o boato era que chegara a Buenos Aires a bordo de um submarino alemão, em 1945.

No mês seguinte, os Hermann passaram mais cinco dias em Buenos Aires, para continuar a investigação. Nessa viagem, descobriram uma fotografia de Nick e ouviram outro boato de que Adolf Eichmann morara vários anos no interior do país, depois de chegar da Europa. As tentativas de encontrar fotografias, impressões digitais ou documentos de identidade fracassaram. Em 19 de maio, Hermann escreveu a Huppert, em Nova York, descrevendo o trabalho de detetive das últimas seis semanas. "Francisco Schmidt é o homem que queremos", escreveu ele, explicando que era provável que tivesse feito uma plástica (por isso as cicatrizes). Escreveu que mais investigações exigiriam mais recursos e que "ficaria no comando" para esclarecer a questão. Hermann tinha certeza de que suas descobertas seriam recebidas com uma ordem para agir.

A carta de Lothar Hermann seguiu seu caminho da Argentina para Nova York e daí para a sede do Mossad em Tel Aviv, onde chegou em junho de 1958. Isser Harel não acreditou em nada do seu conteúdo, do início ao fim. Hermann tinha certeza demais e queria controle demais, características de que Harel desconfiava por instinto e experiência.

De lápis na mão, decompôs cada uma das afirmativas. Só porque Schmidt era citado como proprietário do terreno onde morava um tal Nick Eichmann, não significava que Adolf Eichmann morasse na casa nem que usava esse pseudônimo. A história da cirurgia plástica era pura especulação. E que objetivo Hermann teria para descobrir onde Eichmann morara no final da década de 1940, se já sabia que Schmidt era Eichmann? É preciso investigar as pistas mais novas, não as mais antigas. O pedido de mais recursos e de "ficar no comando" cheirava a possível golpe.

Harel subira de posto no serviço de informações israelense reunindo o máximo possível de informações e pondo-se no lugar dos inimigos, para entender as suas motivações e imaginar quais seriam os seus próximos passos. Seus agentes diziam entre si que, "se alguém mostrar a Isser Harel um dos lados de uma caixa de fósforos, ele vai dizer, sem olhar, o que está escrito do outro lado". Ele confiava na intuição e, em relação ao caso de Eichmann, o instinto lhe dizia não só que Yoel Goren estava certo ao achar que o nazista fugitivo não poderia viver em tamanha miséria como também que as informações que Lothar Hermann mandara no relatório eram suspeitas, na melhor das hipóteses, e, na pior delas, talvez fossem fantasias totalmente inventadas.

Harel mandou um telegrama a Ilani, em Buenos Aires, para que verificasse Francisco Schmidt. Caso se mostrasse um beco sem saída, o chefe do Mossad acrescentaria a pista de Buenos Aires à pilha de boatos não confirmados sobre o paradeiro de Eichmann que havia no dossiê. Um desses boatos afirmava que ele possuía uma empresa de importação em Damasco, sob o pseudônimo de Brunkmann. Outro, que viajava livremente entre a América do Sul e a Suíça com o pseudônimo de dr. Spitzer. Outros ainda que estava no Cairo incentivando *pogroms* contra judeus, ou em Kiel, na Alemanha, com o nome de Arthur Sonnenburg. A princípio, Harel achara que as informações de Fritz Bauer pareciam confiáveis, mas agora duvidava delas tanto quanto das outras pistas.

Com o passar do verão, Harel dedicou-se a problemas mais prementes. Descobrira um agente duplo soviético infiltrado na sua organização e o Oriente Médio estava em polvorosa devido às repercussões constantes da Guerra de Suez. No início do ano, o Egito e a Síria tinham se unido para criar a República Árabe Unida, aumentando o poder do presidente Gamal Abdel Nasser, abertamente belicoso em relação a Israel. Faissal II, o rei iraquiano, fora assassinado em julho, e agora os rebeldes ameaçavam seu primo, o rei Hussein da Jordânia. Ben-Gurion pusera o exército israelense em total prontidão e todas as informações sobre qual seria o próximo passo dos vizinhos árabes do jovem Estado tinham prioridade. Dado o tamanho e o efetivo limitados do Mossad, Harel não se dispunha a afastar um único agente dos seus deveres para investigar uma pista que podia ser falsa. Só uma ordem do primeiro-ministro o faria mudar de ideia.

No final de agosto, Ilani informou a Harel que Francisco Schmidt não era mesmo Eichmann e que sequer morava no endereço da rua Chacabuco. Era meramente o senhorio. Como disse um dos agentes de Harel, "às vezes a gente monta o quebra-cabeça de informações e, em vez de um camelo, surge um cavalo, e nada se pode fazer". Harel engavetou o dossiê de Eichmann; Hermann pegara o homem errado. O chefe do Mossad informou a Bauer a sua conclusão e interrompeu a correspondência com Hermann. Mais uma vez, a caçada a Eichmann foi interrompida.

Alguns meses antes, no início de março de 1958, Kurt Weiss, agente do Bundesnachrichtendienst (BND), serviço federal de informações da Alemanha

Ocidental, reunira-se em Munique com um agente da CIA para trocar dados sobre ex-nazistas que pudessem estar envolvidos em operações de espionagem no Oriente Médio. As duas organizações tinham adotado a prática de recrutar para suas fileiras ex-agentes da SS, da Gestapo e da Abwehr, muito embora em público ambas negassem, com veemência, a presença desses agentes — e, várias vezes, a negavam uma à outra. Seus chefes, respectivamente Reinhard Gehlen e Allen Dulles, seu benfeitor americano, estavam concentrados em combater a ameaça comunista no mundo inteiro. O fato de alguns agentes seus, inclusive vários auxiliares de Adolf Eichmann, terem sangue nas mãos não era razão para que fossem rejeitados. Entretanto, muitas vezes esses indivíduos criaram mais problemas do que os resolveram, já que vários se tornaram agentes duplos ou alistaram ex-camaradas como informantes. Tinham criado um ninho de ex-nazistas, todos moralmente corruptos e de lealdade duvidosa, nublando o mundo já nebuloso da espionagem.

Na reunião de Munique, Weiss queria saber se a CIA tinha alguma orientação a dar sobre vários nomes que lhe tinham chamado a atenção: Eberhard Momm, agente da Abwehr, supostamente morando na Alemanha; Franz Rademacher (pseudônimo, Rosello), diplomata do Terceiro Reich responsável pelos assuntos judeus, que fugira para a Síria depois da guerra; Johannes von Leers, publicitário de Goebbels que fugira para a Argentina e depois se mudara para o Cairo, em 1956, para trabalhar com Nasser; e Adolf Eichmann. De acordo com as informações do agente do BND, Eichmann "nascera em Israel e se tornou Obersturmbannführer da SS. Dizem que mora na Argentina desde 1952, com o pseudônimo de Clemens. Um boato afirma que, apesar de responsável pelo extermínio em massa de judeus, mora hoje em Jerusalém".

Ao mesmo tempo dessas investigações, o Bundesamt für Verfassungsschutz (BfV), agência interna de informações da Alemanha Ocidental encarregada de combater o ressurgimento nazista, tentava verificar, por meio do Ministério do Exterior e da embaixada alemã na Argentina, se Karl Eichmann, indivíduo conhecido pela agência por escrever na revista neonazista *Der Weg*, seria na verdade Adolf Eichmann e se morava em Buenos Aires com o pseudônimo Klement. A embaixada respondeu mais tarde, naquele verão, que não tinha informações a respeito e que, provavelmente, Eichmann estava no Oriente Médio.

Sem dúvida, alguém do ninho de ex-nazistas que conhecia o pseudônimo de Eichmann falara com as duas principais agências alemãs de informações. Nenhuma delas demonstrou muito vigor ou entusiasmo para procurar o criminoso de guerra, talvez para não chamar atenção indevida para Hans Globke, que supervisionava o BND e o BfV. Eichmann devia conhecer muito bem as atividades do ministro do Exterior durante o reinado de Hitler.

E a CIA também não agiu. Quatro anos antes, fora pressionada por líderes judeus dos Estados Unidos para investigar as informações de Simon Wiesenthal de que Eichmann estava na Argentina. Mas naquela época a agência não agira, nem agiria agora; não fez sequer o ato simples de cortesia de transmitir aos colegas israelenses as informações mais recentes. Devido aos laços da CIA com Globke, que nessa época era o principal elemento de ligação entre a espionagem alemã e a agência norte-americana, e com o lodaçal de auxiliares de Eichmann que trabalhavam como espiões dos Estados Unidos, não era do interesse da CIA revirar o passado. Assim, o fato de que Klement não só era o pseudônimo de Eichmann como também o nome ligado à casa onde morava (de acordo com Lothar Hermann) continuou desconhecido.

Em fevereiro de 1959, em San Fernando, um bairro isolado da zona norte de Buenos Aires, Eichmann e os três filhos cavavam uma imensa trincheira retangular. A água minava pelos lados e pelo fundo, já que o terreno que Eichmann comprara ficava localizado numa planície baixa que, no inverno, o rio Reconquista, que ficava próximo, inundava frequentemente. Quando terminaram de cavar, bombearam a água e impermeabilizaram a trincheira. Eichmann queria que a casa nova tivesse alicerces com um metro e meio de profundidade e paredes com 60 centímetros de espessura, o triplo do padrão. Estava construindo uma fortaleza.

Ele comprara o terreno de 800 metros quadrados no final de 1958, exaurindo suas modestas economias. Não queria pagar mais aluguel e achou que o investimento seria uma boa proteção contra a praga da inflação argentina. Planejava um longo futuro no país. A terra custou barato devido à distância e à tendência a ser inundada. Não havia fornecimento de eletricidade, água encanada nem rede de esgoto. Por outro lado, isso significava que também não havia tributos municipais e que eram poucos os vizinhos curiosos.

Agora que terminara o primeiro estágio da construção, Eichmann e os filhos podiam começar a erguer a casa. Ele comprara o material necessário e combinara a entrega. Esquematizou um cronograma de trabalho com todos os detalhes e planejava terminar a obra no início de 1960. A estrutura de tijolos, com um só andar, não seria espaçosa, mas seria dele.

Depois de uma série de maus passos na carreira, conseguiu um emprego promissor numa fábrica da Mercedes-Benz que montava ônibus e caminhões, localizada 30 quilômetros a sudoeste de Buenos Aires, no distrito industrial de González Catan. Contratado em março como soldador, Eichmann suspeitava que havia possibilidade de promoções. Jorge Antonio, seguidor de Perón que supostamente esteve ligado à transferência de recursos nazistas para o país depois da guerra, fundou a filial argentina da empresa alemã. Dava emprego a mais de quinhentas pessoas, na maioria imigrantes alemães, muitos dos quais fugitivos nazistas. Mais uma vez, Eichmann pedira ajuda aos ex-camaradas, e mais uma vez foi atendido, embora dessa vez mais por pena.

Apesar da possibilidade de subir no emprego, Eichmann continuava preso ao passado. Comprava uma história da guerra atrás da outra e rabiscava suas impressões na margem dos livros. Em *Os Últimos Dez Dias de Hitler*, Gerhard Boldt criticava a insensatez e os atos covardes do círculo íntimo de Hitler. Sempre que Boldt, ex-oficial nazista que estivera no bunker com Hitler, aparecia no texto, Eichmann fazia uma linha em torno do nome e escrevia "traidor", "calhorda" ou "patife". Num capítulo, Eichmann rabiscou: "O autor deveria ser esfolado vivo por sua traição. Com cafajestes assim, a guerra estava fadada a ser perdida." Na última página do livro, Eichmann escreveu sua opinião sobre a natureza do dever, virtude que obviamente Boldt não compreendia: "1. Todo homem tem o direito de viver como quiser; 2. Mas aí não tem o direito de se intitular oficial, porque; 3. Oficial = cumprimento do dever especificado no juramento do soldado."

Cada vez mais, Eichmann se tornava um pária na comunidade alemã de Buenos Aires, devido à obsessão com a guerra. À mesa da *biergarten* ABC, costumava exaltar-se sobre os muitos que tinham traído o Terceiro

Reich e como tudo poderia ter sido diferente. Outras vezes, era meramente uma presença azeda, de poucas palavras, nervosíssimo, famoso pelo aperto de mão, mole como um pano molhado.

As sessões de Eichmann com Sassen tinham acabado, fechando essa válvula de escape da sua amargura. No início de 1959, Eichmann tentou articular seus pensamentos sobre o que fizera e como se sentia quase uma década e meia depois da guerra. Seria a introdução às suas memórias.

> Estou ficando cansado de levar a vida de um andarilho anônimo entre dois mundos. A voz do coração, da qual nenhum homem pode fugir, sussurrou-me como sempre para buscar a paz. Também gostaria de ficar em paz com os meus ex-inimigos. Talvez isso faça parte do caráter alemão.
>
> Ficaria satisfeitíssimo de me entregar às autoridades alemãs se não fosse forçado a considerar que talvez ainda haja demasiadas pessoas interessadas no aspecto político da questão para permitir um resultado claro e objetivo. Longe de mim duvidar que um tribunal alemão chegasse a um veredito justo, mas não tenho certeza da situação jurídica que seria atribuída hoje a quem recebia ordens, cujo dever era ser leal ao juramento e executar as ordens e instruções recebidas.
>
> Fui apenas um membro fiel, decente, correto, consciencioso e entusiasmado da SS e da Instituição de Segurança do Reich, inspirado apenas por sentimentos idealistas para com a pátria à qual tive a honra de pertencer. Apesar de consciencioso autoexame, devo dizer em meu favor que não fui um assassino nem um assassino em massa. Mas, para ser absolutamente veraz, devo me acusar de cumplicidade na morte, porque transmiti as ordens de deportação que recebi e porque pelo menos uma fração dos deportados foram mortos, embora por uma unidade inteiramente diferente. Já disse que teria de me acusar de cumplicidade na morte, se fosse me julgar com severidade impiedosa.
>
> Mas não vejo claramente se tenho o direito de fazê-lo diante dos meus subordinados imediatos. Portanto, ainda estou envolvido numa luta interna. Minha atitude subjetiva em relação

> ao que aconteceu foi a minha crença na necessidade de guerra total, porque não pude evitar acreditar nas proclamações constantes feitas pelos líderes do então Reich alemão, tais como: vitória nessa guerra total ou a nação alemã perecerá. Sob o efeito dessa atitude, cumpri o dever que me impuseram com consciência limpa e coração fiel.

Era essa a crença que Eichmann reafirmava a si mesmo todos os dias, confiando que seus perseguidores tivessem desistido de procurá-lo e que nunca teria de enfrentar a justiça sobre a qual ponderou nesse resumo.

11

AO ANOITECER DE 10 DE OUTUBRO de 1959, um sábado, Tuviah Friedman foi até a varanda e olhou a vista de Haifa. O descanso de sábado terminava com o pôr do sol e a cidade, no litoral norte de Israel, voltava à vida. Todos conversavam ao sair às ruas para saborear a tarde fresca nos cafés ao ar livre. Os motores das motocicletas rugiam pelas ruas íngremes do Monte Carmelo, e os freios dos ônibus guinchavam na descida. Friedman conseguiu ouvir os vizinhos rindo no pátio enquanto se preparavam para sair. Todos pareciam ir a algum lugar. Ele fitou as luzes cintilantes dos barcos no porto, sabendo que não poderia se divertir. O envelope em seu bolso lhe abrira um buraco candente no peito.

Quando chegara a Israel seis anos antes, Friedman estava decidido a deixar de lado a caçada de criminosos de guerra nazistas, principalmente de Eichmann. Pulara de emprego em emprego até começar a trabalhar no Yad Vashem, ajudando a organizar a coleção sobre a história do Holocausto e a registrar os nomes das vítimas judias. Abrira a filial do museu em Haifa, mas aos poucos acabou pressionando as autoridades para obter informações sobre criminosos de guerra. Não conseguia refrear-se, apesar da insistência dos chefes de que "não somos um órgão policial". Em 1957, foi demitido. Com um pequeno salário do governo, Friedman reabriu o seu centro de documentação e concentrou-se mais uma vez na captura de Eichmann. Desde então, não ganhava salário, e a esposa, Anna, agora cirurgiã oftalmológica, sustentava-o e ao filho recém-nascido.

No verão de 1959, Friedman iniciara a correspondência com Erwin Schüle, diretor do Escritório Central de Ação Penal contra Criminosos

Nacional-Socialistas, da Alemanha Ocidental. Com sede em Ludwigsburg, perto de Stuttgart, o órgão fora criado em dezembro do ano anterior, depois que Schüle conseguiu levar à justiça vários nazistas, num julgamento em Ulm que foi muito divulgado. O julgamento levou as vítimas a exigir mais investigações. Friedman mandara a Schüle vários dossiês sobre os criminosos de guerra que estava procurando. Mais tarde, perguntou ao promotor por que não se interessava em encontrar Adolf Eichmann, o "monstro que era o demônio encarnado". Schüle respondeu que estaria interessado em todo o material que Friedman tivesse, de modo que este mandou a Ludwigsburg uma cópia do dossiê de Eichmann, com o pedido de que o governo alemão ocidental pensasse em oferecer uma recompensa pela captura do nazista.

Em 20 de agosto, Schüle escreveu que uma fonte confidencial afirmava que Eichmann estava no Kuwait. Friedman mostrou a carta ao seu ex-chefe no Haganah, Arthur Pier (hoje Asher Ben-Natan e, na época, diretor-geral do Ministério da Defesa israelense), assim como a vários diretores de organizações judaicas e até à polícia israelense em Tel Aviv. Todos lhe disseram que não podiam fazer nada. Nada.

Agora, Friedman levava no bolso a carta de Schüle, mantendo-a sempre consigo. Tinha certeza de que finalmente conseguira uma pista do paradeiro de Eichmann, mas ainda assim estava impotente para agir. A esposa tentava consolá-lo, mas ele se sentia entorpecido e debatia consigo mesmo se devia esquecer aquilo tudo ou levar à imprensa o que sabia.

Enquanto observava e ouvia o povo de Haifa gozar uma tarde despreocupada, Friedman sentiu que não tinha opção senão ir a público. Foi até o telefone, ligou para um conhecido que trabalhava no jornal *Ma'ariv* e lhe passou o furo: Adolf Eichmann, o criminoso de guerra nazista cujo único objetivo era limpar a Europa de judeus, vivia em liberdade no Kuwait.

A notícia, que ele creditou ao promotor da Alemanha Ocidental, provocou grande clamor público. Os jornais do mundo inteiro publicaram manchetes de primeira página sobre o criminoso de guerra no Kuwait. Friedman deu dúzias de entrevistas a correspondentes estrangeiros e israelenses, descrevendo os crimes do "assassino mais infame da história" e propondo uma recompensa de 110 mil dólares pela sua captura. Houve apelos para que a busca começasse com urgência. Dez dias depois da publicação da reportagem, Friedman foi convidado a fazer um discurso num comício em Tel Aviv para David Ben-Gurion e outros membros do partido que eram candidatos nas eleições. Friedman implorou que o primeiro-ministro "ordenasse que o mesmo Eichmann que mandou milhões de judeus para as câmaras de gás fosse encontrado".

Enquanto isso, choviam cartas no centro de documentação de Friedman. Algumas juravam que Eichmann jamais seria encontrado; outras davam pistas do seu real paradeiro. Uma delas dizia que o nazista morava como ermitão numa casa no alto de um morro, na Nova Zelândia. Entre essas cartas, Friedman recebeu um bilhete enviado em 24 de outubro por um certo Lothar Hermann, de Coronel Suárez, na Argentina. Hermann explicou que lera a notícia sobre Eichmann num jornal local e que estava "totalmente errada. A pessoa mencionada não mora no Kuwait, no Golfo Pérsico. Mora sob pseudônimo com a mulher e quatro filhos perto de Buenos Aires". Hermann oferecia-se para fornecer "datas precisas e material exato" e "estava disposto a esclarecer o caso completamente, desde que, todavia, se mantenha o mais estrito segredo". A troca rápida de mais duas cartas, em que se discutiu até uma recompensa, convenceu Friedman de que esse argentino tinha informações concretas sobre o paradeiro de Eichmann.

Depois de descartar a pista do Kuwait, Friedman copiou as cartas da Argentina e entregou-as a um membro importante do Congresso Mundial Judaico, que prometeu entregá-las a quem as pudesse investigar com rapidez e competência. Friedman achou que estava na pista certa.

No início de dezembro de 1959, de pasta na mão, Fritz Bauer apagou as luzes do escritório em Frankfurt. Ia para Israel, dessa vez com provas garantidas de que Adolf Eichmann estava escondido em Buenos Aires. O procurador-geral planejava defender o seu caso com firmeza e não voltaria sem a garantia de uma operação imediata. Os israelenses precisavam agir.

Bauer não se arriscou a sair do país com as últimas informações em forma escrita, mas se recordava bem dos detalhes. De acordo com a sua fonte, o fugitivo nazista escapara da Alemanha em 1950 com o auxílio da Igreja Católica, escondendo-se em mosteiros a caminho da Itália. Lá, recebeu nova identidade e pediu um passaporte ao Comitê Internacional da

Foto que identificou Eichmann, encontrada pelos perseguidores no final da década de 1940

Bildarchiv Preussischer Kulturbesitz / Art Resource

Eichmann durante a guerra

© Roger-Viollet / The Image Works

Simon Wiesenthal, caçador de nazistas

© UPPA / Topham / The Image Works

Tuviah Friedman, caçador de nazistas

Mirrorpix

Eichmann foge da Europa no *Giovanni C*, rumo à Argentina, 1950

© C. Strub / Sueddeutsche Zeitung Photo / The Image Works

Passaporte da Cruz Vermelha que Eichmann usou para fugir da Europa

Museu Shoah de Buenos Aires

O dr. Fritz Bauer, procurador-geral do Estado de Hesse, na Alemanha ocidental

© Topham / The Image Works

Eichmann escondido em
Tucumán, na Argentina, em 1955

AKG Images / NordicPhotos

Zvi Aharoni, agente do Mossad na Argentin

Zvi Aharoni

Foto tirada durante a vigilância da casa de Eichmann na rua Garibaldi

Zvi Aharoni

Foto tirada durante a vigilância da área onde a equipe do Mossad planejava capturar Eichmann *Zvi Aharoni*

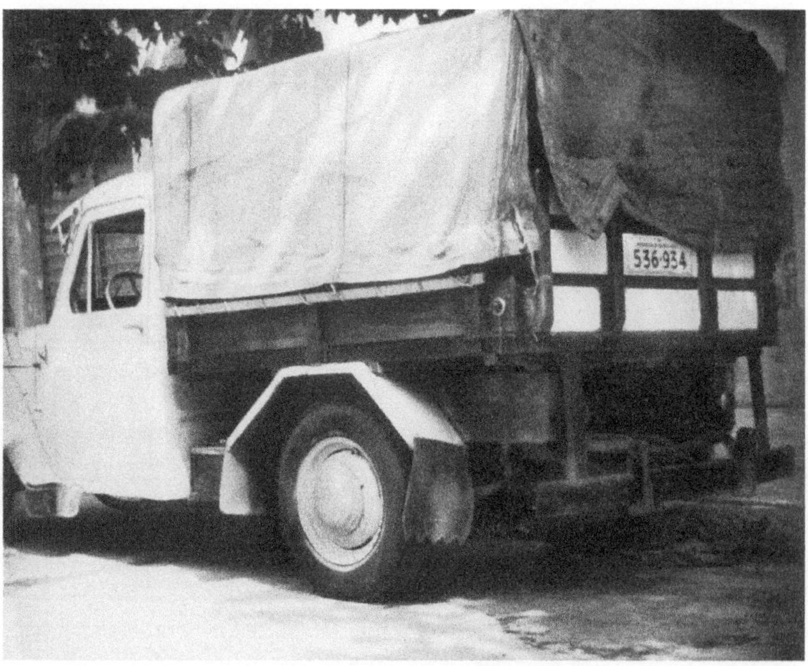

Caminhão usado por Aharoni durante a vigilância

Zvi Aharoni

Eichmann perto de casa, fotografado com uma câmera escondida numa pasta *Zvi Aharoni*

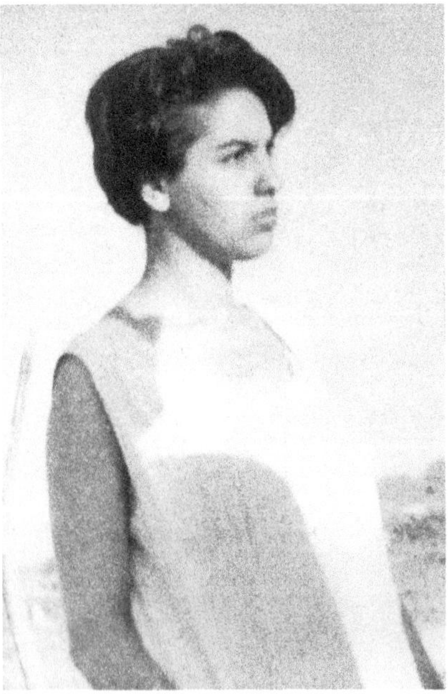

Dieter, filho de Eichmann, foto tirada com a câmera da pasta *Zvi Aharoni*

À esquerda, Margarita, nora de Eichmann, foto tirada com a câmera da pasta
Zvi Aharoni

A equipe do Mossad

Zvi Aharoni

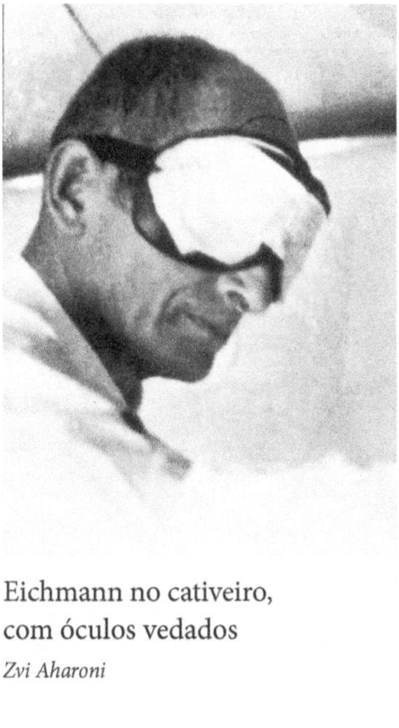

Eichmann no cativeiro, com óculos vedados

Zvi Aharoni

Yosef Klein, chefe da agência da El Al

El Al / Coleção Marvin G. Goldman

Zvi Tohar, piloto da El Al

El Al / Coleção Marvin G. Goldman

O avião Britannia 4X-AGD da El Al, usado para tirar Eichmann da Argentina

Peter R. Keating / Coleção Marvin G. Goldman

Cruz Vermelha. Viajou para Buenos Aires, obteve uma carteira de identidade argentina com o novo pseudônimo e começou a trabalhar numa série de empregos. O primeiro foi numa empresa chamada CAPRI, dirigida por uma firma de investimentos chamada Fuldner y Compañía, com endereço em Buenos Aires: avenida Córdoba, 374. A empresa administrava hidrelétricas. Eichmann morou perto da cidade de Tucumán enquanto trabalhava para a CAPRI. Depois, teve uma lavanderia no bairro de Olivos, em Buenos Aires. Em 1958, ainda morava na capital e ainda estava envolvido com a Fuldner y Compañía.

As informações eram exatas e cobriam vários anos, e era quase certo que tinham sido obtidas com alguém que conhecia bem Eichmann. Entretanto, para Bauer nenhuma delas era tão importante quanto o pseudônimo que a fonte afirmava que Eichmann usara durante todos esses anos: Ricardo Klement. Era o mesmo nome sob o qual estava registrado o relógio de luz da rua Chacabuco, 4.261. Duas fontes independentes. Um só nome. Klement era Eichmann. Não havia dúvida.

Bauer resolvera não levar esses novos detalhes a Isser Harel. O chefe do Mossad o desapontara ao engavetar a primeira pista mandada por ele, sem mencionar que confiara num cego e na filha para comandar a investigação. Em vez disso, Bauer marcara um encontro com Haim Cohen, procurador-geral israelense. Ele não podia revelar a identidade da sua fonte, que estava em posição delicadíssima. (Até hoje isso é segredo de Estado.) Pediria a Cohen que fizesse a maior pressão possível para que Harel agisse com base nessa informação.

Depois da experiência com Hermann, Bauer suspeitava que Harel exigiria conhecer a identidade da fonte, senão se recusaria a cooperar. Entretanto, os últimos seis meses tinham provado a Bauer que não havia outra opção a não ser procurar de novo os israelenses. As suspeitas iniciais de que o seu governo não agiria com eficácia contra nazistas fugitivos como Eichmann tinham se comprovado várias vezes. Em junho, um dos seus colegas, promotor em Freiburg, emitira uma ordem de prisão contra Josef Mengele, pelos muitos crimes cometidos em Auschwitz. O promotor tinha o endereço conhecido de Mengele na Argentina e convencera o Ministério do Exterior da Alemanha Ocidental a fazer o pedido de extradição. Primeiro os argentinos negaram que Mengele tivesse chegado ao país (embora soubessem que estava lá) e, quando sua presença lhes foi provada, informaram ao Ministério do Exterior que seus crimes eram de natureza "política" e, portanto, seriam necessários mais estudos. A extradição ainda não fora concedida, e isso dera a Mengele muito tempo para fugir, caso se sentisse ameaçado. Como Werner Junkers, ex-assessor de alto nível de Joaquim von Ribbentrop, era embaixador da Alemanha Ocidental na Argentina, era bem provável que Mengele tivesse sido informado das providências tomadas contra ele, que redundariam em fracasso.

Uma coisa de que Bauer tinha certeza era que não havia mais tempo para atrasos na caçada a Eichmann. Muito embora a notícia sobre o Kuwait tivesse forçado sua fonte a se apresentar, Bauer temia que o resultado fosse Eichmann descobrir que ainda era procurado e desaparecer. Desde então, Bauer insistira com o colega Schüle, que agora sabia da investigação argentina, para que entrasse em contato com Friedman e lhe garantisse que o procurador-geral de Hesse faria todos os esforços para encontrar Eichmann. Qualquer publicidade a mais atrapalharia a caçada.

Ao sair do prédio e entrar no carro que o esperava, Bauer torcia para que Eichmann já não tivesse fugido.

Na estrada entre Tel Aviv e Jerusalém, no banco de trás de um carro com chofer, Isser Harel e Zvi Aharoni, de 38 anos, interrogador-chefe do Shin Bet, estavam sentados em silêncio. Aharoni examinava o relatório mandado por Lothar Hermann. O interrogador do Shin Bet não se surpreendeu por não ter sabido nada sobre a investigação nos últimos dois anos. Harel tinha como prática compartimentar as informações. Os agentes só sabiam o que precisavam saber, nem mais, nem menos. Aharoni ficou abalado ao ver que Harel confiara somente nos Hermann para realizar a investigação. No início do ano, ele passara seis semanas em Buenos Aires em outra missão e poderia ter verificado pessoalmente algumas pistas. Entretanto, ninguém questionava o chefe do Mossad.

Naquele mesmo dia, Harel convocara Aharoni e lhe informara que eram esperados no Ministério da Justiça, em Jerusalém, para uma reunião com Haim Cohen e Fritz Bauer. Só quando estavam no carro é que Harel lhe falou de Eichmann e lhe mostrou os documentos. Cohen pedira especificamente que Aharoni comparecesse à reunião. Os dois se conheciam bem, devido aos vários casos de espionagem e alta traição em que tinham trabalhado juntos, e ambos tinham a mesma inteligência fria e lógica. Nascidos judeus alemães, nenhum dos dois mantivera a fé num Deus que abandonara os judeus à barbárie nazista.

Enquanto o carro percorria as colinas de Hebron cobertas de pinheiros, perto de Jerusalém, Aharoni sentiu que o chefe estava irritado por ter sido convocado por Cohen. O chefe do Mossad só respondia a Ben-Gurion, mas não podia tratar com desprezo um chamado do procurador-geral. Seja como for, com certeza Bauer teria boas razões para vir até tão longe.

O carro chegou a Jerusalém e seguiu pelo labirinto de ruas íngremes até o Ministério da Justiça, na rua Jaffa. As muralhas da Cidade Velha erguiam-se a distância. Subiram até o segundo andar, onde Cohen e Bauer os esperavam. Depois de uma rápida apresentação, Bauer revelou diretamente as novas informações que recebera e que confirmavam o pseudônimo de Klement. Suas grossas sobrancelhas grisalhas chamejavam enquanto falava. Era óbvio que estava enraivecido porque a primeira investigação israelense desdenhara os relatórios dos Hermann. Dezoito meses preciosos tinham se passado sem nenhuma ação e Bauer temia que, nesse período, Eichmann já tivesse se mudado ou trocado de nome outra vez.

— Isso é simplesmente inacreditável! — disse Bauer, zangado. — Aqui temos o nome Klement: duas fontes completamente independentes, que não se conhecem, mencionam o nome. Qualquer policial de segunda classe seria capaz de seguir essa pista! Basta perguntar ao açougueiro ou ao dono de mercearia mais próximo e descobrir tudo o que se pode saber sobre ele!

Harel tentou acalmar Bauer, assegurando-lhe que essa nova informação importante mudara por completo a dinâmica da investigação. Bauer continuou furioso. Declarou que, caso os israelenses não agissem imediatamente, não teria escolha senão dar início ao processo de extradição por meio dos canais alemães oficiais. Embora achasse provável que Bauer estivesse blefando, o chefe do Mossad respondeu que isso não seria necessário. Queriam encontrar Eichmann e estavam prontos para agir.

Cohen declarou:

— Quero que Zvi vá a Buenos Aires e verifique essa história de uma vez por todas. Não podemos mais levar isso na brincadeira.

Harel concordou, agora convencido de que sua intuição sobre os relatórios de Hermann estava errada. Aharoni reagiu à decisão com serenidade, não sendo de demonstrar muita emoção, embora por dentro refulgisse de orgulho por saber que tinham tamanha fé em sua capacidade. Ele quis saber como Bauer obtivera suas informações. Bauer reafirmou que tinha de manter em segredo a identidade da fonte, mas insistiu que ela e Hermann não tinham nenhuma ligação. Aharoni suspeitou que as informações tinham vindo de um ex-oficial da SS que partira recentemente da Argentina e buscava conseguir favores das autoridades da Alemanha Ocidental, fosse para trabalhar nos órgãos de informações, fosse para escapar do julgamento por crimes de guerra. Entretanto, naquele momento isso não importava: a fonte parecia confiável. Aharoni iria à Alemanha buscar os documentos que Bauer reunira nos últimos dois anos. Depois, partiria para a Argentina. A reunião que começara tão tensa terminou com calorosos apertos de mão.

Aharoni sentiu que a responsabilidade começava a pesar: o mais provável era que a missão fosse mais difícil do que interrogar um açougueiro de Buenos Aires, apesar do que Bauer dissera. O destino de Eichmann dependia de Aharoni conseguir localizá-lo e identificá-lo.

Em 6 de dezembro, o primeiro-ministro David Ben-Gurion recebeu em sua sala o chefe do Mossad. Embora da mesma altura de Harel, o homem conhecido como fundador de Israel tinha uma presença muito mais dominante. Possuía o maxilar forte e a agressividade instintiva do lutador, o cabelo branco e desgrenhado, e o intelecto curioso do artista. Já com pouco mais de 70 anos, Ben-Gurion se aproximava do final de seu período como líder do novo país, mas os olhos estavam tão brilhantes e inteligentes como na época em que anunciara a criação do Estado de Israel, em 1948. Harel e Ben-Gurion eram muito íntimos e tinham confiado um no outro na década anterior, não só pelo bem de Israel como também para manter sob o seu controle os muitos braços do poder.

Haim Cohen logo se uniu a eles, e Harel descreveu a Ben-Gurion a reunião com Fritz Bauer, explicando que agora o procurador-geral de Hesse tinha informações que identificavam, quase sem nenhuma dúvida, onde Eichmann morava e com que pseudônimo. O chefe do Mossad já falara ao primeiro-ministro sobre a busca do fugitivo nazista, mas nunca com a convicção de que poderia encontrá-lo. Ben-Gurion ficou impressionado com a coragem que Bauer demonstrara ao procurá-los de novo, dessa vez em pessoa, para lhes dar as informações. Harel avisou a Ben-Gurion que Bauer afirmara que iniciaria o processo de extradição na Alemanha Ocidental, caso Israel não seguisse as pistas.

— Impeça Bauer de dar esse passo — disse Ben-Gurion, com a voz firme. — Se Eichmann está lá, vamos capturá-lo para trazê-lo para cá.

Harel já pensara nessa operação, sabendo que envolveria dificuldades enormes que pesariam muito sobre os recursos limitados do Mossad. Uma solução mais conveniente seria assassinar Eichmann. Nesse método, o seu pessoal tinha experiência: certo dia, a polícia argentina encontraria Ricardo Klement num acidente de carro, ou como vítima de algum outro infortúnio, e o mundo não precisaria saber que Adolf Eichmann estava morto nem que os israelenses o tinham matado.

Ben-Gurion não deixou dúvidas de que queria Eichmann vivo, para ser julgado em Israel pelos crimes contra o povo judeu. Cohen ficou apreensivo com a legalidade desse passo, como já discutira com Harel. Do ponto de vista puramente jurídico, a Alemanha Ocidental tinha muito mais direito de julgar Eichmann do que Israel, que não existia quando os crimes foram cometidos. Ainda assim, Ben-Gurion disse ao procurador-geral israelense que investigasse melhor a questão e elaborasse uma justificativa.

Quanto à operação propriamente dita, Ben-Gurion tinha fé total em Harel e, naquela noite, escreveu confiante em seu diário: "Isser dará um jeito nisso."

Dali a três semanas, na véspera de Natal, os alemães ocidentais que viam com carinho o passado nazista entraram em ação. Em Colônia, dois jovens pintaram suásticas enormes e as palavras JUDEN RAUS (Fora, judeus) nas paredes de uma sinagoga recém-construída e num monumento dedicado aos que tinham lutado na resistência contra Hitler. Nos dias que se seguiram, houve um surto de ataques e manifestações antissemitas em toda a Alemanha Ocidental, e foi preciso deixar policiais de guarda perto de sinagogas e cemitérios judeus para impedir novas profanações. No total, 685 locais judaicos em todo o país foram pintados com suásticas. Foram mais do que ações isoladas de alguns arruaceiros, e os líderes judeus da Alemanha Ocidental afirmaram que a cena "lembrou imagens que trazem à mente os dias de novembro de 1938".

O chanceler Adenauer declarou prontamente no rádio que esses atos não seriam tolerados, mas era óbvio que seria preciso muito mais do que isso para impedir o surgimento do neonazismo. O Partido do Reich Alemão, grupo de direita com tendências nazistas, crescera nas eleições recentes. Aumentava a filiação a organizações de militância nacionalista, assim como o número de boletins e jornais diários, clubes literários e grupos de discussão cujos leitores e integrantes odiavam a "democracia de Bonn" e visavam a "corrigir os fatos aceitos" sobre Hitler e a culpa alemã na guerra.

Os ataques também ressaltaram o fato de que numerosas ex-autoridades do Partido Nazista ocupavam cargos importantes no governo da nova Alemanha. Constituíam um terço do gabinete de Adenauer, um quarto do Bundestag e um percentual considerável do serviço público, do judiciário e do Ministério do Exterior. Além disso, oito embaixadores estrangeiros eram ex-nazistas. Adenauer mostrara-se evasivo diante da campanha recente, organizada principalmente pelos adversários políticos, contra a proliferação desses indivíduos no governo. Mais notadamente, recusara-se a demitir Hans Globke, Theodore Oberländer (ministro dos refugiados e oficial da Waffen-SS que já exigira o extermínio do povo eslavo) e Gerhard Schröder (ministro do Interior e ex-líder das tropas de assalto nazistas).

Também era preocupante o fato de que os julgamentos recentes de criminosos de guerra, realizados por Erwin Schüle e Fritz Bauer, pouco tinham feito para mudar a "necessidade quase nacional de puxar as cortinas sobre o passado", como um repórter do *New York Times* descreveu o clima na Alemanha Ocidental. Verificou-se que até os professores primários do país ensinavam erradamente aos alunos a natureza do regime de Hitler. Um livro didático do nono ano só dedicava um único parágrafo à "questão judaica" durante a Segunda Guerra Mundial. Os campos de extermínio não eram mencionados nenhuma vez. Todas essas tendências provocaram críticas em Israel.

Logo depois do incidente em Colônia, o Comitê de Defesa e Assuntos Externos do Knesset, o parlamento israelense, consultou Harel sobre o potencial do renascimento nazista. Nem a essas altas autoridades Harel podia revelar o primeiro grande golpe que pretendia desferir para combater esse renascimento: a captura de Adolf Eichmann. Estava mais convencido do que nunca de que Ben-Gurion tinha razão: a captura do fugitivo e a divulgação pública dos seus crimes num julgamento lembraria ao mundo as atrocidades nazistas e a necessidade de manter a vigilância contra qualquer grupo que pretendesse repeti-las. O chefe do Mossad já encarregara Aharoni da missão na Argentina; outro agente investigava as famílias Eichmann e Liebl na Europa, e Harel pesquisava como transportar em segredo o cativo para fora da Argentina, quando a hora chegasse.

Harel também tomara providências para manter Eichmann desinformado da caçada em Buenos Aires, principalmente depois das declarações potencialmente desastrosas de Tuviah Friedman à imprensa: primeiro, a conselho seu, Bauer deu uma entrevista coletiva em Frankfurt e declarou que seu órgão investigava seriamente a presença de Eichmann no Kuwait, dizendo que conseguira uma pista de que o fugitivo nazista trabalhava para um xeique e servia de "intermediário influente entre empresas alemãs e kuwaitianas". Por coincidência, essa declaração foi feita na véspera da onda de ataques antissemitas. Em segundo lugar, Harel conseguiu, por meio de Bauer, que Schüle entrasse mais uma vez em contato com Friedman, insistindo com ele para que interrompesse a campanha pública por uma recompensa pela captura de Eichmann. "Por favor, não permita que haja nenhuma publicação, nenhum discurso e nenhum tipo de providência ligada ao caso Eichmann", escreveu Schüle. Em terceiro lugar, o chefe do Mossad usou a sua influência para dar fim à investigação separada de uma organização judia local de Buenos Aires, que entrevistara Lothar Hermann a respeito do conteúdo da carta a Tuviah Friedman. Em quarto lugar, Harel cancelou o pedido de um membro do Knesset a David Ben-Gurion, em 25 de dezembro, para "tomar as medidas cabíveis para obter a prisão e a punição de Eichmann", pedindo ao legislador que retirasse a solicitação, porque todas as respostas prejudicariam as suas iniciativas.

Na reunião do Comitê de Defesa e Assuntos Externos, Harel foi igualmente refratário, mas assegurou aos presentes: "Estou planejando uma ação que, se bem-sucedida, poderá ser um golpe fatal nesse surto de neonazismo." Agora que estava totalmente encarregado da missão e tinha a sanção do primeiro-ministro, levaria a ação até o fim.

12

EM 1º DE MARÇO DE 1960, Zvi Aharoni apresentou-se ao controle de imigração no Aeroporto de Ezeiza, a uma hora de Buenos Aires. Os seus documentos diplomáticos israelenses identificavam-no como sr. Rodan, da equipe do Ministério do Exterior. Com o seu espanhol ruim, explicou que fora à Argentina investigar denúncias de um surto de antissemitismo na América do Sul. O guarda deu uma olhada no passaporte e depois em seu dono.

Aharoni tinha o tipo de rosto sério e comprido que torna difícil adivinhar os pensamentos, o que é uma vantagem no trabalho investigativo. Quem o conhecia dizia que, para ele, o mundo estava marcado pela tragédia. No decorrer dos seus 38 anos, enganara a morte inúmeras vezes, e em cada uma delas se perguntara por que sobrevivera e os outros, não.

Duas semanas antes da Noite dos Cristais, em novembro de 1938, quando os capangas de Hitler saquearam lojas e lares judeus em toda a Alemanha, Aharoni partiu de Berlim com a mãe e o irmão menor para emigrar para a Palestina. Todos os outros membros da família foram mortos no Holocausto.

Num kibutz nas colinas da baixa Galileia, o rapaz aprendeu a falar hebraico, a cavalgar e a atirar; e veio a conhecer intimamente o que é ficar na total escuridão à espera de um ataque. Durante a maior parte dos dez anos seguintes, andou armado, servindo primeiro de guarda do kibutz e depois como integrante da Jewish Settlement Police.* Em 1943, entrou

* Esse corpo policial foi criado em 1936 pelos britânicos, que controlavam a Palestina; especializado em guerra não convencional, pode ser traduzido como "polícia colonial judaica". (N. da T.)

para o exército britânico. A sua unidade ficou estacionada no Cairo e depois na Itália, onde interrogou prisioneiros alemães importantes. No fim da guerra, a tentativa de levar uma vida civil foi frustrada pela Guerra de Independência de 1948, em que assistiu a combates violentos. Várias vezes enfrentou a morte certa: emboscado em plena luz do dia fora do kibutz; no mar, atacado por um submarino; cercado de árabes, sozinho no alto de um morro na Palestina, protegido por uma única pedra, esfacelada aos poucos pelas balas; ao recuperar um morteiro com calibre de duas polegadas, em campo aberto, sob fogo constante; ao encontrar uma granada que ainda não explodira a centímetros dos seus pés. Sobrevivera em todas essas ocasiões, mas não os que lutavam ao seu lado.

No verão de 1949, já capitão e comandante de uma companhia de duzentos homens, Aharoni enfrentou um novo inimigo: a febre tifoide. No hospital, sua vida ia se esvaindo aos poucos. Ficou tão doente que a esposa, que conhecera no kibutz, não pôde sequer lhe perguntar que nome daria ao filho recém-nascido. Mais uma vez, sobreviveu, mas ficou fraco demais para voltar ao exército. Por acaso, encontrou alguém com quem servira na Itália e que lhe sugeriu que entrasse para o serviço de segurança israelense. Um dos ex-comandantes dos dois era vice-diretor do Shin Bet. Não demorou e Aharoni viu-se sentado diante de Isser Harel, num café em Jaffa. Harel lhe fez algumas perguntas sobre o passado e depois quis saber o que Aharoni achava dos violentos grupos dissidentes direitistas, como o Irgun. Pelo tom de voz de Harel, Aharoni percebeu o que devia responder: "Sou absolutamente contra eles." Dois dias depois, foi convidado a entrar para o Shin Bet, como um dos dois responsáveis pelos interrogatórios. Nos anos seguintes, montou o setor de investigações do Shin Bet, treinou vários recrutas e chegou ao cargo de chefe de divisão, logo abaixo do vice-diretor da organização como um todo.

Agora, recém-chegado à Argentina, Aharoni trabalhava pela primeira vez como agente do Mossad, algo bem distante da linha de trabalho a que estava acostumado. Harel, que aguardara o término de outra missão antes de mandá-lo a Buenos Aires, esperava que a determinação incansável e impassível do interrogador o levasse a Eichmann. No controle de passaportes, Aharoni passou pela primeira prova quando o guarda carimbou os documentos e lhe permitiu entrar no país sem inspecionar a pasta diplomática fechada que levava debaixo do braço. Aquela pasta continha tudo o que os israelenses sabiam sobre Eichmann, inclusive as informações mais recentes de Bauer, que tinham levado várias semanas para serem obtidas em segredo.

À sua espera fora do aeroporto, no calor escaldante, estava "Yossef", o responsável pela segurança da embaixada israelense, com quem Aharoni trabalhou vários anos em Tel Aviv. Na viagem até a cidade, Aharoni fitou com olhos vazios as espessas filas de árvores que ladeavam a estrada, sabendo muito bem que logo teria de correr alguns riscos para provar com certeza que Klement era Eichmann. Outro "talvez" na ficha seria inútil. Harel precisava de uma resposta definitiva antes que pudesse iniciar uma missão. Devido ao tempo em que o seu alvo vivera em liberdade na Argentina, Aharoni esperava que Eichmann estivesse menos desconfiado e não fugisse à primeira sensação de que alguém o observava.

Yossef levou Aharoni à embaixada israelense; ele era o único que conhecia o verdadeiro objetivo da visita. Aharoni trancou o dossiê de Eichmann num cofre; depois de longo estudo, sabia de cor a maior parte dos fatos. Mais tarde, Yossef levou-o ao hotel. No caminho, Aharoni explicou-lhe em detalhes o tipo de ajuda de que precisaria, principalmente por estar sozinho, sem conhecer a cidade e sem saber muito espanhol. Aharoni sabia que em todos os países havia voluntários judeus, conhecidos como *sayanim*, à disposição para ajudar os agentes do Mossad, fosse para vigiar, transportar, esconder, prestar assistência médica ou, simplesmente, ficar numa esquina à espera de um mensageiro. Não pediam pagamento e não perguntavam nada nem diziam uma única palavra sobre o que tinham feito. Sem eles, o pequeno serviço secreto israelense não conseguiria ter todo aquele alcance. Aharoni precisaria da ajuda deles.

Dois dias depois, Aharoni passou devagar pela rua Chacabuco, num Fiat alugado. "Roberto", um estudante argentino de 20 anos com um bigode que mais parecia um lápis preto, estava a seu lado, com um mapa da cidade. No passado, Roberto fora voluntário em outras operações e fazia o mínimo possível de perguntas.

Quando passaram pelo número 4.261 da rua Chacabuco, Aharoni deu uma olhada na casinha com o jardim maltratado. Parou a alguns quarteirões dali, numa rua lateral, pensando em como dar uma boa olhada em quem morava na casa. Tirou do bolso o cartão-postal com uma ilha tropical que comprara no aeroporto e disse a Roberto que escrevesse atrás: "Acabei de voltar. Tudo de bom, George", além de nome e endereço fictícios. Pediu que assinasse o nome Dagosto (variante de Dagoto, nome que, pelo que Lothar Hermann descobrira, constava num dos relógios de luz da rua Chacabuco, 4.261) e rua Chacabuco, 4.263 no lugar do remetente. O endereço não existia, mas o cartão daria a Roberto uma desculpa para perguntar aos vizinhos se conheciam o remetente. Como faltava selo e carimbo no cartão-postal, Aharoni avisou o rapaz para não deixar ninguém examiná-lo de perto.

Roberto saiu, enquanto Aharoni aguardava no carro. Dois anos tinham se passado desde que Sylvia Hermann descera aquela rua. O fugitivo nazista podia ter se mudado do bairro e, se assim fosse, seria dificílimo encontrá-lo numa cidade com mais de 5 milhões de habitantes, que ocupava mais de 180 quilômetros quadrados. Pelo que Aharoni sabia, Eichmann podia ter se mudado para outra cidade, país ou continente.

Dali a vinte minutos, Roberto reapareceu, voltando às pressas para o carro. Acenou com o cartão, sorriu e depois se sentou no banco do passageiro. Conversara sobre a família Dagosto com uma moça diante da casa e espiara, sem ser notado, pelas janelas do número 4.261 da rua Chacabuco. Ninguém na vizinhança se chamava Dagosto, mas a casa estava vazia, e Roberto avistara alguns pintores trabalhando lá dentro. Klement não morava mais naquele endereço. Pior ainda, provavelmente deixara o local há bem pouco tempo. Se Aharoni não tivesse se atrasado em Israel com a outra missão, teria chegado antes de Klement se mudar. Agora precisava de um novo plano.

Do outro lado do mundo, o agente do Mossad Yaakov Gat estava num povoado da Alemanha Ocidental esperando a volta do parceiro Michael Bloch. Harel recrutara os dois para investigar as famílias Eichmann e Liebl. Bloch, que falava alemão fluentemente, passava a manhã no café da cidadezinha, conversando com os moradores para saber se sabiam alguma coisa sobre a família Eichmann. Todas as tentativas de conversar com Eva, irmã de Vera Eichmann, para descobrir se sabia onde Vera morava, tinham esbarrado no mesmo muro de silêncio que Gat encontrara nas seis semanas anteriores junto aos outros membros da família. Em si, isso já era revelador, e indicava que a família tinha algo a esconder.

De 40 anos, alto e magro como um junco, Gat era agente do Shin Bet e trabalhava na embaixada de Paris. Estava encarregado de encontrar espiões húngaros, da KGB e da Alemanha Oriental que passavam informações para o Egito. Também era um dos principais representantes do Mossad na Europa. Como Harel dirigia as duas organizações, muitas vezes o limite entre elas era impreciso. Nascido na Transilvânia, Gat tinha um interesse pessoal na operação para encontrar Eichmann. Ele e os membros próximos da família tinham sobrevivido aos nazistas porque se mudaram da região, anexada à Hungria em 1940, mas muitos familiares mais distantes, inclusive metade da família do pai, ficaram para trás e foram mandados por Eichmann para os campos de extermínio. Com o fim da guerra, Gat partira para a Palestina, mas fora capturado e preso num campo britânico de imigrantes ilegais em Chipre até que o Estado de Israel foi criado. O primo paraquedista de Gat lhe disse que a sua mente ágil e a sua calma sobrenatural seriam de muita valia nos serviços de segurança. Ele se dispôs a aceitar o emprego desde que não tivesse de usar farda, já que a recordação dos soldados fascistas romenos ainda era desagradável. Passou por um programa de cinco semanas de treinamento, para aprender, entre outras habilidades, defesa pessoal, como abrir fechaduras, como usar uma câmera, como encontrar rastros e vigiar os alvos. Depois, foi mandado a campo para realmente aprender a ser um agente secreto.

Quando voltou, Bloch contou a Gat uma conversa que tivera no café. De acordo com o carteiro, Vera e os três filhos tinham morado na cidade no início da década de 1950 até que, certo dia, sumiram. Nunca chegaram cartas dela e nada se soube sobre ela desde então. Era o tipo de coisa que o carteiro de uma cidade pequena notaria e mais uma pequena informação para lançar dúvidas sobre a história de que Vera se casara de novo e se mudara, que era a única história que a família contava há anos.

Gat e Bloch pegaram o trem para Viena e, logo ao chegar, mandaram o relatório a Harel. Como sempre, Gat incluiu os fatos que descobrira. O chefe não queria interpretações.

Os dois também tinham combinado se encontrar com Simon Wiesenthal, que tinha algo para lhes mostrar. O caçador independente de nazistas trabalhava para uma entidade judaica que dava treinamento vocacional a imigrantes, para facilitar a sua integração. Gat entrara em contato com Wiesenthal no início da investigação, por conhecer o seu interesse por Eichmann. Wiesenthal jurara a Gat manter segredo, mas ainda assim este nada lhe contou sobre a operação na Argentina e lhe explicou apenas que seguiam pistas sobre a família do nazista. Wiesenthal se ofereceu para ajudar e mencionou que, em abril passado, vira um obituário da madrasta de Eichmann e que, entre os nomes listados, havia uma Vera Eichmann. Isso pareceu estranho, porque quando se casa pela segunda vez a mulher costuma adotar o nome do novo marido. Wiesenthal ajudara Gat e Bloch a encontrar vários familiares de Eichmann e tentara descobrir mais sobre os passaportes tirados por Vera e pelos filhos em 1952. Entretanto, a ficha dos passaportes tinha sumido do consulado alemão de Graz, despertando mais suspeitas. Como Tuviah Friedman, Wiesenthal insistira com o governo israelense para que oferecesse uma recompensa vultosa por informações sobre o paradeiro de Eichmann.

Em seu apartamento, Wiesenthal espalhou na mesa cinco fotografias do nazista e convidou os dois israelenses a examiná-las. Uma era a foto de Eichmann tirada no final da década de 1930, que Diamant achara em posse de Maria Mösenbacher. As outras quatro eram dos seus irmãos. Algumas semanas antes, Wiesenthal conseguira mandar fotografá-los no funeral do pai, em Linz.

— Agora ele deve estar assim — disse Wiesenthal, sabendo que Gat queria pôr as mãos numa fotografia recente de Eichmann. — Talvez mais parecido com o irmão Otto. Todos os irmãos têm a mesma expressão facial. Vejam a boca, o canto da boca, o queixo, a forma do crânio.

— Fantástico — disse Bloch, concordando com a cabeça.

Gat perguntou se poderiam levar as fotografias. De bom grado, Wiesenthal lhes deu cópias.

Para Gat e Bloch, era óbvio que Vera e os filhos tinham partido da Áustria sem deixar pistas do seu destino e, oito anos depois, ainda não queriam que ninguém soubesse onde estavam. A menos que tivesse se casado com outro criminoso de guerra, Vera devia estar com Eichmann.

Gat queria interromper o contato com Wiesenthal, apesar do seu desejo constante de ajudar. Através de uma fonte, Gat soubera que Wiesenthal fora indiscreto numa conversa e mencionara que os israelenses estavam ansiosos para encontrar Eichmann. Além disso, Gat temia as perguntas de Wiesenthal sobre o pagamento da ajuda que prestara à investigação. Sem dúvida isso não seria problema, caso Wiesenthal soubesse que os israelenses não só procuravam informações como também já tinham despachado um agente israelense para tentar achar o nazista em Buenos Aires.

Em 4 de março, "Juan", um argentino angelical de 18 anos com um sorriso permanente, cruzou o portão da rua Chacabuco, 4.261. Nas mãos, levava uma caixa muito bem embrulhada para presente, que continha um isqueiro caro. Estava endereçada a Nikolas Klement, rua Chacabuco, 4.261, Vicente López. Enfiado sob a fita, havia um bilhete escrito em letra floreada por uma secretária da embaixada: "Para o meu amigo Nicki, com amizade, pelo seu aniversário."

Juan recebera instruções de um tal sr. Rodan, que acabara de conhecer, para ir ao endereço de Vicente López para descobrir se "Nick Klement" tinha se mudado. Contaria a história de que tinha de entregar um presente. Se lhe perguntassem de onde viera o embrulho, Juan devia dizer que tinha um amigo que trabalhava como mensageiro num hotel chique de Buenos Aires, e que uma moça lhe dera uma boa gorjeta para entregar o pacote. Como o amigo estava ocupado, Juan resolvera lhe prestar um favor. Sob nenhuma circunstância, insistira o sr. Rodan, Juan deveria ir para o novo endereço. Se houvesse qualquer problema, um "amigo" estaria à espera a quatro quarteirões dali. Depois, o sr. Rodan lhe desejara boa sorte.

Incapaz de encontrar uma campainha no portão, Juan gritou por Nick Klement. As portas e janelas da casa estavam escancaradas. Como ninguém respondeu, ele se aventurou pelo quintal e foi até os fundos da casa, onde um casal esvaziava um barraco cheio de tijolos.

— Com licença — disse Juan. — Os senhores sabem se o sr. Klement mora aqui?

— Quer dizer, os alemães? — perguntou o homem.

— Não sei.

— Quer dizer, aquele com três filhos adultos e um menininho?

— Não sei — disse Juan, inocentemente. Na verdade, ele não fazia a mínima ideia.

— Essa gente morava aqui, mas agora se mudaram. Faz uns 15 ou vinte dias. — O homem sugeriu que Juan conversasse com um dos operários que trabalhavam na casa e levou-o até lá dentro.

Juan avistou um carpinteiro de cinquenta e poucos anos e lhe mostrou o cartão e o presente.

— O senhor sabe me dizer onde posso encontrá-lo? — perguntou. — Tenho de entregar o pacote pessoalmente.

O carpinteiro, que falava espanhol com forte sotaque europeu, mencionou que a família se mudara para um bairro chamado San Fernando, mas não sabia o lugar exato. Querendo ajudar, ofereceu-se para levar Juan até onde trabalhava um dos filhos de Klement, a apenas um quarteirão dali. Quando se aproximaram da oficina mecânica na outra esquina, o carpinteiro apontou uma motoneta que, segundo ele, pertencia ao filho de Klement. Juan deu uma boa olhada no veículo. Depois o carpinteiro gritou: "Dito!" Um rapaz de uns 19 anos, com um macacão manchado de óleo, apareceu.

— Esse moço quer falar com o seu pai — disse o carpinteiro ao rapaz.

Juan só sabia que procurava Nick Klement, não se era o pai ou o filho. Explicou o objetivo da visita e que acabara de saber que Klement tinha se mudado. Dito confirmou o fato laconicamente.

— Para onde se mudaram? — perguntou Juan.

— Para Don Torcuato.

Hesitante, Juan ofereceu o pacote a Dito, para que o entregasse ao sr. Klement, dizendo que estava fazendo um favor para o amigo mensageiro.

— Gostaria de saber de quem você recebeu isso — disse Dito.

Juan explicou que não sabia o nome nem tinha nenhuma outra informação sobre a moça que dera ao amigo o pacote para ser entregue. Depois perguntou se podia anotar o endereço do sr. Klement, para entregar o pacote pessoalmente. Dito recusou, dizendo que as ruas de lá não tinham placas. Finalmente, concordou em ficar com o pacote. Sentindo que já tinha pressionado bastante, Juan saiu da oficina.

Ao ouvir o relatório de Juan, Aharoni ficou empolgado e agradeceu-lhe pelo serviço bem feito. Não só a pista não estava fria como talvez tivessem encontrado um dos filhos do nazista fugido. Também ficou pessoalmente encorajado porque a artimanha de entregar o isqueiro funcionara. Ele calculara que todos ficariam mais dispostos a dar informações se achassem que faziam um favor a Nick. Aharoni soubera pelo dossiê que Nick fazia aniversário em 3 de março. Agora sabia com certeza que, até há poucas semanas, uma família alemã chamada Klement morara no endereço da rua Chacabuco. Tinham quatro filhos, um dos quais com mais ou menos a mesma idade e nome parecido com o de Dieter Eichmann, nascido em 29 de março de 1942.

Aharoni desdobrou o mapa para localizar os dois bairros para onde tinham dito a Juan que a família se mudara. Don Torcuato e San Fernando ficavam a quase 8 quilômetros um do outro. Dada essa discrepância, além do fato de a família não deixar endereço e Dito ter se recusado a revelá-lo, Aharoni concluiu que os Klement tinham algo a esconder; outra indicação de que poderiam ser os Eichmann.

Torcendo para estar na pista certa, Aharoni decidiu tentar novamente os operários que trabalhavam na casa, para ver se sabiam para onde a família se mudara. Mais tarde, no mesmo dia, levou "Lorenzo", outro *sayan*, até a casa, para se fingir de vendedor. Com 35 anos, ele tinha a aparência, o terno e a brandura certas para o papel. Fazer duas visitas no mesmo dia era pouco cauteloso, e a segunda só confirmou que Ricardo Klement morara lá. Ainda assim, Aharoni teve confiança suficiente no que descobrira para mandar um telegrama a Harel.

Naquela noite, enviou uma mensagem em código da embaixada para a sede do Mossad. O MOTORISTA É VERMELHO (Klement provavelmente é Eichmann). Também explicou que o alvo se mudara recentemente e que estava tentando localizá-lo. Quando mandasse o código O MOTORISTA É PRETO, Harel saberia de uma vez por todas que Eichmann fora encontrado, e a operação para capturá-lo começaria.

Aharoni e Juan estavam sentados no Fiat, na rua Monteagudo, vigiando o tráfego do início da noite. Era 8 de março. Quem saísse da oficina de Dito teria de passar por eles para chegar aos bairros de San Fernando ou Don Torcuato, ao norte. Aharoni achou que não deveria chamar a atenção indevidamente. Embora ficar num carro parado possa parecer suspeito na maioria dos países, ele já notara que, na Argentina, era normalíssimo passar muito tempo sentado dentro do carro, fumando, lendo jornal, almoçando ou conversando com um amigo. Assim, aguardaram, na esperança de seguir Dito até em casa.

Desde que chegara a Buenos Aires, Aharoni também conferira outras informações dadas por Bauer. Nenhuma dessas investigações descobrira nada que provasse que Klement era Eichmann, nem indicações de para onde a família se mudara. De manhã cedo, Aharoni se protegera da chuva torrencial sob a marquise de uma casa na avenida Córdoba, vigiando pelo segundo dia a porta de Fuldner y Compañía, do outro lado da rua, à espera de que Eichmann surgisse para trabalhar. Quase três horas se passaram sem sinal dele.

Por meio de um advogado judeu indicado por Yossef, Aharoni contratou um detetive particular para descobrir indícios da chegada de Vera Liebl e dos filhos à Argentina, assim como outras informações sobre a identidade dos ex-moradores da rua Chacabuco, 4.261. Mais uma vez, nada. Talvez houvesse pistas em Tucumán, mas ele achou que a possibilidade de encontrá-las seria pequena demais.

Agora, Aharoni dependia de Dito para levá-lo a Eichmann, e aquela era a terceira tarde que passavam estacionados na rua Monteagudo. Às 17h15, uma motoneta preta respingada de lama passou pelo Fiat, vindo da direção da oficina. O piloto, de mais de 50 anos, usava óculos escuros grandes, e agarrado a ele, no banco do carona, estava um rapaz louro de macacão. Juan apontou-os, quase certo de que era Dito. A motoneta parecia do mesmo modelo que Juan vira na oficina.

Isso era mais do que suficiente para Aharoni, que virou a chave na ignição e engrenou o carro. Seguiu a motoneta pelo trânsito, tentando não ser visto nem perdê-la de vista. Dali a dez minutos, depois de muitas curvas, a motoneta entrou num pequeno beco perto de uma estação ferroviária, em San Isidro, bairro logo a sudeste de San Fernando. O rapaz entrou correndo num prédio e saiu dois minutos depois. Mais uma vez, Aharoni e Juan seguiram a motoneta. Quando chegaram ao centro de San Fernando, o veículo sumiu temporariamente entre os carros e caminhões engarrafados em volta da praça principal. Ao avistá-la de novo, Aharoni saiu da praça para segui-la e viu-se detido de repente por um cortejo fúnebre.

Nada pôde fazer senão segurar o volante, frustrado, enquanto a motoneta desaparecia. Na volta ao hotel onde Aharoni se hospedara, o sistema elétrico do Fiat entrou em pane e o carro teve de ser rebocado até o centro da cidade.

Nos dias seguintes, Aharoni tentou ir atrás de Dito com dois outros grupos de *sayanim*. Na primeira noite, sob um aguaceiro, a motoneta não apareceu, mas os dois que estavam num café vigiando a oficina seguiram alguém que lembrava Dito até um ponto de ônibus próximo. Na segunda noite, numa camionete alugada, Aharoni seguiu a motoneta, outra vez com dois passageiros, até San Fernando. Lá, trocou de carro com dois jovens argentinos que o ajudavam. Quase perdeu a motoneta na praça outra vez, mas conseguiu mantê-la à vista. Quando o veículo chegou à estrada 202, Aharoni afastou-se bastante, já que havia poucos carros na estrada para Don Torcuato. Pouco antes de um pontilhão da ferrovia, a motoneta parou num quiosque ao lado da estrada. Na terra nua e plana, havia apenas algumas poucas casas e barracos de madeira. Aharoni desacelerou o carro. Parecia que os dois passageiros da motoneta ficariam algum tempo por ali, forçando Aharoni a passar por eles e fazer o retorno para voltar a San Fernando. Juan tinha certeza de que seguiam a motoneta da oficina, mas dessa vez tinha menos certeza de que o passageiro fosse Dito.

Na terceira noite, Aharoni e Juan seguiram um rapaz solitário que saiu da oficina numa motoneta. Quando ele parou e entrou numa casa a caminho de San Fernando, Aharoni mandou Juan sair e dar uma olhada. Dali a alguns minutos, o rapaz voltou e disse que, provavelmente, não era Dito.

Aharoni sentiu a raiva crescer. Já se passara uma semana desde que mandara Juan à casa da rua Chacabuco e nada mais tinham descoberto. Agora tinham seguido o mesmo indivíduo várias noites seguidas, correndo o risco de serem descobertos, e ainda não tinham certeza de estarem atrás da pessoa certa. Isso não podia continuar assim. Tinham de obter o endereço para onde a família Klement tinha se mudado ou confirmar que era mesmo Dito que vinham seguindo.

— Volte à oficina amanhã — disse Aharoni a Juan, tentando conter a irritação. — Diga a eles que o seu amigo está zangado. Ele afirma que você não entregou o presente e quer o dinheiro de volta. Ou você consegue o endereço onde moram para conversar com o sr. Klement ou, pelo menos, dê uma boa olhada no rapaz. Não me diga que não tem certeza... Preciso de sim ou não.

Em 11 de março, como ordenado, Juan voltou à rua Chacabuco, 4.261, para ver se algum dos operários saberia lhe dizer mais do que na primeira visita, antes de tentar a oficina outra vez. O carpinteiro que o ajudara antes o reconheceu. Depois de contar a história do presente que não fora entregue, Juan lhe pediu o novo endereço do sr. Klement. Dessa vez, o carpinteiro, com pena dele, explicou que não tinha o nome da rua, mas deu a Juan instruções exatas de como chegar à casa: vá até a estação de San Fernando; pegue o ônibus 203 até a rua Avellaneda; pergunte, na banca da esquina, onde fica a casa do alemão. Se Juan quisesse encontrar a casa sozinho, seria fácil. Era uma casa de tijolos inacabada, de teto plano, a poucas centenas de metros da banca.

— Tem certeza absoluta? — perguntou Juan, não querendo voltar a Aharoni com dúvidas.

O carpinteiro fez que sim. Fizera um serviço na casa, e o alemão ainda lhe devia dinheiro. Então Juan perguntou sobre Dito, explicando que dissera ser filho de Klement, mas não entregara o presente. O carpinteiro achava que Klement só tinha um filho pequeno, de no máximo 8 anos, mas morava com a mãe de Dito, que tinha três filhos do primeiro casamento.

Juan agradeceu ao carpinteiro e foi até a oficina. Ao reconhecê-lo, Dito foi até o pátio.

— E o que quer agora? — perguntou.

Juan contou a história de novo, de como o amigo talvez tivesse de pagar uma multa de 500 pesos.

Dito mostrou-se hostil.

— Como assim? Se ela queria mandar o presente ao meu irmão, por que não escreveu o nome certo? Nick Klement não existe. O nome é Nick Eichmann.

Num café perto da embaixada israelense, naquela noite, Aharoni, nervoso, aguardava Juan. Sabia que mandar o jovem argentino de volta à casa tinha sido um ato de desespero que talvez se mostrasse desastroso, mas achava que não tinha outra opção. Quando Juan apareceu, já perdera o sorriso de sempre e parecia cansado.

— O que aconteceu? — perguntou Aharoni, preocupado.

Juan explicou que agora tinha instruções específicas para chegar à casa da família. Aharoni não conseguia entender como *isso* poderia deixá-lo deprimido, já que era o que vinham procurando, sem sucesso, desde a semana anterior. Então, Juan admitiu:

— Seguimos a pessoa errada. O sobrenome não é Klement. É Eichmann.

Aharoni poderia ter pulado da cadeira, mas se conteve.

— Ah, sim. Não se incomode. Não precisa se preocupar com isso — disse.

Juan também explicou que, ao perguntar onde estava o sr. Klement, Dito lhe dissera que estava em Tucumán, a negócios. Aharoni agradeceu a Juan o belo trabalho e insistiu com ele para nunca contar nada sobre a investigação. Ao se despedir, Aharoni o tranquilizou:

— Encontraremos o homem certo.

13

AHARONI PERCORREU BEM DEVAGAR a estrada 202, na camionete alugada, e passou por um quiosque na esquina à esquerda. Era o fim da tarde de 12 de março, mas o sol ainda estava suficientemente alto no céu para ele dar uma boa olhada na casa. As instruções que o carpinteiro dera a Juan estavam todas perfeitas até ali, e Aharoni passara por vários pontos da linha do ônibus 203, desde o centro de San Fernando. Para aumentar a segurança de que estava na pista certa, recordou que encontrara aquela mesma banca alguns dias antes, quando seguia a motoneta.

Um pontilhão da ferrovia cruzava a estrada a menos de 150 metros dali, mas fora isso a área era plana e de uma monotonia quase total. Era um setor pobre e pouco povoado de San Fernando, sem telefone nem eletricidade. Cinquenta metros antes do pequeno túnel que passava sob a ferrovia, uma rua dobrava à esquerda. Nela, Aharoni avistou uma casa de tijolos de um andar só, com uma grande porta de madeira e janelas minúsculas. A alvenaria estava exposta e o telhado era plano, como o carpinteiro descrevera. A casa era aquela; Aharoni tinha certeza. Além de um barraco a 20 metros rua acima, não havia nenhuma outra residência num raio de 200 metros. A casa mais parecia uma cadeia do interior, impressão que era reforçada pelas janelas gradeadas e pelo muro baixo de tijolos com tela de arame que cercava a propriedade. Um barraco de madeira, no canto do quintal árido, poderia ser a solitária.

Passando pela casa, Aharoni viu uma mulher com um vestido sem mangas e desbotado, sentada na beira da varanda. Um menininho de cuecas, com no máximo 6 anos, brincava a seus pés. A mulher era baixa e robusta, com o cabelo preto levemente grisalho, e tinha provavelmente uns 50 e poucos anos. Aharoni desconfiou de que olhava para Vera Eichmann e o seu quarto filho, que devia ter nascido depois que ela chegou à Argentina. Ele passou por baixo do pontilhão da ferrovia, espantado com a pobreza em que a família vivia, ainda pior do que na casa de Olivos.

Naquela noite, Aharoni estacionou a 15 minutos de caminhada da casa. Estava quase totalmente escuro, com a lua e as estrelas escondidas atrás das nuvens. Seguira uma rua que corria paralela à estrada 202. Cães latiam a distância e, quando se aproximou da casa, temeu dar com algum deles. Mas os latidos vinham de outro lugar da planície. Ele estava bastante perto para ver, por uma das janelas, a luz fraca do lampião de querosene. Não havia sinal do sr. Klement, o suposto padrasto, mas Aharoni não esperava vê-lo, já que Dieter Eichmann tinha dito a Juan que ele estava em Tucumán.

Se Adolf Eichmann morava nessa casa, era bem provável que voltasse dali a uma semana para comemorar as bodas de prata, em 21 de março. Entretanto, antes disso Aharoni esperava confirmar se Klement era mesmo Eichmann. Precisava de provas.

Em Tel Aviv, Harel leu com empolgação a última mensagem em código de Aharoni. Embora o agente avançasse de forma agressiva, arriscando-se a ser descoberto, também provara ser mais do que eficiente. A família Eichmann fora identificada e Aharoni sabia onde moravam. Em breve, suspeitava Harel, Aharoni confirmaria se o homem que morava com a família era o próprio Adolf Eichmann. Até ter certeza, Harel hesitava em montar a equipe para a operação de captura.

Ele redigiu um telegrama a Gat para que interrompesse a ação na Áustria. Como tinham localizado Vera Eichmann e os filhos, as novas perguntas poderiam assustar o resto da família, que talvez desse o alerta. Harel também telefonou para Haim Cohen. Por ordem de Ben-Gurion, deviam se reunir para finalizar a justificativa jurídica para os israelenses capturarem um cidadão alemão em solo estrangeiro e levá-lo para ser julgado por um tribunal israelense. Harel sabia que Cohen continuava convencido de que havia mais razões jurídicas para os alemães ocidentais julgarem Eichmann, mas ambos entendiam que isso era praticamente irrelevante, porque o primeiro-ministro queria fazer justiça em nome das vítimas das ações de Eichmann.

Dois dias depois, em 14 de março, no Waldorf-Astoria de Nova York, os líderes da Alemanha Ocidental e de Israel se encontraram pela primeira vez, num evento de importância histórica e simbólica. Ben-Gurion precisava assegurar o bom relacionamento com Adenauer: isso ajudaria a amortecer as tensões que pudessem surgir caso Eichmann fosse capturado, embora decididamente houvesse problemas mais importantes em jogo. Em sua suíte, Adenauer recebeu calorosamente o primeiro-ministro israelense e os dois se sentaram para uma longa conversa em particular. Ben-Gurion esperava obter meio bilhão de dólares de ajuda econômica e aumentar a constante transferência ilegal de armas da Alemanha Ocidental para Israel. Adenauer visava reforçar a aliança com Israel, num relacionamento com vantagens secretas para o seu país, no campo militar e de informações. Naquela época, também era importantíssimo o desejo do chanceler de mostrar ao povo e à comunidade internacional que o surto recente de ataques antissemitas era uma imagem falsa da nova Alemanha. Ele tinha de exorcizar os fantasmas do passado.

Depois que os dois estadistas terminaram o caloroso encontro, foram falar com a imprensa. Adenauer disse que ficara profundamente emocionado com Ben-Gurion e que tinha certeza de que a continuação do pagamento das reparações atendia aos dois países. Ben-Gurion acrescentou que estava satisfeito por ter se encontrado com o chanceler alemão ocidental e concluiu dizendo: "Sou de uma nação que não consegue esquecer o passado. Não recordamos o passado para remoê-lo, mas para avançar com a certeza de que ele não se repetirá. No verão passado, eu disse, no Parlamento israelense, que a Alemanha de hoje não é a Alemanha de ontem. Agora, depois de conhecer Adenauer, estou convencido de que a observação estava certa." Durante toda a reunião, não houve nenhuma menção a Eichmann. Se fosse capturado e mencionasse Globke e os outros membros importantes do governo Adenauer, isso poderia ser desastroso para o chanceler alemão. Ainda assim, Ben-Gurion se dispunha a correr o risco de tensionar as relações entre os dois países com a captura de Eichmann para levá-lo a julgamento num tribunal israelense.

Em Frankfurt, Fritz Bauer refletia, na sua sala, sobre a reunião dos dois estadistas, perguntando-se que impacto essas discussões teriam sobre a caçada a Eichmann. Apesar do ultimato que dera aos israelenses, estes ainda agiam com muita lentidão, e ele não tivera notícias do desenrolar dos fatos desde que passara as informações que tinha a Zvi Aharoni, várias semanas antes. Como não desejava mais depender apenas dos israelenses, Bauer perguntara ao cônsul americano se os Estados Unidos ajudariam a extraditar, de países estrangeiros, criminosos de guerra nazistas. Estava aguardando a resposta que os americanos nunca lhe mandariam. O cônsul repassou o pedido a Washington, mas o assessor jurídico responsável pela Europa decidiu que não valia a pena responder. Embora Bauer não soubesse, os israelenses eram a sua única esperança.

Em 16 de março, Aharoni entrou na sede da administração regional de San Fernando com "Michael", arquiteto que emigrara de Israel há vários anos. Depois de passar alguns dias infrutíferos examinando as atividades da empresa Fuldner y Compañía em Tucumán, Aharoni foi procurar a prova de que precisava no registro local de imóveis. Ninguém compraria um terreno para construir uma casa sem deixar rastros documentais.

Com nomes falsos e uma história inventada — que estavam interessados em comprar um terreno grande para uma fábrica em San Fernando —, pediram o nome dos moradores da área em que a ferrovia cortava a estrada 202. O funcionário prometeu dar a resposta no dia seguinte.

Mais tarde, enquanto iam para a casa de Klement, Aharoni explicou a Michael a próxima tarefa. Com uma história parecida — trabalhavam para uma empresa americana interessada em comprar terras no bairro para construir uma fábrica de máquinas de costura —, Aharoni esperava fotografar a mulher que vira na varanda para compará-la com as fotos que tinha de Vera Eichmann.

Estacionaram diante de um barraco vizinho à casa de Klement. Michael levava uma prancheta e Aharoni, uma pasta com uma câmera escondida. A lente se abria num buraco na lateral e um botãozinho perto da alça disparava o obturador. Uma mulher de meia-idade surgiu ao lado do barraco. Michael cumprimentou-a em espanhol e perguntou o nome da rua. A mulher respondeu que, provavelmente, nenhuma daquelas ruelas de terra tinha nome. Michael explicou a razão da visita e a mulher ofereceu-se ansiosa para vender a casa. As indagações sobre quem morava ao lado foram menos bem-sucedidas. Ela só sabia que eram alemães e que tinham construído a casa recentemente.

Enquanto conversavam, uma mulher de cabelo preto, de 20 e poucos anos, veio na direção deles, saindo da casa de Klement. Pela aparência e pelo sotaque, era natural da Argentina, e o tom de voz e a linguagem corporal deixavam claro que não gostara da intromissão deles naquela rua. Repetindo a história inventada, Michael acalmou-a, mas ela deixou claro que a sogra não tinha a mínima intenção de vender a casa e que não sabia o nome da rua. Enquanto Michael conversava com a moça, Aharoni tirou algumas fotos. Ele viu o rosto dela endurecer de novo quando respondeu que a sogra não falava espanhol direito e que não podia sair de casa.

Quando Michael explicou isso a Aharoni em inglês, a mulher interrompeu-o com domínio quase perfeito do idioma. Instantaneamente, Aharoni ficou nervoso, certo de que ela notaria que não tinha sotaque americano. Ela era esperta.

— Qual o nome dessa empresa? — perguntou ela. — Que tipo de fábrica vocês estão planejando?

Na mesma hora, Aharoni quis ir embora dali. Ela não acreditara neles e, se avisasse o marido, ele poderia contar a conversa ao pai. Isso seria catastrófico.

Quando Michael começou a explicar a história da fábrica de máquinas de costura, ela o interrompeu e perguntou por que queriam construir numa região sem eletricidade nem água encanada. Com certeza não devia ser uma empresa muito boa, declarou.

— É possível que seja um engano, que tenhamos confundido os locais — interrompeu Aharoni, antes de voltar-se para Michael e apontar a ferrovia. — Vamos continuar a pesquisa do outro lado.

Eles agradeceram a ajuda dela, voltaram ao carro e foram embora. Aharoni torceu para ela não ter revelado tudo a Eichmann. A meta de tirar uma foto da mulher mais velha não justificava o risco. Precisava tomar mais cuidado.

No dia seguinte, ele descobriu que a tentativa de obter uma lista dos donos dos terrenos também não dera certo. Aparentemente, não havia registro daquela área por ser pouco povoada, com inundações frequentes, sem nenhum serviço público municipal. Mas Michael teve outra ideia. Boa parte daquela região de San Fernando fora comprada por uma única empresa e depois revendida em lotes menores. Essa empresa poderia ter as informações de que precisavam.

Enquanto Michael explorava esse caminho, Aharoni continuou a vigiar a casa, mas não viu sinal de Ricardo Klement. Achou que talvez fosse vantajoso comprar o barraco vizinho por meio de terceiros, já que serviria para qualquer operação que o Mossad quisesse realizar no futuro. Mandou um telegrama a Harel, mas recebeu uma resposta rápida: "Não compre, repito: não aprovado."

No dia seguinte, na embaixada, Aharoni encontrou-se com Michael, que veio na direção dele acenando no ar uma folha de papel.

— Encontrei o proprietário registrado do lote 14. É Veronika Liebl de Fichmann.

— Não sei como lhe agradecer. Era exatamente o que eu procurava — disse Aharoni, caloroso. Sabia exatamente o que aquilo significava. Em primeiro lugar, o nome escrito errado era um erro burocrático ou uma tentativa de confundir quem procurasse. Em segundo lugar, não havia dúvida de que tinham identificado o proprietário da casa: Vera Eichmann. Em terceiro lugar, a casa estava no nome dela, não do marido, talvez num esforço para manter o nome dele fora dos registros oficiais. Em quarto lugar, e o mais importante: ela não voltara a se casar, ao contrário da história que a família divulgara. Se tivesse se casado, usaria o sobrenome do novo marido.

A menos que visse Ricardo Klement e concluísse que não se parecia em nada com a fotografia que tinha de Adolf Eichmann, Aharoni tinha certeza de que encontrara o assassino nazista.

— *Pareciam* americanos — disse Margarita na noite seguinte àquela em que falara com os dois homens diante da casa. — Disseram que queriam comprar um terreno para construir uma fábrica de máquinas de costura.

Adolf Eichmann, que *não* estava em Tucumán, ouviu com atenção a esposa de Nick, tentando não se assustar com a história. Ela estava certa ao achar estranho, e até mentiroso, o que aqueles homens tinham dito. Embora ele se dispusesse a morar numa área sem água encanada, sem telefone nem luz porque os terrenos eram baratos, uma empresa internacional como a que os homens tinham descrito precisaria desses serviços, e mandar instalá-los ficaria caríssimo. Havia dúzias de bairros melhores.

Então, quem seriam? Eichmann sabia que a caçada a ele recomeçara no ano anterior. O jornal *Argentinisches Tageblatt* trouxera o anúncio de que fora avistado no Kuwait e um programa de rádio que o filho Klaus ouvira (ele não o chamava de Nick) explicara que a Interpol estava à sua procura. Quando Klaus correu até sua casa com a notícia, no meio da noite, Eichmann ficara gelado de medo. No início do ano, uma vidente previra que ele não passaria dos 56 anos.

Eichmann começara a se sentir em paz, pelo menos parcialmente, pouco antes que tudo isso começasse a acontecer. Embora a sua casa não tivesse nada a ver com a mansão húngara em que já residira, era dele. O emprego na fábrica da Mercedes-Benz ia bem, e ele fora recentemente promovido a supervisor. Os dois filhos mais velhos, Klaus e Horst, tinham se mudado e levavam vida independente. Klaus era eletricista e alugara um apartamento com a mulher no centro de Buenos Aires. Horst estava na marinha mercante. Dieter trabalhava como mecânico de automóveis e logo iria morar sozinho também. Ricardo, o filho mais novo, estava sendo criado como argentino e nunca conheceria o papel do pai na guerra.

Considerando que passara os últimos 15 anos escondido, Eichmann levava a vida mais normal possível. Ainda era perseguido pelo passado e discordava da maneira como a imprensa o retratava, como se fosse o único responsável pela Solução Final, mas quanto a isso não havia nada que pudesse fazer. Tinha exorcizado esses demônios da melhor maneira possível com as entrevistas a Sassen. Quando morresse, a verdade sobre suas ações seria revelada, para que todos a lessem.

Aqueles dois homens ali pelo bairro talvez estivessem à sua procura, pensou ele. Podiam ser judeus, como aquele Tuviah Friedman, que fizera o grande anúncio sobre o Kuwait. Mas as últimas notícias eram de que estava no Oriente Médio, bem longe dali.

Eichmann engoliu o medo. Talvez os estranhos só estivessem no bairro errado. Ele não ia estragar sua vida por causa de um único fato esquisito. Ainda assim, suas suspeitas foram atiçadas; teria de ficar mais atento.

Entretanto, os filhos não mencionaram as circunstâncias estranhas da história do isqueiro, inclusive o modo como o presente fora endereçado a Nick Klement e como o mensageiro estava ansioso para saber onde a família morava. Se tivesse essa informação, talvez Eichmann somasse os dois fatos e fugisse.

14

ASSIM QUE DESCOBRIU O NOME no registro de imóveis, Aharoni não perdeu mais tempo. No dia seguinte, foi a San Fernando. Era sábado, e supôs que Eichmann voltaria de Tucumán naquele fim de semana para o aniversário de casamento. Trocara de carro outra vez, e agora estava num DeSoto preto. A seu lado, estava uma secretária da embaixada. Pareciam um casal qualquer, num passeio de fim de semana.

A partir de Don Torcuato, a sudoeste, Aharoni seguiu para o pontilhão da ferrovia na estrada 202. Olhou para a direita, onde ficava a casa de Klement, na rua Garibaldi. (Ele acabara descobrindo o nome da rua no registro de imóveis.) Havia um homem no quintal, tirando a roupa da corda. Aharoni desacelerou. O homem tinha pelo menos 50 anos. Era de compleição franzina, provavelmente entre um 1,68 e 1,72 metro de altura. Estava ficando calvo e tinha a testa alta e inclinada. Antes que Aharoni pudesse pegar a pasta com a câmera, o homem recolheu a última peça de roupa da corda e entrou em casa. Mas Aharoni conhecia o rosto. Não havia dúvida. Passara horas fitando fotografias dele na pasta de Eichmann.

— Por que ficou tão alegre? — perguntou a secretária a Aharoni.

Ele não percebera que um sorriso se abrira em seu rosto e que o seu corpo todo se eletrizara.

— Não, não foi nada — disse ele, dando de ombros. — É que me lembrei que hoje é aniversário da minha mãe. Vamos comemorar.

Foi o melhor que conseguiu inventar, mas ela parecia ter acreditado. Mais tarde, ele mandou a Harel um longo telegrama que incluía uma linha em código: O MOTORISTA É PRETO (Klement é Eichmann).

* * *

Em Tel Aviv, Harel estava pronto. Nas semanas anteriores, passara as noites em casa, ouvindo música clássica no radiotransístor do escritório, ruminando as muitas dificuldades que enfrentariam se Aharoni confirmasse que tinham encontrado o homem certo.

Primeiro, a missão aconteceria a mais de 14 mil quilômetros de distância, num país que poucos agentes seus conheciam e cujo idioma menos agentes ainda falavam.

Em segundo lugar, o ambiente seria hostil. Só nos dois anos decorridos desde a eleição do presidente Arturo Frondizi, pragmático e liberal, é que o governo ficara mais amistoso em relação a Israel, mas ainda havia muitos no poder, fossem civis ou militares, que, no mínimo, eram contrários a Israel e aos judeus. Harel sabia disso em primeira mão. Em 1955, estivera em Buenos Aires — quando Perón estava sendo expulso do poder — para combater a ameaça aos judeus vinda de alguns setores. Em janeiro de 1960, houve um surto de ataques a sinagogas, clubes e lares de judeus, como acontecera na Europa. A cidade também tinha uma grande comunidade alemã que incluía alguns ex-nazistas, o que aumentava o perigo.

Em terceiro lugar, a uma distância tão grande os agentes de Harel não teriam comunicação fácil e rápida com Tel Aviv. Viajariam com identidade falsa, totalmente sozinhos e sem cobertura oficial, sem condições de pedir apoio local devido ao segredo da missão.

Em quarto lugar, se fossem descobertos seriam presos — ou coisa pior — por violar a soberania argentina. Israel teria intermináveis problemas políticos internacionais, e o Mossad ficaria marcado, o que inibiria suas atividades em outros locais.

Em quinto lugar, o alvo era um ex-oficial experiente de uma das forças de segurança mais mortíferas da história. Eichmann tinha conhecimento íntimo das táticas operacionais e de vigilância e sabia se defender. Durante a guerra, tivera muito cuidado com a sua segurança pessoal e nunca andava desarmado. Podiam ter se passado 15 anos desde que se fizera a paz com a Alemanha, mas Eichmann passara esse tempo escondido e, para ele, a necessidade de permanecer atento continuava a existir.

Essas dificuldades se multiplicavam com o fato de que, em essência, a missão se compunha de três operações numa só. Precisavam capturar Eichmann vivo, sem serem vistos nem seguidos. Depois, teriam de mantê-lo em lugar seguro, evitando ser descobertos, por tempo indeterminado, até os planos da terceira parte da missão se cumprirem: retirar Eichmann da Argentina em completo segredo. Ninguém podia saber quem o capturara antes que estivesse numa prisão israelense e todos os agentes de Harel estivessem em segurança.

Se tivessem sucesso na missão, o chefe do Mossad sabia que o resultado final compensaria as dificuldades e os riscos envolvidos. No nível puramente profissional, o Mossad garantiria um lugar entre as principais agências de informações do mundo. O mais importante é que o povo judeu veria um dos principais organizadores do Holocausto ser levado à justiça. O mundo seria forçado a lembrar a indústria da morte que os judeus tinham enfrentado, e a recordar que nunca mais se deveria permitir que tais horrores se repetissem.

Em virtude do que estava em jogo, Harel quis estar em Buenos Aires para supervisionar a missão. Podiam ser necessárias decisões rápidas de alto nível, e talvez os agentes não pudessem esperar pela troca de telegramas com Israel. Mas Harel não poderia participar pessoalmente da operação. Precisava de alguém que escolhesse a equipe, gerenciasse os agentes, planejasse as operações táticas e as executasse à risca, alguém em quem confiasse cegamente.

Rafi Eitan, chefe de operações do Shin Bet, fora apelidado de "Rafi, o Fedorento" durante a Guerra de Independência israelense depois de se esgueirar pelo esgoto para explodir um radar britânico no Monte Carmelo. Nascido em 1926 num kibutz, no vale fértil de Jezreel, na Palestina, Eitan tinha instinto para as missões arriscadas. Quando criança, assistiu a um filme sobre Mata Hari, a espiã holandesa da Primeira Guerra Mundial, e disse à mãe que queria ser espião. Era muito mais do que mera fantasia. Aos 12 anos, entrou para o Haganah, usando a juventude para não despertar suspeitas britânicas. Aos 18, foi recrutado pelo Palmach, a tropa de assalto do Haganah, e participou do ataque ao campo de detenção de Atlit, que libertou mais de duzentos imigrantes judeus ali mantidos pelos britânicos. Com 21 anos, recebeu o comando de um pelotão de reconhecimento que operava atrás das linhas inimigas.

No dia em que o Estado de Israel foi criado, em 1948, Eitan foi ferido na perna. Arrastou-se de volta ao campo e, depois que a perna foi engessada, voltou ao batalhão para lutar. Pelo resto da guerra, ficou com o seu pelotão de reconhecimento e se especializou em comandar ataques noturnos. No serviço de informações do exército, os seus superiores sabiam que tinha nervos de aço, improvisava rapidamente e matava sem hesitação.

Harel chamou Eitan em sua sala. Não se poderia imaginar um indivíduo mais improvável para aquele longo currículo de ações militares e operações secretas. Aos 34 anos, era só um pouquinho mais alto do que Harel, com o peito forte e os braços musculosos de um fazendeiro. Era extremamente míope e usava óculos de fundo de garrafa, que faziam com que os olhos parecessem pular do rosto. Era comum inclinar um pouco a cabeça, porque também era surdo do ouvido direito, outra lesão de guerra.

Harel narrou os fatos recentes da busca de Eichmann e o trabalho de Aharoni nas três semanas anteriores.

— Qual a probabilidade de esse homem ser mesmo Eichmann? — perguntou Eitan.

Harel explicou que só saberiam com certeza quanto estivessem com o alvo nas mãos. Aharoni ainda estava colhendo provas. Depois, descreveu com detalhes o que enfrentariam para tentar a captura em solo argentino.

— É uma grande operação — concordou Eitan, com um sorriso fino. — Ainda não tivemos nenhuma assim.

— Vou colocá-lo como comandante — informou-lhe Harel. — A) Escolha os homens mais adequados para o serviço, já que você sabe o que será necessário. B) Somente voluntários. Pergunte a cada homem se está disposto a ser voluntário. Não sei como isso vai acabar e, se forem pegos, teoricamente podem ser até condenados à morte.

— Nenhum deles hesitará — disse Eitan, confiante e tranquilo.

No domingo, 20 de março, Aharoni deitou-se num colchão, num velho caminhão Ford, para espiar de binóculo pelo buraco aberto na lona grossa que cobria a carroceria do veículo. O motorista, outro *sayan* conseguido por Yossef, estava no quiosque próximo, tomando um café da manhã tardio. O caminhão estava estacionado de frente para o quiosque, dando a Aharoni uma visão perfeita da casa de Eichmann, a 150 metros dali. Embora já tivesse telegrafado a Harel para dizer que sua investigação devia terminar, porque tinha certeza de que identificara o alvo, Aharoni tinha mais uma tarefa. Queria uma boa fotografia de Eichmann para afastar todas as dúvidas que Harel ainda tivesse.

Enquanto Aharoni esperava que Eichmann saísse de casa, tirou uma série de fotos da área de operações circundante para a equipe que planejaria a captura. Também esboçou um mapa do bairro.

Quando faltavam 15 para o meio-dia, Eichmann, inesperadamente, passou pelo caminhão, vindo do quiosque. Era óbvio que tinha saído cedo naquela manhã. Desceu a estrada 202 e virou à esquerda antes da rua Garibaldi, atravessando um terreno baldio para chegar à casa. Dessa vez, Aharoni pôde dar uma boa olhada nele, que vestia calças marrons, sobretudo e gravata verde. Usava óculos, estava quase careca, tinha um nariz protuberante e a testa alta, e andava a passos lentos. Aharoni tinha certeza de que era o homem certo. Infelizmente, estava longe demais para Aharoni tirar uma boa fotografia.

Na hora seguinte, Aharoni observou Eichmann. Quando chegou à casa, falou com um menino que brincava no jardim e endireitou as calças e a camisa da criança. Espantou uma nuvem de moscas que cercava a porta da frente antes de entrar. Mais tarde, saiu usando calças esportivas de algodão, comprou pão na carroça puxada a cavalo do padeiro e buscou algumas coisas no barracão. O filho Dieter chegou e a família toda entrou, provavelmente para almoçar.

Quando o motorista do caminhão voltou do desjejum, Aharoni fez-lhe um sinal para que partisse. Quando chegou à embaixada, redigiu um longo relatório com tinta invisível, para ser entregue a Harel pelo malote diplomático. Aharoni revisou em detalhes cada coisa que descobrira e sugeriu que a fase de operações começasse, porque quaisquer passos adicionais para identificar Eichmann poderiam fazê-lo fugir.

Ainda assim, às 21h15 da noite, Aharoni voltou a San Fernando num jipe vermelho desbotado, acompanhado por "Avi", funcionário da embaixada, e sua esposa. Aharoni vira casais estacionados na área à noite e sabia que os dois não chamariam muita atenção. De macacão e com um par de binóculos, Aharoni saiu do jipe e se esgueirou na direção da casa. A meta era dar uma olhada no interior, caso a equipe de operações precisasse entrar lá. Era uma noite muito escura, perfeita para a tarefa, mas Aharoni logo notou que não havia luzes na casa. Fez o caminho de volta até o jipe poucos minutos depois de ter saído dele. Para seu espanto, o jipe sumira. Será que ele se perdera? Andou alguns minutos por ali até avistar o jipe a 15 metros, na vala ao lado da estrada. Aharoni mal pôde acreditar no que via.

Encontrou Avi e a mulher abraçados no chão, ao lado do jipe. Tinham tentado virar o veículo sem acender os faróis, para o caso de terem de voltar rapidamente a Buenos Aires. Avi não notara que a rua era elevada, e caíra diretamente na vala. Aharoni ficou possesso com tanta tolice, mas sua raiva empalideceu diante do medo de que a família Eichmann, cuja casa ficava a menos de 150 metros, os descobrisse. Eles ou os vizinhos notariam na mesma hora que os três eram estrangeiros, provavelmente israelenses, e Eichmann teria certeza de que estava sendo vigiado.

— Vamos embora — disse Aharoni, pensando depressa. Não podiam ser vistos, sob nenhuma circunstância. Desceram correndo a rua Avellaneda. Por sorte, em poucos minutos passou um ônibus. Às 22h45, quando chegaram ao terminal rodoviário de San Fernando, Aharoni ligou para a única pessoa que seria capaz de tirar o jipe da vala em silêncio e com rapidez: Yitzhak Vardi. Vardi era um financista israelense que já trabalhara na coleta de informações para o Ministério do Exterior de Israel, mas agora comandava a filial da entidade Apelo Judaico Unido para a América do Sul, sediada em Buenos Aires.

Vardi entendeu a natureza delicada da situação. Dali a menos de uma hora, chegou ao terminal rodoviário em seu imenso Chevrolet, com um caminhão-reboque atrás. Se deixassem o jipe na vala, pareceria muito suspeito; Eichmann poderia até rastrear o pseudônimo de Aharoni na locadora de veículos.

Quando chegaram ao veículo, alguém já furara um dos pneus. Enquanto Aharoni o trocava pelo estepe, alguns vizinhos saíram para ver a razão de tanta luz e tanto movimento. O motorista argentino do caminhão-reboque garantiu a todos que ninguém se machucara, que fora apenas um pequeno acidente. Os outros ficaram de boca fechada. Aharoni não viu Dieter nem o pai na multidão, e respirou um pouco mais aliviado. Dali a minutos, o jipe estava de volta na rua. Aharoni agradeceu a Vardi e foi embora.

Como não recebera ordens de voltar a Israel, Aharoni continuou a investigação, mas interrompeu a vigilância agressiva da casa de Eichmann nas duas semanas seguintes, só passando raramente por lá. Em vez disso, buscou outros caminhos. Por meio de um contato na polícia argentina, descobriu a ficha de Horst e Nick Eichmann. Era óbvio que os dois tinham sido influenciados pela posição política do pai, já que ambos eram suspeitos de participar de grupos políticos neonazistas e direitistas. Isso fazia deles um perigo para qualquer operação do Mossad. Por meio de um funcionário da embaixada alemã, Aharoni conseguiu a ficha de Eichmann que havia lá. Nela, soube que o Ministério do Exterior alemão sabia da presença de Eichmann na Argentina.

Aharoni também foi a Tucumán verificar a empresa CAPRI. Levou apenas dois dias para descobrir que a empresa fechara em 1953, ao contrário das informações de que Eichmann ainda trabalhava lá. Agora Aharoni tinha quase certeza de que a razão de ter visto Eichmann em Buenos Aires quase todas as vezes em que vigiara a casa nas últimas duas semanas nada tinha a ver com as bodas de prata. Provavelmente ele trabalhava na área: uma informação importantíssima.

No domingo, 3 de abril, Aharoni voltou a San Fernando para fazer mais uma tentativa de conseguir uma boa fotografia de Eichmann. Levou consigo dois voluntários: Roberto, o estudante que levara o cartão-postal à rua Chacabuco, 4.261, e "Rendi", um *sayan* que parecia ter idade suficiente para procurar casa para a família, que seria a sua história. Aharoni ensinara Rendi a segurar a pasta com a câmera e disparar o obturador. Estacionou o caminhão que dirigia debaixo do pontilhão da ferrovia, a 70 metros da casa. Então, mandou Rendi sair.

Rendi cortou caminho pelo terreno baldio até a casa. Pelo binóculo, Aharoni, nervoso, acompanhou-o enquanto ele andava até Eichmann e o filho Dieter, que trabalhavam no quintal. Se houvesse qualquer sinal de que Rendi corria perigo, planejava ele mesmo correr até a casa. Passaram-se dois minutos. Três. Quatro. Rendi continuava a conversar com os dois homens, como se fossem velhos amigos.

Finalmente se afastou, seguindo para a casa dos vizinhos de Eichmann, como instruíra Aharoni, para indagar deles quanto custaria comprar uma casa por ali. Depois, Rendi voltou até o quiosque, onde esperou o ônibus para retornar ao terminal de San Fernando. Rendi tinha certeza de não ter despertado suspeitas de que tirara fotografias. Três dias depois, quando Aharoni recebeu o filme revelado, ficou felicíssimo ao ver que Rendi tirara fotos de Eichmann e do filho, com foco perfeito, em três ou quatro ângulos diferentes, todas bem de perto. Com essas fotografias, os especialistas israelenses em identificação poderiam confirmar o que Aharoni já sabia sem nenhuma dúvida: Eichmann fora encontrado.

Enquanto isso, Aharoni recebera ordens de Harel de voltar assim que possível a Tel Aviv para fazer um relatório completo. Ele tomou as últimas providências — devolver os carros alugados e despedir-se de Yossef — e embarcou num voo para Paris em 8 de abril. Estava satisfeito por ter cumprido a missão.

Yaakov Gat foi buscar Aharoni no aeroporto Le Bourget, em Paris, onde teria um dia de espera antes de embarcar para Tel Aviv. Aharoni foi para o apartamento de Gat, na Rive Droite, e lá lhe mostrou os negativos das fotografias de Eichmann. Os dois contaram suas investigações um ao outro. Sentiam que eram as duas únicas pessoas do mundo a conhecer um grande segredo. Ambos tinham certeza de que agora a operação era inevitável, e ambos queriam fazer parte da equipe.

Aharoni prometeu que, quando contasse suas descobertas em Tel Aviv, pediria a Harel que incluísse Gat na operação. Ainda assim, não tinha certeza de que seria incluído na missão. Com certeza estava além da sua habilidade, e ele já aceitara que, provavelmente, teria de voltar ao trabalho de interrogador. A vida é assim, pensou, sentindo-se um pouco desapontado.

No dia seguinte, Aharoni embarcou no voo para Tel Aviv. Levou um choque ao ver Isser Harel vindo pelo corredor. Harel sentou-se ao lado de Aharoni, agindo como se não o conhecesse. Só depois que o avião decolou é que se virou para ele e perguntou:

— Tem certeza absoluta de que é o nosso homem?

Aharoni tirou um negativo do bolso do paletó, orgulhoso de o chefe do Mossad depender da sua avaliação.

— Não tenho a mínima dúvida. Eis a foto.

Harel estudou um instante a fotografia e disse:

— Certo. Nesse caso, vamos pegá-lo.

— Estarei na equipe? — perguntou Aharoni, esperando o pior.

— Acha que não? Precisamos de você lá.

Extasiado, Aharoni descansou a cabeça no encosto da poltrona.

15

NA MANHÃ DE 10 DE ABRIL, Avraham Shalom atravessou o prédio do terminal do aeroporto Lod, em Tel Aviv, exausto depois de uma intensa operação secreta. Viajou várias centenas de quilômetros pelo deserto árabe num caminhão para conseguir pegar o voo. Ao passar pelo controle de passaportes, tomou o cuidado de repassar os detalhes do seu pseudônimo para evitar problemas que pudessem retardar a chuveirada e a cama.

Enquanto saía do aeroporto, sentiu-se desmoronar quando um dos homens de Harel veio ao seu encontro.

— Isser quer vê-lo — disse o homem.

— Quando? — perguntou Shalom.

— Agora.

Shalom fez que sim e enfiou-se no carro. Depois de nove anos trabalhando para Harel, sabia que o chefe não perdia tempo com reuniões inúteis.

O agente de operações do Shin Bet, de 33 anos, tinha o corpo robusto de um lutador e o tipo de rosto comum e indistinto que se costuma esquecer assim que a pessoa sai da sala. Natural de Viena, Shalom vivera um ano em meio à ocupação nazista da Áustria, até que a família bem abastada emigrou para a Palestina. Não partiu ileso. Na Noite dos Cristais, todos os moradores do bairro sabiam que os alemães estavam prestes a atacar os judeus, mas mesmo assim a mãe o obrigou a ir à escola. Enquanto os professores olhavam, foi tão surrado por trinta colegas de sala, alguns dos quais ele considerava seus melhores amigos, que passou duas semanas de cama até se recuperar. Só tinha 9 anos, e ainda estava aprendendo a entender o que era ser judeu. Até então, mal conhecera sua fé religiosa, já que os pais não frequentavam a sinagoga. Ele não voltou à escola. Pouco depois, a fábrica de roupas de cama e mesa do pai foi tomada pelos nazistas e a família, expulsa do apartamento e, afinal, do país.

Na Palestina, sem saber hebraico e sentindo-se deslocado, passou boa parte do primeiro ano em silêncio, característica que manteve, só falando quando absolutamente necessário. Como outros meninos do kibutz, entrou para o Haganah quando a Guerra de Independência irrompeu. Operava o morteiro do pelotão e, em 15 de maio de 1948, estava na fronteira libanesa quando os árabes atacaram Israel em grande número. O pelotão de trinta homens, todos eles companheiros de infância no kibutz, reduziu-se à metade nas primeiras horas. Shalom passou a participar de batalhas como soldado regular até ser recrutado como batedor por Rafi Eitan. Além dos olhos e ouvidos atentos, tinha talento para ler mapas e se orientar em território desconhecido, e passou o resto da guerra trabalhando principalmente atrás das linhas inimigas.

Depois do fim das hostilidades, Shalom voltou ao kibutz. Insatisfeito com a vida comunitária, mudou-se para Tel Aviv, onde trabalhou algum tempo como motorista de caminhão. Quando encontrou Eitan na rua, o ex-comandante o recrutou para o Shin Bet. Shalom se tornou comandante das atividades de contraespionagem na Jerusalém dividida e depois Harel o mandou a Paris para administrar as operações do Mossad na Europa. Lá, se casou com uma secretária da embaixada e, durante três anos, se misturou aos russos, divertindo-se com a guerra de inteligência. Voltou a Israel para estudar economia, mas às vezes Harel o tirava dos estudos para algum serviço. Logo ficou visível que esse trabalho lhe agradava mais, e voltou ao Shin Bet, sob o comando de Eitan. Suas especialidades eram a logística e o planejamento operacional.

Shalom era o tipo de agente que Harel preferia: um ex-morador de kibutz que provara o seu valor na Guerra de Independência; alguém que trabalhava com discrição e eficiência e tinha uma vida doméstica estável, que agora incluía um filho de 3 anos. Sua integridade era inquestionável e ele era extremamente profissional. “Isser quer homens honestos para fazer o serviço de patifes”, explicou certa vez um dos agentes de Harel a um novo recruta do Mossad. Shalom atendia à expectativa.

Quando chegou à sede do Mossad, em Sarona, Harel o mandou sentar-se e perguntou:

— Como se sentiria ao entrar num país estrangeiro com passaporte falso?

Shalom achou a pergunta estranha, considerando que Harel sabia que ele nunca saíra de Israel *a não ser* com passaporte falso.

— Bem — disse Shalom.

— Bem? Pode fazer isso?

Shalom ficou imaginando o que Harel lhe reservava dessa vez. Por alguma razão, era óbvio que Harel hesitava em dar novas ordens a Shalom. Embora o chefe fosse ditatorial na maneira como conduzia as operações, por acreditar que estava sempre certo, ainda assim tratava os agentes como iguais, e muitas vezes era óbvio que não gostava de dar ordens.

— Posso, claro — respondeu Shalom.

— Vamos atrás de Eichmann e talvez dessa vez o agarremos.

— Dê os detalhes.

— Aharoni é que sabe. Procure-o e lhe pergunte o que encontrou. Depois vá ter com Rafi. Temos de montar uma equipe.

A reunião terminara. Depois de ir para casa ver a família, Shalom viajou para a sede do Shin Bet, em Jaffa, num velho prédio decadente ao lado da torre do relógio. Nesse momento da missão, Shalom estava mais concentrado nos detalhes operacionais para capturar Eichmann do que nas consequências caso fossem bem-sucedidos. Reuniu-se com Eitan, que já vinha pensando na tarefa há algumas semanas, e analisaram uma lista de nomes a chamar para a equipe.

O primeiro nome era óbvio para os dois: Shalom Dani, o falsificador. Dani fugira de um campo de concentração nazista confeccionando um passe de papel higiênico, e eles precisariam do seu talento excepcional para forjar todos os passaportes, carteiras de motorista e os outros documentos de identificação de que precisariam. O segundo nome, também óbvio para Eitan e Shalom, era Moshe Tabor. Além de fortíssimo — suas mãos eram do tamanho de luvas de beisebol —, Tabor era um mestre na técnica de criar pastas com fundo falso, fazer motores funcionarem, consertar submetralhadoras, abrir qualquer fechadura e construir uma câmara secreta que jamais seria descoberta.

Harel queria Zvi Aharoni na missão, ainda que não tivesse muita experiência operacional. Pelo que Shalom soubera, ele merecia a vaga. O conhecimento que tinha da área seria útil e o talento de interrogador seria essencial com Eichmann. Seu nome foi acrescentado à lista.

Também concordaram com Yaakov Gat, não só por ser um agente experiente e de cabeça fria como também porque o conheciam muitíssimo bem e ele se integraria perfeitamente à equipe. Eitan defendeu o nome de Peter Malkin, outro homem forte com ótima cabeça para as operações e especialista em disfarces. Harel não o conhecia bem, o que era um ponto fraco, mas parecia bastante adequado à missão. Ephraim Ilani era necessário pelo conhecimento enciclopédico de Buenos Aires e pela fluência em espanhol. Finalmente, precisavam de um médico, alguém que mantivesse Eichmann com boa saúde e, se necessário, sob sedação, além de tratar de quaisquer ferimentos ou lesões que a equipe sofresse. Eitan e Shalom sabiam quem ocuparia a vaga: o "dr. Maurice Kaplan", médico civil de confiança, a quem tinham recorrido algumas vezes em operações anteriores. Incluindo os dois, isso fazia uma equipe básica de oito pessoas. A maioria era do Shin Bet, o que não surpreende, já que o Mossad ainda tinha um número limitado de agentes em operação.

Era uma boa equipe. Todos os membros tinham quase uma década de experiência nos serviços de informações israelenses. Falavam vários idiomas, o que era fundamental para as identidades falsas. Com exceção do médico, todos se conheciam muitíssimo bem e tinham trabalhado juntos em várias missões. Conheciam os pontos fortes e fracos de todos, sabiam se comunicar sem falar e, o mais importante, tinham confiança absoluta uns nos outros.

Alguns dias depois de voltar a Israel, Aharoni foi à sede da polícia israelense em Tel Aviv. Levava um envelope com as fotografias que tirara de Klement, as fotos antigas de Eichmann com a farda da SS e as fotos mais recentes dos irmãos de Eichmann tiradas por Simon Wiesenthal. Harel queria que a unidade de identificação criminal da polícia confirmasse que Klement era Eichmann.

Por essa razão, Aharoni também mostrara as fotografias a um israelense que conhecera Eichmann em Berlim, em 1936. A testemunha achou que podia ser Eichmann, mas como já fazia quase 25 anos que o vira, não podia ter certeza.

Aharoni entregou as fotografias aos melhores especialistas em identidade de Israel. Dali a algumas horas, recebeu a resposta: havia uma possibilidade razoável de que Eichmann e Klement fossem a mesma pessoa. Os especialistas chegaram a essa conclusão comparando as características da orelha esquerda. Como explicaram a Aharoni, o tamanho e o formato da orelha, assim como o ângulo em que se unia ao rosto, são como as impressões digitais, específicos de cada indivíduo. Embora houvesse oito pontos que indicavam que Klement e Eichmann eram a mesma pessoa e nenhum ponto indicasse que não eram, não havia pontos de comparação suficientes para permitir a identificação definitiva.

Aharoni transmitiu a notícia a Harel, que então mandou que ele e Amos Manor, o diretor de 43 anos do Shin-Bet, fossem a Jerusalém. Lá se reuniram com Haim Cohen e Pinhas Rosen, ministro da Justiça israelense, para apresentar as provas de que Klement e Eichmann eram a mesma pessoa e receber orientação jurídica para saber se a operação deveria continuar. Os dois principais advogados do governo israelense deram sua aprovação. Embora o sequestro de Eichmann violasse a soberania argentina, essa questão dizia respeito apenas às relações diplomáticas entre os dois países. Na opinião deles, levar Eichmann a julgamento não afetava a jurisdição israelense, porque, segundo acreditavam, a Alemanha jamais buscaria seriamente a extradição, e muito menos realizaria o julgamento.

Assegurado o consentimento legal, nada impedia que a operação avançasse para o estágio seguinte.

Na sede do Mossad, a equipe estava ocupada com os preparativos da viagem e da estada na Argentina. Dada a natureza da missão e o número de agentes envolvidos, aquela era uma operação complicada. Todos os agentes tinham de viajar em voos separados, partindo de locais diferentes, com passaportes falsos e uma série de vistos. Era importantíssimo que nenhum agente pudesse ser ligado aos outros nem a Israel. Além disso, alguns teriam de sair de Buenos Aires com passaportes diferentes dos usados para ir para lá.

Em primeiro lugar, cada agente tinha de partir de Tel Aviv com uma identidade. Quando chegassem ao primeiro destino fora de Israel, seriam recebidos por agentes israelenses e receberiam novas passagens e identidades. Essas identidades tinham de combinar com a capacidade linguística de cada um.

Não se podia dar um passaporte italiano a quem não falasse italiano. A fluência não era necessária, ainda mais quando se tinha o que Avraham Shalom gostava de chamar de "personalidade". Vários agentes falavam alemão; outros, francês e inglês; eles também falavam uma mistura de outras línguas.

Os vistos de viagem eram outra dificuldade, já que o consulado argentino de cada país exigia referências de caráter e documentação de saúde. A maioria desses documentos tinha de ser forjada, e a equipe do Mossad e do Shin Bet já estava sendo mandada a Paris para tomar vacinas e fazer exames médicos, de modo que os carimbos de aprovação pudessem ser alterados e apostos nos passaportes dos agentes do Mossad. Alguns agentes contornariam esse processo se inscrevendo em excursões pela América Latina que passavam por Buenos Aires (e que não exigiam referências nem exames), mas precisariam de outros passaportes para sair do país. Em todo caso, todos os agentes precisavam ter pelo menos um conjunto de documentos totalmente diferentes para o caso de a operação ficar comprometida.

Cada agente que chegasse a Buenos Aires teria dois horários marcados, um pela manhã, outro à tarde, em lugares diferentes, para se encontrar com um ou mais membros da equipe que já estivessem na cidade. Não poderia haver dois agentes no mesmo hotel e todo equipamento que não pudesse ser comprado na Argentina sem despertar suspeitas teria de ser remetido com antecedência pelo malote diplomático. Alguns itens que Eitan já requisitara eram algemas, câmeras ocultas, sedativos, brocas em miniatura e ferramentas de marcenaria, chaves mestras e ferramentas de chaveiro, lunetas, lanternas de bolso, um kit de falsificação e um kit de maquiagem com perucas e dentes falsos. A quantia considerável necessária para a operação — para alugar carros e esconderijos, por exemplo — também seria remetida por malote diplomático.

Para todos esses preparativos, Harel criou uma verdadeira agência de viagens, e a equipe começou a preencher uma lista do tamanho de um catálogo telefônico, contendo tabelas com identidades, voos e pontos e horários de encontro. O erro mais simples poderia resultar em desastre.

Em 16 de abril, Peter Malkin caminhava de manhã cedo pelas ruas emaranhadas do bairro velho de Jaffa. O agente do Shin Bet tinha os ombros largos de um jogador de futebol americano e a cabeça do formato de uma bola de boliche. O rosto juvenil e expressivo passava facilmente de uma careta pensativa à alegria de um palhaço de circo. Na véspera, retornara da investigação que concluíra sobre um surto de atividade terrorista em Nazaré e se encontrara com Eitan. O seu chefe de operações apontara Buenos Aires num mapa e dissera: "Vamos trazer Adolf Eichmann para ser julgado em Jerusalém. E você vai capturá-lo, Peter." O que Eitan não lhe contou foi que fizera algum esforço para convencer Isser Harel a incluí-lo na equipe.

Malkin entrou no prédio do Shin Bet e foi diretamente para outra reunião com Eitan. Não estavam sozinhos. Quase toda a equipe escolhida para ir a Buenos Aires estava reunida pela primeira vez. Malkin sentiu que se entreolhavam de outro modo, como se medissem cada homem para ver se estava à altura de missão tão monumental.

— Bom — disse Eitan, para aliviar a tensão —, agora vocês todos já conversaram com o travesseiro. Alguma ideia brilhante?

Malkin ficou mais tranquilo ao saber que Harel estaria à mão na Argentina durante a operação e ainda mais porque Eitan estava encarregado dos planos táticos. Os dois eram líderes extremamente diferentes. Harel concentrava-se na compartimentação e raramente pedia conselhos, com suas ideias firmes na mente antes de revelar uma missão. Ao contrário, Eitan juntava todos e pedia suas ideias antes de decidir um rumo de ação.

— É melhor torcermos para esse tal Klement ficar onde está — disse Avraham Shalom.

— Isso está além do nosso controle — contrapôs Eitan. — Por que não damos uma olhada no que já temos?

Fecharam a porta da varanda que dava para o porto e Moshe Tabor ligou o projetor de slides. Aharoni lhes fez uma comparação das fotografias de Eichmann com 30 e poucos anos, usando a farda da SS, e as fotos que obtivera na Argentina.

Malkin estava preocupado com a inclusão do interrogador do Shin Bet na operação, ainda mais depois de saber dos muitos riscos — descuidos, na opinião de Malkin — que correra para identificar o alvo. Ainda assim, era inegável o resultado do seu esforço persistente.

— Passe duas fotos juntas — sugeriu Malkin, sem ter certeza de que eram do mesmo homem.

Tabor arrumou dois slides no aparelho e projetou-os na parede branca. Se ambos eram de Eichmann, Malkin ficou horrorizado ao ver como o nazista envelhecera e se desgastara desde o final da guerra.

— Não é fácil, hein?

Aharoni explicou o resultado do trabalho da unidade de identificação criminal.

— Só poderemos ter cem por cento de certeza quando o pegarmos — disse Eitan.

— Quando tivermos certeza — grunhiu Tabor, a silhueta enorme, de 1,85 metro, escura no fundo da sala —, por que não matamos o canalha ali mesmo?

— Tenho certeza de que todos também nos sentimos assim — disse Eitan.

Tabor sacudiu a cabeça enorme e recém-barbeada.

— Que oportunidade ele deu àquela gente nos campos? Eu os vi, os que sobreviveram. Que tipo de consideração ele demonstrou?

Ninguém na sala conhecia tão bem quanto Malkin aquele gigante, quase sempre reservado. Recentemente, ele e Tabor tinham passado vários meses juntos na Alemanha Ocidental, numa operação de vigilância dos cientistas que ajudavam os egípcios com a tecnologia dos seus mísseis. Lá, Tabor, de 37 anos, falara a Malkin de sua grande família lituana, que morrera no Holocausto, e dos campos de extermínio que vira no fim da guerra, como membro da Brigada Judaica. Revoltado e enraivecido, Tabor participara dos grupos de vingadores que agiam na Alemanha e na Áustria e caçara, interrogara e matara vários integrantes da SS. Na época, tinha 20 e poucos anos. Não havia dúvidas, na mente dos membros da equipe, de que mataria Eichmann com satisfação se tivesse oportunidade.

Eitan descartou outra vez a sugestão de Tabor e o assunto morreu. Nas horas seguintes e durante várias reuniões posteriores, a equipe aprimorou os detalhes operacionais. Fizeram ajustes nas histórias que contariam, nos equipamentos de que precisariam e nos lugares onde ficariam. Ephraim Ilani voltou da Argentina para informá-los dos costumes locais, incluindo tudo, desde como alugar um carro ou esconderijo até o comportamento normal em cafés e hotéis, as condições do trânsito, os procedimentos nos aeroportos e o modo de se vestir. Como só ele e Aharoni já tinham estado em Buenos Aires, essas informações eram fundamentais. Também detalhou a presença intensa da polícia nas ruas, principalmente depois da perseguição em março aos grupos terroristas peronistas, após uma série de atentados a bomba na capital.

Entretanto, levaram a maior parte do tempo planejando como e onde pegariam Eichmann. Aharoni lhes mostrou as fotografias que tirara durante a vigilância e os desenhos da casa e de pontos importantes (o quiosque, o pontilhão da ferrovia, as casas vizinhas e as ruas). Acabaram se decidindo por três métodos diferentes de captura, sabendo que só escolheriam um deles depois que verificassem o local pessoalmente. O primeiro era sequestrá-lo quando estivesse longe de casa, talvez na cidade ou antes de embarcar no ônibus para voltar do serviço (embora ainda não soubessem onde trabalhava). O segundo era o ataque de um grupo à casa à noite, para tirá-lo da cama. O terceiro seria pegá-lo na rua perto de casa, o que era possível devido ao bairro deserto. A hora certa dependeria de como tirariam Eichmann da Argentina; Harel cuidava pessoalmente de montar essa parte da operação.

Toda noite, Malkin voltava sozinho ao apartamento em Tel Aviv e lia e relia a pasta de Eichmann. Viu que começava a temer esse indivíduo que já tivera tanta autoridade e executara seus planos com intensidade tão demoníaca. Malkin sabia que a equipe confiava nele para agarrar fisicamente o alvo, devido à sua habilidade e força, e começou a duvidar da sua capacidade. Qualquer coisa podia dar errado. Ele poderia cometer um erro simples e pôr a operação a perder, ou por acaso um policial poderia pegá-lo bem no ato. Pela primeira vez em seus 33 anos, muitos deles passados em situações perigosas, sentiu um medo profundo do fracasso.

Malkin tinha 11 anos quando a guerra na Europa começou, e imediatamente entrou para o Haganah. Sempre fora um jovem inquieto que passava a maior parte do tempo pelos becos de Haifa, percorrendo a cidade com um bando de garotos, furtando lojas e depois fugindo por cima dos antigos muros ou se enfiando em porões. A força de defesa judaica o fez concentrar a sua energia e o treinou para ser mensageiro, ensinando-o a ocultar mensagens no corpo e depois escondê-las em frestas na parede. Mais tarde, Malkin aprendeu a abrir cofres e roubar armas à noite de delegacias de polícia britânicas. Em 1947, inscreveu-se num curso de explosivos do Haganah e aprendeu a construir bombas improvisadas, usá-las para criar armadilhas, limpar minas e explodir pontes, e tudo isso foi muito útil quando irrompeu a Guerra de Independência. Depois da guerra, foi para o Shin Bet e explicou aos recrutadores que se apresentara porque gostava de aventuras. Ele imaginava que seu patriotismo era pressuposto.

Nas primeiras missões, Malkin viajou para ensinar o pessoal das embaixadas a reconhecer cartas-bombas. De vez em quando, passou a receber missões de contraespionagem e descobriu que tinha facilidade para vigiar e se disfarçar, além do talento com explosivos e fechaduras. Se estivesse longe da pessoa que vigiava, conseguia mudar rapidamente de aparência — andando algum tempo de terno, depois vestindo um sobretudo e levando o chapéu na mão, depois usando o chapéu, depois tirando o casaco e pegando um guarda-chuva. Se estivesse mais perto do alvo, mudava o rosto, com bigodes, óculos, dentes falsos ou peruca. Muitas vezes se fingia de artista plástico, disfarce fácil, dado o talento que tinha para a pintura.

Além de insistir nos vários talentos de Malkin e em sua força física natural (que até o gigantesco Tabor admitia humildemente), Shalom convencera Harel a usá-lo, apesar do hábito de resistir à autoridade e da falta de talento linguístico, porque tinha uma cabeça extraordinária para planejar operações. Quando examinava um plano, Malkin sempre encontrava modos de aprimorá-lo. Via o trabalho como um jogo; um jogo sério, é claro, mas que ele gostava de dominar.

Entretanto, essa missão era diferente, e Malkin não pôde deixar de pensar na irmã mais velha, Fruma, que ficara para trás na Polônia, em 1933, quando o resto da família emigrou para a Palestina. Tinha marido e três filhos. Todos pereceram no Holocausto, tragédia que arrasara o pai de Malkin e o irmão mais novo, que morreram poucos anos depois de descobrir o destino dela. O próprio Malkin se forçara, durante mais de uma década, a tirar da cabeça as lembranças da irmã, por serem muito dolorosas. Ele conseguia deixar de pensar em Fruma enquanto lia a ficha de Eichmann.

Para distrair-se das lembranças dolorosas e do medo do fracasso, Malkin concentrou cada momento em que estava acordado na missão que o esperava, examinando os mínimos detalhes da operação e o seu papel. Passou horas imaginando disfarces diferentes para si e para a equipe, e muitas outras treinando os movimentos exatos necessários para agarrar Eichmann. Fez boa parte disso na academia de ginástica, mas também praticava com os colegas do Shin Bet durante o trabalho, agarrando-os por trás sem aviso e impedindo que gritassem. Ninguém lhe perguntou o que estava havendo, em parte por já estarem acostumados com suas maluquices, mas passaram a lhe dar mais espaço nos corredores. Além da equipe de operações, somente Amos Manor, diretor do Shin Bet, cujos passos longos e enérgicos faziam dele uma presa difícil para Malkin, sabia por que estava ensaiando o seu repertório. Pouco antes de Malkin partir para a Argentina, Manor o puxou de lado.

Manor discutira com Harel a prudência de desviar tantos agentes excelentes, sem falar dos outros recursos, para uma missão que pouco faria para proteger Israel de seus muitos problemas de segurança. Ainda assim, forneceu a Harel tudo o que pedira. Malkin e Manor discutiram rapidamente as operações que ficariam para trás. Depois, Manor, único membro da família húngara a sobreviver a Auschwitz, passou o braço nos ombros do agente e disse:

— Faça-me um favor. Dê uma apertadinha a mais no pescoço dele por mim.

A conversa lembrou a Malkin, mais uma vez, que era absolutamente necessário ser bem-sucedido.

Com a boa evolução dos planos da captura, Harel precisava imaginar um modo de levar Eichmann para Israel. É claro que só havia duas opções: avião ou navio. O diretor administrativo avisou que a última opção tinha de ser excluída. No mês seguinte, nenhum navio israelense, fosse da marinha mercante, fosse de passageiros, visitaria a América do Sul. Para qualquer uma dessas embarcações, mudar de rota seria complicadíssimo. Contratar um navio especial exigiria uma viagem de ida e volta de sessenta dias, com várias escalas; tudo muito lento e arriscado, dada a necessidade de ancorar em portos estrangeiros. Se o sequestro fosse descoberto antes de voltarem a Israel, o navio seria um alvo fácil.

Só restava a viagem aérea. Em dezembro de 1959, pouco depois de Bauer ir a Israel, Harel conversara com o diretor da El Al, Yehuda Shimoni, sobre a possibilidade de mandar um dos seus aviões à Argentina. Na época, a El Al, única empresa aérea civil israelense, não tinha voos para a América do Sul. Shimoni assegurou a Harel, que há muitos anos conhecia bem, que eram tecnicamente capazes de voar até Buenos Aires e que talvez pudessem encenar um voo de prova para futuras rotas para a América do Sul. Harel temeu que a história do "voo de prova" despertasse suspeitas e não falou mais no assunto.

Essa não seria a primeira vez que a El Al seria usada a serviço do Estado de Israel ou em operações secretas. Em setembro de 1948, a empresa civil fora criada às pressas para transportar o primeiro presidente de Israel, Chaim Weizmann, de Genebra até o Estado recém-independente. Como tinham sido proibidos os voos militares, os israelenses transformaram um quadrimotor C-54 de transporte de tropas, que o Haganah usara para trazer armas da Tchecoslováquia, em avião civil. Pintaram a bandeira israelense azul e branca na cauda; escreveram na lateral o nome da nova empresa, El Al ("rumo aos céus"); instalaram mais tanques de combustível para permitir o voo sem escalas; e mobiliaram a fuselagem com poltronas para os passageiros. De fato, Shimoni fora o navegador daquele primeiro voo. Desde então, a empresa aérea fora usada em operações de transporte de refugiados judeus, às vezes em segredo, do Iêmen, do Iraque e do Irã. Também houve outras missões, principalmente quando era necessário um avião de longo curso, e alguns pilotos, navegadores e mecânicos da El Al, rotineiramente recrutados para os voos, tinham até adotado um apelido: "tripulação da maracutaia."

Agora que fora considerado necessário convocar um avião, Harel reiniciou as conversações com a El Al. A sorte lhe sorriu quando soube que a Argentina comemoraria, no final de maio, o 150º aniversário da sua independência da Espanha, e que delegações oficiais do mundo inteiro, inclusive de Israel, tinham sido convidadas a comparecer. Seria a cobertura ideal para o avião da El Al. Imediatamente, ele marcou reuniões com os diretores da empresa aérea e com o Ministério do Exterior, para conseguir um voo especial.

Depois que isso foi combinado, Harel se ocupou com as centenas de detalhes operacionais que lhe enchiam a cabeça. Registrava todas as ideias tomando notas em pedaços de papel, que se empilhavam na escrivaninha. Eitan o mantinha informado do progresso da equipe, e decidiram dividir em dois estágios a chegada dos integrantes. Avraham Shalom comandaria o primeiro contingente, para confirmar se a operação continuava possível, arranjar esconderijos e mapear as rotas de entrada e saída da rua Garibaldi. Harel recrutou pessoalmente Yaakov Medad para servir de fachada para a operação — seria ele que conseguiria os carros, os esconderijos e tudo o mais de que os agentes precisassem, quando fosse necessário apresentar documentos ou ser visto às claras. Medad, agente do Mossad, era perfeito para a tarefa. Embora não fosse tão dotado de talentos técnicos e operacionais, dentre todas as pessoas que Harel conhecia era a que conseguia assumir mais identidades e trocá-las com mais rapidez. Pegava sotaques com facilidade, lembrava ao pé da letra as informações dos históricos e, mais importante, tinha o tipo de aparência inocente e despretensiosa que conquistava num instante a confiança dos estranhos. Na Argentina, fingiria ser um filhinho de papai de férias, gastando futilmente o dinheiro da família. Harel também pensou em levar uma mulher para se fingir de esposa de Medad, mas preferiu esperar até que a equipe toda estivesse na Argentina para ver se isso seria necessário.

Uma semana antes de o primeiro integrante da equipe partir de Tel Aviv, Mordechai Ben-Ari, vice-diretor da El Al, foi se reunir com Harel em sua sala. O chefe do Mossad requisitou o uso de um dos aviões Britannia da El Al para levar à Argentina uma delegação israelense para a comemoração do aniversário. Também queria supervisionar a seleção dos tripulantes, e pediu que Yehuda Shimoni estivesse à sua disposição em todas as providências. Ben-Ari explicou que isso atrapalharia os voos regulares e custaria à empresa uma quantia considerável, mas que era possível. Ainda assim, precisava da aprovação do chefe.

Dois dias depois, recebeu a aprovação final e o Ministério do Exterior, comandado por Golda Meir, que sabia da busca de Eichmann desde o princípio, também concordou.

Em 18 de abril, Harel se reuniu com Shimoni. Alto, de ombros largos e cabelo grisalho, Shimoni era um judeu holandês que trabalhara como navegador da Real Força Aérea Britânica durante a guerra e, depois, emigrou para a Palestina, onde entrou para a improvisada força aérea israelense na luta pela independência. Quando Harel lhe contou o objetivo da missão, Shimoni, cujos pais, irmãos e irmã tinham morrido em campos nazistas, prometeu fazer tudo o que estivesse ao seu alcance para ajudar. Sugeriu Yosef Klein para ajudar a organizar o voo em Buenos Aires. E explicou exatamente por que Klein, gerente do posto da El Al no aeroporto Idlewild, de Nova York, era ideal para a missão.

— Olá, todo mundo, vamos conversar — disse Harel, sentando-se à escrivaninha em sua sala. A secretária apagou o cigarro, deixando um último rastro de fumaça a se dissipar no ar, e pôs no colo o bloco de taquigrafia.

A salinha estava lotada, com os principais integrantes da operação Eichmann: Rafi Eitan, Avraham Shalom, Zvi Aharoni, Peter Malkin, Ephraim Ilani, Shalom Dani e Moshe Tabor. Só Yaakov Gat, que estava viajando para a Argentina diretamente de Paris, estava ausente. Havia tensão na sala, e até Tabor, que não dava muita importância à aparência, usava uma farda cáqui engomada.

— Quero começar lhes falando do fundo do meu coração — disse Harel, depois de inspirar. — Essa é uma missão nacional do mais alto grau. Não é uma operação de captura comum, mas sim a captura de um criminoso nazista horrendo, o mais terrível inimigo do povo judeu. Não estamos realizando essa operação como aventureiros, mas como representantes do povo judeu e do Estado de Israel. O nosso objetivo é trazer Eichmann em segurança, em excelente estado de saúde, para que seja julgado.

"Pode haver repercussões difíceis. Sabemos disso. Temos não só o direito como também o dever moral de levar esse homem a julgamento. Lembrem-se disso nas próximas semanas. Vocês são os anjos da guarda da justiça, os emissários do povo judeu."

Os homens se entreolharam enquanto ele falava. Sabiam que Harel dedicara sua vida a Israel e que tudo o que fazia era uma questão de princípios. Costumava estimular nos outros essa mesma sensação de ter um objetivo, lembrando-lhes, antes de cada serviço, que o seu sucesso serviria a um propósito maior. Era essa paixão que motivava os seus agentes a trabalhar para ele, apesar do risco de vida, dos longos períodos longe da família, do baixo salário, das jornadas de trabalho intermináveis e do isolamento que sentiam por não poderem compartilhar o que faziam com as pessoas mais próximas. Mas nesse dia Harel estava especialmente fervoroso e eloquente, e o efeito foi profundo.

— Traremos Adolf Eichmann para Jerusalém — disse Harel, batendo na mesa —, e talvez o mundo se recorde da sua responsabilidade. Será confirmado que, como povo, *nunca* nos esquecemos. A nossa lembrança vai além da história registrada. O livro da memória está aberto, e a mão ainda escreve.

Ele se virou para Eitan.

— O seu pessoal está pronto? — perguntou, a voz fria, não mais carregada de sentimento.

— Todos prontos — respondeu Eitan.

16

EM 24 DE ABRIL, Yaakov Gat chegou ao aeroporto de Ezeiza. Usando um terno de corte imaculado, gravata estreita e uma pasta, pisou na escada portátil que fora levada até a lateral do avião e saiu para o brilho intenso do sol argentino. Não notou o fotógrafo que já tirara várias fotos suas antes que chegasse à pista.

Passou facilmente pelo controle de passaportes, não sendo problema o desconhecimento do espanhol. Em vez de tomar um táxi, cujo motorista poderia mais tarde se lembrar de onde largara o passageiro, embarcou num ônibus diante do terminal. Devia se encontrar com Ilani dali a duas horas.

Sentou-se do lado do corredor, como era seu hábito, para o caso de haver problemas. O ônibus para o centro da cidade já estava cheio, mas não havia sinal do motorista. Um policial contornou a frente do ônibus. Dali a dez minutos, Gat começou a se preocupar. Dali a vinte, ficou convencido de que havia alguma coisa muito errada.

De repente, dois homens entraram correndo no ônibus, bloqueando a rota de fuga. Gat reconheceu que um deles era o motorista, por causa do uniforme. O outro se colocou diretamente na frente de Gat e lhe disse algo em espanhol. O israelense ficou gelado, sem entender o que acontecia. Então, o homem lhe mostrou uma fotografia dele de perfil, saindo do avião. Uma profusão de perguntas apavorantes lhe cruzou a mente. A polícia argentina sabia quem ele era? Tinha sido denunciado? Sabiam que o seu passaporte era falso? Estava prestes a ser preso?

Antes que reagisse, o homem se virou para outro passageiro e também lhe mostrou uma fotografia recém-revelada. E Gat percebeu que era fotógrafo e tentava ganhar algum dinheiro vendendo fotos aos turistas. Era óbvio que tinha alguma relação com o motorista e o policial, para segurarem o ônibus até que ele revelasse as fotos. Quando o homem voltou a Gat, ele comprou a foto, satisfeito, e depois se recostou no banco. Se tivesse saído correndo e fosse pego, teria comprometido a missão. Era esse o perigo, mesmo nos incidentes mais inofensivos.

Às cinco para as 11, chegou a um café com piso de mármore e teto alto, no centro de Buenos Aires. Ao passar pela porta giratória, notou Ephraim Ilani à sua espera, com uma xícara de café na mão e o cachimbo na boca. Desde sua chegada, havia dois dias, Ilani alugara um apartamento e enchera-o de comida enlatada e camas de armar. Duas vezes por dia, aguardava na esquina, restaurante ou café combinados — um ponto de encontro diferente de cada vez, para evitar suspeitas — para encontrar algum dos membros da equipe de operação. Como precaução, não fora informado de quem chegaria, nem em que dia. Para Ilani, normalmente gregário, passar todo esse tempo sozinho era uma tarefa horrível.

— Que prazer em vê-lo! Venha, sente-se! — disse Ilani alegremente em inglês, se levantando.

— Como vai? — perguntou Gat com vivacidade, no mesmo idioma, projetando a voz. — Vim direto do aeroporto. Tinha certeza de que ainda o encontraria aqui.

— Vamos, sente-se um pouco.

Mais tarde, conversaram baixinho em hebraico; depois, saíram do café para visitar o esconderijo. No dia seguinte, Aharoni encontrou-os de forma parecida, num restaurante. Desde que partira de Buenos Aires no início de abril, deixara o cabelo crescer e agora usava bigode, num esforço para não ser reconhecido por ninguém com quem já tivesse entrado em contato. Avraham Shalom era esperado em seguida.

Shalom, que viajara com um passaporte alemão forjado, passou pelo toldo externo do Hotel Lancaster, na avenida Córdoba, perto da praça San Martín, no centro de Buenos Aires. Ao entrar no saguão, achou que poderia estar em Londres, devido ao bar de carvalho e aos retratos aristocráticos nas paredes. Shalom estava acostumado a se hospedar em pulgueiros, prática comum na política de viagens econômicas de Harel, mas o seu personagem era um empresário e o hotel combinava com esse papel. Seria o último a se queixar.

Como os colegas, Shalom percorrera um longo caminho até Buenos Aires. Fora a Roma com um passaporte e trocara-o por outro na embaixada israelense. Dali, seguira de trem até Paris, onde Shalom Dani lhe entregara um passaporte alemão autêntico de cujo nome Dani mudara cuidadosamente algumas letras para criar uma nova identidade. Depois, Shalom voou para Lisboa e entregou o passaporte às autoridades portuguesas até estar prestes a embarcar no avião para Buenos Aires. Inexplicavelmente, esqueceu seu nome falso quando o policial lhe pediu que devolvesse o passaporte. Em geral, Shalom usava algum tipo de mecanismo mnemônico, relacionando as sílabas ou letras do primeiro nome com o último, mas dessa vez sua mente se esvaziou. Por sorte, avistou o passaporte verde na pilha e apontou-o, dizendo, com segurança: "Aquele ali é o meu." O policial o entregou sem pensar duas vezes.

Esse tropeço logo foi seguido por outro quando viu Yaakov Medad, que serviria de fachada para o grupo, embarcar no mesmo voo, algo que definitivamente não devia acontecer. Caso reconhecessem que o passaporte de um deles era falso, as autoridades reexaminariam os documentos de todos os passageiros. Novamente, o desastre foi evitado e Shalom e Medad fizeram o máximo esforço para não se entreolharem durante o longo voo.

Um terceiro mau agouro surgiu quando Shalom entregou o passaporte no balcão de recepção do Hotel Lancaster. O recepcionista, de 50 e poucos anos, deu uma olhada nos documentos e disse:

— Compatriota. O senhor é de Hamburgo. Eu sou de Hamburgo.

Shalom sentiu o coração afundar até os pés. Falava o dialeto austríaco e o recepcionista, cuja idade e naturalidade eram compatíveis com a possibilidade de que fosse ex-nazista, saberia que não falava como um alemão do norte.

Na esperança de confundi-lo, Shalom disse que, na verdade, era de uma cidadezinha próxima. Espantosamente, o recepcionista respondeu que era do mesmo lugar. Shalom ficou surpreso. Quais seriam as probabilidades? Apressou-se com a ficha do hotel, pegou as chaves do quarto e se afastou, certo de que causara uma impressão suspeita. Planejava trocar de hotel no dia seguinte, só por segurança.

Teve pouco tempo para se preocupar, já que precisava sair rapidamente do hotel para o encontro às seis da tarde na esquina da avenida Santa Fé com a avenida Callao, a cerca de vinte quarteirões dali, cruzando o movimentado centro da cidade. Chegou ao mesmo tempo que Aharoni e Gat.

— O que quer fazer, Avrum? — perguntou Aharoni, depois de pouquíssimas amenidades.

Shalom era o chefe da equipe avançada, encarregado por Harel de responder a uma pergunta importante: a missão deveria continuar? O chefe do Mossad não lhe dera nenhuma orientação sobre o que isso significava. Tinham trabalhado juntos por tempo suficiente para que isso não fosse necessário. Shalom entendeu que precisava seguir Eichmann, verificar os seus movimentos e ver se havia um local adequado para a captura. Até ali, só tinham os relatórios da vigilância de Aharoni e, embora este e Shalom se conhecessem há anos, nunca tinham trabalhado juntos.

— Vamos à casa dele — decidiu Shalom. Não havia razões para esperar.

— Já vai escurecer — disse Aharoni.

— Vamos.

Aharoni levou-os até o carro alugado e fez o caminho de hora e meia até San Fernando, no pico do horário do rush. Quando chegaram ao destino, o sol se pusera completamente e uma leve neblina pendia no ar fresco da noite. A falta de iluminação urbana na área era a prova do seu isolamento. Quando passaram sob o pontilhão da ferrovia na estrada 202, na direção do quiosque e do ponto de ônibus, Shalom viu pequenas luzes vermelhas e brancas alternadas à frente e à direita. Logo percebeu que era alguém andando com uma lanterna de duas cabeças. Quando os faróis do carro iluminaram o rosto do homem, Shalom reconheceu Eichmann na mesma hora.

— É ele! É esse o homem — sussurrou Shalom quando o carro passou por Eichmann.

Aharoni, empolgado, pisou no freio e virou à direita, como se esperasse que Shalom e Gat pulassem para agarrar Eichmann.

— Pare com isso! Siga em frente! — disse Shalom rispidamente. — Ele vai achar que há algo errado.

Aharoni tirou o pé do freio e endireitou o carro, horrorizado demais com o seu erro para falar. Gat observava do banco de trás, na esperança de que Eichmann não se virasse para ver o que fizera o carro desacelerar e imbicar para a direita. Felizmente, ele não se virou.

Eles desceram um pouco mais a estrada 202.

— Vá atrás dele e veja se é ele mesmo — disse Shalom a Gat. Aharoni parou tempo suficiente para que Gat saltasse do carro. Ele atravessou a rua e ficou a uns 100 metros do homem. As luzes do carro sumiram e tudo ficou quase completamente escuro. Gat observou as luzes vermelha e branca se moverem de repente para a esquerda; ali devia ser a rua Garibaldi. Foi atrás e viu o homem andar mais 20 metros e virar na direção de uma casa quadrada. Combinava com as fotografias que Aharoni tirara.

Meia hora depois, Aharoni pegou Gat do outro lado do pontilhão.

— Eichmann — disse ele, simplesmente. Estava exultante, porque o tinham encontrado na primeira noite.

Shalom tinha certeza de que já vira o suficiente para dar notícias a Harel. Era terça-feira e, provavelmente, Eichmann voltava do trabalho, tendo vindo de ônibus. Se assim fosse, era possível que todo dia voltasse para casa numa hora previsível. Caminhava sozinho por uma rua vazia até uma casa num bairro isolado e sem iluminação pública. Não poderia ser melhor, pensou Shalom, apesar da política de nunca se sentir demasiado confiante.

De manhã cedo, no dia seguinte, 27 de abril, Shalom encontrou-se com Ilani, único membro da equipe que trabalhava na embaixada. Passou-lhe uma única palavra em código para mandar a Tel Aviv: CENOURA. A missão devia continuar.

Mais tarde, Harel recebeu a mensagem. Chamou Eitan e lhe deu a ordem para o resto da equipe viajar para Buenos Aires. Ele mesmo partiria dali a 72 horas e ainda tinha de completar os planos para tirar Eichmann secretamente da Argentina.

Harel já determinara a data em que o voo especial da El Al partiria de Tel Aviv: 11 de maio. Era uma data adequada para a delegação do Ministério do Exterior, que chegaria uma semana antes da comemoração do aniversário da Argentina, e atendia às exigências do cronograma da El Al. Além disso, o mais importante era que a data permitia o máximo de flexibilidade operacional. Precisavam limitar o período decorrido entre a captura de Eichmann e a partida do avião. Quanto mais tempo a equipe tivesse de esconder o nazista, maior a probabilidade de descoberta, ainda mais se começassem a procurá-lo. Tinham no máximo sete dias antes que o avião precisasse voltar a Israel. Se demorasse mais, a presença do aparelho chamaria a atenção. No melhor dos casos, capturariam Eichmann, o deixariam um dia preso no esconderijo e partiriam com ele da Argentina no dia seguinte. Para promover a história que explicaria o voo, a imprensa foi informada com antecedência da visita diplomática, e chegaram a vender ao público as poltronas não ocupadas pela delegação.

O principal risco da operação realizada nos dias anteriores ao aniversário é que a segurança em Buenos Aires e no aeroporto estaria em estado de alerta máximo. A equipe teria de evitar especialmente os bloqueios aleatórios da polícia nas ruas, nos dois momentos de maior risco: primeiro, ao levar Eichmann para o esconderijo logo depois da captura e, em seguida, ao transportá-lo do esconderijo para o aeroporto e para o avião. Entretanto, as vantagens daquela forma de disfarçar o voo eram muito maiores do que os riscos.

Agora que a missão começara de verdade, Harel apressou-se a coordenar a parte do transporte, sabendo que teria de confiar nos funcionários da El Al, todos civis, para executá-la. Havia dúzias de detalhes logísticos que, normalmente, seriam triviais: coordenar tripulação, plano de voo, lista de passageiros, combustível, serviço de bordo, permissões de pouso e comunicações via telex com a Argentina. Mas, nessa ocasião, nada disso era trivial, porque a El Al nunca voara para Buenos Aires. Nada poderia atrasar o avião. Alguns daqueles mesmos funcionários da El Al teriam de ajudar a vigiar o aeroporto e dar cobertura para levar Eichmann até o aparelho. O mais arriscado era a necessidade de tomar a máxima precaução para que, no voo de volta, o avião não fosse detido, redirecionado nem, no pior dos casos, forçado a pousar por terem descoberto que Eichmann estava a bordo. Caso isso acontecesse, seriam necessárias medidas extraordinárias por parte do piloto e do navegador escolhidos, e a tripulação toda correria risco. Finalmente, era preciso ter confiança de que todos os escolhidos para participar do voo se manteriam absolutamente calados.

Harel despachou Yehuda Shimoni para liderar as atividades da equipe em Buenos Aires. No dia seguinte, Harel reuniu-se com o piloto-chefe, Zvi

Tohar, e os dois encarregados de selecionar e conferir a tripulação, Adi Peleg e Baruch Tirosh. Harel conhecia bem Peleg, chefe de segurança da El Al, e Tirosh, responsável pela escalação das tripulações. Tinham trabalhado nos serviços de segurança antes de irem para a empresa aérea. Ele não conhecia assim tão bem o comandante alto, de bigode aparado, com o porte rígido de um cavalheiro inglês. Mas Tohar fora recomendadíssimo pela El Al.

Judeu alemão, fugira para a Grã-Bretanha durante a Segunda Guerra Mundial e, como voluntário, cursara a escola de pilotos da RAF. Depois da guerra, emigrou para Israel e fez centenas de missões de voo durante a luta pela independência israelense, muitas delas para levar suprimentos e munição a povoados cercados em torno de Jerusalém, sob pesado fogo árabe. Entrara para a El Al no início da década de 1950, quando só havia uns poucos pilotos israelenses, sendo que os outros, em sua maioria, tinham sido voluntários da força aérea de Israel durante a Guerra de Independência. Em 1953, Tohar foi o primeiro comandante israelense da El Al e, desde então, mostrava seu talento de piloto e bom-senso de comandante em numerosos voos de prova de aviões novos da El Al.

— Vejam, amigos, eis a situação — começou Harel, seríssimo. — Temos um voo para levar uma delegação israelense ao aniversário da Argentina. Na viagem de volta, traremos conosco Adolf Eichmann.

Os três homens ficaram em silêncio enquanto o chefe do Mossad esboçava os traços gerais do que imaginava. Só queria israelenses selecionados para a tripulação, no voo, na cabine e em terra. Tinham de ser dignos de confiança e competentíssimos. Todos os detalhes técnicos teriam de ser verificados com extremo cuidado. A tripulação também devia estar preparada para partir de Buenos Aires rapidamente e, talvez, fazer manobras de fuga.

— O que têm a dizer sobre isso? — perguntou.

Tirosh logo afirmou que podiam cumprir a missão, embora precisassem de duas tripulações completas, dada a distância dos voos. Também deu ideias sobre como iludir os perseguidores com um plano de voo falso para a viagem de volta. Peleg ficou visivelmente emocionado com a possibilidade da missão. Pouco depois de os nazistas chegarem ao poder na Alemanha, o pai, mercador bem-sucedido, foi surrado e obrigado a tomar litros de óleo de rícino. Pouco depois disso, morreu de enfarte. Ao contrário dos dois colegas, Tohar mostrou-se reservado e afirmou que "compreendia a importância do caso". Ainda assim, Harel sentiu no piloto a ânsia de participar da operação.

Antes do fim da reunião, Harel insistiu que queria limitar o número de escalas do voo de volta de Buenos Aires. O voo normal exigiria três escalas intermediárias para abastecer — por exemplo, Recife, no Brasil; Dacar, no Senegal; e Roma, na Itália — antes de chegar a Israel. Eram oportunidades demais para a captura do avião.

— Seria capaz de fazer o voo com uma escala só? — perguntou Harel a Tohar.

O comandante conhecia a capacidade e as limitações da nova série Britannia 300, os aviões de longo curso mais modernos da frota da El Al. Em dezembro de 1957, fizera o voo de prova do Britannia de Nova York a Tel Aviv, uma viagem de 9.270 quilômetros, a maior distância já percorrida sem escalas por um avião comercial.

— É um voo muito longo — disse Tohar. — Deixe-me verificar.

Antes de concluir a reunião, Harel insistiu que os três não deviam deixar escapar nenhuma palavra sobre o objetivo secreto do voo. Ninguém mais precisava saber, até terem Eichmann são e salvo a bordo e saírem do espaço aéreo argentino. Para todos os propósitos, era um voo diplomático e nada mais.

— Vejo-os de novo em Buenos Aires — disse Harel, ao apertar a mão de cada um.

Dali a duas horas, Tohar telefonou para o chefe do Mossad para lhe dizer que o voo com uma única escala em Dacar era factível, com um nível de risco que se dispunha a correr. Mas não havia garantias. Em algum ponto sobre o oceano Atlântico, não haveria mais condições de voltar atrás.

Deitados de barriga para baixo no alto do pontilhão da ferrovia, o rosto a centímetros dos trilhos, Shalom e Aharoni direcionaram as lunetas para a estrada 202 e a casa a 70 metros dali. Era a terceira noite de vigilância, e aguardavam a volta de Eichmann para casa. O posto de vigia os obrigava a ficar deitados sobre as pedras e dormentes da ferrovia, expostos aos aguaceiros imprevisíveis de abril. O capim e o mato crescidos ao longo do pontilhão davam certa cobertura. A cada cinco minutos, mais ao menos, passava um trem, indo ou voltando de Buenos Aires. Primeiro os trilhos vibravam, depois uma luz se aproximava e, em seguida, o trem passava com um guincho e um estrondo de estourar os ouvidos, soltando uma nuvem de fumaça fuliginosa.

Não havia dificuldade para sair do caminho a tempo, e o desconforto era uma preocupação desprezível, mas as luzes do trem traziam o perigo de serem avistados por alguém no bairro. Ainda assim, o local, 4 metros e meio acima do terreno circundante, era o melhor ponto para ficar de vigia.

Depois que passou o trem das sete e meia, puseram-se a observar com mais atenção ainda. Nas duas noites anteriores, às 19h40, o ônibus 203 verde e amarelo que trazia Eichmann parara no quiosque. Surgiram luzes na estrada. Aharoni conferiu o relógio: 19h38. Trocou um olhar com Shalom. Tinham descoberto os horários do alvo. A operação dependia de que ele os seguisse à risca.

Eichmann e uma mulher desceram do ônibus e se separaram. Depois que o ônibus se afastou, Eichmann acendeu a lanterna, caminhando devagar, de cabeça baixa, rumo à casa. Shalom ficara espantado com a vida patética de Eichmann, naquele bairro tão pobre, sem luz nem água encanada, vestido como um operário comum, com roupas puídas. Dado o poder que já tivera, era difícil acreditar que aquele fosse o mesmo homem, mesmo tendo estudado pessoalmente os relatórios de Aharoni em Tel Aviv. Como nas duas noites anteriores, Eichmann deu a volta na casa antes de entrar. A princípio, os agentes do Mossad acharam que conferia se ali não haveria ninguém à espreita. Depois perceberam que Eichmann simplesmente examinava a horta.

Shalom e Aharoni vigiaram a casa mais alguns minutos e depois desceram do pontilhão. Gat os pegou na estrada, na hora marcada, e voltaram ao esconderijo, que apelidaram de Maoz (fortaleza). Tinham passado a manhã examinando o porto de Buenos Aires, para o caso do plano com o avião da El Al não dar certo. Para todos, era óbvio que precisavam passar muito mais tempo no porto para imaginar a melhor maneira de levar Eichmann de navio. Mas a busca de esconderijos adequados era mais urgente.

Além de Maoz, um grandioso apartamento no segundo andar de um bairro exclusivo, no qual poderiam se reunir e se ocultar caso a operação fosse descoberta, precisavam alugar outro esconderijo para prender Eichmann até o tirarem do país. Esse lugar precisava atender a muitas especificações. Tinha de ser uma casa grande numa área mais rica, para que vários carros caros pudessem entrar e sair sem chamar a atenção. Tinha de ter privacidade, logo precisava ficar isolada, de preferência com um jardim cercado e uma garagem anexa para levar o prisioneiro diretamente para dentro da casa sem que ninguém o visse. O local tinha de ser afastado, mas não longe demais de San Fernando nem do aeroporto, e acessível por vários caminhos. Não poderia haver caseiro no local.

Yaakov Medad disse que estava de olho em duas casas em San Fernando e em várias outras em outros bairros. Decidiram se dividir em dois grupos e passar o dia seguinte verificando os endereços. Se nenhuma fosse adequada, Medad precisaria experimentar os contatos de Ilani em Buenos Aires antes de procurar imobiliárias e anúncios nos jornais. Na melhor das hipóteses, alugariam a casa de algum judeu local, com a explicação de que pretendiam usá-la para a delegação israelense que viria para a festa da independência. Se as circunstâncias exigissem, poderiam pedir ao proprietário que fizesse ouvidos moucos. Segundo a filosofia operacional de Harel, planejavam cada coisa com base na pior das hipóteses.

Só terminaram a discussão à meia-noite. Depois, saíram de Maoz e voltaram aos hotéis, caindo exaustos na cama.

Em Nova York, Yosef Klein não conseguia imaginar por que a sede da El Al queria que fosse para a Argentina, nem por que tinha de ir imediatamente. O jovem gerente da agência já tinha trabalho demais na administração das atividades da empresa em Nova York. O que queriam com ele na América do Sul, onde não tinha experiência? Mas era o que dizia a mensagem do telex, daquele jeito resumido: "Vá para Buenos Aires. Procure Yehuda Shimoni. Chegue em 3 de maio." Só podia ser algum engano. Mandou um telex de volta: "Deve haver algum erro. O que tenho a ver com a Argentina?"

Recebeu a resposta de que não havia erro, assinada pelo próprio diretor da El Al. Depois de mais algum vaivém com a sede, Klein descobriu a rota que Shimoni faria para ir à Argentina e conseguiu passagem no mesmo voo da Swissair do Rio de Janeiro para Buenos Aires. Assim, poderia descobrir alguma coisa antes de chegar à Argentina. Esperava que fossem montar algum tipo de voo fretado. Klein, de 30 anos, planejava se divertir na viagem e passar vários dias de folga em Brasília, a recém-construída capital do Brasil, prestes a ser inaugurada, onde o governo construíra prédios de arquitetura moderníssima. Antes que os nazistas invadissem a sua Polônia natal, Klein quisera ser arquiteto.

Enquanto Klein fazia as malas, Luba Volk, ex-secretária executiva da El Al, que parara de trabalhar em 1958 e se mudara para Buenos Aires com o marido e o filho de 3 anos, também recebeu um telex da sede da empresa: "Por via deste a senhora está nomeada representante da El Al em Buenos Aires para todas as atividades necessárias junto aos órgãos do governo, da empresa aérea nacional e das agências de viagens, com relação ao voo do Britannia que trará a delegação oficial israelense para o 150º aniversário da independência argentina. Estamos enviando dois representantes, Yehuda Shimoni e Yosef Klein, para auxiliá-la em tudo o que disser respeito ao aspecto operacional do voo."

A moça de 35 anos não se surpreendeu com a primeira parte da mensagem. Nos últimos dois anos, os ex-chefes tinham tentado várias vezes recuperá-la; davam muito valor à sua eficiência e à sua afabilidade. Para mantê-la no aprisco da El Al, pelo menos em parte, eles a tinham contratado como autônoma para estudar a criação de uma rota para Buenos Aires, para atender à grande comunidade judaica de lá. Ela achou muito estranho que dois funcionários de alto escalão da El Al fossem enviados como seus assistentes para organizar um único voo, mesmo considerando que seria um voo diplomático. Mas a mensagem era clara. Mandaram que os esperasse no aeroporto em 2 de maio. Leal à empresa, ela não questionou a ordem.

17

— A EQUIPE INICIAL localizou Eichmann e relatou que há boas chances para a operação — disse Harel, em pé diante de David Ben-Gurion no gabinete do primeiro-ministro em Jerusalém. Era 28 de abril, e o chefe do Mossad estava de partida marcada para Buenos Aires no dia seguinte.

— Tem certeza de que esse homem é Adolf Eichmann?

Harel detalhou as razões da certeza, mas na verdade fora visitar Ben-Gurion para receber sua bênção de despedida. O primeiro-ministro ainda hesitava a respeito de sua participação na força-tarefa. As autoridades de alto nível da comunidade israelense de informações, principalmente os do Aman (serviço de informações militares), tinham se queixado muito de que a missão estava desviando recursos preciosos da responsabilidade principal de defender Israel dos inimigos árabes, um argumento bastante válido. Harel tirara os melhores homens do Shin Bet e o pessoal limitado do Mossad de seus deveres costumeiros. No mês anterior, sua atenção se dedicara quase exclusivamente à missão e agora ficaria no exterior mais três ou quatro semanas. Eles só saberiam tarde demais que informações ou ameaças tinham deixado de descobrir em virtude da operação Eichmann. Além disso, havia riscos consideráveis, caso Harel fosse preso. Ter qualquer agente de informações em solo estrangeiro já era um problema; ver o chefe dos serviços de segurança de Israel ser preso seria um desastre.

Harel entendia tudo isso, mas queria estar em Buenos Aires para garantir que tudo desse certo. Sentia que a missão era importante e complicada demais para ser deixada em outras mãos. O sucesso e o fracasso seriam responsabilidade sua. Mais uma vez, explicou a Ben-Gurion as razões para se unir ao time, e o primeiro-ministro concordou, perguntando apenas quando voltaria.

— Daqui a três ou quatro semanas — estimou Harel.

Ben-Gurion contornou a escrivaninha e apertou a mão de Harel.

— Morto ou vivo, basta que traga Eichmann — disse ele. Suas sobrancelhas se franziram enquanto pensava melhor. — De preferência, vivo. Seria importantíssimo, em termos morais, para as gerações jovens de Israel.

Nada havia mais a dizer, e Harel saiu apressado do gabinete para visitar a irmã, Mira, que estudava na Universidade Hebraica da cidade. Depois, voltou a Tel Aviv, nervoso com a partida iminente, mas precisando mascarar as emoções durante um jantar interminável e importuno com o chefe do serviço de informações de um aliado de Israel. Depois que o hóspede se foi, Harel passou a noite preparando a nova identidade. Pôs na mala um conjunto de roupas baratas, adequadas para alguém com tempo livre para ficar horas em cafés de Buenos Aires. Planejava usar esses cafés como sede operacional móvel.

Antes de correr para pegar o avião, despediu-se de Rivka, sua mulher. Como instruíra todos os agentes a dizer às esposas, explicou a Rivka que ficaria um mês fora numa "missão especial" e que não teria como lhe escrever. Ela sentiu que o marido estava excepcionalmente tenso, mas não perguntou o que o incomodava. Uma das desvantagens do emprego dele era o muro de silêncio que cercava boa parte da vida cotidiana. A filha só sabia que ele era "funcionário do governo".

Havia um aspecto da missão que Harel ocultara até mesmo dos agentes. Depois que estivessem com Eichmann nas mãos, esperava iniciar outra missão com uma unidade de assalto para capturar Josef Mengele, cujos atos horripilantes só o deixavam atrás de Eichmann como alvo dos caçadores de nazistas. A tentativa do promotor de Freiburg de extraditar o médico de Auschwitz fracassara e o deixara em liberdade, mas se acreditava que Mengele morava em Buenos Aires, de acordo com as informações que o Mossad obtivera recentemente. Tudo o que se sabia sobre o paradeiro de Mengele estava escrito em código, num caderno fino que Harel tomou o cuidado de enfiar no bolso da camisa antes de sair de casa. Uma missão virara duas.

* * *

No domingo, 1º de maio, com um mapa das ruas de Buenos Aires aberto no painel do velho Chevrolet, Shalom e Gat passaram o dia percorrendo San Fernando. Tinham trabalhado juntos na Europa e precisavam falar muito pouco enquanto vigiavam a área de operações.

Examinaram detalhadamente todas as estradas, ruas e todos os caminhos de terra que entravam e saíam da área em todas as direções. Descobrir a melhor rota era essencial para o dia em que estariam com Eichmann amarrado e amordaçado no banco de trás do carro da captura. A rota mais direta da rua Garibaldi até a cidade era óbvia, mas seria importantíssimo encontrarem um caminho com menos tráfego, nenhuma obra e a mínima chance de barreiras policiais — ocorrência comum com a ameaça terrorista peronista e as comemorações da independência. Os numerosos cruzamentos de bondes na cidade também eram um problema. Em muitas áreas, não se conseguia percorrer mais do que alguns quarteirões sem ter de esperar que um bonde passasse e a barreira se erguesse.

Precisavam mapear uma rota que fosse da rua Garibaldi para cada um dos esconderijos que encontrassem, além de várias rotas secundárias para o caso de haver problemas. Shalom sabia confiar no instinto na hora de decidir se era possível ousar. Mas isso não significava que não tivessem de avaliar por completo e com antecedência todos os riscos. Não agir assim seria "mais do que criminoso", como Shalom gostava de dizer.

A outra prioridade era encontrar um esconderijo adequado para prender Eichmann antes do voo de partida da Argentina. Surpreendentemente, as buscas tinham sido infrutíferas. Os lugares que Medad visitara não atendiam aos requisitos, em geral porque as casas sempre dispunham dos serviços de um caseiro. Em sua maioria, os anúncios nos jornais e imobiliárias eram de venda, não de aluguel. Precisavam alugar uma casa logo, para prepará-la para o prisioneiro.

Outro problema era a questão dos carros, como descobrira Aharoni nas investigações de março. Conseguira contorná-lo porque só usara um veículo de cada vez. Por causa das dificuldades econômicas enfrentadas pela Argentina, havia poucos carros novos disponíveis. As ruas de Buenos Aires estavam cheias de carros de vinte ou trinta anos, abandonados ou à espera de reboque. Os carros de aluguel eram caros, difíceis de encontrar e nada confiáveis. A bateria estava sempre quase esgotada, os pneus carecas, o radiador prestes a explodir ou o carro enguiçava inexplicavelmente depois de alguns quilômetros. Além disso, em sua maioria os carros alugados estavam velhos e enferrujados. Considerando que a equipe precisava de vários automóveis para o reconhecimento e a procura de casas, isso era realmente problemático. Além disso, toda vez que Medad alugava um carro, o que exigia que mostrasse documentos e deixasse como depósito uma grande quantia (às vezes, 5 mil dólares), ele se arriscava a revelar a presença deles no país. O mais difícil de tudo é que precisavam de um par de sedãs grandes e confiáveis, um tipo de veículo ainda mais raro na Argentina, para a captura propriamente dita.

Felizmente, achar os esconderijos e um número suficiente de carros acabou sendo uma questão de persistência e dinheiro, coisas que tinham em abundância. Ainda assim, Shalom queria avisar a Harel da demora e lhe explicar o que tinham descoberto com a vigilância de Eichmann. Já estavam sem contato há vários dias. Quando terminaram o reconhecimento das ruas que cercavam San Fernando, tendo marcado no mapa as melhores rotas até o local, Shalom e Gat foram ao aeroporto de Ezeiza, aonde, naquela noite, deveria chegar o chefe do Mossad.

Enquanto Gat ficava no carro fora do terminal de um só andar, Shalom se misturou à multidão que esperava que os passageiros saíssem da área da alfândega e do controle de passaportes. Certificou-se de que Harel, que parecia cansado com a longa viagem, o vira, mas nenhum dos dois demonstrou reconhecimento. Ninguém da equipe sabia onde Harel ficaria e, assim, Shalom seguiu-o até o ônibus. Harel desceu no centro da cidade, a poucos quarteirões da Plaza de Mayo. Então, entrou no Hotel Claridge, na rua Tucumán. Shalom o alcançou antes que entrasse no quarto e marcou um encontro para mais tarde.

Em Maoz, naquela noite, o chefe do Mossad reuniu-se com a equipe. Shalom detalhou o que tinham descoberto nos últimos quatro dias de vigilância. Harel escutou atentamente, às vezes assentindo com a cabeça. Nenhuma interpretação foi necessária. Concordou que a rotina estrita de Eichmann e o bairro isolado eram ideais para a operação.

Então, Medad explicou a dificuldade de encontrar esconderijos.

— Não podemos ser muito exigentes com o local nem com o interior, nem desanimar com o preço elevado — respondeu Harel, que disse mais ou menos a mesma coisa sobre a busca de carros adequados.

Antes de voltar ao hotel, Harel lhes falou dos preparativos para o voo da El Al. Como a partida de Israel estava marcada para 11 de maio e a de Buenos Aires, para o dia 14, "teremos de efetuar a captura em 10 de maio, no máximo", concluiu.

Tinham nove dias.

Com os conhecimentos que tinha entre os funcionários da Swissair, Yosef Klein voou de primeira classe para o Rio de Janeiro e estava bem descansado quando chegou, em 2 de maio, para pegar o voo para a Argentina. A viagem seria um passeio agradável e relaxante, centrado na organização do voo da delegação diplomática. Na cabine, encontrou Yehuda Shimoni; trocaram cumprimentos e sentaram-se juntos. Enquanto o avião se preparava para decolar, contaram um ao outro como ia a vida. Klein notou que Shimoni, que conhecia desde que entrara para a El Al, em 1952, estava meio tenso e lhe perguntou se havia algo errado.

— Sabe, isso não vai ser nada simples — disse Shimoni, se inclinando na direção dele e falando baixinho. Felizmente, havia poucos passageiros na primeira classe. — Temos uma missão importante. Parece que um dos principais nazistas que fugiram da Europa está em Buenos Aires. O serviço secreto israelense acha que o localizou, e estão atrás dele. É boa a chance de ser o homem certo. Se o pegarem, a nossa tarefa é tirá-lo da Argentina e levá-lo para Israel. Para isso, haverá um voo especial, com certos disfarces.

Yosef Klein mal pôde acreditar no que acabara de ouvir. Estava espantado demais, e só conseguiu dizer:

— Faremos isso, se for possível.

Então Shimoni explicou que estavam atrás de Adolf Eichmann e descreveu rapidamente o que o oficial nazista fizera durante a guerra. Klein ficou calado e Shimoni lhe assegurou que a sua tarefa nada tinha a ver com a captura de Eichmann. Só estariam lá para cuidar do voo.

Por algum tempo, os dois ficaram em silêncio, e Klein foi tomado por lembranças do passado. Os nazistas levando sua família para um gueto húngaro apenas duas semanas depois que os pais tinham decidido não fugir pela fronteira da Eslováquia. Sair do trem de carga em Auschwitz, os guardas a separar o pai e ele da mãe, do irmão e da irmã mais novos. O pai dizendo que Yosef tinha 17 anos em vez de 14, para tentar mantê-lo vivo. Ver as chaminés que se erguiam acima do pátio da ferrovia. Ir de um campo de trabalho a outro, só sobrevivendo por causa do pai. Separar-se dele quando posto a trabalhar na construção de uma fábrica subterrânea de aviões, perto da fronteira austríaca. Fazer 15 anos como prisioneiro; passar os dias despejando concreto, derrubando árvores e carregando carvão; lutando para permanecer vivo enquanto outros morriam nos beliches ou eram fuzilados pelos guardas. Quase ser morto nos bombardeios dos Aliados na fábrica. Cinco dias e cinco noites aguentando o sofrimento de ser esmagado por outros corpos num vagão de carga destinado a um campo de extermínio. Sair aos tropeços do trem e ver os tanques americanos fazendo os guardas fugirem.

Klein pensou vagamente que talvez tivesse visto Eichmann no gueto húngaro antes que a família fosse deportada, mas não tinha certeza. Afinal, 15 anos tinham se passado desde a guerra, tempo que usou para reorganizar a vida, primeiro encontrando o pai, depois emigrando para Israel, trabalhando como meteorologista da força aérea israelense e, mais tarde, indo para a El Al. Durante todos aqueles anos, vinha tentando apagar da mente as cenas do passado, mas nunca tivera sucesso completo.

Enquanto o voo da Swissair seguia para Buenos Aires, as lembranças de Klein foram suplantadas por dúvidas quanto a sua capacidade de ser útil à operação. Não tinha experiência em nenhuma dessas atividades e, mesmo que só organizasse o voo, nunca estivera na América do Sul, muito menos em Buenos Aires. Não falava espanhol. Não conhecia o aeroporto, os procedimentos, nenhum dos funcionários. E se não conseguisse aprontar tudo a tempo?

Quando o avião começou a descer rumo ao aeroporto de Ezeiza, Klein já estava dominando a ansiedade com a operação e as emoções a respeito do passado. Mas, quando os flashes espoucaram assim que pisou na pista, deu um pulo. Ele e Shimoni acharam que a missão já estavam comprometidos, mas logo perceberam que era apenas um fotógrafo tentando ganhar um troco com os turistas. O absurdo da situação foi uma descontração bem-vinda.

No terminal, foram recebidos por Luba Volk, o marido e um indivíduo da embaixada israelense, que se apresentou como Ephraim Ilani. Volk sentiu na mesma hora que os dois colegas da El Al estavam distraídos e preocupados. Já naquela manhã, suas suspeitas sobre a ida deles para a Argentina tinham sido despertadas quando Ilani, que só conhecia de leve, telefonara, dizendo que queria ir com ela e o marido ao aeroporto receber Shimoni e Klein. Agora, Ilani explicou aos dois que reservara para eles um hotel diferente do que Volk tinha escolhido. Ela e o marido levaram Shimoni e Klein para o segundo hotel, observando mais uma vez como estavam ansiosos. Na volta para casa, ela disse ao marido:

— Há mais coisa nesse voo além da delegação.

Naquela noite, Klein e Shimoni se reuniram com Isser Harel num café da cidade. O chefe do Mossad usou um tom de voz muito objetivo. Shimoni partiria em poucos dias e deixaria Klein por conta própria.

— Na verdade, a sua tarefa consiste em tomar todas as providências para o voo — disse Harel.

Explicou longamente que Klein seria responsável por tudo, da chegada à partida do avião. Precisava estabelecer relações com os ministérios argentinos envolvidos e com as empresas de serviços e as outras empresas aéreas que abrigariam a El Al, que não tinha infraestrutura no país. Além disso, Harel queria que Klein observasse o aeroporto, as instalações e os procedimentos alfandegários e documentais, e recomendasse a melhor maneira de pôr o prisioneiro a bordo do avião.

— Não estamos aqui apenas para fazer um serviço — disse Harel, sentindo que Klein precisava de encorajamento. — Essa é a primeira vez em que o povo judeu julgará o seu assassino.

Em 3 de maio, Yaakov Gat passou outra manhã num café, aguardando que Peter Malkin e Rafi Eitan entrassem. Mas novamente ficou desapontado. Eles estavam atrasados. Moshe Tabor, que chegara na véspera, se encontrou com eles em Paris, mas não sabia a razão do atraso. Se tivessem sido presos tentando entrar na Argentina com passaportes falsos, Ilani, na embaixada, ainda não sabia de nada.

A equipe foi em frente sem eles, continuando a vigiar Eichmann, a seguir os seus movimentos para ir e voltar do trabalho, tentando descobrir se havia algum lugar melhor para agarrá-lo do que diante de casa. Dedicaram-se a procurar esconderijos adequados e, depois de 48 horas de busca intensa, o esforço deu certo: encontraram dois. Por acaso, ambos pertenciam a famílias judias, que, entretanto, não tinham a mínima ideia da razão pela qual Medad queria alugar as propriedades.

O primeiro ficava num bairro tranquilo de Florencio Varela, cidadezinha a 29 quilômetros de Buenos Aires, a sudoeste da capital. A grande casa de dois andares, que recebeu o codinome de Tira (palácio), tinha várias vantagens: fácil acesso à área de captura e ao aeroporto, um muro de 2 metros e meio em torno da propriedade, portão de entrada, nenhum caseiro e um jardim com varanda nos fundos sombreado por árvores e arbustos densos. Entretanto, não era perfeita. A propriedade ficava num terreno comprido e estreito, com vizinhos dos dois lados. A casa não tinha sótão nem porão para esconder o prisioneiro, e a planta utilitária dos cômodos, construídos com paredes grossas, tornava complicado montar um quarto secreto como proteção na eventualidade de a polícia invadir o lugar. Ainda assim, serviria de substituto do outro esconderijo, que consideravam perfeito em todos os pontos, menos em um.

Com o codinome de Doron (presente), o segundo achado era mais uma mansão do que uma casa. O arquiteto projetara uma construção ampla, com várias alas em muitos níveis e um labirinto de cômodos de localização, tamanho, configuração e entrada imprevisíveis. Com pouco esforço, poderiam construir uma câmara secreta que a polícia levaria horas, talvez dias, para encontrar. A mansão ficava a duas horas da rua Garibaldi e havia vários caminhos para chegar lá. O terreno extenso e bem tratado, cercado por um muro alto de pedra, também evitava a curiosidade dos vizinhos. O único problema era que um jardineiro cuidava da propriedade, mas acharam que conseguiriam mantê-lo a distância.

Agora a equipe se concentrou totalmente em planejar a captura propriamente dita.

No primeiro dia de trabalho em Buenos Aires, Shimoni e Klein reuniram-se com Harel num café, o rosto revelando extrema agitação. Shimoni explicou que o órgão argentino responsável pelo protocolo oficial só estaria preparado para receber a delegação israelense em 19 de maio, uma semana depois do que esperavam. Não havia como negociar com eles sem atrair demasiada atenção para o voo.

Quando os funcionários da El Al partiram, Harel discutiu as consequências com Shalom. A equipe teria de adiar a data da captura ou se arriscar a manter o alvo preso durante dez dias, até que o avião pudesse partir, em 20 de maio. Nenhuma das duas opções era boa. O atraso aumentaria a probabilidade de Eichmann mudar sua rotina ou, muito pior, de descobrir que estava sendo seguido e fugir. Aumentar o tempo de cativeiro no esconderijo daria aos que o procurassem — a família, a polícia ou ambos — mais tempo para encontrá-lo, e a equipe teria de suportar a espera, dia após dia, em reclusão.

Shalom achou que deviam adiar a operação por pelo menos alguns dias. Harel temia que até esse pequeno atraso desse a Eichmann a oportunidade de fugir de suas garras. Por precisar de tempo para pensar, e na esperança de discutir mais a situação com Rafi Eitan, se e quando ele chegasse, Harel adiou a decisão. Uma coisa era certa: a notícia aumentava os riscos para todos os envolvidos.

Na noite de 4 de maio, Eitan e Peter Malkin finalmente chegaram a Buenos Aires. Só faltavam o médico e o falsificador para completar o grupo. Eitan e Malkin tinham ficado presos em Paris com problemas de documentação, depois Eitan caiu de cama com infecção intestinal e tiveram dificuldade para remarcar as passagens.

Shalom foi buscá-los no ponto de encontro, num velho Ford 1952. Com a operação marcada para dali a apenas seis dias, quiseram ir diretamente a San Fernando.

Enquanto seguiam para o norte, caiu uma chuva fina, e o vento frio e tempestuoso aumentou. Já conhecendo bem as ruas de Buenos Aires, Shalom os levou a San Fernando pelo caminho mais curto. No caminho, pôs os recém-chegados a par da operação. Quando se aproximaram do bairro, aquela chuvinha tinha virado um aguaceiro, mas Malkin ainda reconheceu alguns marcos e ruas que estudara nos relatórios de Aharoni. De repente, Shalom parou. Estavam numa rua paralela à Garibaldi. Dois jovens soldados surgiram dos dois lados do carro. Um deles tinha uma lanterna vermelha; ambos estavam armados e portavam cassetetes. Shalom se manteve calmo; já encontrara nas ruas bloqueios e policiais suficientes para saber que era uma ação de rotina. Com o seu espanhol ruim, explicou a um dos soldados que eram turistas procurando pelo hotel. O soldado não respondeu, dirigindo a luz primeiro para Shalom, depois para a placa do carro. A chuva escorria da aba do quepe enquanto ele ponderava se eram ou não uma ameaça. Depois de um bom tempo, mandou que seguissem, para alívio dos três israelenses.

Vários quarteirões depois, Shalom estacionou ao lado da estrada.

— É melhor deixar o carro aqui... Detestaria que aqueles soldados o vissem de novo.

Um instante depois de sair do carro, ficaram encharcados dos pés à cabeça. Malkin cruzou a pé um terreno cheio de lama, amaldiçoando o fato de estar de terno, com sapatos sociais. Mas, quando chegou ao posto de vigilância no pontilhão da ferrovia, esqueceu tudo, a não ser a casa para a qual agora apontava os binóculos. O posto ficava numa posição perfeita e Malkin conseguiu ver claramente a mulher de Eichmann pela janela da frente. Depois, olhou para o relógio. De acordo com Shalom, Eichmann chegaria nos próximos minutos.

Desde o primeiro dia em que Malkin lera o dossiê do nazista, a presença dele ficara ainda maior e mais cruel. Só em Viena, na primeira missão para expulsar os judeus da Europa, Eichmann mostrara a sua verdadeira natureza. Gostava de passear pelo Palais Rothschild, onde os judeus que ladeavam os corredores se afastavam dele com medo. Também gostava de humilhar publicamente os líderes judeus da cidade, com tapas na cara ou chamando-os de "velhos sacos de merda" nas reuniões. Depois do *pogrom* comandado por homens da SS com roupas civis, no qual 42 sinagogas de Viena foram incendiadas e mais de 2 mil famílias expulsas de casa, Eichmann não teve remorsos e chegou à sede da comunidade judaica para anunciar que houvera "uma taxa insatisfatória de desaparecimentos de judeus de Viena". Já em 1938, o oficial de 32 anos adorava ser chamado de "cão de caça".

Para Malkin, ler sobre as atividades de Eichmann só fez dar início ao processo de demonizá-lo. O medo de fracassar na hora de pegar Eichmann também teve o seu papel. Mas o maior fator foi se defrontar com a perda da família no Holocausto. Antes de partir de Israel, Malkin visitou a mãe e, pela primeira vez, lhe perguntou o que acontecera com a sua irmã Fruma. Soube que ela tentara sair da Polônia com a família, mas que o marido não estava convencido de que precisavam partir. Malkin passou a maior parte da noite fitando a fotografia da irmã e lendo as cartas que ela mandara à mãe antes de ser fuzilada num campo perto de Lublin. Numa delas, Fruma perguntava se ele estava bem, enquanto o tempo de vida dela e dos filhos se esgotava, porque a máquina de matar que Eichmann ajudara a construir logo iria buscá-los.

Agora, com as mãos dormentes pelo frio e pela chuva, Malkin levou o binóculo ao rosto e mil pensamentos sobre Eichmann, a irmã e a operação lhe passaram pelo cérebro. Viu um ônibus se aproximar pela estrada 202. Parou no quiosque e um homem de sobretudo e chapéu desceu para a rua. No escuro, Malkin não conseguiu ver o rosto, mas havia algo no passo deliberado e inclinado do homem que combinava com a imagem que fazia de Eichmann.

— É ele — cochichou Shalom.

Malkin fitou-o de cima do pontilhão. A visão da figura solitária que andava na chuva se gravou em sua mente: era esse o homem que viera capturar. Malkin já calculava que tipo de abordagem usaria e onde, naquele trecho de rua, daria o golpe.

O que nem Malkin nem Eitan sabiam era que, naquela noite, Zvi Aharoni fizera parte do caminho com Eichmann. Na tentativa de descobrir onde o alvo embarcava no ônibus 203, Aharoni fora até o terminal de Carupa, a oito pontos de San Fernando, usando macacão, como muitos operários da área. Quando embarcou no velho ônibus verde e amarelo, avistou Eichmann sentado num banco mais abaixo no corredor, em meio à multidão de operários e secretárias. Aharoni tomou o cuidado de desviar os olhos, para não ser pego a fitá-lo, e entregou ao motorista os quatro pesos da passagem. Se o motorista lhe perguntasse alguma coisa em espanhol, com certeza chamaria a atenção para si. Felizmente, isso não aconteceu.

Quando Aharoni andou pelo corredor, notou que o único lugar vazio ficava exatamente atrás de Eichmann, que não deu atenção quando Aharoni passou. Esgueirou-se no banco, mal notando as molas de aço que furavam o revestimento de couro puído dos assentos. Aharoni estava perto o bastante para pôr as mãos em torno do pescoço do nazista. Quando o motor do ônibus foi ligado, sentiu uma onda de emoção que o deixou fisicamente fraco. Muito angustiado, mal pôde esperar para descer do ônibus no terminal de San Fernando. Se tivesse alguma dúvida de que estavam atrás de mais do que um simples homem, esse rápido encontro a teria dissipado. Estavam perseguindo o mal em pessoa.

18

NO DIA SEGUINTE à sua chegada, Rafi Eitan mandou que todos se reunissem em Maoz. Desde que recebera a notícia de que a operação continuaria, ficara friamente decidido. Sabia o que precisava ser feito e não havia como permitir que Eichmann fugisse ou escapasse deles, mesmo que isso significasse tomar a providência extrema de estrangulá-lo, como Moshe Tabor propusera antes. Agora que Eitan vira pessoalmente onde Eichmann morava, podiam avançar com o planejamento exato de como pegá-lo.

Na sala de estar do apartamento em Buenos Aires, os agentes relembraram o que sabiam. Era óbvio, depois de toda a vigilância, que deviam capturar Eichmann na caminhada até a casa. Sequestrá-lo na casa-fortaleza envolveria variáveis demais, inclusive a possível ação da mulher e dos filhos e o risco de que estivesse armado. Também era improvável que encontrassem lugar melhor do que um trecho isolado de rua à noite.

Ainda assim, havia muitas perguntas: onde, entre o ponto de ônibus e a casa, o pegariam? Onde e como deixariam os carros? Malkin se esconderia na vala junto à estrada para emboscá-lo ou deveriam frear ao lado dele no carro e agarrá-lo assim? Quem dirigiria? O que fariam se Eichmann corresse? Discutiram as numerosas variantes possíveis, sendo que todos já tinham passado horas pensando juntos e sozinhos no mesmo assunto. Concordaram que deviam pegá-lo assim que entrasse na rua Garibaldi, longe do tráfego. Mas a questão de onde ficariam os carros era um problema. Eitan queria vigiar um pouco com Malkin, durante o dia, antes de finalizarem o plano.

Quanto à data da operação, todos sabiam que o voo da El Al só aconteceria em 19 de maio e que, talvez, devessem adiar a captura. Eitan deixou claro para todos os presentes que Harel decidira que não deveria haver atrasos. O chefe raciocinou que era melhor se arriscar a manter Eichmann preso mais tempo do que tinham planejado do que permitir que sumisse entre os seus dedos. Mais ainda, se marcassem a captura para uma data próxima demais da partida do voo, talvez houvesse atrasos imprevisíveis (Eichmann fora da cidade ou adoentado), e não poderiam atrasar o avião sem chamar a atenção. A data ainda era 10 de maio, e isso não seria discutido, apesar das dúvidas de todos.

A equipe examinou as responsabilidades de cada um nos próximos dias. A tensão começava a desgastar a primeira equipe, que já passara quase duas semanas trabalhando o dia inteiro, sempre sob o estresse de evitar que fossem percebidos. Ainda havia muito a fazer, e Eitan acrescentou mais uma tarefa à lista. Tinham de treinar o modo de agarrar e pôr Eichmann no carro. Cada segundo era importante.

No aeroporto de Ezeiza, Yosef Klein fazia progressos rápidos nas providências para o voo de fuga da El Al. Nos últimos dias, tinha se reunido com funcionários da Aerolíneas Argentinas, a empresa aérea nacional, e da TransAer, empresa aérea particular local que usava aviões Britannia. Ambas as empresas ofereceram os seus serviços e explicaram os procedimentos comuns do aeroporto. Em suas voltas pelo terminal, pelo campo de pouso e pelos hangares, Klein tomara o cuidado de fazer amizade com todos, dos operadores de bagagens, funcionários da alfândega e policiais até as equipes de serviço, trabalhadores em manutenção e tripulantes de ambas as empresas aéreas. Insinuou que esse voo diplomático talvez fosse um teste para a criação de um serviço regular da El Al para a Argentina. Quando isso acontecesse, a El Al precisaria contratar funcionários locais. Devido ao baixo salário dos funcionários do aeroporto, a possibilidade de ganhar mais na El Al deixou todos mais do que prestativos.

Como agora conhecia bem o Ezeiza, Klein tinha certeza de que Eichmann não poderia ser levado até o avião através do prédio do terminal, mesmo que ficasse escondido num baú ou usando algum outro artifício. Havia funcionários demais da alfândega e da imigração e, com o aumento da segurança devido aos ataques terroristas e às comemorações do aniversário da independência, pouco escapava à atenção deles. Ele precisava encontrar outro lugar para o avião da El Al que permitisse ao Mossad pôr Eichmann a bordo.

Quando visitou as instalações da TransAer naquela tarde, Klein encontrou o lugar ideal. O hangar da empresa ficava à beira do campo de pouso, onde havia menos guardas. Como a empresa usava aviões Britannia, seria fácil para Klein explicar que a El Al queria deixar o avião lá, para o caso de serem necessárias peças sobressalentes ou manutenção especial. Quando perguntou à empresa se isso seria possível, a resposta foi positiva.

Enquanto isso, Luba Volk, que ainda não fora informada do verdadeiro propósito do voo, estava na embaixada israelense com Yehuda Shimoni, redigindo as várias cartas ao Ministério da Aviação que pediam permissão formal para a El Al cruzar o espaço aéreo argentino e pousar em Ezeiza. Ela não tinha sala e precisou da ajuda do pessoal da secretaria da embaixada, porque sua fluência no espanhol não era perfeita. Quando estava prestes a assinar as cartas, ficou nervosa e pousou a caneta. Teve a premonição de que, se assinasse o seu nome, teria problemas no futuro.

— Talvez fosse melhor o senhor assinar a carta, e não eu — disse ela, virando-se para Shimoni. — Afinal de contas, é um voo só.

— Não, não. Isso não faz sentido. Você é a representante oficial da El Al na Argentina — explicou Shimoni. — Se eu assinar, eles podem recusar.

Volk cedeu e assinou o nome.

Na noite de 5 de maio, detrás de portas fechadas, em Maoz, Shalom Dani forjava um passaporte. Na mão esquerda, segurava uma lente de aumento. Com uma caneta preta de ponta fina na mão direita firme, desenhava uma perfeita letra E de máquina de escrever. Na mesa à sua frente e espalhado pelo pequeno quarto, estava o equipamento da sua arte: uma miríade de canetas e lápis coloridos, tintas, pigmentos, pincéis pequenos, estiletes, pelotas de cera, uma placa aquecedora elétrica, carimbos, câmeras, filme, garrafas de revelador fotográfico e papel de todos os tipos, cores e espessuras, em quantidade suficiente para estocar uma pequena loja.

O falsificador chegara há poucas horas, trazendo consigo várias malas e caixas com etiquetas dizendo FRÁGIL, que continham o equipamento. Enterrara os itens mais suspeitos, como os carimbos e certos tipos de papel, no meio de itens mais comuns que corresponderiam à profissão especificada no passaporte: artista plástico. A aparência de Dani — magro, pálido, melancólico, de faces encovadas e óculos — combinava com a descrição. Ele fora diretamente para o esconderijo, do qual suspeitava que talvez não saísse nem para um passeio até o fim da operação. Precisava criar dezenas de passaportes diferentes, carteiras de motorista, cartões de seguro-saúde, carteiras de identidade e outros documentos para a equipe.

Ninguém sabia que Dani vinha enfraquecendo lentamente com problemas cardíacos e, com apenas 32 anos, ele não iria contar a ninguém. Queria participar desse serviço. A família de Dani fora removida da aldeia húngara para um gueto quando os nazistas ocuparam o país. O pai morrera em Bergen-Belsen, e Shalom, os dois irmãos e a mãe tinham passado por vários campos até que ele falsificou passes para libertar a todos. Ficaram escondidos numa cidade austríaca até o fim da guerra. Shalom, então, direcionou o seu talento artístico natural para a falsificação de documentos de imigração, para que os judeus se instalassem na Palestina. Depois da Guerra de Independência israelense, estudara na École Nationale Supérieure des Beaux-Arts, em Paris, e em seguida entrara para o Mossad. Em meados da década de 1950, o seu trabalho — falsificar passaportes franceses e marroquinos antigos durante 18 horas por dia, sete dias por semana — permitiu que milhares de judeus marroquinos fugissem para Israel.

Dani ainda morava em Paris, trabalhando para o Mossad e estudando a arte dos vitrais, quando Harel o escolheu para ir para a Argentina. A equipe usara os seus passaportes e documentos de identificação para chegar à Argentina sem nenhum problema que fosse. Dani não aceitava elogios com facilidade e, sem dúvida, ficaria surpreso se soubesse que os colegas lhe davam mais valor que a todos os outros membros da equipe.

Ele e Moshe Tabor trabalhavam sozinhos em Maoz enquanto os outros percorriam as ruas de Buenos Aires. Tabor estava moldando um conjunto de placas de automóvel para os carros da captura, com um sistema para trocar as placas em segundos. Também aperfeiçoara uma invenção que transformaria o banco de trás do carro num tipo de alçapão, para que pudessem esconder Eichmann no espaço estreito entre o banco e o porta-malas. Às vezes, Tabor dava uma olhada em Dani, fascinado pelo seu talento. Já o vira trabalhar antes, imitando com perfeição documentos e carimbos complicados, fosse qual fosse o tipo de letra, o idioma ou o alfabeto. Dani conseguia isso em quaisquer condições, mesmo num carro em movimento sob intensa pressão. Assim que Medad recebesse a chave dos esconderijos Doron e Tira, Dani ficaria sozinho no apartamento, e por isso Tabor tentava lhe fazer companhia o maior tempo possível. Também construíra na lareira um esconderijo para o falsificador, caso algum visitante indesejado surgisse na casa e ele precisasse destruir os seus papéis.

Tarde da noite, Malkin voltou da segunda sessão de vigilância na rua Garibaldi e viu Dani curvado sobre a mesa na sala mal iluminada. Achou que lembrava um personagem de algum romance de Dickens.

— Quando chegou aqui?

— Faz umas duas horas. Você o viu? — perguntou Dani, não querendo nem pronunciar o nome Eichmann.

— Estava em casa, brincando com o filho pequeno — disse Malkin, recordando como Eichmann parecera normal naquela noite, jogando o filho para o ar. — Era como qualquer um de nós com nossos pais.

Malkin se arrependeu dessas palavras assim que as disse, por conhecer o passado do falsificador. Dani mudou de assunto.

— Trouxe o seu material de pintura?

— Só algumas coisas — disse Malkin. — Achei que não era importante.

— Eu sei — disse Dani, tendo abandonado a oportunidade de ser artista plástico para trabalhar para Israel. — Eu sei.

Conforme o dia da operação se aproximava, a equipe intensificava a atividade em todas as frentes.

Shalom examinou as rotas da rua Garibaldi até os esconderijos. A presença da polícia na cidade aumentava com a aproximação das comemorações da independência e a chegada de dignitários do mundo inteiro. Shalom marcou no mapa três rotas separadas para cada esconderijo, todas com caminhos alternativos caso houvesse ruas bloqueadas ou fossem seguidos. Ele planejava percorrer cada uma delas na véspera da operação, para se assegurar de que não haveria nenhuma mudança de última hora pelo caminho.

Também ajudou Medad e Ilani a encontrar carros adequados para a captura, que pudessem se passar por limusines diplomáticas. Acabaram encontrando dois que atendiam às exigências. O primeiro era uma limusine Buick com apenas quatro anos, recém-saída da fábrica, pelos padrões argentinos. O segundo era um grande sedã Chevrolet, mais ou menos de 1953, que precisava de reparos, mas Tabor sabia consertar um motor com a mesma facilidade com que dava corda no relógio. Depósitos de 5 mil dólares garantiram ambos os veículos, embora o dono do Chevrolet tivesse olhado Medad com desconfiança quando ele levou o dinheiro em notas de vinte dólares. Além dos carros, Medad alugou vários outros apartamentos como esconderijos. Agora a equipe tinha mais de dez residências para usar, caso perdessem o voo da El Al e tivessem de ficar muito tempo em Buenos Aires.

Continuaram vigiando Eichmann sem descanso, principalmente Malkin e Eitan; quando estavam ocupados, Aharoni assumia a tarefa. Cada uma das idas a San Fernando era um risco. Certa ocasião, dois funcionários da ferrovia que inspecionavam os trilhos foram na direção deles, que tiveram de sair correndo antes que houvesse perguntas. Outra vez, Eitan entrou na contramão num cruzamento e foi detido por um policial. O jipe que usavam estava com a marcha a ré quebrada, e tiveram de empurrá-lo de volta até a esquina. Provavelmente isso contou a seu favor, porque o policial simpatizou com eles o suficiente para deixá-los ir embora sem pedir documentos nem multá-los.

Apesar do risco, a vigilância era necessária. Era importante que Eichmann mantivesse a rotina. Dia após dia, o ex-nazista aparecia exatamente na mesma hora. Malkin queria conhecer cada um dos seus movimentos desde o ponto de ônibus até a casa, chegando a ponto de calcular o número de passos que Eichmann dava para chegar lá. Também estava aprendendo como era o bairro: quando o tráfego era mais pesado na estrada 202; com que frequência os trens passavam; quem morava e trabalhava na área e quando percorriam as ruas. Tudo isso poderia ser fundamental para a operação.

Muitas horas também foram necessárias para preparar a chegada do prisioneiro em Doron. Encheram o lugar com mais camas e comida, além de todo o equipamento que tinham trazido de Israel. Reforçaram as grades de segurança nas janelas e trocaram as fechaduras da casa toda. Tabor examinou a casa e encontrou um lugar no sótão para esconder o prisioneiro, caso houvesse alguma revista. Afastou levemente algumas traves de apoio e agora construía uma parede falsa que se abria com dobradiças. Depois de pronta, pareceria fazer parte da casa. O único obstáculo ao trabalho deles, e cada vez mais preocupante, era o jardineiro. Era um homem simples e bondoso, mas desconfiado de toda aquela atividade na casa. Não havia tantas coisas assim que pudesse fazer longe da casa e do jardim.

Sempre que todos os integrantes da equipe estavam juntos em Doron, treinavam o uso do mecanismo de Tabor para trocar as placas dos carros. Seria preciso efetuar a troca depressa, no escuro, já que esperavam trocá-las logo depois da captura e, talvez, uma segunda vez antes de chegar ao esconderijo. Treinar esse procedimento não era nada se comparado aos ensaios repetidos e às vezes dolorosos da captura propriamente dita. Esses aconteciam na garagem de Doron. Com o cronômetro marcando o tempo, um dos agentes fingia ser Eichmann andando pela rua. Malkin ou Tabor o agarravam e dois outros ajudavam a colocá-lo no carro. Eitan queria que a ação durasse menos de 12 segundos, sem dar a Eichmann a chance de gritar. A equipe treinava dez a vinte vezes toda noite, querendo que os movimentos ficassem automáticos.

O tempo todo, tentavam imaginar o que Eichmann faria quando estivesse diante deles. Resistiria? Até que ponto seria capaz? Embora fosse fisicamente mais fraco do que Malkin ou Tabor, já pertencera à SD de Reinhard Heydrich, formada por homens conhecidos pela dureza e brutalidade, homens treinados para matar e usar todos os meios para concretizar sua vontade. Os agentes repassaram vários roteiros para o caso de ele lutar, e poucos terminavam as sessões sem nenhum machucado.

No fim da noite, alguém da equipe sempre ia levar notícias a Harel, enquanto os outros voltavam à cidade, às vezes jantando juntos antes de voltar aos hotéis, devorando as refeições em vez de saboreá-las, já que o café da manhã e o almoço costumavam ser rápidos e feitos no caminho. Passeavam juntos pela cidade ou tomavam um drinque rápido só para relaxar. Eichmann e o dia importantíssimo que os aguardava raramente saíam dos seus pensamentos.

Em 8 de maio, um domingo frio, o "dr. Maurice Kaplan", anestesista de um importante hospital de Tel Aviv, tomou um táxi em Buenos Aires. De

40 e poucos anos, altura mediana e vestindo um terno caro e elegante, parecia muito à vontade, embora viajasse com documentos falsos numa missão que poderia mandá-lo para a prisão argentina se algo desse errado. Não era a primeira vez que o serviço secreto israelense recorria a Kaplan, mas, como sobrevivera ao Holocausto, essa missão era especial para ele. O médico conhecia bem Rafi Eitan e, em várias ocasiões, chegara a tratar ferimentos seus. Como cobertura, disse ao hospital que o exército o convocara para o período anual de serviço como reservista.

Depois de encontrar Eitan e Shalom no ponto marcado na cidade, foi levado a San Fernando para dar uma olhada no lugar da captura. Kaplan ficaria à espera num dos carros, para a eventualidade de precisarem sedar Eichmann. Depois, os homens foram para Doron, onde o médico foi apresentado ao resto da equipe. Na ocasião, só Tabor e Malkin estavam lá, preparando a cela de prisão. A sala estava gelada.

— Ainda bem que chegou — disse Malkin, tremendo. — Espero que saiba tratar pneumonia dupla.

— Ora, achei que seriam férias. — O médico sorriu. — Pensei que só teria de me preocupar com um paciente. — Gostaram dele na mesma hora.

Na cidade, Isser Harel estava mesmo doente. O estresse da operação e o movimento constante entre oito a 12 cafés por dia lhe causaram febre e um forte resfriado. Ainda assim, não era hora de descansar. Ele atravessou a rua, saindo da embaixada israelense, e entrou num restaurante chinês, escolhendo uma mesa nos fundos. O embaixador israelense iria almoçar com ele. Os dois ainda não tinham se encontrado desde que o chefe do Mossad chegara, e o embaixador não sabia que havia uma operação em andamento. Já era hora de ser informado, e Harel temia que resistisse, já que era uma invasão grave em seu território.

Arye Levavi chegou sozinho ao restaurante e sentou-se junto de Harel. Era um dos últimos lugares onde se esperaria que o embaixador fosse comer, e seria improvável que alguém o reconhecesse.

Harel explicou por que estava em Buenos Aires e disse:

— O governo aprovou a operação, mas achei que talvez o senhor fizesse objeções.

— Não tenho objeção nenhuma — retorquiu Levavi, recebendo bem a notícia. Embora duvidasse que o Mossad conseguisse concretizar a captura sem que ninguém percebesse que Israel era responsável, a operação já estava num estágio tão avançado que não faria sentido sugerir outra maneira de prender Eichmann. Disse a Harel que, quando os argentinos descobrissem, haveria "dificuldades diplomáticas excepcionais". Essa consequência Harel já aceitara.

Harel recomendou ao embaixador que, a partir de 10 de maio, reunisse alguns voluntários para o caso de a operação ser logo descoberta e de haver ataques de justiceiros à embaixada. Explicou que os filhos de Eichmann estavam ligados a grupos nacionalistas radicais, fortemente antissemitas. Levavi disse que cuidaria disso. Contaria ao seu pessoal que era uma medida de precaução relativa à chegada da delegação israelense.

Naquela noite de domingo, em Doron, Rafi Eitan reuniu a equipe. Era hora de decidir exatamente como seria feita a captura.

Prenderam na parede um desenho da área onde Eichmann morava. Uma linha azul tracejada mostrava o caminho que Eichmann percorria todos os dias, do ponto de ônibus na estrada 202 até a casa na rua Garibaldi. A rota do ônibus 203 pela região estava marcada com uma linha verde grossa, e as ruas circundantes eram vermelhas. Também estavam desenhados pontos importantes, como o pontilhão da ferrovia e o quiosque. A casa de Eichmann estava indicada com um X preto.

Aharoni, que discutira cada coisa com Harel, delineou o plano. Os dois carros ficariam estacionados na estrada 202, entre a rua Garibaldi e o pontilhão, virados para o ponto onde Eichmann saltava do ônibus. Malkin e Tabor se esconderiam na rua Garibaldi, perto da casa, e pulariam sobre o alvo.

— Quando virmos que vocês o seguraram — explicou Aharoni, batendo no lugar do mapa —, dobraremos a esquina, pegamos vocês e partimos... Rápido e simples.

— Deixe-me ver se entendi — disse Malkin, mal escondendo a irritação. Ele e Aharoni tinham personalidades opostas, e a operação punha à prova a paciência já limitada que um tinha com o outro. — Tabor e eu ficaremos expostos, lá em campo aberto, até você decidir vir com o carro? Pergunta: e se um policial aparecer, ou mesmo um pedestre comum?

Aharoni respondeu calmamente que estariam de vigia e reagiriam com velocidade deliberada. Malkin explodiu, berrando que não se envolveria em nada tão amador. Eitan o interrompeu antes que os ânimos se inflamassem ainda mais.

Na opinião de Malkin, o plano era apenas uma sugestão de como as coisas deveriam acontecer; no fim das contas, seria sempre o alvo que determinaria as ações deles. Como as ações de Eichmann estavam além do seu controle, tudo poderia acontecer. A equipe poderia encenar cada coisa com perfeição, com base no que sabiam sobre a rotina de Eichmann, mas, se ele voltasse tarde do trabalho acompanhado de alguém, a operação teria de ser flexível para se adaptar. Se Malkin e Tabor estivessem escondidos sozinhos à beira da rua, as opções seriam limitadas demais e eles ficariam muito vulneráveis. O medo de Malkin de que a operação desse errado era profundo. Toda noite, pensava nas muitas possibilidades e, devido à limitada experiência operacional de Aharoni, Malkin não se dispunha a aceitar o plano do interrogador do Shin Bet só porque o elaborara com Harel.

Malkin se levantou e foi até o mapa. Tinha um plano alternativo, que desenvolvera com Eitan e Shalom. Um dos carros ficaria estacionado na estrada 202, na posição exata que Aharoni sugerira. Esse carro acenderia os faróis, para ofuscar Eichmann quando andasse na direção deles. O segundo carro ficaria estacionado na rua Garibaldi, de frente para a estrada 202, com o capô erguido, como se estivesse quebrado. Quando Eichmann se aproximasse, Malkin lhe diria alguma coisa em espanhol para distraí-lo antes que o agarrasse. Então, Tabor e Eitan o ajudariam a arrastá-lo para o banco de trás do carro. Isso limitaria a possibilidade de que fossem descobertos antes que Eichmann estivesse no veículo, e se, por alguma razão, o alvo desconfiasse, poderiam ir embora.

Todos, inclusive Aharoni, viram as vantagens desse plano, mas também conseguiram perceber uma grande vulnerabilidade. E se Eichmann entrasse em pânico ao ver um carro que não conhecia estacionado à noite a poucos metros da sua casa? Poderia sair correndo pelo campo rumo à casa ou disparar de volta para o ponto de ônibus e o quiosque. Malkin argumentou que isso era improvável. Caberia a Harel resolver o debate.

A equipe, então, passou a discutir outra questão, e dessa vez todos concordaram sem perguntas: tinham de trocar de esconderijo. O jardineiro ficava na casa tempo demais e era impossível convencê-lo a ir embora.

Bastava que mencionasse as atividades estranhas na casa à pessoa errada e toda a operação ficaria comprometida.

Com a data da captura se aproximando rapidamente, cada detalhe do plano foi examinado e reexaminado. Qualquer erro custaria a liberdade dos agentes, mas para todos o pior é que manteria Eichmann em liberdade.

19

EM 9 DE MAIO, RAFI EITAN foi a San Fernando numa missão de reconhecimento. Entrou na estrada 202, perto da rua Garibaldi, e, de repente, viu-se na cena de um acidente. Um carro batera numa motocicleta e a polícia estava lá. Antes que Eitan pudesse dar meia-volta, um policial, apoiando o motociclista ensanguentado, surgiu na janela do motorista.

— Hospital — disse o policial.

Atônito, Eitan observou a porta de trás se abrir e o motociclista ser depositado no carro.

— Hospital — repetiu o policial.

Não havia nada a fazer além de concordar com entusiasmo e partir com o ferido para que tivesse tratamento médico. Eitan duvidava que a equipe estivesse pronta para a captura no dia seguinte, ainda mais por estarem mudando de esconderijo, mas agora tinha outra razão para hesitar: não queria se arriscar a ser visto pela polícia na área dois dias seguidos.

Mais tarde, ainda pela manhã, no Café Molino, um dos maiores cafés da cidade, foi se encontrar com Harel. Aharoni e Malkin também estavam presentes. Com a voz perdida no zumbido constante de conversas das mesas em volta, Eitan detalhou por que deviam adiar em um dia a captura. Harel relutou. Depois de começados, não gostava de mudar seus planos. Nesse caso, temia especialmente que Eichmann fugisse. Mas Eitan deixou absolutamente claro que a equipe precisava de mais tempo, e Harel concordou. Tinha de admitir que os seus homens pareciam tensos e exaustos. Eles poderiam dizer o mesmo do chefe, que tinha semicírculos escuros sob os olhos injetados. Depois a conversa mudou para o plano de captura. Eitan descreveu o impasse da noite anterior, ressaltando a insistência de Malkin de que um carro deveria ficar estacionado na rua Garibaldi, de capô erguido, para o sequestro.

Malkin sentiu sobre si os olhos penetrantes de Harel enquanto Eitan falava, mas o chefe admitiu que era importante que Malkin se sentisse à vontade com o plano, já que era ele o encarregado de agarrar Eichmann. Perguntou enfaticamente o que aconteceria se Eichmann ficasse nervoso com o carro:

— E se ele sair da rua e cortar caminho pelo mato para chegar à casa?

— Ele vai seguir em frente — afirmou Malkin com firmeza. A única razão, explicou, para usar o primeiro plano... manter os dois carros na estrada 202... era evitar que Eichmann desconfiasse, mas talvez não valesse a pena o risco de não conseguir levar o carro até ele e Tabor depois que pegassem o nazista.

Harel e Aharoni não pareciam convencidos.

— Certo. Imagine que você é Eichmann... Vê um carro com o capô erguido. Está a uns 30 metros da sua casa. O que você faz? — Malkin parou para ver o efeito. — Você é um homem orgulhoso, ex-oficial das SS, que gosta de hábitos e rotinas. Uma conversinha se passa em sua cabeça. Você fica até um pouco envergonhado por sentir esses temores. Afinal de contas, já faz 15 anos. Não se pode fugir de cada um dos indícios desconhecidos... Você segue em frente.

Mais uma vez, Harel disse que atravessaria o terreno baldio para chegar em casa.

— Já vi muitos nazistas de botas brilhantes — disse Malkin. — Não passam pela lama, a menos que seja absolutamente necessário.

O chefe do Mossad pensou na explicação de Malkin. Depois se levantou, pousando no outro os duros olhos azul acinzentados.

— Tudo bem. Concordo. Mas, Peter, agora é com você.

Os três agentes saíram do café. Mesmo com um dia de adiamento, mal teriam tempo para terminar os preparativos, inclusive transferir tudo de Doron para Tira, construir um cômodo para esconder Eichmann, consertar de novo um dos carros do sequestro, examinar as estradas, verificar se Eichmann mantinha a rotina e realizar a captura. Também precisavam fechar a conta nos hotéis, mudar-se para os esconderijos designados e assumir identidades completamente diferentes. Teria de haver um rompimento completo das identidades assumidas desde a chegada à Argentina. Se tivessem de fugir, as autoridades não teriam rastros para seguir.

Mas, pelo menos, concordavam com o plano para a captura. Agora só precisavam executá-lo.

Na Alemanha Ocidental, Fritz Bauer não fazia ideia de como os israelenses estavam perto de pegar Eichmann. Pelo que sabia, as investigações podiam ter cessado de novo, e ele estava cada vez mais impaciente com o longo silêncio. Correra um risco grande demais ao entregar as informações sobre Eichmann para que nada acontecesse. Há menos de uma semana, escrevera a Haim Cohen exigindo saber o que estava acontecendo e ameaçando buscar os outros caminhos já citados.

Em 10 de maio, Bauer recebeu a resposta de Cohen. "Garanto-lhe que o assunto está sendo conduzido de forma exaustiva", escreveu Cohen. "Esperamos poder dar notícias mais exatas em breve. Até lá, nós, e isso inclui o senhor, temos de ser pacientes, e para o bem da questão, imploro que o senhor aguarde com calma as novas informações." A mensagem era clara: Bauer tinha de aguentar.

Tuviah Friedman também estava em suspense. Não fizera mais nenhum anúncio sobre Eichmann depois de receber as cartas de Erwin Schüle afirmando que qualquer ação poderia atrapalhar as investigações em andamento. No entendimento de Friedman, as investigações seguintes do Congresso Mundial Judaico provavam que as informações de Lothar Hermann eram mais uma pista falsa na caçada a Adolf Eichmann.

Quanto a Simon Wiesenthal, seu breve surto de atividade com o Mossad pouco contribuíra além de acrescentar várias páginas ao arquivo sobre Eichmann. Os contatos tinham se interrompido de repente, e não tinham lhe dado nenhuma explicação. Apesar do esforço obsessivo para encontrar Eichmann nos 15 anos decorridos desde o desaparecimento do nazista no caos do pós-guerra, Wiesenthal se resignara com o fato de que o fugitivo ainda enganaria a justiça por muitos anos.

Em 10 de maio, quando Eichmann voltava para casa na rua Garibaldi depois do trabalho, um sedã preto freou ao seu lado. O motorista abriu a janela e perguntou, em espanhol, como voltar para Buenos Aires. Eichmann lhe deu instruções, bem pouco à vontade com a atenção com que os quatro homens no carro pareciam observá-lo. Antes que o sedã sumisse na noite, Eichmann notou que as placas do carro eram da cidade. Então por que precisavam saber o caminho? Será que isso tinha algo a ver com os dois homens que tinham falado com a sua nora Margarita, seis semanas atrás?

Assim que entrou em casa, falou à mulher sobre o sedã preto. Não deu muita importância ao caso — na pior das hipóteses, seria a polícia secreta fazendo uma verificação de rotina na área —, mas Vera ficou preocupada. Eichmann jantou e fumou um cigarro atrás do outro, mas não tocou violino, como costumava fazer. Ultimamente, vinha estudando uma peça de Andreas Hofer, "Meu Amor, Não me Esqueças", uma trégua para os favoritos Mozart e Haydn. Naquela noite, estava cansado demais. Na cama, a mulher dormiu inquieta ao seu lado, sonhando que o marido usava uma camisa branca que, de repente, ficava púrpura.

Nenhum deles tinha nada a temer daquele sedã preto; a equipe do Mossad não tinha nenhuma razão para abordá-lo de forma tão óbvia. Mas agora Eichmann estava desconfiado.

— Planejamos a operação para amanhã — dissera Harel a Yosef Klein ainda naquela noite. — Considere-se informado. Caso sejamos descobertos... a polícia sempre pode descobrir a história. Só queria que você soubesse.

Klein entendeu a mensagem. Caso se sentisse ameaçado ou soubesse que a operação fora prejudicada, tinha de ir diretamente para a embaixada em busca de proteção. Harel também o aconselhou a ficar bem visível no aeroporto no dia seguinte. Dessa maneira, não poderia ser envolvido na captura.

Depois que discutiram essas medidas preventivas, a reunião seguiu o formato habitual. Klein desenhara um mapa do aeroporto, com todas as entradas, prédios, pistas e a posição dos guardas, assim como a localização de algumas portas e janelas. Também delineara os movimentos rotineiros de entrada e saída do aeroporto, assim como as mudanças de turno dos funcionários. Aprendera como Harel gostava de agir. Em cada um dos aspectos do voo — manutenção e guarda do avião, levar a tripulação para o aeroporto, embarcar os passageiros e muitos outros detalhes —, Harel quisera conhecer todas as alternativas e possibilidades. Depois, testara umas contra as outras, descartando algumas, recomendando outras. Depois dessa revisão, classificara os planos em ordem de preferência e determinou a possibilidade de trocar um pelo outro caso acontecesse algo inesperado.

Klein disse a Harel que uma dessas situações inesperadas já se apresentara. Mais cedo, quando fora à área de manutenção da TransAer, encontrou soldados e policiais por toda parte. Ainda não tinha certeza se era por isso, mas ouvira dizer que os americanos usariam um dos hangares para aviões militares. Qualquer que fosse a razão, a El Al não poderia mais utilizar aquele local. Precisavam de outro. A segunda alternativa já fora escolhida: as instalações das Aerolíneas Argentinas. Embora ficassem mais perto do terminal principal do que as da TransAer, a área era mal iluminada à noite e guardada apenas por poucos soldados. Além disso, era possível chegar até lá sem passar pela entrada do terminal principal.

Com o costumeiro bombardeio de perguntas, Harel foi direto ao maior ponto fraco de usar a empresa aérea nacional. De acordo com o padrão de procedimento, eles rebocariam o avião até o terminal uma hora antes da partida, e haveria atividade demais em torno do avião quando quisessem levar Eichmann a bordo. Klein sugeriu que informassem às Aerolíneas Argentinas que queriam usar todas as instalações menos o equipamento de reboque, que não estavam acostumados a usar com os Britannias e que poderia danificar o avião. Depois de responder ao inquérito de Harel sobre possíveis suspeitas da empresa aérea em relação ao pedido da El Al de taxiar por conta própria até o terminal e depois até a pista, Klein obteve o sinal verde para prosseguir. Com a partida de Shimoni marcada para o dia seguinte, para coordenar a partida do avião em Israel, Klein ficaria sozinho para cuidar de todos esses problemas.

Ainda precisavam determinar a melhor maneira de passar Eichmann pela segurança até o avião, mas Harel tinha de ir.

Em Tira, Moshe Tabor correu para preparar o esconderijo para a chegada do prisioneiro. Escolhera como cela um quarto de 3 metros por 3,5, no segundo andar da casa. Primeiro, pôs no quarto uma cama com cabeceira de ferro fundido. Depois, com pregos de uma polegada, prendeu cobertores grossos de lã sobre as duas janelas e as quatro paredes para amortecer qualquer som de Eichmann. Instalou uma campainha no quarto, que podia ser ativada no portão da frente ou na sala, caso a casa estivesse prestes a ser revistada. Estava no meio da construção de dois espaços separados que serviriam de esconderijo, ambos forrados com grossa camada de cobertores. Um ficava sob a varanda, onde havia meio metro de espaço entre o piso de madeira e a base de concreto. O outro, num pequeno espaço para guardados acima do quarto.

Noutra parte da casa, Aharoni tentava ensinar a Malkin as poucas frases em espanhol que diria a Eichmann antes de agarrá-lo, algo que deixasse o alvo temporariamente à vontade. Primeiro Aharoni tentou "Poderia me dizer as horas?", e depois "Com licença?". Malkin, que tinha uma dificuldade incomum com o espanhol, acabou preferindo o simples "*Un momentito, señor*". Enquanto isso, na garagem, outros membros da equipe, inclusive Shalom e Gat, limpavam e lustravam os dois carros da captura, para que parecessem dignos da condição diplomática. Também continuaram a treinar a mudança das placas e a colocação do prisioneiro no espaço atrás do banco traseiro, usando o banco com dobradiças montado por Tabor.

Interromperam toda essa atividade para uma reunião final com Isser Harel, para repassar o plano. Em vários carros, foram até o centro de Buenos Aires, até o esconderijo Ramim (altura), um grupo de apartamentos adjacentes num prédio novo e alto. Os que não estavam em Tira também se reuniram ali, inclusive Shalom Dani e Ephraim Ilani. Ramim fora escolhido para limitar o número de pessoas que entrariam e sairiam de Tira na noite anterior à captura.

Harel se levantou diante dos homens, que ficaram instantaneamente em silêncio.

— Vocês foram escolhidos pelo destino para garantir que um dos piores criminosos de todos os tempos, que durante anos conseguiu escapar da justiça, seja levado a julgamento em Jerusalém — começou, dizendo cada palavra com decisão, a voz firme, como no discurso que fizera antes de partirem de Israel. — Pela primeira vez na história, os judeus julgarão seus assassinos e, pela primeira vez, o mundo ouvirá a história completa do edito de aniquilação contra um povo inteiro. Tudo depende da ação que estamos prestes a executar.

Foi um começo emocionante. Depois, o chefe do Mossad se pôs a trabalhar. Repassou o plano de captura e a responsabilidade de cada membro da equipe. Do carro principal, estacionado na rua Garibaldi, Malkin faria o primeiro movimento rumo a Eichmann e Tabor iria atrás. Aharoni seria o motorista, e Eitan ficaria fora do campo de visão, pronto para comandar o grupo e ajudar onde fosse necessário. No segundo carro, estacionado na estrada 202, Shalom seria o motorista, Gat ficaria de vigia e o dr. Kaplan estaria à disposição para realizar os procedimentos médicos necessários.

Depois, conversaram sobre contingências.

O que fariam se descobrissem que Ricardo Klement não era Eichmann? Isso ainda era uma possibilidade, embora pequena, graças às investigações de Aharoni. Ainda assim, sua identidade era a primeira coisa que precisavam verificar. Se descobrissem que tinham cometido um engano, Harel instruiu Malkin e Tabor a levar Klement até vários quilômetros ao norte da cidade e largá-lo por lá com algum dinheiro. Depois, atravessariam a fronteira do Brasil, enquanto o resto da equipe saía da Argentina.

O que aconteceria se Eichmann conseguisse fugir e chegar à casa? Harel ordenou-lhes que invadissem a casa, usando os meios que fossem necessários, e o pegassem lá. Se a polícia os perseguisse antes que chegassem ao esconderijo, deveriam usar todas as manobras evasivas do repertório, desrespeitar todas as leis de trânsito e até usar o segundo carro, dirigido por Shalom, para abalroar os perseguidores.

E se fossem pegos com Eichmann?

— Sob nenhuma circunstância devemos soltá-lo nem deixar que escape — insistiu Harel. O máximo possível de membros da equipe deveria fugir, mas depois de cercados, Harel queria que Eitan se algemasse a Eichmann e exigisse falar com as autoridades. Eitan então deveria declarar que eram voluntários judeus, agindo sem autoridade governamental. Tinham sabido que esse famoso criminoso de guerra nazista morava em Buenos Aires e queriam levá-lo a julgamento. Até que prometessem que o cativo seria preso durante a investigação, Eitan deveria fazer tudo o que estivesse ao seu alcance para não ser separado de Eichmann.

Embora a equipe conhecesse, desde o princípio, os riscos envolvidos na operação, ouvir o que deveriam fazer caso fossem presos tornou esses riscos ainda mais tangíveis.

— Alguma pergunta? — indagou Harel.

Pensando na mulher e nos dois filhos (a menina com apenas seis meses), Yaakov Gat perguntou:

— Se houver algum problema com as autoridades e nos prenderem com Eichmann, quanto tempo ficaremos na cadeia na Argentina?

— Já verifiquei — respondeu Harel, sem surpreender ninguém. — No máximo dez anos. Mas, com influência diplomática, talvez dois ou três.

— Quem cuidará das nossas famílias? — perguntou Gat, sabendo que os outros também queriam saber a resposta.

— Sou eu o responsável — disse Harel, com firmeza. — Estou no comando.

Ninguém na equipe duvidou por um momento de que o chefe cumpriria a palavra. Como capataz, era duro e exigente, mas a lealdade dele ao seu pessoal era inquestionável.

Então, Harel disse aos homens que, se Eichmann fugisse durante a captura e a polícia estivesse atrás deles, teriam de sair depressa da Argentina. Sugeriu que tomassem o trem para sair de Buenos Aires; com certeza os aeroportos e hotéis seriam vasculhados primeiro. Fora o médico, todos tinham experiência suficiente para se safar sozinhos.

Avaliando a terrível lista de contingências, Harel garantiu aos homens que tinha total confiança em seu engenho e sua habilidade. Em sua opinião, o sucesso estava garantido. Com isso, terminou desejando boa sorte a todos. Agora estavam por conta própria.

Alguns ficaram em Ramim para passar a noite. Outros voltaram a Tira ou foram para o esconderijo que tinham alugado no mesmo bairro. Todos passaram algum tempo remoendo a operação do dia seguinte.

Deitado na cama, em Ramim, Shalom sabia que, apesar dos preparativos, havia muitas oportunidades para dar tudo errado com a operação. Não era possível prever o trânsito na área. Um vizinho poderia estar caminhando por alguma rua próxima e ver quando pegassem Eichmann. O nazista talvez conseguisse gritar, e quem sabe alguém ouvisse, talvez um dos filhos. Uma blitz da polícia poderia surgir no caminho, ou um motorista imprudente bater no carro. Ou o veículo poderia enguiçar. Talvez não conseguissem chegar a Tira por causa de uma patrulha. Apesar dessas possibilidades, Shalom entendeu que chegara a hora de correr o risco.

No quarto, em Tira, Malkin experimentou um novo par de luvas de couro forradas de pele. Ele as comprara em parte para evitar que as mãos ficassem dormentes com o frio, mas também porque não queria tocar fisicamente naquele homem, naquele assassino. As lembranças da família dominaram os seus pensamentos, seguidas por uma onda de medo de falhar com a equipe e, de certo modo, com todos os que morreram por causa de Eichmann. Para afastar o medo, ficou repetindo para si: “Vou pegá-lo.”

20

QUANDO ACORDARAM EM 11 DE MAIO, os integrantes da equipe do Mossad se viram diante de um longo dia de nervosa expectativa. Tabor e Malkin verificaram outra vez se tudo estava pronto e terminaram os esconderijos. Shalom, Gat e Eitan foram a San Fernando e voltaram, para verificar se não surgira alguma obstrução nas rotas de retorno que tinham escolhido. Aharoni foi apressado a uma oficina comprar uma bateria nova para a limusine Buick. No início da tarde, entretanto, tinham esgotado as formas de passar o tempo.

Todos os envolvidos na operação de captura aguardavam em Tira. Entre jogos de xadrez e gin rummy, procuravam algum assunto de conversa que não fosse a operação, mas era inútil. Alguns foram para o quarto relaxar, talvez até dormir, mas logo voltaram para a sala, mais tensos do que nunca.

Malkin foi um dos que tentaram se deitar. Respirou lentamente para se acalmar, mas não parava de pensar em Eichmann se aproximando dele na escuridão, e aí ficava agitado.

Uma hora antes da partida, Malkin jogou água no rosto e se vestiu para a operação. Pôs uma peruca, um suéter de lã azul e calças pretas e, durante um bom tempo, fitou a imagem no espelho, para se estimular mentalmente. Depois desceu e viu que quase todos estavam prontos. Tabor também cobrira a cabeça calva com uma peruca e usava um sobretudo pesado, parecendo ainda mais gigantesco e imponente do que de costume. Os outros agentes estavam de paletó e calça esporte. Alguns usavam gravata, para ficar mais parecidos com diplomatas, mas não estavam disfarçados. Só Malkin e Tabor ficariam fora do carro.

O dr. Kaplan estava num dos sofás, a maleta de médico bem ao seu lado. Obviamente pouco à vontade, mexia à toa com as peças de xadrez no tabuleiro, o rosto vazio.

Antes de partirem, Eitan repassou o plano mais uma vez. Não disse palavras eloquentes de inspiração. Cada um deles sabia o que precisava fazer. Já eram seis e meia, hora de partir.

Adolf Eichmann começara o dia como sempre, levantando-se da cama ao romper da aurora. Fez a barba, lavou-se com um balde d'água e depois tomou o café da manhã. Antes de sair, a mulher lhe contou o pesadelo. Pediu que tomasse cuidado, mas ele lhe disse que não havia razão para se preocupar. Saiu de casa, pegou o ônibus 203 no quiosque e começou a viagem diária de duas horas até o trabalho. Trocou de ônibus duas vezes, pegando o que fazia o trecho final na ponte Saavedra, que separava o centro da cidade dos distritos mais distantes de Buenos Aires. Esse ônibus costumava levar as mesmas pessoas todo dia, na maioria seus colegas operários da fábrica da Mercedes-Benz. Em geral, nunca conversava muito com os outros passageiros durante a viagem de 30 quilômetros rumo ao sudoeste da cidade. Alguns sabiam seu nome, Ricardo Klement, mas era só.

Na fábrica, bateu o cartão como todos os outros e vestiu o macacão azul-escuro da Mercedes-Benz para não sujar as calças e a camisa. Como encarregado, passava a manhã percorrendo a linha de montagem, inspecionando o trabalho em andamento. Quando soou o apito de meio-dia e meia, Eichmann foi almoçar, sozinho, no mesmo restaurante a um quarteirão da fábrica onde comia todos os dias úteis. Dali a uma hora, voltou ao trabalho na hora exata e terminou o turno. Em geral, saía da fábrica a tempo de pegar o ônibus das 6h15 de volta à ponte Saavedra, mas nessa noite teria de comparecer a uma rápida assembleia do sindicato. Fora isso, era apenas mais um dia. Essa não era a vida que imaginara para si quando subira pelas fileiras do Partido Nazista, gozando de cada vez mais poder e do espólio da sua posição. Eichmann continuava amargurado com o passado, mas por mais que sua vida agora não tivesse objetivo, pelo menos estava em liberdade.

Aharoni saiu da autoestrada com a limusine Buick, seguindo na escuridão para a estrada 202. Eitan estava sentado ao lado de Aharoni, com Tabor e

Malkin no banco de trás. Somente o vento de tempestade e o estrondo distante do trovão rompiam o silêncio. Todos ficaram de olhos fixos no caminho, embora às vezes trocassem olhares, admitindo o quanto dependiam uns dos outros para o sucesso da operação — e, potencialmente, para manter a liberdade e até a vida. Essa percepção os unia de uma forma singular. Havia também um toque de medo no ar, mas há muito tempo tinham se acostumado a desligar essa sensação, de modo que mal a perceberam.

Às 19h35, chegaram à rua Garibaldi. Shalom, dirigindo o Chevrolet, seguira um caminho diferente até a área-alvo, mas chegaram ao mesmo tempo. Gat estava ao seu lado, no banco do passageiro, mais ou menos tranquilo por saber que tinham um bom plano. Mais do que isso, tinha fé na equipe. No banco de trás, o médico estava em silêncio, vendo os agentes com outros olhos. Eram quase de uma raça diferente, tão calmos nos momentos que antecediam o começo da operação.

Em cinco minutos, o ônibus chegaria. Não quiseram ficar na área tempo demais antes da captura para não chamar a atenção, mas agora precisavam seguir para os seus lugares. Na estrada 202, Shalom estacionou o Chevrolet de frente para a rua Garibaldi e desligou os faróis. Atrás deles, entre o carro e o pontilhão da ferrovia, havia um caminhão estacionado. O motorista estava mais preocupado com o jantar, e Shalom teve de torcer para que continuasse assim. Agora não havia nada que pudessem fazer.

Aharoni parou a limusine a 10 metros da estrada, na rua Garibaldi, virado para a casa de Eichmann. Tabor e Malkin saíram no frio e ergueram o capô. Tabor se inclinou sobre o motor; ficaria escondido quando Eichmann entrasse na rua. No lado esquerdo da limusine, Malkin também se curvou de leve sobre o motor, como se espiasse. Eitan enfiou-se no banco de trás, a testa pressionada contra o vidro frio para manter os olhos fixos no ponto de ônibus. Sentado no banco do motorista, Aharoni fitava na mesma direção com um par de binóculos de visão noturna. O carro de apoio estava em seu lugar, mais ou menos a uns 30 metros. Mais uma vez, não havia razão para conversar, só para esperar e vigiar.

Um minuto antes da hora em que o ônibus 203 deveria aparecer, um garoto de jaqueta vermelho vivo, talvez de uns 15 anos, desceu a rua Garibaldi de bicicleta. Parou ao lado da limusine. Aharoni meio que saiu do carro; era o único deles que sabia um pouco de espanhol. Precisavam fazer o garoto sair dali. O rapaz perguntou o que estava errado e se precisavam de ajuda. Tabor fechou o capô e Aharoni sorriu para o menino, dizendo: "Obrigado! Não é preciso! Pode seguir o seu caminho." Malkin também lhe acenou. O garoto partiu, a jaqueta aberta batendo em volta dele, no vento, quando sumiu na escuridão. Vinha mesmo uma tempestade.

Então as 19h40 se passaram e o ônibus ainda não chegara. Dali a três minutos, viram os faróis de um veículo que se aproximava vindo de San Fernando. Já tinham passado noites suficientes no pontilhão da ferrovia para saber que os faróis eram do ônibus.

Malkin se preparou, repassando na cabeça as palavras "*Un momentito, señor*" e avaliando onde, em relação à rua e ao carro, agiria. Tabor preparou-se para fechar o capô e ajudar Malkin. Ambos se recordaram que não deviam machucar Eichmann. Tinham de tomar o máximo cuidado para que ele não se ferisse. Também tinham de evitar que gritasse, o que complicava as coisas, mas tinham treinado bastante. Malkin o agarraria pela garganta, giraria para as costas dele e o arrastaria para a porta aberta do carro. Tabor agarraria as pernas e ajudaria a jogá-lo no banco de trás, com Eitan. Não tinham armas, nem era preciso. As armas só aumentariam o risco caso a polícia os parasse na estrada.

Os faróis do ônibus cortaram a noite, mas, em vez de parar na frente do quiosque, o veículo passou pelo segundo carro da captura e por baixo do pontilhão da ferrovia, e se foi. Sequer desacelerara perto da parada costumeira. No mesmo instante, uma onda de dúvida tomou conta da equipe. Será que Eichmann alterara a rotina? Será que saíra de férias? Será que simplesmente voltara mais cedo do trabalho? Ou, pior que tudo, será que descobrira a presença deles e fugira de Buenos Aires?

Malkin olhou a casa, notando que só havia um único lampião aceso. Em geral, depois que Eichmann chegava, no fim do dia, havia muito mais luz e atividade. Era óbvio que ele não estava em casa. Mas isso não excluía a possibilidade de que tivesse fugido ou tirado a semana de folga. Afinal de contas, devido à correria para trocar de esconderijo e finalizar os planos, não tinham ido até lá nas duas noites anteriores para ver Eichmann voltar para casa na hora de sempre.

Cada um deles permaneceu em posição enquanto a onda de expectativa de que a captura estava prestes a acontecer se esvaziava lentamente.

Ninguém queria dar voz à preocupação de todos: talvez tivessem perdido a oportunidade. O vento continuava, cada vez mais forte; o trovão da tempestade que se aproximava chegou mais perto e, agora, havia um ou outro relâmpago a distância. De tantos em tantos minutos, um trem rugia pelos trilhos.

Cinco minutos se passaram. Depois dez. Outro ônibus se aproximou, vindo de San Fernando. A equipe se preparou para agir, mas esse ônibus também não parou. A possibilidade de que Eichmann perdera o ônibus de sempre perdia credibilidade.

Shalom e Gat ficaram ao lado da estrada 202, olhando a limusine para ver se havia algum movimento. De acordo com o plano, se Eichmann não aparecesse até as oito horas, voltariam no dia seguinte. Quanto mais tempo ficassem na área-alvo, maior a possibilidade de que a polícia ou alguém os abordasse. Atrás deles, ouviram a partida súbita de um motor. Viraram-se e viram o caminhão que estava estacionado à retaguarda descer a estrada. Pelo menos, o motorista não era mais uma preocupação.

Depois de dar alguns passos até mais perto da rua Garibaldi e não ver nenhuma atividade na limusine, Shalom decidiu esperar. Não queria ir até lá conversar com Eitan porque, se alguém os observasse, isso ligaria os dois carros. Até que visse a limusine ir embora, planejava ficar onde estavam na estrada 202.

Quando a hora-limite para partir chegou, Aharoni virou-se no banco e perguntou a Eitan:

— Vamos embora ou esperamos?

Eitan já tomara a sua decisão quando o primeiro ônibus passou sem parar. Sabia que, ficando na área tanto tempo, estava pondo em risco a possibilidade de voltar no dia seguinte, mas também sabia que a equipe estava mais disposta agora do que estaria depois. Valia a pena correr o risco.

— Não, ficamos — disse ele, inflexível.

Um minuto se passou. Depois, dois. Como antes, todos fitavam a estrada 202. Em pé, um ao lado do outro, Tabor e Malkin tinham certeza de que Eichmann não viria e que teriam de passar mais noites pensando e se preparando mentalmente para o momento em que agarrariam o alvo. Esperavam a ordem de Eitan para fechar o capô e entrar no carro.

Às 20h05, os faróis romperam a escuridão mais uma vez.

* * *

Bebericando um chá quente com brandy, Isser Harel estava sozinho num café, não muito longe de Tira. Fechara a conta no Hotel Claridge de manhã cedo e deixara a mala no guarda-volumes da estação ferroviária. Se a operação fosse descoberta ou se ele fosse seguido, poderia sumir sem deixar rastros. Ainda assim, estava com uma febre tão alta que essa fuga parecia uma tarefa irrealizável.

Conferiu o relógio: quase oito horas. Seus homens já teriam Eichmann em seu poder, se tudo tivesse corrido como planejado. Ele não esperava que ninguém surgisse no café para lhe informar o que acontecera durante pelo menos mais 45 minutos. Mantinha a mente afastada do que podia dar errado concentrando-se no que esperava que Vera Eichmann fizesse quando o marido não chegasse naquela noite.

Ela não iria diretamente à polícia, disso Harel tinha certeza. Mesmo que fosse, estaria dando queixa do sumiço do marido, ocorrência nada nova em nenhuma cidade e que, com certeza, não faria as tropas argentinas saírem à rua. Só se ela revelasse que Ricardo Klement era Adolf Eichmann haveria uma busca séria. Com certeza, ela e os filhos visitariam os hospitais locais e o local de trabalho antes de contar a verdade. A equipe do Mossad de Harel teria pelo menos alguns dias, ou talvez mais, antes que isso acontecesse. Mais uma vez, não podiam excluir a caçada realizada pelos filhos de Eichmann ou por seus colegas nazistas e pelos amigos da comunidade alemã.

Essas ideias eram reflexões ociosas até que soubesse o resultado da operação. Fitou as mãos sobre o relógio e, a cada minuto que passava, ficava mais e mais ansioso para saber o que acontecia na rua Garibaldi.

O ônibus 203 parou com um guincho diante do quiosque.

Shalom já estava de volta ao volante do carro, pronto para ligar o motor e acender os faróis. Gat estava sentado ao seu lado, no banco do passageiro. Na limusine, Tabor se recolocou junto ao motor, para que não fosse visto. Aharoni voltou a erguer os binóculos, e Malkin e Eitan olharam o ponto de ônibus, incapazes de ver se Eichmann saltava.

Duas pessoas saíram do ônibus. A primeira era a mulher robusta que costumava chegar com Eichmann às 19h40. Ela desceu e virou para a esquerda, se afastando da rua Garibaldi. O segundo passageiro era obviamente um homem, mas mesmo de binóculo Aharoni não soube discernir se era Eichmann. O ônibus partiu, seguindo para o pontilhão e passando pelo Chevrolet.

O homem caminhou para a rua Garibaldi.

— Alguém vem vindo — sussurrou Aharoni para Eitan —, mas não consigo ver quem é.

Eitan fitou a escuridão, mas sua visão não era mais o que fora no passado, quando comandava emboscadas noturnas contra soldados árabes. Nada viu.

Shalom piscou os faróis e todos souberam na mesma hora que a figura em silhueta era Eichmann. O modo como andava — curvado para a frente, com passos decididos — era inconfundível. Estranhamente, não levava a lanterna para avisar da sua presença os carros que passavam.

— É ele — declarou Aharoni.

As duas palavras eletrizaram Eitan. Ele olhou para se certificar de que Malkin e Tabor estavam em posição e se preparou para sair correndo do carro, caso precisassem dele.

Quando Eichmann se aproximou da rua Garibaldi, Aharoni o viu enfiar a mão no bolso direito da capa de chuva. Na mesma hora, suspeitou que Eichmann procurava uma pistola. Devia saber que havia algo errado.

— Ele pode ter um revólver — disse Aharoni, apressado. — Aviso ao Peter?

— Diga-lhe que fique de olho na mão.

Malkin estava concentrado em contar na cabeça exatamente a quantos passos de distância Eichmann estava, querendo encontrá-lo a poucos metros da traseira da limusine. Os relâmpagos cortaram o céu e ele temeu que, se caíssem mais perto, Eichmann o avistaria. Seguiu-se o trovão, na hora em que Malkin avançou. Tinha certeza de que, se Eichmann saísse correndo pelo terreno baldio, conseguiria pegá-lo bem antes que chegasse à casa.

Vinte metros, agora.

Assim que Malkin passou pela porta do motorista, Aharoni ergueu a mão.

— Peter, ele está com uma mão no bolso. Cuidado, pode ser uma arma.

Malkin se espantou. Ninguém devia lhe dizer nada, pensou. Não queria escutar nada sobre armas. Cada movimento seu fora treinado sem que houvesse armas na equação. Isso mudava tudo.

Eichmann dobrou a esquina. Quinze metros, agora.

Malkin ouviu os passos do alvo e viu que se inclinava na direção do vento, o colarinho erguido, a mão direita no fundo do bolso. Eichmann deu uma olhada na limusine quando Aharoni ligou o motor, mas não alterou o passo firme.

Malkin continuou avançando. Sabia que teria de mudar a maneira de agarrar Eichmann. Primeiro, tinha de garantir que Eichmann nunca tirasse a arma do bolso, caso a tivesse.

Cinco metros.

Malkin cortou diretamente o caminho dele e Eichmann desacelerou. "*Un momentito, señor*", disse Malkin, as palavras saindo com dificuldade. Seus olhos se cruzaram com os de Eichmann e viram o pânico quando os olhos do outro se arregalaram de medo. De repente, o nazista deu um passo atrás. Estava prestes a correr.

Sem hesitar, Malkin pulou à frente, um dos braços estendido para manter presa a mão direita de Eichmann. O seu impulso, somado à tentativa de fuga de Eichmann, fez os dois caírem no chão. Malkin agarrou Eichmann enquanto rolavam na vala rasa e cheia de lama que corria ao lado da estrada. De costas, Malkin tentou manter uma das mãos no braço direito de Eichmann e a outra na garganta, para evitar que pedisse socorro. Eichmann chutou e lutou para se libertar, conseguindo soltar a mão de sua garganta. E nesse instante, gritou.

Aharoni acelerou o motor para encobrir o uivo de gelar o sangue. Enquanto isso, Tabor foi até a vala para ajudar Malkin. Eitan também saiu do carro. Os guinchos continuavam. A casa de Eichmann ficava a uns 30 metros, bastante perto para que alguém do lado de fora ouvisse, ou alguém do lado de dentro, caso as janelas estivessem abertas. Tinham de silenciá-lo e sair dali. Quando Tabor chegou à vala, Eichmann pressionava os pés nas laterais para ter algum apoio contra Malkin, que o segurava por trás. Quanto mais Eichmann lutava, com mais força Malkin o segurava. Não havia como ele se soltar.

Tabor segurou as pernas de Eichmann, eliminando toda possibilidade de resistência. Eichmann amoleceu, parou de gritar e se rendeu. Malkin levantou-se e, com Tabor, carregou o cativo para fora da vala e até a limusine.

Shalom esperava com Gat e o médico na estrada 202, louco para saber o que acontecia. Assim que Eichmann entrou na rua Garibaldi, perderam-no de vista. Então ouviram os gritos. Agora havia silêncio. Os segundos se arrastavam como se fossem horas. Não podiam se mover enquanto a limusine não saísse.

Eitan ajudou Malkin e Tabor a enfiar Eichmann no banco de trás. Tabor foi fechar o capô, enquanto Malkin mantinha a mão enluvada sobre a boca do preso, e Eitan cobria os olhos de Eichmann com óculos de motociclista cujas lentes tinham sido revestidas com fita gomada preta. Assim que Tabor se enfiou no banco do passageiro, Aharoni saiu com a limusine. Vinte e cinco segundos tinham se passado desde que Malkin agarrara Eichmann.

Aharoni virou à esquerda no fim da rua, enquanto os outros amarravam os pés e as mãos de Eichmann, o punham no chão e o cobriam com um cobertor grosso de lã. A inspeção do bolso da capa de chuva revelou que ele não estava armado, tinha apenas a lanterna.

A 100 metros da casa de Eichmann, Aharoni gritou em alemão:

— Fique parado e nada lhe acontecerá. Se resistir, atiramos. Entendeu?

Malkin tirou a mão da boca do prisioneiro, mas ele não disse palavra.

— Se resistir, atiramos. Entendeu?

Novamente, nenhuma resposta. Acharam que teria desmaiado.

Aharoni continuou avançando, seguindo para leste, muito embora Tira ficasse a sudoeste de Buenos Aires. Se alguém visse os carros saírem da área, indicariam à polícia a direção errada. Eitan virou-se e notou que o carro de apoio não estava em lugar nenhum.

— Onde estão? — perguntou Malkin.

Dali a um instante, os faróis surgiram. Shalom levou o Chevrolet até a limusine durante tempo suficiente para receber o sinal positivo: estavam com Eichmann. O alívio em seu rosto ficou visível, quando acelerou à frente deles para mostrar o caminho.

Enquanto Aharoni seguia uns 100 metros atrás do Chevrolet, dirigiu-se mais uma vez ao prisioneiro, dessa vez em espanhol.

— Que língua você fala?

Ele não respondeu e continuou imóvel no chão da limusine, respirando com força. Então, três minutos depois, disse, em alemão impecável:

— Já estou resignado com o meu destino.

Era tudo o que precisavam ouvir. O prisioneiro estava são e salvo. Falava alemão nativo e, dada a aceitação do seu destino, era óbvio que sabia por que estava sendo sequestrado. Era o máximo que podiam esperar como confissão de que era Adolf Eichmann.

Eitan segurou a mão de Malkin e o parabenizou pela captura. Malkin recostou-se, aliviado. Embora a operação não tivesse sido perfeita, tinham conseguido levar Eichmann ileso até o carro. Agora precisavam voltar ao esconderijo sem serem pegos.

A um quilômetro e meio da rua Garibaldi, Shalom saiu da estrada 202, entrou numa rua de terra e parou junto a um pequeno bosque. Aharoni foi atrás na limusine. Tabor e Gat saíram de seus respectivos veículos e trocaram as placas argentinas pretas e brancas por placas diplomáticas azuis. Todos tinham documentos falsos austríacos, caso fossem parados pela polícia ou em algum bloqueio na rua, mas as placas reduziam a possibilidade de isso acontecer.

Menos de um minuto depois, estavam de volta ao caminho, seguindo a rota que Shalom mapeara depois de duas semanas de reconhecimento. Seguiam no limite de velocidade e tomaram o máximo cuidado para não desrespeitar nenhuma lei de trânsito nem se envolver em nenhum acidente. Eichmann se manteve em silêncio. A meio caminho do esconderijo, chegaram a um dos dois cruzamentos da linha férrea a caminho de Tira. Quando se aproximaram, as luzes vermelhas piscaram e a barreira baixou. Seria uma espera de pelo menos dez minutos, mas não havia como contornar o cruzamento.

Uma fila de carros cada vez maior se formou atrás deles. Mais uma vez, Aharoni avisou Eichmann de que seria fuzilado caso dissesse alguma coisa. Obediente, ele ficou imóvel debaixo do cobertor, a respiração normalizada. Os quatro israelenses na limusine tentaram parecer à vontade — coisa difícil, dadas as circunstâncias. Os motoristas saíram dos carros para fumar enquanto esperavam que o trem passasse. Saía música das portas abertas. A tempestade que ameaçara se transformar em aguaceiro se afastou sem cair.

Finalmente o trem passou, e a barreira se ergueu. As filas do trânsito avançaram lentamente. Shalom seguiu, com a limusine logo atrás. Passaram pelo cruzamento seguinte sem ter de parar. A dez minutos de Tira, Shalom entrou numa rua errada, mas Aharoni continuou na rota correta. Shalom deu meia-volta e logo o alcançou. Cinco minutos depois, pararam novamente numa rua lateral e trocaram as placas diplomáticas por outro conjunto de placas argentinas.

Quando se aproximaram do esconderijo, Eitan começou a recitar na cabeça a "Canção do Guerrilheiro". Escrita em Vilnius por um combatente da resistência judaica, durante a Segunda Guerra Mundial, dizia o seguinte:

Nunca diga que está trilhando o caminho final
Por mais que nuvens escuras ocultem o céu azul
Porque a hora que tanto esperamos está próxima
E nossos passos em marcha troarão: Cá estamos!

Às 20h55, os dois carros frearam diante de Tira. Medad já estava lá, pronto para abrir o portão. Aharoni entrou com a limusine diretamente na garagem, e a porta se fechou. Agora Adolf Eichmann era prisioneiro do povo judeu.

21

EICHMANN ENTROU NA CASA arrastando os pés, entre Shalom e Malkin. A equipe toda o levou pela cozinha e pela escada até a cela preparada para ele. Ninguém lhe disse qualquer palavra. Só Aharoni falaria com ele, e por enquanto o interrogador estava em silêncio. Amontoaram-se no pequeno quarto mobiliado com uma cama, duas cadeiras de madeira e uma mesa. No teto, uma lâmpada pendia do fio.

Por um momento, Eichmann ficou parado no meio do quarto, enquanto os agentes davam a primeira boa olhada nele. A capa de chuva estava coberta de lama, devido à luta na vala, e os óculos cobriam seus olhos. Estava em silêncio, em pé, com as costas eretas como uma tábua, os braços caídos ao lado do corpo. Só as mãos se mexiam, se abrindo e fechando num movimento nervoso.

Aharoni sentou Eichmann na cama, e o despiram. Ele ficou completamente submisso e parecia indefeso com as meias e a roupa de baixo puídas e encardidas. Aharoni perguntou-se como essa pobre criatura podia ser Adolf Eichmann, que já tivera nas mãos a vida de milhões de judeus. O dr. Kaplan avançou e examinou o corpo e a boca de Eichmann, em busca de alguma cápsula de cianureto escondida. Removeu a dentadura e também a examinou.

Eichmann rompeu o silêncio, a voz tensa, mas clara:

— Nenhum homem consegue ficar 15 anos vigilante.

A princípio, Eichmann pensara que ladrões o atacavam na rua Garibaldi, mas percebeu que os sequestradores eram judeus quando avisaram em alemão que seria morto se emitisse algum som. Nesse momento começara a tremer, mas se acalmara um pouco durante a longa viagem. Agora, era óbvio para ele que procuravam cápsulas de veneno.

O médico verificou os sinais vitais do prisioneiro, para se assegurar de que não estava à beira de um colapso. Depois, por ordem de Aharoni, examinou o corpo de Eichmann atrás de marcas de identificação, como as citadas no arquivo do Mossad. Não tinham as impressões digitais para provar definitivamente que aquele era o homem certo, mas se as características combinassem — e, mais importante, se conseguissem obter uma confissão — todas as dúvidas seriam eliminadas.

O médico encontrou várias cicatrizes que correspondiam às descritas nos atestados médicos e no depoimento de testemunhas, inclusive uma de 4 centímetros sob a sobrancelha esquerda e outra acima do cotovelo esquerdo. Entretanto, quando o médico inspecionou a parte superior do braço esquerdo, não havia nenhuma tatuagem da SS, somente uma cicatriz irregular, talvez o sinal da remoção da tatuagem.

Aharoni queria começar o interrogatório na mesma hora, enquanto o preso estava mais desnorteado. Talvez não fosse um agente secreto experiente, mas, como interrogador, não havia outro igual no Shin Bet. Nunca usava a força, por saber que só levava a confissões falsas. Em vez disso, cansava os interrogados com montes de perguntas em *staccato*, torcendo suas próprias mentiras e martelando-os com fatos conhecidos até que a verdade fosse a única saída. Estudara psicologia aplicada e, sob supervisão da CIA, trabalhara em Chicago como aprendiz de John Reid e Fred Inbau, autores do principal livro didático sobre interrogatórios.

Antes de começar as perguntas, Malkin e Shalom vestiram o prisioneiro com pijamas largos, o deitaram e algemaram o tornozelo esquerdo à cama. Deixaram-lhe os óculos, para que se mantivesse vulnerável e desorientado.

Às 21h15, Aharoni fez a primeira pergunta. Estava preparado para uma longa noite. Tinha decorado toda a ficha de Eichmann, para que não precisasse se demorar ao fazer a pergunta seguinte.

— Como se chama? — perguntou Aharoni com voz de comando.

— Ricardo Klement — respondeu o prisioneiro.

— Qual era o seu nome anterior?

— Otto Heninger.

Aharoni ficou tenso. Nunca ouvira esse nome, e o modo como o prisioneiro respondia, com frieza e credibilidade, o surpreendeu. Mudou de tática, decidindo que só perguntas indiretas provocariam a confissão.

— Quando nasceu o seu terceiro filho?

— Em 29 de março de 1942.

— Qual é o nome dele?

— Dieter.

— Qual é a sua altura?

— Um metro e 72.

— Quanto calça?

— Quarenta.

— Tamanho de camisa?

— Quarenta e quatro.

As respostas vinham quase tão depressa quanto as perguntas e, nesse ponto, combinavam com o que Aharoni tinha na ficha. O prisioneiro não estava mentindo.

— Qual o seu número de inscrição no Partido Nacional-Socialista? — perguntou Aharoni, mantendo o ritmo rápido para impedir que Eichmann tivesse a oportunidade de fazer rodeios ou tentar enganar.

— 889895 — disse ele, de forma definitiva e sem pausa. Era o número de Eichmann. Era uma confissão importantíssima, mas feita como se Aharoni tivesse lhe perguntado a cor dos olhos.

— Qual era o seu número na SS?

— 45326.

Klement era Eichmann. Sem nenhuma dúvida. Agora Aharoni queria que ele confessasse. Olhou Shalom, do outro lado da cama, igualmente ansioso para ouvir o prisioneiro confessar a verdadeira identidade. Então, continuou.

— Quando chegou à Argentina?

— Em 1950.

— Como se chama?

— Ricardo Klement.

Ele ainda resistia, mas suas mãos tremiam de leve. Ele devia saber que já se entregara com os números do partido.

— O seu número na SS era 45326?

— Era.

— Qual a sua data de nascimento?

— 19 de março de 1906.

— Onde nasceu?

— Em Solingen.

Aharoni conseguira. Sabia que sim. Perguntou, com firmeza:

— Com que nome nasceu?

— Adolf Eichmann.

A equipe se encheu de alegria, e Aharoni e Shalom apertaram as mãos com vigor, por sobre o prisioneiro. Mais tarde, Gat descreveu o momento como se o sol nascesse à noite. Estavam com o homem certo.

Alguns segundos depois da confissão, Eichmann falou de novo, dessa vez com voz lisonjeira.

— É fácil compreender que estou agitado. Gostaria de pedir um pouco de vinho, se possível... vinho tinto... para me ajudar a controlar as emoções.

Aharoni respondeu que lhe trariam algo para beber.

— Assim que me disseram para ficar em silêncio, lá no carro, vi que estava nas mãos de israelenses — continuou Eichmann. — Sei hebraico. Aprendi com o rabino Leo Baeck. *Sh'ma Yisrael, Ha'Shem Elokeinu...*

Aharoni o interrompeu, por não querer ouvir Adolf Eichmann proferir a oração mais sagrada da religião judaica, recitada pela manhã e à noite pelos fiéis. Era a oração que se fazia na hora da morte, e milhões de judeus a pronunciaram por causa de Eichmann. Todos saíram do quarto para acalmar as emoções e não atacar o prisioneiro.

Depois que se acalmaram, Aharoni voltou ao interrogatório durante mais uma hora, fazendo mais perguntas sobre a família de Eichmann: datas e locais de nascimento dos filhos e irmãos, da mulher e do resto da família. Já sabiam que estavam com o homem certo, mas se mais tarde ele tentasse alegar que fora torturado e que a confissão era falsa, esses detalhes, que só Adolf Eichmann poderia conhecer, provariam o contrário.

Finalmente, Eitan pediu que o interrogatório terminasse. Ainda tinham de mandar alguém dar a notícia a Harel. Ele estaria ansioso para conhecer o resultado da operação e saber que Klement admitira a sua verdadeira identidade.

* * *

Shalom e Aharoni foram primeiro a Buenos Aires e deixaram a limusine Buick num estacionamento. Medad a buscaria no dia seguinte para devolvê-la, junto com o Chevrolet. Planejava dizer às locadoras de veículos que a esposa estava doente e que alugaria o carro de novo dali a algumas semanas (poupando o depósito de 5 mil dólares). Se a polícia fosse procurar, encontraria os veículos de volta no pátio das locadoras, ligados a uma identidade que só existia graças a Shalom Dani. Durante o interrogatório, Tabor limpara cada centímetro das limusines para tirar as impressões digitais e removera as dobradiças do banco de trás e o mecanismo de mola que permitia a troca das placas.

Quando chegaram ao café, faltavam poucos minutos para a meia-noite. O chefe estava pagando a conta, pronto para o próximo local da lista. Nas últimas horas, tinha repassado tudo o que poderia ter acontecido para atrasar tanto os seus homens: desde terem sido todos presos até o sucesso da missão ter sido irrestrito.

Quando viu Shalom e Aharoni, por mais cansados e desgrenhados que estivessem, Harel percebeu a empolgação em seus olhos. Sentaram-se à mesa e Shalom lhe disse, diretamente, que tinham capturado Klement e que, sem nenhuma dúvida, ele era Adolf Eichmann.

— Assim que vi vocês — disse Harel —, soube que tinham conseguido. Como foi?

Shalom descreveu a operação. Aharoni ficou decepcionado com o elogio amortecido do chefe e com sua rigidez enquanto ouvia a história. Mas Shalom, que trabalhara com Harel em mais operações, sabia que sua mente já passara para o que vinha em seguida: levar Eichmann para Israel.

Separaram-se logo depois. Harel correu para um restaurante próximo, onde um *sayan*, recrutado por Ilani, o esperava. Ele reconheceu "Meir Lavi" pela posição de um determinado livro sobre a mesa. Lavi ia de café em café há tantas horas quanto Harel, sem saber o propósito de suas ações nem com quem deveria se encontrar.

Harel o cumprimentou, mas dispensou a conversa fiada. Mandou Lavi ir até Ilani e dizer: "A máquina de escrever está boa."

— É só isso? — perguntou Lavi, desapontado por ficar tantas horas esperando apenas para passar um recado que parecia uma bobagem.

O ar no rosto de Harel lhe revelou o contrário.

— Vou imediatamente — disse Lavi.

O recado de Harel a Ilani, que significava que Eichmann estava nas mãos deles, seria transmitido à sede do Mossad e, depois, a David Ben-Gurion e à ministra do Exterior, Golda Meir.

Em vez de chamar um táxi, Harel preferiu ir a pé até a estação ferroviária buscar a mala. A cada passo que dava pelas ruas de Buenos Aires, respirando o ar frio, percebeu aos poucos a importância do que tinham conseguido. Por alguns minutos, permitiu-se sentir prazer com o sucesso.

Na casa da rua Garibaldi, Vera Eichmann aguardava a volta do marido. Era quase meia-noite e, embora soubesse que ele se atrasaria por causa da assembleia sindical, não imaginava que fosse demorar tanto. Ele raramente saía da rotina. Há muito tempo já devia estar em casa, na cama. Tinha de trabalhar no dia seguinte. Acontecera alguma coisa.

Ela ouvira um carro passar correndo pela casa depois das oito horas, mas além disso não escutara nada estranho. Talvez ele tivesse sofrido algum tipo de acidente; talvez estivesse no hospital. Mas Vera esperava o pior, aquilo que sempre temera: que aqueles de quem ele fugia finalmente o tivessem encontrado. Ela se convencera, talvez por necessidade, que ele não podia ser culpado dos crimes horríveis descritos nos jornais. Quanto a isso, estava de consciência limpa, por mais intencional que fosse a sua ingenuidade. Ainda assim, nunca duvidara da necessidade de ficarem escondidos na Argentina.

Diria aos filhos que o pai não voltara. Eles o procurariam, o achariam, trariam de volta.

À meia-noite, Malkin deu uma batidinha na porta aberta de Eitan.

— Vou voltar lá — disse ele, assim que o chefe de operações o olhou.

Ele explicou que, pouco antes do interrogatório de Eichmann, percebera de repente que o nazista não estava de óculos. A busca subsequente na limusine nada encontrara. Malkin ponderara as consequências, caso os óculos fossem encontrados na rua Garibaldi. Na mesma hora Vera Eichmann teria uma prova de que o marido fora sequestrado e motivos para pedir uma busca policial, mesmo que não revelasse sua identidade.

Eitan avaliou os riscos.

— Não sei se seria recomendável.

— Ouça, deixe que eu cuido disso — insistiu Malkin. — Você sabe que não farei nada perigoso.

Depois de alguma discussão, Eitan concordou e Malkin saiu de Tira para ir sozinho a San Fernando, onde pegou um ônibus tarde da noite. O vento frio e úmido soprava na planície enquanto ele caminhava devagar rumo à rua Garibaldi, verificando se não havia policiais ou outras pessoas nas redondezas. Havia um único lampião de querosene aceso na casa de Eichmann. Ainda esperavam por ele, pensou Malkin.

Ele refez os seus movimentos durante a captura, examinando a estrada e a vala com uma pequena lanterna. Avistou cacos de vidro na lama ao lado da estrada, mas nenhuma armação. Nada. Malkin continuou a examinar o mato além da vala, mas a busca foi infrutífera. Alguém poderia vê-lo, caso se demorasse mais.

Dali a algumas horas, estava de volta ao esconderijo. Enquanto esperava Tabor abrir o portão, algo lhe pulou nas costas. Malkin virou-se e jogou o braço para trás para atingir o atacante, e percebeu que agarrara um punhado de pelo. Um gato branco pulara nele. Malkin soltou o gato, que uivava, amaldiçoando não só o animal como também a si mesmo por estar tão nervoso. Quando Tabor chegou, Malkin já conseguira rir da sua reação, e deixou o gato entrar na casa para se abrigar.

A casa estava fria e silenciosa quando chegou. As grossas paredes de alvenaria amorteciam todos os sons, mas mantinham a friagem do ar. Isso não queria dizer que todos estivessem profundamente adormecidos sob pilhas de cobertores. Longe disso. Com Shalom e Aharoni num esconderijo diferente, só havia cinco agentes em Tira — Eitan, Malkin, Medad, Gat e Tabor — para vigiar o prisioneiro e ficar de guarda na frente e nos fundos da casa, para o caso de que fosse atacada. Só dois deles podiam dormir de cada vez.

Era improvável que alguém tivesse descoberto onde escondiam Eichmann — pelo menos por enquanto. Todas as precauções tinham sido tomadas para assegurar que não fossem seguidos. Ainda assim, era apenas a primeira noite, uma das dez noites seguintes, talvez mais, até que Eichmann pudesse ser levado pela El Al. Era tempo suficiente para que a polícia, os serviços de segurança argentinos ou a comunidade de expatriados nazistas os encontrassem.

Todos os homens já tinham pensado em como e quando seria dada a notícia de que Eichmann tinha sido capturado. Provavelmente, Vera Eichmann esperaria antes de ir à polícia, mas para ela ou os filhos seria fácil avisar os amigos na rede de ex-nazistas que ainda estavam na Argentina. Alguns tinham influência no governo e no exército. Ou poderiam procurar por conta própria. Se houvesse uma busca pública, bastaria um único erro, uma indiscrição, para alguém dar à polícia uma pista que os levasse à casa. As possibilidades eram infindáveis.

Se a polícia aparecesse, Eitan deveria se algemar ao prisioneiro e exigir a presença de um superior. Os outros homens deviam tentar fugir. Mas e se quem aparecesse não fosse a polícia? Talvez tivessem de se defender de um ataque. Caso isso acontecesse, não havia como permitir que Eichmann fugisse. Tabor já resolvera levar Eichmann para o refúgio que criara acima da cela, onde o estrangularia.

Depois, havia a possibilidade de que o prisioneiro tentasse fugir. Eitan já instituíra 24 horas de vigilância, em turnos rotativos de três horas. Queria um guarda no quarto com Eichmann o tempo todo. Queria a porta sempre aberta, as luzes sempre acesas e, por precaução, planejava dormir no quarto vizinho. Mais ainda, queria os óculos de motociclista sobre os olhos do prisioneiro até que ele chegasse a Israel. Não só isso reduzia a possibilidade de fuga como também, caso conseguisse fugir, ele não poderia identificá-los. Eitan imaginou que o prisioneiro já tramava um plano para escapar da casa.

Durante a primeira noite de cativeiro, Eichmann ficou inquieto, talvez pensando na possibilidade de fugir. Recusara-se a comer e não dormiu. Deitado de costas na cama, o rosto se contorcia repetidamente e depois relaxava, parecendo descontrolado. Dependendo da parte do rosto que se contraía ou relaxava, ele exprimia uma série de emoções: raiva, resistência decidida, calma tranquila, introspecção profunda. Às vezes, tentava ajeitar o corpo, fazendo soar as algemas que prendiam o tornozelo fino à estrutura da cama.

Vendado, sem nenhum objeto que pudesse usar para abrir a fechadura das algemas e vigiado o tempo todo, Eichmann podia tramar e se mexer o quanto quisesse. Não havia nenhuma forma realista de fugir. Mas os agentes sabiam que o prisioneiro era um planejador inteligente e perspicaz, que fugira de vários campos de prisioneiros de guerra e enganara os perseguidores durante anos. Precisavam ficar atentos.

22

EM 12 DE MAIO, pela manhã, Gat fez Eichmann se sentar. Ele ainda estava vendado e o tornozelo, ainda algemado ao pé da cama. Gat lhe deu um copo de suco de laranja e, às colheradas, lhe serviu ovos e bolachas, que Eichmann comeu com muitos melindres. Permaneceu submisso e calado, sem pronunciar uma queixa sequer. As mãos tremiam o tempo todo.

Aharoni chegou ao esconderijo logo depois do café da manhã e sentou-se diante do prisioneiro, com caderno e caneta, na mesa ao lado. Com seu alemão entrecortado, de frases curtas, retomou o interrogatório que interrompera.

— Tenho apenas algumas perguntas simples a fazer — disse. — Responda e não haverá problemas.

— Sim, senhor — respondeu Eichmann, obediente.

— Por que usou o nome "Otto Heninger" ontem à noite?

— Foi o meu nome durante mais de quatro anos.

— Onde isso aconteceu?

— Na Alemanha. Trabalhei lá como lenhador antes de vir para a Argentina.

Sem relutância alguma, Eichmann fez a crônica de como escapou no fim da guerra, desde o último encontro com Kaltenbrunner até a ida para as montanhas, a captura pelos americanos e a fuga pela Europa até a Argentina. Mostrou-se vaidoso por ser mais esperto que os inimigos e não mostrou nenhum sinal de remorso por nada que fizera no passado.

— Por que a sua família não adotou o sobrenome Klement, como você? — perguntou Aharoni, sabendo muito bem que a ruína de Eichmann fora quando o filho Nick conheceu Sylvia Hermann.

— O senhor não quer que eu peça à minha família para mentir por mim — disse Eichmann, com desagrado.

Aharoni não conseguiu acreditar no comentário. A mulher e os filhos de Eichmann vinham mentindo por ele há anos. A resposta era típica das muitas que o interrogador receberia, já que Eichmann torcia a realidade para que se adequasse ao seu ego. Seguindo as instruções anteriores de Isser Harel, Aharoni passou a interrogar Eichmann sobre outros ex-nazistas que moravam na Argentina. Primeiro, lhe perguntou se conhecia o paradeiro de Josef Mengele, o médico de Auschwitz.

— Não, isso não sei.

— Imagino que sequer saiba se ele está na Argentina?

Eichmann fez que não.

— E Martin Bormann? — perguntou Aharoni. O secretário particular de Hitler, sentenciado *in absentia* e condenado à morte em Nuremberg, continuava a encabeçar a lista de nazistas que não tinham sido encontrados. — Sabe alguma coisa sobre o seu paradeiro?

— Não, não faço ideia.

— Mas os seus amigos não o ajudaram com os documentos falsos que usou para chegar à Argentina?

— Isso foi há muito tempo.

Aharoni ofereceu uma bebida a Eichmann, que a recusou. Ele mudou de assunto outra vez, dessa vez indagando o que a mulher de Eichmann faria quando ele não chegasse em casa. Precisavam saber o que esperar.

— Nada — disse ele com confiança. — Ela está assustada. E não entende.

— E os seus filhos Nick e Dieter?

— Saberão que aconteceu alguma coisa.

— Vão procurar a polícia?

Eichmann disse que achava que não, pelo menos não na mesma hora. Quanto aos ex-nazistas da comunidade alemã, insinuou que estariam preocupados demais em salvar a própria pele para se esforçar para encontrá-lo. Para Aharoni, ficou claro que Eichmann não tinha boa opinião sobre os ex-colegas e também que dizia a verdade.

O interrogatório durou mais várias horas, os dois homens sentados a pouca distância no pequeno quarto. Eichmann permaneceu calmo e afável, pelo menos enquanto falou da sua vida. Finalmente, Aharoni sentiu que havia uma troca suficientemente confortável entre os dois para perguntar:

— Está preparado para ser julgado em Israel?

— Não. Definitivamente não. Número um: não fiz nada de errado — disse Eichmann com vigor, como se já esperasse a pergunta. — Tudo o que fiz foi obedecer às ordens. Nunca se poderá provar que cometi algum crime. Número dois: Ora, o que tenho a ver com Israel? Sou alemão. Podem me levar... se é que cometi algum crime, eu deveria ser julgado na Alemanha. Ou na Argentina, sou cidadão daqui. Mas não em Israel.

— Você deve estar brincando — zombou Aharoni. Haim Cohen lhe dissera que seria melhor que Eichmann fosse para Israel de boa vontade e, se possível, queria que ele assinasse uma declaração afirmando isso. — Você sabe que ninguém o julgará, a não ser os israelenses. Assim, é Israel ou nada. Não se preocupe. Não será um julgamento armado. Será um julgamento decente. Você terá advogados de defesa.

— Vou pensar — acabou dizendo Eichmann.

Aharoni terminou o interrogatório; Eichmann logo admitiria que não tinha alternativa. Por enquanto, Aharoni precisava fazer a Harel o relatório sobre a questão mais urgente: o que a família de Eichmann faria quando ele não chegasse em casa.

Nick Eichmann instalava uma caixa de comando no poço de um elevador no centro da cidade quando Dieter, o irmão mais novo, apareceu de repente. Sem fôlego e em pânico, Dieter já foi dizendo:

— O velho sumiu!

A chave de fenda que estava na mão de Nick caiu com barulho no chão.

Dieter contou correndo que o pai não voltara para casa na noite anterior. Os dois filhos estavam incomodados com as várias notícias na imprensa que anunciavam uma nova busca do pai. Seus temores tinham aumentado com aquele estranho encontro em abril, com os dois homens que afirmaram estar procurando terrenos para comprar na área. O incidente com o motorista da limusine que pedira orientação, duas noites antes, reforçara ainda mais suas suspeitas. Agora que ele sumira, acharam imediatamente que devia ter sido vítima de um ataque, provavelmente de judeus, talvez até de israelenses.

Juntos, saíram correndo da obra. Horst, o irmão do meio, era da marinha mercante e estava viajando, ou seja, cabia aos dois encontrar o pai. Cruzaram Buenos Aires para visitar Carlos Fuldner, que ajudara o pai a ir para a Argentina, que lhe arranjara emprego com o passar dos anos e que continuava a ser um dos personagens mais importantes da comunidade de alemães expatriados. Dieter e Nick não tinham mais ninguém a quem recorrer. Naquele momento, temiam também que quem capturara o pai quisesse sequestrar, como reféns, a mãe e o irmão caçula.

Fuldner mostrou-se calmo e mais racional. Disse aos filhos de Eichmann que havia três razões plausíveis para o pai não ter voltado à rua Garibaldi. A primeira: a polícia talvez o tivesse prendido e mantido na cadeia durante a noite por bebedeira ou alguma outra infração. A segunda: poderia ter sofrido um acidente e estar no hospital, ou até mesmo no necrotério. A terceira: os perseguidores o tinham encontrado, como suspeitavam os filhos, e esses indivíduos, quer agissem por conta própria, quer fossem patrocinados por algum país, o tinham sequestrado ou já o tinham matado. Eram essas as opções, claras e simples, e era preciso começar a busca partindo dos hospitais e delegacias de polícia perto de San Fernando. A área em torno da casa também deveria ser vasculhada, atrás de sinais de luta e, talvez, de um corpo. Também deveriam visitar a fábrica da Mercedes-Benz para ver se Eichmann fora trabalhar na véspera.

Nick e Dieter saíram para começar a caçada, na esperança de que Fuldner e os outros membros da comunidade alemã se unissem para ajudar. Também planejavam visitar Willem Sassen, que era amigo do pai e tinha muitos conhecidos na cidade.

As indagações na delegacia de polícia de San Fernando e nos hospitais próximos não deram em nada. Vera Eichmann foi diretamente para a Mercedes-Benz, onde soube que, na véspera, Ricardo Klement tinha trabalhado o dia inteiro e depois ficara para a assembleia do sindicato. Não aparecera para trabalhar naquele dia, e o supervisor informou a Vera que Eichmann perderia o emprego e os benefícios se não voltasse logo a trabalhar.

Na busca perto da rua Garibaldi, logo encontraram os óculos quebrados de Eichmann, enfiados na lama da vala. Agora não havia mais dúvidas. Ele fora capturado.

* * *

No dia seguinte à captura, Isser Harel voltou à sua série de cafés pela cidade. Toda a sua atenção se voltara para tirar Eichmann da Argentina antes que a operação fosse descoberta.

Yosef Klein encontrou o chefe do Mossad num dos cafés. A notícia da captura causou menos impacto no chefe do posto da El Al do que o aviso de Harel de que os possíveis riscos das suas atividades tinham acabado de aumentar, ainda mais por não terem certeza do que faria a família de Eichmann. A conversa passou para o voo, especificamente para como levariam o prisioneiro para o Britannia, agora que tinham se decidido pelo plano de estacionar o avião na área de manutenção das Aerolíneas Argentinas.

Verificaram um leque de possibilidades, algumas imaginadas por Harel, outras sugeridas por Klein. "Vamos fazer desse jeito", sugeria Klein. "Certo", era a resposta típica de Harel. "Vou pensar nisso, mas e se fizéssemos desse outro jeito... E de um terceiro jeito... E que tal...?" O fluxo de ideias, inclusive uma que envolvia correias, cordas e ganchos para içar Eichmann até o avião, evoluiu para três possibilidades.

A primeira concentrava-se em colocar Eichmann no avião em segredo, dentro de um caixote carimbado como mala diplomática. Na segunda, o esconderiam num dos caixotes da empresa que fornecia as refeições e que eram içados a bordo antes da partida. O terceiro plano era vestir Eichmann com um uniforme da El Al e fazê-lo passar pela inspeção junto com os tripulantes. Os três tinham pontos fortes e fracos, dependendo da intensidade da presença da polícia, dos bloqueios nas ruas, do controle de passaportes e da possibilidade de a operação estar ou não comprometida. Como Harel só tinha 45 minutos para conversar com Klein antes de ir para o próximo café, adiaram a tomada de decisão para investigar melhor os prós e os contras de cada plano.

Mais tarde, o chefe do Mossad se reuniu com Avraham Shalom. Como Eitan supervisionava o esconderijo, Harel precisava de alguém para comandar a fuga.

— Você está encarregado de tirar Eichmann daqui — informou Harel ao vice-líder. — Elabore um plano.

O voo da El Al seria o principal foco de Shalom. Precisava consultar Klein sobre os procedimentos no aeroporto e conhecer bem o lugar e o pessoal que lá trabalhava. Também precisava mapear os caminhos mais seguros e obter documentos e disfarces para o dia em que levariam Eichmann ao aeroporto. O mais importante era decidir o método mais vantajoso de pôr Eichmann no avião, usando algum dos planos discutidos com Klein ou algum esquema próprio.

Shalom foi instruído a examinar o porto de Buenos Aires: haveria como tirar Eichmann do país de navio, em segredo? Nos dias anteriores, Harel fora perseguido pelo temor de que alguém pudesse ligar o sumiço de Eichmann com a chegada do primeiríssimo voo da El Al à Argentina. Se os dois fatos fossem vinculados — e com certeza isso era concebível —, seria fácil às tropas do governo ou a indivíduos autônomos deter o avião antes que pudesse decolar. Era essencial ter um plano de emergência.

Enquanto isso, em Tel Aviv, os pilotos, navegadores, mecânicos de voo, operadores de rádio, comissários de bordo, técnicos de manutenção e aeromoças que a El Al selecionara e o Mossad aprovara receberam telefonemas ou avisos pelo correio de que tinham sido escolhidos para um voo que levaria uma missão diplomática especial a Buenos Aires para o 150º aniversário da independência argentina. A não ser Zvi Tohar, o comandante, nenhum deles conhecia o verdadeiro objetivo do voo.

Para os que estavam presos em Tira vigiando Eichmann, quanto mais cedo o Britannia chegasse, melhor. Só 24 horas tinham se passado desde a captura e, de um modo que não tinham previsto, já se sentiam oprimidos pelo dever. Tinham se preparado mentalmente para os riscos de se enfurnar na casa, tendo talvez de enfrentar o ataque da polícia ou dos filhos e conhecidos de Eichmann, caso fossem localizados. Toda vez que um carro freava na rua lá fora, ficavam tensos. Mas ninguém da equipe previra o efeito de habitar o mesmo espaço que Adolf Eichmann, efeito capaz de fazer a alma afundar.

O prisioneiro já provara não ser uma ameaça. Era obediente, quase subserviente. Quando o levaram ao banheiro pela primeira vez, pediu permissão antes de defecar. Quando terminou, perguntou se podia usar o papel higiênico. Tabor recordou os prisioneiros alemães depois da guerra, que, sem um murmúrio de protesto, dariam polimento na cabeça de um prego se alguém mandasse.

Também era óbvio que Eichmann estava assustado demais para tentar resistir. Quando lhe mandavam ficar em pé, obedecia, mas tremia incontrolavelmente. Naquela tarde, quando o levaram ao ar livre para fazer exercícios, perguntara se o levavam para matá-lo lá fora. A declaração do contrário pouco adiantou para que relaxasse.

Agora que estava claro que Eichmann não era uma ameaça, nem para eles pessoalmente nem como risco de fuga, sentiram-se inundados de nojo por ter de ficar tão perto dele. Aquele era o homem que levara à morte muitos familiares seus. Tinham de alimentá-lo, vesti-lo, barbeá-lo, acompanhá-lo ao banheiro e atender a todos os seus desconfortos. Teria sido mais fácil se só sentissem ódio dele, mas, inesperadamente, sua aparência e modo de agir eram demasiado patéticos e dóceis para inspirar essa emoção. Tinham desprezo pela sua presença, principalmente quando pensavam nos que tinham morrido em virtude de suas ações. Mais do que tudo, outras emoções perturbadoras os sobrecarregavam, como a incapacidade exasperante de conciliar a natureza patética do prisioneiro com o fato de que fora responsável pela morte de tantos judeus. Foi como se o conflito lançasse uma mortalha sobre a casa.

Naquela noite, depois do jantar, eles aguardavam com expectativa a chegada de Judith Nesiahu, agente que Harel convocara para ir a Buenos Aires representar o papel de esposa de Yaakov Medad no esconderijo. Judith era judia ortodoxa e emigrara da Holanda em 1940, antes que a maior parte da família fosse eliminada no Holocausto. Servira ao exército durante a Guerra de Independência e trabalhara secretamente para o Mossad em várias operações, inclusive no Marrocos, coordenando a ida de judeus para Israel. Quando necessário, fingia-se de gentia, violando as práticas religiosas estritas quando estava em público. Com os óculos grossos e a compleição robusta, nunca poderia representar o papel de sedutora para atrair espiões, mas era imperturbável, poliglota, ousada e totalmente dedicada a servir Israel. Quando um dos auxiliares de Harel lhe informou, havia cinco dias, que Harel queria que partisse numa missão no exterior, ela respondeu, simplesmente: "Ótimo." Confuso, o auxiliar lhe perguntou se estava interessada em saber o objetivo da missão e o local, e a resposta dela foi que esperava que ele lhe contasse quando fosse necessário.

Judith chegou à casa com Medad, que já a avisara do clima "sitiado". Seu papel principal seria evitar que os vizinhos ou outros visitantes desconfiassem das atividades da equipe e se assegurar de que a vissem cuidando do jardim e dando passeios tranquilos com Medad, mas a presença dela prometia romper a monotonia da atmosfera masculina. A equipe também esperava que ela ajudasse na cozinha, já que se mostraram incapazes de preparar qualquer coisa mais complicada do que ovos.

Eitan e Malkin conheciam Judith e a receberam calorosamente antes de apresentá-la aos outros agentes e ao médico. Ela estava empolgada por participar da operação e, há poucas horas, numa reunião rápida com Harel, fora informada de que tinham capturado Adolf Eichmann. Por um breve período, o entusiasmo dela aliviou o clima. Mas depois que viu o prisioneiro naquela noite, o modo como ficava deitado imóvel no colchão a não ser pela contração involuntária do rosto, arrependeu-se do entusiasmo anterior.

— A ideia de cozinhar e fazer a limpeza para ele me dá náuseas — admitiu ela aos outros. — Tremo só de pensar em tocar o que ele já tocou. — Assim, o clima opressivo voltou à casa.

Nas primeiras horas de 13 de maio, Peter Malkin, que estava de vigia, decidiu que não aguentava mais ficar à toa, meramente fitando Eichmann adormecido. Desceu correndo até a sala e pegou alguns lápis de cor do seu kit de disfarces e o único papel que conseguiu achar, o *Manual sul-americano*, guia que comprara em Paris.

Agarrando um lápis marrom, Malkin abriu o manual num mapa da Argentina. Com a intensidade nascida do desprezo e da ociosidade indesejada, começou a esboçar, por cima do mapa, a figura adormecida. O retrato que surgiu era o de um homem com olhos mortos surgindo por sob os óculos, lábios estreitos e pálidos e as maçãs do rosto de um cadáver. Malkin passou desse retrato apressado a outro, de Eichmann com a farda da SS e uma suástica na braçadeira. Dessa vez, retratou Eichmann como imaginava o nazista durante a guerra, o porte rígido, os olhos ardentes e atentos a tudo.

Em outra página, Malkin desenhou Eichmann com uma metralhadora apontada para a Polônia e a Hungria. Também desenhou retratos quase cômicos de Hitler e Mussolini de frente um para o outro, em páginas opostas. Eichmann continuava a dormir, e Malkin mantinha os ouvidos atentos a passos no corredor. Não queria que os outros soubessem o que fazia. E continuou desenhando, agora um retrato em pastel dos pais lado a lado, as mãos se tocando. Os olhos dos dois estavam voltados para baixo, como se o observassem. Finalmente, desenhou a irmã Fruma, com base nas lembranças que tinha da juventude: olhos grandes e cheios de amor e preocupação. Por um instante, Malkin fugiu à depressão que pairava sobre a casa. Então o turno de vigia terminou, e foi tentar dormir.

Treze de maio começou como a véspera. Acordaram Eichmann, deram lhe o desjejum e o barbearam. No andar de baixo, o rádio estava ligado e, durante as pausas entre os tangos e as radionovelas, escutavam atentamente se havia alguma menção a Klement ou a Eichmann que pudesse revelar que a captura chamara a atenção da polícia. Nada. Também examinaram os jornais matutinos, que Medad saíra para comprar. Havia detalhes dos planos de insurreição dos peronistas, que tinham sido descobertos, suas armas e apreendidos material de propaganda. Havia outra longa reportagem sobre o imenso e iminente desfile da independência, que contaria com 10 mil soldados, 160 tanques e mais de cem aviões no ar. Ella Fitzgerald estrearia na cidade naquela noite. Nenhuma menção a Eichmann. Isso trouxe pouco alívio. A polícia e os serviços de segurança talvez não divulgassem o desaparecimento de Eichmann para não revelar o que fariam.

Na equipe do Mossad em Tira, ninguém esperava que o risco da descoberta ou a tensão de conviver com Eichmann diminuíssem nos próximos dias. A única meta era livrar-se do criminoso de guerra nazista mandando-o para Israel.

Em Israel, Yaakov Caroz, chefe de departamento do Mossad, acabara de receber um telegrama de Buenos Aires. E partiu pelas ruas de Tel Aviv para informar os líderes máximos do país sobre a captura.

A visita ao gabinete do primeiro-ministro revelou que Ben-Gurion estava fora, em seu retiro no kibutz de Sde Boker. A menos que a reunião fosse absolutamente necessária, disse-lhe a secretária, seria melhor vê-lo no domingo. Caroz concordou e correu para o gabinete da ministra do Exterior, Golda Meir. Ela atrasou um compromisso e lhe pediu que a encontrasse na varanda da sala. Assim que ficaram sozinhos, a ministra, pequena e vigorosa, com o cabelo escuro bem preso num coque, lhe perguntou por que a procurava.

— Adolf Eichmann foi encontrado.

— Onde ele está?

— Tudo o que sei neste momento é que Eichmann foi capturado e identificado.

Meir prendeu a respiração e pôs a palma da mão aberta sobre o peito. Sua emoção foi tamanha, que teve de se apoiar em Caroz para não cair. Dali a instantes, disse:

— Por favor, eu lhe imploro, se souber de mais alguma coisa, venha me contar.

Caroz deixou Meir para dar o recado ao chefe do Estado-Maior das Forças de Defesa de Israel, que o felicitou e também queria saber mais. Mas Caroz tinha apenas o breve telegrama em código de Buenos Aires. A MÁQUINA DE ESCREVER ESTÁ BOA dava pouca margem a elucubrações.

Mais dois dias se passariam até que Caroz viajasse de carro durante várias horas até Sde Boker, no deserto do Neguev, ao sul de Tel Aviv. Os guarda-costas o levaram até uma casinha, onde Ben-Gurion o recebeu no pequeno escritório forrado de livros.

— Vim informá-lo de que Eichmann foi encontrado e que sua identidade foi determinada sem nenhuma dúvida.

Ben-Gurion levou um segundo para digerir a notícia e perguntou:

— Quando Isser vai voltar? Preciso dele.

— Eu diria que daqui a uma semana. Não sei exatamente.

Mais tarde, Ben-Gurion escreveu no seu diário: "Hoje de manhã, recebi um mensageiro de Isser, que me disse que Eichmann foi identificado e capturado e será trazido para cá na semana que vem (se conseguirem colocá-lo no avião). Isser voltará depois. Se não for um caso de falsa identidade, essa é uma operação importante e bem-sucedida."

Como o chefe do Mossad, Ben-Gurion só se permitia um pouquinho de empolgação. A missão ainda não tinha terminado.

23

NA CASA DE WILLEM SASSEN, na rua Liberty, no bairro tranquilo e arborizado de Florida, reinava o caos. Era 13 de maio, dois dias depois que o pai sumira, e Nick e Dieter Eichmann ainda tentavam freneticamente montar um grupo de buscas. Tinham chegado no meio da noite, socando a porta. A mulher e as filhas de Sassen se refugiaram num quarto, sem saber o que acontecia, mas temendo algum tipo de violência. A filha mais nova, Saskia, achou que os dois rapazes, com armas enfiadas no cinto como foras da lei, estavam malucos. Lá embaixo, na sala de estar, as vozes subiram e os homens discutiram quem teria levado Eichmann e o que deveriam fazer.

Finalmente, Sassen levou os irmãos ao carro para ver se encontravam pistas que os levassem ao pai. Alguns colegas acharam que ele podia ter se embebedado no caminho de casa, vindo de um bar, e se machucado. Mas os rapazes tinham os óculos quebrados do pai para provar que não fora isso o que acontecera. Suas investigações em San Fernando também não tiveram resultado. Ninguém vira nada na noite de 11 de maio.

Os rapazes sabiam que precisavam de mais ajuda do que Sassen poderia lhes dar, não só para achar o pai, mas também para proteger a mãe e o irmão caçula caso os mesmos indivíduos que tinham levado o pai quisessem os dois como reféns. Numa casa de penhores, Nick e Dieter tinham trocado alguns relógios e anéis de ouro por três armas: uma pistola calibre 22, uma .38 e uma .45. Para eles, já estava ficando óbvio que não poderiam depender da ajuda da comunidade alemã. Além de Fuldner e Sassen, a maioria dos conhecidos do pai não queria ter nenhum contato com eles. Estavam mais preocupados em se proteger. Quanto à polícia, os dois irmãos não obteriam ajuda sem revelar a verdadeira identidade do pai, o que poderia deixá-lo numa situação ainda mais perigosa. Em vez disso, decidiram recorrer aos conhecidos que tinham numa organização chamada Tacuara.

A Tacuara era uma organização nacionalista radical criada há alguns anos por um grupo de jovens, em sua maioria alunos secundários e universitários da burguesia, que tinham se mobilizado para protestar contra a secularização do sistema educacional. O nome fora tirado da arma improvisada usada pelos gaúchos na luta pela independência argentina: em essência, uma faca amarrada na ponta de um bambu. Ferozmente católica, a Tacuara se inspirava na Falange espanhola, comandada por José Antonio Primo de Rivera. Era combativa, fascista e antissemita. Seus integrantes eram favoráveis à violência para atingir os seus fins, dentre os quais libertar a Argentina da democracia liberal, do capitalismo e da influência judaica. Os novos membros faziam um juramento de lealdade num cemitério, cortavam o cabelo bem curto, treinavam em campos de combate, usavam camisas cinzentas e braçadeiras com a cruz de Malta bordada, tratavam-se por "camarada", idolatravam Hitler e Mussolini, usavam a saudação nazista e espalhavam propaganda nacionalista e antissemita. Costumavam ser vistos percorrendo a cidade de motocicleta.

Embora não fossem membros da Tacuara, Nick e Dieter tinham opiniões políticas semelhantes e tinham amigos na organização. Para a Tacuara, a ideia de um grupo de judeus, talvez mesmo israelenses, operando ilegalmente na Argentina era a pior das ofensas, e alguns dos seus membros se juntaram para procurar Eichmann, proteger sua família e caçar os sequestradores.

Sem saber, Luba Volk servia de camuflagem para a fuga. Como um dos seus deveres para com o voo especial da El Al, a sede da empresa, a conselho de Isser Harel, a instruíra a aceitar passageiros particulares para a viagem de volta a Israel. Tinham enviado a Luba pilhas de cartazes e folhetos impressos para ajudar a promover o voo, o que ela fez na semana anterior por meio dos seus contatos no setor de viagens de Buenos Aires. Vendera quase todos os lugares, mas havia um obstáculo: o ministro da Aviação. Ela precisava da permissão dele para levar passageiros, mas como não havia acordo de reciprocidade entre a El Al e as Aerolíneas Argentinas, ela duvidava que o pedido fosse aprovado. As passagens foram vendidas com essa restrição. Os seus superiores na El Al disseram entender o risco, mas, de modo bastante incomum, segundo ela, queriam que continuasse mesmo assim.

Em 14 de maio, ela recebeu a resposta do Ministério da Aviação. O pedido fora negado; o voo não poderia levar passageiros. Desapontada, Luba queria levar pelo menos uma israelense idosa que estava doente, precisava de cirurgia e tinha esperanças de voltar a Tel Aviv para fazer a operação. Apresentou ao ministro um pedido de permissão especial para levar a mulher a Israel por motivos de "emergência médica", expondo o voo, sem querer, a um exame ainda maior pelos argentinos.

Yosef Klein não sabia desse pedido. Embora lamentasse não poder revelar a Luba o objetivo do voo, recebera ordens de nada lhe contar. De qualquer modo, estava ocupadíssimo. O avião chegaria dali a cinco dias. Klein conseguira todas as autorizações e dava os últimos retoques nos serviços de manutenção (combustível, alimentação, limpeza) do Britannia. Sabia onde o avião ficaria estacionado e tinha obtido permissão de taxiar por conta própria da área de manutenção até os portões. Continuava a fazer amizade com o pessoal do aeroporto, que agora lhe permitia passar sem problemas pela segurança e andar pelo aeroporto. Klein também apresentara Shalom e Adi Peleg, o chefe de segurança da El Al recém-chegado, ao pessoal do aeroporto. Juntos, os três fizeram o reconhecimento das instalações para planejar a maneira mais discreta de levar Eichmann até o avião.

Às vezes, quando se encontravam, Harel recordava enfaticamente a Klein a "importância histórica" do que estavam fazendo. "Tudo vai dar certo. Continue, continue", dizia Harel. Dessas reuniões com Harel, Klein sempre saía não só com mais confiança em sua capacidade como também levemente abalado com a ideia de ajudar a levar Adolf Eichmann à justiça. O encorajamento de Harel aliviou a preocupação com os riscos da operação e com o seu papel de garantir que tudo desse certo.

Agora que estava encarregado de tirar Eichmann são e salvo da Argentina, Avraham Shalom não tinha a intenção de deixar a operação somente nas mãos de um civil, mesmo que fosse um civil tão competente quanto Klein. Nos dois últimos dias, vistoriara o porto com Aharoni e

Ilani. Eram os três únicos agentes do Mossad, além de Harel, a não passar dia e noite presos em Tira. O cais do sul estava apinhado de estivadores e inspetores da alfândega, que supervisionavam o embarque e o desembarque das cargas: movimentado demais. O cais do norte, onde os navios de passageiros costumavam atracar, oferecia mais oportunidades, ainda mais por ser inverno em Buenos Aires. Ainda assim, Shalom mostrava-se cético em relação aos planos de levar Eichmann de navio, principalmente devido ao tempo da viagem até Israel e à vulnerabilidade do navio nos vários portos ao longo do caminho. Tinham chegado a mencionar um submarino para tirar Eichmann do país, mas a ideia fora abandonada como fantasia desvairada. O avião da El Al ainda era a melhor opção, e foi nesse caminho que Shalom concentrou sua atenção.

A maior parte do tempo de reconhecimento foi passado no aeroporto, onde ele se fingia de funcionário diplomático que ajudava a organizar o voo da El Al. Logo verificou que seria fácil enganar os guardas que vigiavam a entrada lateral da área de manutenção. Estavam mais preocupados com roubos do que com outros tipos de falha de segurança. Com Eichmann usando o uniforme da El Al, talvez sedado pelo médico, podia ser que conseguissem fazê-lo passar sem dificuldade. Levar o prisioneiro a bordo escondido num caixote diplomático ou no carrinho da empresa que fornecia a alimentação seria complicado demais. Shalom gostava das coisas simples e diretas. Planejou passar pela segurança de vez em quando nos cinco dias seguintes e para que os guardas se acostumassem a vê-lo, como estavam acostumados com Klein.

Depois havia o problema da hora em que o avião poderia decolar, de quem daria permissão para a partida e o que fazer se houvesse atrasos. Shalom interrogou Klein e Peleg minuciosamente sobre todas as eventualidades. A fuga da Argentina tinha de ser planejada de forma tão meticulosa quanto a própria captura.

Shalom e Eitan, portanto, ficaram ambos angustiados quando Harel propôs uma nova missão.

— A busca do médico tem de receber prioridade máxima — disse Harel ao pousar a xícara na mesa do café, em 15 de maio. E explicou que ordenara a vinda para Buenos Aires de mais dois agentes do Mossad. Participariam de uma ação coordenada para capturar Josef Mengele, caso o encontrassem, e o levariam para Israel no mesmo avião de Eichmann.

Eitan e Shalom tinham ouvido as notícias de que Mengele estava na Argentina e, antes de partir de Tel Aviv, conversaram sobre a possibilidade de procurá-lo enquanto lá estivessem. Ainda assim, Harel nunca lhes dissera que queria pegar o médico na mesma missão.

— Veja, Isser — disse Eitan —, acho que não conseguiremos levar os dois juntos em segurança até Israel. Por isso, não quero arriscar outra operação.

Harel aguardara para passar a missão à equipe, mas, com Eichmann preso no esconderijo, sem nenhuma notícia de busca em andamento, a hora chegara. Ele explicou a Eitan e Shalom, em termos bem claros, o plano de procurar Mengele.

— Tente pegar todos — disse Eitan com um sorriso preso para desfazer a tensão — e não pegará nenhum.

Embora estivesse claro que Eitan e Shalom não concordavam com essa segunda operação, Harel não se deixou dissuadir. Tinham pistas específicas sobre Mengele, e Harel não conseguiria deixar de segui-las enquanto estivessem em Buenos Aires. Tremera com as histórias que Amos Manor lhe contara sobre o médico de Auschwitz, histórias que vinham de sua própria experiência. Depois dessas conversas, Harel ardia por dentro dos ossos, como ele mesmo dizia, para pegar o médico.

Harel instruiu Eitan e Shalom a dizer a Aharoni para pressionar mais Eichmann a respeito de Mengele. O chefe do Mossad tinha certeza de que o prisioneiro mentia e que sabia exatamente onde Mengele morava.

Mais tarde, Aharoni interrogou Eichmann novamente sobre Mengele. Já no quarto dia de cativeiro, sem saber se era dia ou noite ou por quanto tempo o manteriam vendado e preso à cama daquele quarto minúsculo, o prisioneiro perdia cada vez mais a resistência relativa ao que revelava. A princípio, Eichmann contou outra vez a história de não conhecer Mengele. Mas, depois de repetidas perguntas, revelou que tinham se encontrado uma vez, por acaso, num restaurante da cidade. Ele se lembrava de que o outro lhe oferecera assistência médica gratuita.

Mas Aharoni insistiu que Eichmann devia ter encontrado Mengele em mais de uma ocasião. Com certeza sabia onde morava. Eichmann negou com veemência, acrescentando que temia pela família caso dissesse alguma coisa. Aharoni lhe disse que poderia esperar meses até que respondesse à pergunta. Ninguém o procurava. Horas depois, Eichmann confessou que Mengele já dissera algo sobre estar na pensão de uma alemã chamada Jurmann. Não sabia o endereço, mas era em algum lugar de Vicente López. A Pensão Jurmann já estava no caderno codificado de Harel. Isso provou que a informação era boa.

Sentindo que avançava com Eichmann, Aharoni insistiu novamente para que assinasse uma declaração de que iria por vontade própria a Israel para ser julgado. Aharoni preparara uma amostra de texto para que Eichmann a copiasse e assinasse. Para desapontamento de Aharoni, Eichmann recuou. Em certo momento, insinuou que preferiria ir para a Áustria.

— Pare de me insultar! — disse Aharoni com rispidez. — É Israel ou nada. Ou concorda, ou não. Mas não complique a questão. Se não cometeu nenhum crime, não tem nada a temer. Pense nisso. Temos muito tempo.

Naquela noite, Harel visitou Tira para ver Eichmann e cumprimentar os agentes pelo sucesso da captura. Antes, quando se encontrara com Eitan, Harel ficara chocado com o seu comportamento sério. Agora, Harel encontrava o resto da equipe igualmente desalentada. Sempre suspeitara que seria estressante vigiar Eichmann, mas só entendeu o moral debilitado quando, naquela noite, subiu para ver pessoalmente o prisioneiro.

O homem estava deitado na cama, de pijama, os óculos cobrindo os olhos. Não fez nenhum movimento para se sentar até que lhe deram essa ordem, e mesmo assim se encolheu em presença dele. Harel ficou espantado ao ver como Eichmann era comum e patético.

Apesar das tentativas de Eichmann de convencer Aharoni de que fora apenas uma "pequena engrenagem" da máquina nazista, Harel sabia que Eichmann implementara operações pela Europa inteira. Privara de direitos populações inteiras de judeus, lhes confiscara as riquezas, os prendera em guetos e depois deportara todos para os campos onde seriam exterminados, imediatamente ou depois de meses de trabalhos forçados. Podia não ter matado judeus com a sua pistola, mas o seu empenho fora muito mais devastador. Ao chegar a Budapeste, chamara à sua sala, no Hotel Majestic, os líderes judeus da cidade e prometera: "Assim que obtivermos a vitória, os judeus serão libertados e poderão fazer o que quiserem. Em geral, não sou amigo da força, e espero que tudo corra bem sem ela." No dia seguinte, Eichmann mandara a Viena o seu chefe de transportes para tratar dos detalhes ferroviários da remessa dos judeus húngaros para Auschwitz. Nos meses seguintes, enquanto as comunidades da Hungria, uma após outra, eram destruídas, Eichmann divertia-se em Budapeste, dormindo com as suas amantes e bebendo até cair nos melhores restaurantes da cidade. Quando Rezsö Kasztner insistiu com Eichmann para que permitisse que alguns judeus húngaros se refugiassem em Budapeste, ele teve um ataque de raiva e disse: "Quando digo não, é não... Entenda bem, tenho de limpar as províncias da merda judaica. Argumentos e lágrimas de nada adiantam."

O fato de alguém que mais parecia um funcionário dos correios, alguém de aparência e temperamento tão medianos, fosse responsável por matar milhões de judeus era um horror, em si e por si. Mais tarde, Harel descreveu a sensação que teve naquela noite. "A visão daquele nanico miserável, que perdera todos os vestígios da antiga superioridade e arrogância assim que foi despido da farda e dos poderes da autoridade, dava-lhes uma sensação de insulto e profundo desprezo. Era *isso* a personificação do mal? Era *isso* a ferramenta usada por um governo diabólico? Essa nulidade desprovida de orgulho e dignidade humana, era *isso* o mensageiro da morte de 6 milhões de judeus?"

A visita de Harel só causou efeito temporário no clima da casa, e ele instruiu Eitan a dar a cada agente, em sistema de rodízio, um dia de folga longe dali. Enquanto vestia o sobretudo para sair, disse à equipe:

— Sei pelo que vocês estão passando. Só é preciso aguentar mais alguns dias.

Mas, quando fechou a porta atrás de si, Harel temeu que, se algo desse errado com o avião da El Al, eles tivessem de passar algumas semanas, e não dias, ali.

Em 16 de maio, a caçada a Mengele começou a sério. Por meio da rede de *sayanim* de Ilani, aparentemente infinita, Harel recrutou um casal israelense de origem argentina, que voltara à cidade para resolver problemas familiares, para investigar a pensão. Por enquanto, decidira que era melhor não desviar ninguém da equipe básica de seus deveres principais. Quando conheceu "Hilel" e "Neomi Pooch", eles tinham a aparência e o sotaque dos argentinos nativos que eram: ideais para o seu objetivo. Harel foi claro a respeito de quem procuravam. Os Pooch só precisaram de uma curta descrição das experiências horrendas que Mengele fizera com gêmeos judeus para se apresentarem, entusiasmados, como voluntários.

Puseram-se a trabalhar naquele dia, vigiando a Pensión Jurmann, uma casa grande, de cerca branca, numa rua estreita. Não viram ninguém que se parecesse com a fotografia que lhes mostraram, e algumas perguntas discretas pela vizinhança revelaram que não havia alemães morando na pensão. Harel ficou ansioso ao receber essa notícia. Tinha duas fontes separadas que indicavam a Pensão Jurmann. Os Pooch precisavam ser mais proativos para descobrir quem morava lá. Harel mandou Hilel Pooch voltar ao bairro com uma história falsa e instruções para perambular até achar o carteiro.

Em 17 de maio, depois de passar várias horas percorrendo as ruas, Hilel encontrou o carteiro e explicou que procurava um tio, médico, com quem perdera contato há muito tempo, mas que ele achava que ainda morava naquela área. O nome dele era dr. Menelle, disse Hilel, alterando um pouco o nome.

— Dr. Menelle... — repetiu o carteiro, remoendo o nome. Depois, apontou a casa com a cerca branca. — Ah, sim, ele morava ali até algumas semanas atrás, um mês, talvez.

— Ora, que falta de sorte! Então cheguei um pouco atrasado. Ele deixou o novo endereço?

O carteiro fez que não.

— O senhor sabe quem mora lá agora? — perguntou Hilel, sugerindo que talvez os novos moradores soubessem.

— É um engenheiro da África do Sul. Por que o senhor não pergunta a ele?

Hilel lhe agradeceu e seguiu na direção da casa, para que o carteiro não desconfiasse das perguntas. Ele não tinha a mínima intenção de bater à porta.

Embora Harel ficasse irritado ao saber que tinham perdido Mengele por algumas semanas, pelo menos sabiam que estavam no caminho certo; tinham encontrado a pista.

* * *

Em 17 de maio, no esconderijo, o clima ficara ainda mais pesado. Os dias e as noites eram sempre iguais. Dois agentes do Mossad ficavam de vigia para o caso de a polícia aparecer. A preocupação constante de serem descobertos desgastava seus nervos.

E havia o prisioneiro. Alguém da equipe vigiava Eichmann o tempo todo; estivesse ele comendo, dormindo, usando o banheiro, tomando banho, fazendo exercícios no jardim ou deitado na cama. O prisioneiro obediente continuava a inspirar em seus captores uma sensação de ódio e uma depressão quase sufocante, como se drenasse da casa toda a luz e todo o oxigênio.

O tédio também era esmagador. Além de escutar o rádio atrás de pistas sobre a caçada a Eichmann, não havia nada muito construtivo que pudessem fazer quando não estivessem de guarda. Havia na casa alguns livros em inglês, mas os que sabiam ler o idioma já tinham esgotado o repertório. Para passar o tempo, jogavam xadrez, olhavam pela janela, observando os vizinhos nas atividades cotidianas, cochilavam nos quartos e até inventavam jogos, como o concurso de comer maçãs. A inatividade lhes dava a oportunidade de remoer os seus temores e o nojo que sentiam por Eichmann, num círculo vicioso.

Algumas tarefas aliviavam a tensão de vigiar o nazista. Tabor supervisionava a construção de um grande caixote de madeira para levar o prisioneiro até o aeroporto. Dentro do caixote, instalaram quatro correias de couro para prender os braços e pernas do cativo. Também abriram furos na madeira para que ele respirasse. Etiquetaram o caixote: MALA DIPLOMÁTICA — DE: EMBAIXADA ISRAELENSE, BUENOS AIRES — PARA: MINISTÉRIO DO EXTERIOR, JERUSALÉM. Tabor também construiu uma câmara oculta num carrinho da empresa fornecedora de alimentos que Yosef Klein conseguira furtar do aeroporto. O plano era levar Eichmann a bordo como parte da tripulação da El Al, mas talvez precisassem desses dispositivos como alternativas, ou para levar Mengele até o avião, caso o encontrassem.

A equipe passou a noite preparando a extensa documentação — como um passaporte israelense com visto, a carteira de motorista, alguns atestados médicos e o crachá da El Al — necessária para fazer Eichmann se passar pelo tripulante Zichroni. Sob supervisão de Malkin, barbearam e maquiaram o rosto de Eichmann, lhe puseram uma peruca escura e curta e vestiram nele um bom terno. Ele ficou espantosamente mais jovem e imponente, como na fotografia da época da guerra. O efeito deixou perturbados todos os que estavam em Tira, Eichmann mais ainda. Ele se convenceu de que o preparavam para a execução, por mais que lhe afirmassem o contrário.

Shalom Dani foi até o esconderijo preparar os documentos. Sofrera com o seu próprio isolamento em Maoz, muitas vezes sem saber o que acontecia e se lamentando de não participar da captura. Em consequência, estava se sentindo inútil; mas sem ele, asseguraram os compatriotas, a operação nunca teria acontecido. Dani queria ver Eichmann em pessoa e lhe dizer o que fizera com a sua família. Essa era sua oportunidade. Mas assim que entrou na cela, a cor sumiu do seu rosto, e suas mãos começaram a tremer. Nada disse a Eichmann além das instruções para a fotografia, mandando-o inclinar o queixo para cá ou virar-se para lá diante da câmera.

Assim que tirou as fotografias, Dani saiu do quarto. Disse aos outros que não esperava um desencadear tão grande de emoções.

— Até para ficar no mesmo quarto que ele, tive de me forçar a não sentir nada — disse, antes de se retirar para outro aposento a fim de trabalhar nas falsificações. Quando saiu de lá, entregou os documentos a Eitan e foi-se embora de Tira, sem se lembrar de se despedir dos outros. Só tinha uma coisa em mente: ir embora e nunca mais voltar.

Peter Malkin estava de guarda quando Eichmann perguntou, de repente:

— Foi você o homem que me capturou?

— Fui, meu nome é Maxim — respondeu Malkin, hesitante.

Muito embora as ordens expressas de Eitan fossem de não falar com o prisioneiro, Malkin queria saber por que Eichmann organizara a matança do seu povo e como o nazista fora capaz de tais atos. Com Eichmann falando alemão e Malkin, iídiche, a conversa foi rudimentar e entrecortada.

Malkin recordou que vira Eichmann brincando com o filho mais novo na frente da casa.

— O seu filho me lembra tanto o filho da minha irmã — disse Malkin.

— O que aconteceu com ele?

— Não aconteceu nada — respondeu Malkin amargamente. Mas depois continuou: — Só sei de uma coisa. O seu filho está vivo, e o da minha irmã está morto.

— Você vai me matar? — perguntou Eichmann.

— Não. Vamos levá-lo a julgamento, a um julgamento imparcial: uma oportunidade que você nunca deu às suas vítimas.

Depois, perguntou a Eichmann:

— Como é que você fez o que fez?

— Foram ordens. Eu tinha um serviço a fazer.

— Só um serviço? — disse Malkin, incrédulo.

— Você não é soldado? Não recebe ordens? Você me capturou. Por que fez isso? Porque lhe ordenaram.

— É verdade, me ordenaram que o capturasse, mas há uma grande diferença entre mim e você. Minha ordem foi pegar um criminoso. Mas você foi atrás de gente inocente. Não tinham feito nada de errado. Você obedeceu à ordem porque odiava aquela gente.

— Não... De certa forma, eu amo os judeus.

Malkin mal pôde acreditar no que ouvia. Isso era demais.

— Ama os judeus? Então o que é que foi fazer na SS?

— Queria que tivessem o país deles. Queria mandá-los embora. Não queríamos ter de fazer nada com os judeus. A princípio, só falávamos em livrar a Alemanha dos judeus. Mas nenhum país queria aceitá-los. Falamos sobre Madagascar e fizemos planos de todos os tipos. Cheguei a visitar Israel em 1936.

Malkin achou óbvio que Eichmann já preparava a sua defesa.

Noite após noite, os dois conversaram. Eichmann falava com uma voz dulcíssima e inocente, como se quisesse agradar. Acariciava o ego, gabando-se do seu posto importante na SS, mas ao mesmo tempo afirmava que não fora responsável pelas decisões tomadas. Malkin ficou enojado com as negativas e a incapacidade de ver suas ações contra os judeus por outro ponto de vista que não fosse o de um nazista, mesmo 15 anos depois. A total falta de empatia pelas vítimas era gritante, mesmo que afirmasse "amar" os judeus.

24

EM TEL AVIV, NA TARDE clara e luminosa de 18 de maio, a delegação israelense que ia para a comemoração do aniversário da independência argentina embarcou no Bristol Britannia 4X-AGD, no aeroporto Lod. Foram tiradas fotos dos emissários subindo a escada móvel até o avião comprido e esguio com a bandeira israelense pintada na cauda. No degrau de cima, Abba Eban, chefe da delegação, sorriu para as câmeras e acenou para se despedir das autoridades que foram assistir à partida.

Alto e distinto, só recentemente Eban fora eleito para o Knesset, depois de servir alguns anos como embaixador israelense nos Estados Unidos e nas Nações Unidas. Aos 45 anos, era uma estrela em ascensão na política israelense, e ajudara David Ben-Gurion a se reeleger no ano anterior. Embora integrasse o gabinete de Ben-Gurion, Eban era "ministro sem pasta", isto é, não estava encarregado de nenhum ministério, o que fazia dele a pessoa ideal para ser o emissário israelense nessa ocasião. Ben-Gurion informara pessoalmente a Eban, há vários dias, que o avião ia à Argentina para buscar Eichmann.

Assim, quando embarcou, Eban já estava tenso. Com ele, na delegação, estavam o general Meir Zorea, chefe do Comando Norte das Forças de Defesa de Israel, e várias autoridades do Ministério do Exterior com seus familiares. Nenhum dos outros fazia a mínima ideia do objetivo especial do voo, embora, sem dúvida alguma, Zorea aprovaria se soubesse. Depois da Segunda Guerra Mundial, participara de um grupo de vingadores que tinha perseguido e matado nazistas. Todos os passageiros voltariam a Israel em empresas aéreas civis americanas, aparentemente porque o Britannia tinha de retornar mais cedo aos seus voos regulares.

Entretanto, todo aquele esforço para guardar segredo não impediu que os tripulantes suspeitassem de que naquele voo havia algo além do que a El Al lhes contara. Primeiro, havia três homens com uniformes da El Al que nenhum deles conhecia. Sentaram-se juntos e não fizeram a mínima tentativa de trabalhar (embora estivessem listados no manifesto da tripulação como navegador, mecânico de voo e comissário de bordo). Depois, o número de funcionários da El Al que participavam das "tripulações de maracutaia" era limitado. Quando vários deles eram reunidos num voo só, em geral isso significava que havia um objetivo secreto. Depois de verificar a lista da tripulação, o comandante Shmuel Wedeles, um dos dois copilotos escolhidos por Tohar para a missão, teve certeza de que havia um motivo a mais. Judeu vienense que, quando criança, vira uma turba forçar um rabino idoso a comer carne de porco antes de pôr fogo em sua barba, Wedeles fugira sozinho para Israel; o resto da família morrera no Holocausto. Fora combatente do Haganah e piloto na Guerra de Independência. Assim que viu Yehuda Shimoni no avião, perguntou diretamente:

— Quem vão trazer, Mengele ou Eichmann?

Shimoni negou a dedução, mas seu olhar de espanto revelou a Wedeles tudo o que precisava saber.

O chefe dos comissários de bordo também ficou desconfiado. Quando perguntou ao amigo Tohar o que estava acontecendo, o piloto, enigmático, disse:

— Você não vai se arrepender de ter sido escalado para esse voo.

Depois que todos os passageiros se instalaram em seus lugares e a tripulação estava pronta, os alto-falantes da pista e do prédio do terminal avisaram, em hebraico e em inglês: "Anunciando a partida do Voo 601, de Tel Aviv para Buenos Aires." Os quatro motores turbo foram ligados e o Britannia, apelidado de "Gigante que Murmura", taxiou rumo à pista. Exatamente às 13h05, as rodas deixaram o solo israelense e a viagem para a Argentina começou.

Primeiro os passageiros fizeram uma escala curta em Roma; depois, um voo de nove horas e meia até Dacar, onde recolheriam outra tripulação da El Al. No fim de uma breve escala, levariam seis horas para sobrevoar o Atlântico até Recife, onde se reabasteceriam pela última vez antes da viagem de sete horas e meia para o sul, até Buenos Aires, com chegada prevista para a tarde de 19 de maio.

Não havia nada especialmente difícil no voo, a não ser o fato de que a tripulação da cabina nunca fora para a América do Sul. O principal navegador, Shaul Shaul, teve de comprar em Nova York mapas de navegação da América do Sul, porque na El Al não havia nenhum. Era território novo para todos os envolvidos.

Vinte de maio era a data marcada para levar Eichmann para o avião e sair do país. Isso só dava a Harel mais dois dias para encontrar Josef Mengele. Hilel Pooch visitara a agência de correio de Vicente López, mas descobrira que Mengele não deixara novo endereço. As outras investigações pela vizinhança não trouxeram nenhuma informação nova. Ou todos o protegiam, ou ele escondera bem os seus rastros.

O endereço da pensão não era a única informação no caderninho de Harel. Ele também sabia que o pseudônimo de Mengele, vários anos antes, fora Gregor Helmut, e que possuíra uma oficina de equipamento mecânico perto de onde supostamente morava. Embora o chefe do Mossad ainda insistisse em encontrar Mengele, a relutância de Eitan e de Shalom em desviar o foco de Eichmann lhe deixara impressionado, e ele decidiu não envolver a equipe na busca.

Assim, Harel deu a Pooch uma nova história falsa: ele tentaria encomendar um grande pedido de parafusos especiais que tinham lhe dito que a oficina de Helmut faria. Quando o jovem israelense chegou à oficina e disse à secretária que queria falar com o proprietário, Gregor Helmut, sobre um pedido, ela ficou nervosa e foi para uma sala ao lado. Pooch escutou alguns cochichos e, em seguida, a secretária voltou. Ela o olhou por um bom tempo e depois disse, rispidamente, que não havia ninguém na oficina com aquele nome e que não poderiam ajudá-lo.

Quando Pooch fez o relatório a Harel, o chefe sentiu que estavam na pista certa, mas que precisavam ser mais agressivos. Seriam necessários mais agentes para investigar a oficina e, talvez, revistar a pensão para ver se Mengele tinha mesmo partido.

Mais tarde, ficou claro que, na cidade, tornara-se muito mais difícil agir clandestinamente, fosse para transportar Eichmann até o aeroporto, fosse para levá-lo em sigilo até o avião, fosse para iniciar uma operação para capturar Mengele, caso o localizassem. Com a chegada das delegações internacionais, a segurança aumentara. Todas as ruas principais e as que ligavam o aeroporto à capital estavam cheias de policiais. Shalom verificara que era impossível prever uma rota até o aeroporto que evitasse as barreiras policiais.

As notícias do rádio indicavam que a segurança ficaria ainda mais intensa. Tinham explodido bombas, provavelmente instaladas por grupos terroristas peronistas, na empresa petrolífera e na companhia telefônica, ambas estatais, causando muitos danos. O governo exigia o fechamento das fronteiras e iniciava a caçada aos culpados, passo que levava mais perigo ainda a Tira.

Naquela noite, Nick e Dieter arrombaram a porta da frente de uma sinagoga da cidade, brandindo armas. Um ex-oficial da SS, que tinham conhecido por meio do pai, lhes dissera que Eichmann podia estar no porão do templo. A busca nada encontrou. A sinagoga estava vazia, e eles partiram sem confrontos.

Em toda Buenos Aires, havia membros da Tacuara patrulhando em suas motocicletas, vigiando o aeroporto, os terminais de ônibus e as estações ferroviárias. Também espreitaram as sinagogas e verificaram os hospitais e necrotérios de todos os bairros. A forte presença da polícia pouco fez para retardar as suas buscas.

Nick e Dieter não sabiam se o pai ainda estava vivo. Pelo que sabiam, poderia ter sido levado para fora da cidade e fuzilado, tendo seu corpo sido enterrado. Os atacantes já podiam ter sumido há muito tempo. A cada dia que passava, os dois irmãos ficavam cada vez mais desesperados.

Alguns dos jovens ativistas que os ajudavam estavam convencidos de que precisavam de uma jogada ousada para ter alguma chance de encontrar Eichmann. Tinham certeza de que os israelenses estavam por trás da captura e sugeriram sequestrar Levavi, o embaixador israelense, para oferecê-lo em troca. Se os israelenses se recusassem, torturariam o embaixador até que Eichmann fosse devolvido.

O plano era imprudente demais para Nick e Dieter. O ex-oficial da SS que os ajudava advertiu:

— Não façam nada estúpido. Sejam sensatos, ou perderão tudo, absolutamente tudo.

Decidiram confiar apenas na busca.

— Vou lhe perguntar uma coisa — disse Malkin a Eichmann, nas primeiras horas da manhã de 19 de maio. — Quando decidiram que o objetivo não seria mais a expulsão, mas a morte, como você se sentiu?

— Não havia nada a ser feito. A ordem veio do próprio Führer.

— Mas como você se sentiu?

— Não havia nada a ser feito.

— Entendo. Então você se transformou em matador.

— Não, isso não é verdade. Nunca matei ninguém — insistiu Eichmann, explicando que evitara passar muito tempo nos campos de extermínio; além disso, eles não estavam sob seu controle direto. — Eu me dedicava à coleta e ao transporte — explicou.

Malkin não entendia como Eichmann podia estar convencido de que suas ações tinham sido éticas e adequadas, de que não fizera nada errado. A ordem viera dos seus superiores; ele obedecera. O dever o exigira.

Eichmann continuou explicando como fora diligente na elaboração dos cronogramas. Malkin exclamou:

— Você percebe que estamos falando de gente inocente aqui? Criancinhas? Velhos e velhas?

Eichmann não se abateu com essa declaração, e Malkin percebeu que ele era completamente incapaz de se arrepender dos seus atos. No final, Malkin ficou mais afetado do que Eichmann pelas discussões. Nunca achara possível que alguém tivesse tamanha deficiência emocional e fosse tão impermeável aos sentimentos. Voltou aos seus desenhos, irritado e entristecido. Embora às vezes tivesse ânsia de bater em Eichmann por causa da sua falta de piedade, também sentia uma pena incrível dele.

Mais tarde, à noite, durante o seu turno de vigia, voltaram a conversar. Eichmann falou do amor ao vinho tinto, e Malkin achou que seria inofensivo lhe servir um copo. Durante oito noites, ele ficara preso à cama. Pelo menos por um momento, poderia se sentir humano outra vez, pensou Malkin.

Dali a instantes, voltou à cela com uma garrafa de vinho e um gravador que pertencia a Medad. Serviu o vinho e pôs o copo nas mãos do prisioneiro.

— Gosto tanto de vinho — disse Eichmann depois de esvaziar o copo.

Malkin tomou o seu mais devagar. Pôs uma fita no gravador e acendeu um cigarro para Eichmann. A música do flamenco enchou o quarto pequeno e abafado.

O prisioneiro sugou profundamente o cigarro, até que fosse quase uma guimba.

— Cuidado, não queime os dedos — aconselhou Malkin.

— Por que faz isso por mim? — perguntou Eichmann, mais à vontade do que nunca desde que chegara à casa.

— Não sei. Mas não o odeio — respondeu Malkin, percebendo que tinham criado um estranho tipo de relacionamento nos últimos oito dias. — Só achei que era algo que queria fazer por você. — Eichmann ficou calado.

Malkin se lembrou da declaração que, durante a semana toda, Aharoni tentara fazer com que Eichmann assinasse. Essa talvez fosse a sua oportunidade.

— Eichmann, acho que você está enganado ao não assinar os documentos para ir para Jerusalém — disse.

— Não quero ir. Por que não posso ir para a Alemanha?

— Não vou obrigar você a nada. Mas se eu fosse você assinaria os papéis, e vou lhe dizer por quê. Vai ser a única vez na vida em que você terá a oportunidade de dizer o que pensa. E vai estar lá em Jerusalém, e dizer ao mundo todo que você achou estar certo, com as suas próprias palavras.

Eichmann terminou o segundo copo de vinho, obviamente remoendo a ideia. Então, pediu para ficar em pé e tirar os óculos. Malkin deixou, sabendo que Eichmann já vira o seu rosto na noite da captura. Ainda assim, ficou muito atento. Podia ser um truque, uma tentativa de fugir.

Finalmente, Eichmann disse:

— Onde está o papel?

Aharoni preparara um rascunho de declaração para que Eichmann copiasse, dizendo que ia ser julgado em Israel por vontade própria. Malkin lhe passou o papel, junto com a caneta. Eichmann leu o esboço e depois, inclinado sobre a mesinha de cabeceira, escreveu sua declaração em bom alemão.

> Eu, Adolf Eichmann, abaixo-assinado, declaro por livre e espontânea vontade que, já que minha verdadeira identidade foi descoberta, percebo ser inútil continuar fugindo da justiça. Afirmo que estou disposto a viajar para Israel para ser julgado naquele país diante de um tribunal competente. Entendo que receberei auxílio jurídico e pretendo fazer um relato sincero dos fatos ocorridos nos meus últimos anos de serviço na Alemanha, de modo que um quadro fiel dos fatos possa ser passado às futuras gerações. Faço essa declaração por livre e espontânea vontade. Nada me prometeram, nem me fizeram ameaças. Desejo finalmente obter a paz interior. Como sou incapaz de recordar todos os detalhes e estou confuso a respeito de certos fatos, peço que me garantam assistência em minha tentativa de determinar a verdade, com acesso a documentos e provas.

Ao terminar, virou-se para Malkin e perguntou:

— Que data devo pôr, a de ontem ou a de hoje?

— Ponha apenas maio de 1960.

Ele fez que sim e assinou: "Adolf Eichmann, Buenos Aires, maio de 1960."

— Você fez a coisa mais certa. Não vai se arrepender — disse Malkin, dando-lhe outro cigarro antes de recolocar os óculos sobre os seus olhos.

De repente, ouviram passos apressados pelo corredor, e Medad entrou de repente no quarto, de pijama cinzento.

— Que diabos você está fazendo? — gritou, ao ver o vinho e os cigarros. — Dando uma festa para esse assassino?

Malkin tentou se justificar, mas Medad, de origem tcheca, estava lívido, o rosto corado.

— Ele está se divertindo com a minha música? Este assassino da minha família? — Ao ouvir os gritos, Eitan, Gat e Judith correram para o quarto. Malkin tentou explicar, lhes mostrando a declaração assinada, mas estavam preocupados em acalmar Medad e depois em censurar Malkin por desobedecer às ordens e falar com o prisioneiro.

Finalmente, todos se acalmaram, e Tabor assumiu a vigilância no lugar de Malkin. Quando este saiu para o corredor, Eitan o deteve um instante para lhe dizer:

— Bom trabalho.

O comandante Shmuel Wedeles estava nos controles. Às 6h25 de 19 de maio, na rota entre Dacar e Recife, embicou o Britannia pelas nuvens sobre o sul do Atlântico e cruzaram o litoral brasileiro. Seguiam com exatidão o plano de voo.

Dali a 15 minutos, entraram na faixa de rádio de Campina Grande, a 80 milhas náuticas (148 km) de Recife, com os altímetros indicando que estavam a 10 mil pés, ou 3 mil metros de altitude. Wedeles estabeleceu o curso para sudeste, rumo ao aeroporto. Depois, entrou em contato com o controle de tráfego aéreo.

— Controle de Recife, aqui é El Al 4X-AGD de Dacar para Recife, seguindo para 135, altitude 7.500, descendo, estimativa Recife na hora cheia.

— Roger, El Al — transmitiu de volta o controlador. — Mantenha o curso. Entre em contato quando chegar a 2 mil.

Na altitude de 4 mil pés, ou 1.200 metros, a base prevista das nuvens, o Britannia ainda não saíra delas. Dali a minutos, estariam no aeroporto. A 40 milhas náuticas (74 km) de distância, chegaram a 2 mil pés, ou 600 metros de altitude. Wedeles preparou-se para entrar em contato com o controle de tráfego aéreo, para lhes informar a posição, quando finalmente o avião saiu das nuvens. De repente, viu uma extensão verde bem à frente. O avião seguia para a floresta no alto dos morros. Imediatamente, Wedeles puxou o manche, fazendo o nariz do avião se erguer. Ao mesmo tempo, acionou os aceleradores do motor, aumentando a velocidade para evitar que o avião estolasse. O aparelho se nivelou logo acima do topo das árvores. Todos na cabine de voo olharam pela janela quando passaram a menos de uma asa de distância da floresta.

— Meu Deus, os brasileiros pensam e falam em metros, não em pés! — exclamou um integrante da tripulação da cabine, enquanto Wedeles continuava a voar ao nível do alto das árvores. Os israelenses mediam a altitude em pés, como era a regra na Europa, nos Estados Unidos, no

Oriente Médio e na África. Se a base das nuvens estivesse uns 30 metros mais baixa, não teriam conseguido se safar.

Dez minutos depois, às 7h05 de 19 de maio, o Britannia pousou são e salvo em Recife. Os problemas dos israelenses estavam apenas começando.

Tohar queria partir assim que se reabastecessem de combustível e limpassem o avião, no máximo dali a uma hora. Para sua surpresa, quando taxiaram rumo ao prédio do terminal, encontraram um comitê de recepção com tapete vermelho, banda de música e centenas de espectadores à sua espera. Os representantes da comunidade judaica local saudaram sua chegada. O comandante do aeroporto, usando uma farda superengomada e cravejada de medalhas, deu aos "estrangeiros do outro lado do mar" as boas-vindas ao "belo Brasil".

Depois da recepção meio canhestra, a tripulação e a delegação desembarcaram para esticar as pernas e tomar um café no terminal do aeroporto. Alguns compraram lembranças e frutas dos vendedores que ladeavam a cerca do perímetro do campo de pouso. Meia hora depois, quando Shaul e o seu navegador Gady Hassin tentaram entrar na torre de controle do aeroporto para registrar o plano de voo e verificar os relatórios meteorológicos para a viagem até Buenos Aires, foram impedidos por um soldado que, zangado, os afastou, dizendo: "Proibido passar!" O soldado não se assustou com a presença imponente de Shaul — 1,92 metro de altura, com olhos penetrantes e seríssimos —, provavelmente porque era ele quem estava armado de fuzil. Hassin foi buscar Tohar, mas nem a presença dele adiantou. O soldado foi claro:

— O comandante está dormindo. Ninguém pode incomodá-lo.

Tohar temeu que a verdadeira razão do voo tivesse sido descoberta. Para evitar atrair atenção indevida, preferiu se afastar.

Como o impasse continuava, um garçom da lanchonete do terminal se aproximou. Tinha quase 30 anos e, provavelmente, era um agente do Mossad plantado no aeroporto para o caso de surgir uma situação dessas. Falou rapidamente com o guarda em português fluente, e depois disse a Tohar:

— Tenha paciência. Vou à cidade e, com sorte, volto daqui a meia hora com a solução. — E saiu pedalando a bicicleta.

Meia hora depois, um homem idoso, que era secretário do centro comunitário judaico local, chegou ao terminal do aeroporto com uma maleta de couro. Abordou o soldado e disse que tinha um recado para o comandante. O soldado sumiu com a maleta e o comandante em pessoa surgiu dali a alguns minutos. Num ato de exibicionismo, deu dois tapas no rosto do guarda, soltou uma praga terrível e olhou diretamente para Tohar.

— Comandante — disse ele —, por que não me avisou que queria conversar?

Pago o suborno, os israelenses registraram o plano de voo. Três horas e 25 minutos depois de pousar em Recife, o Britannia percorreu a pista e ergueu-se gracioso no céu.

A caminho do aeroporto para esperar a chegada do avião da El Al, Shalom e Aharoni viram que toda Buenos Aires se agitava com a expectativa da comemoração da independência. Havia bandeiras em todas as janelas, as pessoas enchiam as ruas e cafés, e ouvia-se tango nas praças públicas. Também havia soldados e policiais por toda parte, parando carros e verificando documentos. Os dois agentes do Shin Bet sabiam que levar Eichmann para o aeroporto nessas condições seria um risco imenso. Caso fossem revistados, o prisioneiro teria de estar sedado, com os documentos na mais perfeita ordem.

Depois de serem atrasados por um acidente de trânsito, chegaram ao aeroporto de Ezeiza. Avistaram Isser Harel e Yosef Klein no meio da multidão que fora assistir ao pouso do primeiro avião israelense na Argentina. Estavam ali vários diplomatas do Ministério do Exterior argentino, juntamente com uma banda militar e pessoal de terra pronto a desenrolar o tapete vermelho. Esse tipo de recepção era comum para as delegações internacionais que chegavam. No meio da multidão também havia muitos funcionários da embaixada israelense e dezenas de pessoas da comunidade judia local, inclusive mais de cem crianças com bandeirinhas de Israel. Todos estavam ansiosos esperando o pouso do Britannia.

Mas o avião estava atrasado. Duas horas se passaram. Klein corria pelo aeroporto, ansioso para descobrir o que dera errado. Soube que houvera problemas com o avião na hora de receber permissão para decolar em Recife, embora todas as permissões tivessem sido obtidas com antecedência. Harel compartilhava o nervosismo com Klein, mas não havia nada que pudessem fazer além de aguardar e torcer pelo melhor.

Finalmente, às 16h05, três horas depois do previsto, o Britannia desceu do céu e tocou a pista com um guincho. A banda que esperava atacou o hino nacional israelense, "Ha-Tikvah" ("A esperança"). Klein acompanhou a aproximação do avião rumo ao terminal.

Eban saiu do avião com a agitação febril de bandeiras israelenses. Cumprimentou os argentinos e, para surpresa de todos, fez um curto discurso em espanhol perfeito. Não apresentou nenhum sinal de que sua presença era algo além de um gesto diplomático de boa vontade. Em pé na pista, diante do avião, Luba Volk saboreou o momento, orgulhosa porque as providências que tomara para a recepção tinham dado certo. Então, notou que vários homens com o uniforme da El Al, nenhum dos quais reconheceu, desciam do avião. Quando Yehuda Shimoni os seguiu para longe do aparelho, ela o abordou. Depois de um breve cumprimento, perguntou com ênfase:

— Quem são esses aí?

— O general Ben Arzi lhe mandou lembranças — disse Shimoni, surpreendido pela pergunta e evitando-a totalmente com a referência ao presidente da El Al e ex-chefe dela. — Ele me pediu que lhe recordasse que ainda gostaria muito de que você aceitasse o convite de voltar a trabalhar em horário integral.

Em vez de responder ao comentário, Luba disse:

— Tenho uma surpresa desagradável do Ministério da Aviação. Queria levar de volta um caso de emergência médica, mas recusaram.

— Você fez *o quê*? — disse Shimoni, chocado.

— Qual o problema? Está dentro da minha autoridade de representante da empresa aqui.

— Não sei... Isso é ruim. Tudo bem, não importa. Você não está envolvida no que vai acontecer a partir daqui — disse ele, estranhamente. Vendo a perplexidade no rosto dela, acrescentou: — Estou me sentindo muito mal por não poder contar a você a razão desse voo.

Uma aeromoça do avião se aproximou, querendo falar com Luba. A conversa dela com Shimoni terminou de repente, antes que pudesse lhe perguntar do que é que estava falando. Distraída por suas próprias conjeturas, inclusive a que envolvia o uso do avião para tirar Josef Mengele da Argentina, Luba tentou se concentrar em cumprimentar o resto da tripulação que chegava ao terminal do aeroporto.

O comandante Tohar, então, se despediu dos tripulantes e lhes disse que aproveitassem a visita a Buenos Aires, mas que voltassem ao hotel no início da noite seguinte para se prepararem para a partida. Ninguém poderia se atrasar. Arye Friedman e Mordecai Avivi, os mecânicos do avião, acharam que também poderiam passear em Buenos Aires, mas Adi Peleg lhes informou que teriam de passar a noite com o aparelho na área de manutenção das Aerolíneas Argentinas. Peleg explicou que precisavam manter atenta vigilância, porque algumas "agências hostis" poderiam querer sabotar o Britannia.

Shalom e Aharoni observaram tudo isso acontecer sem tornar sua presença conhecida de nenhum passageiro ou tripulante. Estavam no aeroporto para verificar mais uma vez o caminho até lá e para garantir que o avião estivesse na posição correta no dia seguinte. Depois disso, partiram para Maoz, para uma última reunião sobre a operação de fuga.

Num café perto do Hotel Internacional do aeroporto, pouco depois da chegada do avião, Harel se reuniu com Tohar e Shimoni. Ambos pareciam exaustos. O comandante guardou para si o acidente que quase acontecera antes de pousarem em Recife. Em vez disso, deixou bem claro que ele e a tripulação estavam dispostos a fazer o que Harel lhes pedisse, com uma condição: recusava-se categoricamente a pousar outra vez no Brasil. Os brasileiros não eram dignos de confiança. Para Harel, estava tudo bem, já que queria voar direto de Buenos Aires a Dacar, para evitar qualquer oportunidade de deterem o Britannia na América do Sul.

Com isso acertado, Harel explicou o plano, que era levar Eichmann para o avião disfarçado com o uniforme da El Al. Precisaria que a tripulação passasse pela segurança com o prisioneiro. Tohar e Shimoni acharam que era uma ideia melhor do que levá-lo escondido num carrinho de comida ou caixote diplomático. Shimoni contou a Harel o caso de emergência médica para o qual Luba Volk pedira permissão e falou do seu temor de que isso despertasse suspeitas, mas o chefe do Mossad não deu importância ao fato e instruiu Shimoni apenas a se assegurar de que no voo não houvesse passageiros indesejados. O único ponto de discordância era a hora da partida. Harel queria partir o mais cedo possível no dia seguinte, mas Tohar argumentou que a tripulação precisava de mais descanso, dado o longo voo até Dacar e depois até Tel Aviv. Já estavam pondo à prova os limites do Britannia. Acrescentar o fardo de uma tripulação cansada seria arriscar demais. Harel concordou. Partiriam perto da meia-noite de 20 de maio.

Tohar foi direto do café para o Hotel Internacional, para se encontrar com a tripulação antes de seguirem para a cidade. Reuniu em sua suíte os dois outros pilotos, Wedeles e Azriel Ronen, os navegadores Shaul e Hassin e os mecânicos de voo, Shimon Blanc, sobrevivente do campo de concentração de Dachau, e Oved Kabiri. Era essa a equipe responsável por levar o Britannia em segurança até Israel. Tohar achou que mereciam conhecer o objetivo da missão. A não ser Wedeles, todos se espantaram com a explicação de Tohar, embora nem todos no quarto soubessem quem era Eichmann. Depois, ele lhes disse que voariam sem escalas de Buenos Aires a Dacar, e pediu aos navegadores que elaborassem a rota e aos mecânicos de voo que garantissem que o Britannia fosse capaz da façanha. Deixou claro que, se a razão do voo fosse descoberta, teriam de realizar ações evasivas.

Pensativos e totalmente informados do que tinham de fazer, os tripulantes debandaram.

Do outro lado da cidade, no esconderijo Maoz, Harel se reuniu com parte da equipe. Malkin, Tabor e Medad ficaram em Tira para vigiar Eichmann. Pela primeira vez, Harel não fez um discurso grandioso sobre a importância histórica da missão. Só tratou de negócios: cronogramas, documentação, disfarces, rotas, carros, planos alternativos, a busca de Mengele, eliminação de pistas e planos de fuga para os que não iriam no avião.

Eitan saiu cedo para verificar as coisas em Tira, e a reunião terminou por volta da meia-noite. Dormir não estava na agenda de nenhum deles.

Altas horas, na última noite em Tira, Rafi Eitan achou ter ouvido alguém se movendo do lado de fora. Percorreu a casa, alertando os outros membros da equipe. Tabor correu para a cela de Eichmann e preparou-se para enfiar o prisioneiro no esconderijo acima do teto, enquanto os outros espiavam pelas janelas, procurando algum movimento. Um agente revistou a frente da casa; outro, os fundos. Fora um alarme falso.

Todos se acalmaram, embora o clima ainda estivesse tenso, com todos desesperados para se livrarem do prisioneiro e voltar para Israel. Ninguém pôde descansar; estavam todos ocupados, vigiando, devolvendo a casa ao estado original, verificando as novas identidades e os documentos ou fazendo a limpeza, recolhendo todos os itens (binóculos, ferramentas, passaportes, roupas, mapas etc.) que precisavam ser jogados fora ou destruídos antes da partida. Durante a noite toda, Eichmann ficou sentado na beira da cama, obviamente consciente de que algo estava para acontecer.

Quando a aurora se aproximou, a equipe começou o último estágio da missão. Em seguida, chegaria a hora de fugir.

25

NAQUELA MANHÃ FRIA DE INVERNO, dia do voo da fuga, as tensões em Tira estavam mais agudas do que em todos os outros momentos da missão. Enquanto se preparavam para a partida, os membros da equipe sabiam que muita coisa podia dar errado depois que saíssem do esconderijo.

Embora não tivesse havido menção a Eichmann nos jornais nem no rádio, a polícia e os serviços de segurança podiam ter mantido silêncio deliberado sobre a busca, e era improvável que a comunidade de nazistas expatriados anunciasse em público que estava na caçada. Além do perigo de serem descobertos por essas forças, a equipe também corria o risco de ser detida por uma patrulha qualquer, dando a Eichmann a oportunidade de manifestar que estava preso contra a vontade, ainda que o dr. Kaplan o sedasse para a ida até o aeroporto. A própria sedação era um perigo, apesar da experiência de Kaplan como anestesista. A equipe também tinha de estar preparada para a possibilidade de um acidente nas ruas caóticas de Buenos Aires, ou os guardas do aeroporto podiam estar mais diligentes do que de costume. E, naturalmente, havia os riscos que envolviam o voo.

No início da tarde, a equipe terminara a maior parte dos preparativos e não havia nada a fazer senão aguardar, com mais tempo para pensar no que os esperava. O esconderijo estava em ordem. Malkin experimentara o disfarce em Eichmann, que mais uma vez temeu que estivessem se preparando para matá-lo. O médico o pusera numa dieta estrita, para reduzir o risco de complicações resultantes dos sedativos. Todos tinham trocado as antigas identidades por outras, e Eitan repassara o plano de levar Eichmann ao aeroporto naquela noite.

Fora de Tira, os outros agentes cuidavam de suas próprias responsabilidades. Aharoni removeu todos os vestígios da sua presença no esconderijo onde ficara. Depois, vestiu terno e gravata, parecendo um perfeito motorista, e chamou um táxi para ir à embaixada israelense. Lá, Yossef lhe entregou uma limusine Chevrolet nova, com placas diplomáticas, para levar Eichmann ao aeroporto. Também lhe deu o novo passaporte diplomático que o identificava como membro do escritório sul-americano do Ministério do Exterior israelense e uma carteira de motorista internacional. Seus dias de empresário alemão tinham acabado. Aharoni saiu da embaixada na limusine e mandou fazer uma revisão completa numa oficina. Precisavam tomar o máximo cuidado.

Em Maoz, Shalom Dani correu para terminar o último documento de Eichmann. Num hospital local, conseguira até um atestado médico oficial afirmando que ele sofrera um traumatismo craniano num acidente, mas que, agora, podia voar. Harel conseguira antes que um *sayan* fingisse a lesão, fosse ao hospital e obtivesse um atestado autêntico. Dani trocou facilmente o nome do voluntário por Zichroni, o pseudônimo de Eichmann. Agora, estava finalizando o passaporte de Zichroni.

Tabor passou a maior parte do dia no aeroporto. Depois de inspecionar o Britannia com os dois mecânicos, passou a preparar um compartimento secreto para esconder Eichmann caso o avião fosse revistado. Construiu uma parede falsa com dobradiças na frente de um dos banheiros da primeira classe. Quando terminou, ninguém suspeitaria que havia um banheiro naquela parte do avião.

Avraham Shalom também passou um bom tempo no aeroporto para se assegurar de que os guardas com quem fizera amizade na semana anterior não tinham sido transferidos para outros postos e de que sabiam que ele estaria entrando e saindo pelo portão o dia todo. Fez novo reconhecimento do caminho desde Tira, não encontrando nenhuma barreira nas ruas que escolhera. Ainda assim, havia dezenas de agentes de segurança na cidade e em torno do aeroporto; levar Eichmann até lá o deixava nervoso.

Ele dividiu os seus temores com Harel, que se instalara num restaurante do terminal do aeroporto para coordenar as atividades do dia. Embora alguns policiais e soldados fizessem as refeições no salão, o restaurante estava sempre lotado, a conversa e o barulho dos pratos eram ensurdecedores e havia gente entrando e saindo o tempo todo pelas portas. Harel podia ficar horas ali, para encontrar todos os agentes e receber os seus relatórios, sem que ninguém lhe desse sequer uma segunda olhada. Como a partida do avião fora marcada para a meia-noite, ele estava preparado para um longo dia.

Harel escutou Shalom com compreensão. Dentre os membros da equipe, era Shalom quem mais repassava todos os roteiros de tudo o que podia dar errado e os planos alternativos que tinham sido feitos para cada caso. Essas possibilidades o mantiveram acordado quase toda noite nas últimas semanas.

Mesmo naquelas horas tensas antes de tirar Eichmann do país, com tantas coisas em jogo, Harel ainda tinha esperanças de também capturar Mengele. Os recém-chegados do Mossad esperavam sua chamada para ordenar uma operação de ataque, assim que o médico de Auschwitz fosse encontrado.

Mas isso não aconteceria. Harel mandara Meir Lavi, o *sayan* que se encontrara com ele na noite da captura de Eichmann e a quem dera a mensagem sobre a máquina de escrever, tentar entrar na pensão de Vicente López. Lavi, que fingia ter um pacote para entregar, fracassou, mas conseguiu falar ao telefone com a inquilina. Esta não falava espanhol e, quando passaram a falar inglês, o seu sotaque revelou que era americana, e não alemã.

Hilel Pooch foi até a casa algumas horas depois, usando um macacão e um cinto com ferramentas. Disse à mulher que fora chamado para consertar o aquecedor. Pooch também a identificou como americana e notou que agia perfeitamente à vontade, dando o nome abertamente. Embora se recusasse a deixá-lo entrar na casa porque ninguém a informara de nenhum conserto, era óbvio que não era alemã nem ocultava nada. Mengele se fora.

Lavi e Pooch fizeram o relatório a Harel no início da noite. Este ficou muito desanimado. Rezara por um golpe de sorte, mas o seu tempo acabara. A caça a Mengele teria de esperar. Às sete e meia da noite, Shalom e Aharoni chegaram ao restaurante enfumaçado e cacofônico e foram informados de que a equipe estava pronta para a transferência até o aeroporto. Como já recebera a confirmação de Klein de que o avião e a tripulação da El Al também estavam prontos, Harel deu aos agentes a ordem de ir em frente.

* * *

Em Tira, a equipe se preparou para a partida. Os que iam para o aeroporto vestiram os uniformes da El Al e embalaram os últimos pertences. Depois que o médico fez um cuidadoso exame físico em Eichmann, Malkin foi até a cela para lhe vestir o disfarce.

Mais cedo, Eichmann ficara agitadíssimo quando Aharoni o informara de que iam levá-lo para Israel naquela noite e o avisara de que não devia resistir. Mas agora parecia relaxado e resignado. Malkin tingiu o cabelo grisalho de Eichmann e maquiou o seu rosto, envelhecendo-o mais com rugas na testa e em torno da boca e escurecendo a pele sob os olhos. Colou um bigode desgrenhado no lábio superior de Eichmann. Depois, vestiu-o com uma camisa branca engomada, calças azuis, sapatos engraxados e um boné da El Al, com a estrela de Davi na frente.

Logo depois de terminar, Aharoni chegou com Yoel Goren, um dos agentes do Mossad que tinham vindo no voo da El Al. Fora Goren que, há mais de dois anos, investigara a casa em Olivos e descartara a possibilidade de que Eichmann pudesse morar naquele lugar tão decadente. Apesar da avaliação errada, ele era uma opção óbvia para ajudar nesse último capítulo da missão, devido ao espanhol fluente e ao conhecimento de Buenos Aires.

Os homens levaram o prisioneiro até a cozinha e o sentaram numa cadeira. Na mesa, havia uma agulha e um tubo. O dr. Kaplan entrou na cozinha, satisfeito por ser útil depois de dez dias de ociosidade. Arregaçou a manga direita de Eichmann e molhou um pano com álcool. Quando aproximou o pano do braço de Eichmann, o prisioneiro se encolheu.

— Não é necessário me dar uma injeção — disse ele. — Não vou dar uma palavra... Prometo.

— Não se preocupe — disse o médico. — Não é nada, é só uma coisinha para ajudar a controlar o nervosismo.

Aharoni acrescentou:

— Uma longa viagem o espera. O medicamento vai ajudá-lo a aguentar a tensão.

O médico aproximou-se para espetar a agulha no braço de Eichmann.

— Não, não... Não estou nervoso — insistiu ele.

— Por favor — disse Malkin. — Temos de fazer isso. Temos as nossas ordens.

Eichmann capitulou e deixou o braço caído no colo. O médico inseriu a agulha numa veia e prendeu o tubo à agulha. Então, ministrou uma dose de sedativo. Eichmann logo desmaiou, murmurando:

— Não, não, não preciso disso...

— Estamos prontos para a viagem — disse o médico, o dedo no pulso de Eichmann.

Às 21 horas, Yaakov Gat e Rafi Eitan agarraram Eichmann pelas axilas e o levaram para a garagem. Ele estava consciente, mas quase incapaz de falar. Olhou os outros meio tonto, todos com seus uniformes da El Al, e disse: "Acho que não estou bem. Tenho de vestir o paletó." Não o tinham vestido porque restringiria o acesso ao braço, mas ficaram animados ao ver que Eichmann parecia mesmo colaborar.

Gat entrou no banco traseiro da limusine e puxou Eichmann para o seu lado. O médico também sentou-se atrás, pronto a injetar mais sedativo no paciente caso a situação exigisse.

— Não se preocupe — murmurou Eichmann outra vez, entendendo mais do que os olhos vagos revelavam. — Podem confiar em mim. Não vou precisar de mais injeções.

Aharoni ligou o motor e Yoel Goren se enfiou no banco do passageiro. Malkin abriu o portão para eles — ele e Judith ficariam para trás, em Tira, para o caso de haver problemas e o resto da equipe ter de voltar à casa. Eitan e Tabor seguiriam em outro carro. A limusine saiu para a rua, dentro da noite.

Enquanto isso, num canto isolado do saguão do Hotel Internacional, o comandante Wedeles reuniu todos os membros da tripulação da El Al que ainda não tinham sido informados da razão do voo. Os sete indivíduos eram operadores de rádio, comissários e comissárias de bordo. Todos tinham passado as últimas 24 horas se divertindo em Buenos Aires, jantando nas imensas churrascarias argentinas, passeando pela cidade e fazendo compras. Ficaram nervosos ao ver como Wedeles estava sério e curiosos para saber a razão para Yosef Klein e Adi Peleg estarem a seu lado.

— Vamos antecipar a partida — disse Wedeles. — Por favor, desçam daqui a uma hora. Sem compras. Sem nada. Depois disso, fiquem junto de mim. Se eu me levantar, levantem-se comigo. Se eu me sentar, sentem-se também, porque quero todos vocês junto de mim o tempo todo.

— Vocês estão participando de um grande evento — disse Peleg, interrompendo para explicar. — Não me perguntem quem é, mas vamos levar conosco, de volta a Israel, uma pessoa importantíssima. Mais tarde lhes revelo a sua identidade.

— Vamos nos aproximar do avião em três carros, na área de manutenção — continuou Wedeles. — Esse homem estará em um dos carros.

Os membros da tripulação não ficaram terrivelmente surpresos com essa reunião, já que a maioria deles já tinha percebido que havia algo estranho naquele voo. Todos fizeram as malas e se aprontaram a tempo. Antes que partissem, Luba Volk chegou ao Internacional.

Klein a abordou no saguão.

— Vai para o aeroporto?

— É claro — respondeu Luba. Embora agora soubesse que esse voo não era o que parecia, ainda planejava se despedir dos amigos.

— Por favor, por favor. Não vá ao aeroporto — disse Klein, baixinho. — É perigoso, e infelizmente não posso falar a respeito... mas não vá ao aeroporto. Esqueça. Lembre-se de que tem um filho pequeno.

Luba viu que Klein estava quase com lágrimas nos olhos e prometeu não ir. Despediu-se dele e dos outros e voltou para casa, sabendo muito bem que era o seu nome que estava na montanha de documentos apresentados ao Ministério da Aviação para liberar o voo.

A tripulação embarcou no micro-ônibus que aguardava diante da entrada do hotel e esperou. Ninguém fez nenhuma pergunta. Klein já partira sozinho para verificar se estava tudo pronto para o voo.

No aeroporto, na área de manutenção da empresa aérea nacional argentina, Avraham Shalom olhou o relógio. Passavam alguns minutos das dez. O comandante Zvi Tohar, vários tripulantes e os dois mecânicos tinham passado as últimas duas horas verificando o avião. Tohar afirmara que estava tudo em perfeita ordem. Então, Shalom foi verificar as entradas do campo de pouso, para garantir que nenhuma segurança especial nem suspeitos estivesse rondando por ali. Como não encontrou motivos para preocupação, foi até o terminal passar as informações a Harel. Depois, seguiu para o estacionamento do aeroporto, para esperar a chegada de Eichmann.

* * *

No escritório de serviços aeronáuticos da torre de controle, os navegadores Shaul Shaul e Gady Hassin examinaram atentamente os dados meteorológicos recentes entre Buenos Aires e Dacar, estudando os gráficos de previsão em altitude elevada, verificando a distribuição dos ventos, a temperatura e as áreas de possível turbulência. A forma mais eficiente de voar raramente era uma linha reta entre dois pontos. Todo vento de cauda que encontrassem ou vento de frente que evitassem poderia ser causa de sucesso ou de fracasso, ainda mais considerando que forçariam ao máximo a autonomia do Britannia com o longo voo sem escalas, que nunca tinha sido tentado com esse avião.

Depois que terminaram a rota, eles verificaram cuidadosamente no NOTAMS (os avisos a aeronautas) as zonas de proibição de voo, as altitudes restritas e os exercícios aéreos militares esperados no caminho. Depois, prepararam o plano de voo para o controle de tráfego aéreo, plano que não se parecia em nada com o que tinham acabado de elaborar. No entender do controle de tráfego aéreo, planejavam voar até Recife e depois para Dacar, como no voo de chegada. Qualquer outra coisa provocaria perguntas indesejadas. Embora tivessem marcado a partida para as duas horas da madrugada de 21 de maio, Tohar queria que o avião decolasse à meia-noite, desconcertando quem planejasse interferir no voo.

Aharoni dirigiu com cautela até o aeroporto, numa rota sinuosa, evitando as barreiras das ruas principais. Eichmann estava quieto no banco de trás, quase quieto demais para Aharoni e Gat. Temiam que estivesse fingindo estar mais tonto para evitar que o médico lhe ministrasse mais sedativos; então, no momento oportuno, talvez durante o embarque no avião, gritaria por socorro e estragaria tudo.

Além de ficar de olho no carro de escolta atrás deles e em possíveis patrulhas, não havia muito mais em que pensar na viagem de uma hora e meia. Foram forçados a parar num cruzamento da ferrovia, mas fora isso a viagem foi tranquila. Os carros conseguiram evitar todas as barreiras até chegar à entrada principal do aeroporto, onde entraram sem problemas graças às placas diplomáticas.

No ponto marcado com antecedência no estacionamento, encontraram Peleg e o micro-ônibus que levava a tripulação. Shalom também estava lá. Eram quase 11 da noite. Alguém correu para avisar Harel e ele veio andando até o estacionamento. Olhou dentro da limusine. Eichmann parecia dormir, mas o dr. Kaplan garantiu a Harel que era capaz de ver e ouvir, embora não estivesse suficientemente alerta para saber o que acontecia em volta. O mais importante é que estava incapaz de resistir. Gat ainda não se sentia tranquilo, mas guardou para si os seus temores. Harel deu ordem de avançar até a área de manutenção, onde o avião estava estacionado.

Peleg assumiu o carro de escolta, que Eitan levara até o aeroporto. Shalom sentou-se ao seu lado, no banco do passageiro. Ambos tinham entrado e saído do aeroporto com frequência suficiente para conhecer os guardas pelo nome. Encabeçariam o comboio pelos portões até a área de manutenção. Atrás deles ia a limusine, com Aharoni ao volante e, por último, o micro-ônibus com a tripulação.

A fila de veículos saiu de novo pela entrada principal e percorreu a estrada por várias centenas de metros antes de virar à direita. Isso os levou pela cerca do aeroporto até chegarem a outro portão. Harel queria que todos parecessem levemente bêbados e roucos, para explicar por que um deles estava meio desmaiado no banco de trás, mas Shalom decidiu descartar essa sugestão. Conhecia os guardas bastante bem e qualquer comportamento inadequado poderia despertar suspeitas.

Quando pararam no portão, uma sentinela armada se aproximou do primeiro carro e reconheceu Peleg e Shalom. Ergueu a barreira e acenou para que avançassem, gritando alegremente: "Oi, Israel!" A limusine e o micro-ônibus passaram bem devagar, para que o guarda pudesse olhar lá dentro e ver que todos usavam uniformes da El Al. Entraram no aeroporto, mantendo distância dos hangares iluminados, e seguiram até a área da empresa aérea nacional.

— Fique em silêncio absoluto — ordenou Gat a Eichmann quando se aproximaram do Britannia. — Já vamos entrar no avião.

O prisioneiro sequer registrou o aviso. A limusine parou ao pé dos degraus, onde Tohar os esperava. Ao avistar um policial vindo na direção do comboio, Eitan pulou do banco de trás do carro de escolta.

— Dê um jeito no policial — sussurrou Eitan com urgência para o comandante.

Tohar foi até o guarda e o desviou para a parte de trás do avião, onde não conseguiria ver os degraus.

Quando o caminho ficou limpo, Gat tirou Eichmann da limusine. Suas pernas quase não tinham forças, e Yoel Goren apoiou-o pelo outro lado. A tripulação da El Al desceu do micro-ônibus.

— Formem um círculo em volta de nós e nos sigam pela escada — ordenou Eitan.

Wedeles ficou logo atrás de Eichmann enquanto Gat e Goren o levavam pela escada. Os pés do prisioneiro pendiam moles, batendo nos degraus enquanto os outros subiam. Um holofote do aeroporto passou pela escada de acesso. Wedeles pôs a mão na base das costas de Eichmann para ajudar a empurrá-lo para cima. Todos estavam bem juntos, deixando Eichmann indistinto na massa de uniformes da El Al. Em seguida, todos embarcaram no avião. Na pista, Aharoni respirou fundo de alívio, e Yosef Klein lhe assegurou que a parte deles na missão estava quase terminada.

Lá dentro, Gat e Goren levaram Eichmann até os fundos do avião e o sentaram junto a uma janela, na cabine da primeira classe. Gat sentou-se na poltrona do corredor e o médico logo atrás, só por precaução. Dos cinco assentos que restavam na primeira classe, Goren ocupou um e nos outros ficaram tripulantes da El Al. Uma aeromoça sentou-se ao lado de Eichmann e o cobriu com um cobertor. Ela ainda não sabia quem era, e imaginou que fosse algum tipo de cientista.

— Finjam dormir — instruiu Gat.

Um comissário atenuou as luzes de teto e puxou a cortina da entrada da cabine. Se a alfândega ou a polícia entrassem no avião antes da decolagem, eles diriam que a tripulação sobressalente estava descansando. Eichmann continuou sem ter consciência do que acontecia em volta.

Às 23h15, as portas do Britannia se fecharam e Tohar ligou os motores. Então, o avião taxiou até o terminal.

Quando o Britannia se aproximou da rampa diante do prédio do terminal, Isser Harel sentiu a reverberação dos motores na janela. Estavam com Eichmann a bordo. Depois que a tripulação passasse pela alfândega e os agentes do Mossad que voltariam no avião embarcassem, estariam prontos para decolar. Harel mal podia esperar por aquele momento. Não parava de imaginar que a polícia ou um bando de ex-nazistas entraria correndo no aeroporto exigindo que o avião fosse detido.

Harel saiu da mesa no restaurante e se encontrou com Klein, que lhe garantiu que tudo estava pronto. Então, correu para fora do terminal, onde Eitan e Shalom tinham acabado de chegar de carro, vindos do hangar. Disseram que a transferência de Eichmann para o avião fora impecável. Eitan e Shalom ficariam para trás com Malkin, para devolver os carros e remover os últimos vestígios de sua presença antes de partir da Argentina. Apertaram as mãos, desejando sorte uns aos outros em suas respectivas viagens.

Harel voltou para a sala de espera dos passageiros, onde Aharoni, Tabor e os dois agentes do Mossad que vieram no voo da El Al se uniram a ele. Medad chegou por último, porque o carro enguiçara a caminho do aeroporto. Os agentes tinham pilhas de bagagem para levar de volta a Israel.

Klein se aproximou de Harel.

— Você me surpreendeu com essa multidão!

— São todos gente minha. Não se preocupe — afirmou Harel, embora até ele achasse que tinham exagerado em termos de quantidade.

Ainda preocupado, Klein se afastou. Às onze e meia, recebeu a notícia de que o avião estava pronto para decolar. Os carregadores tinham levado a bagagem para o aparelho, mas as autoridades da alfândega e de controle de passaportes ainda não tinham aparecido para permitir que Harel e o seu séquito, assim como alguns tripulantes da El Al que também aguardavam, embarcassem. Como não havia outros voos partindo em hora tão tardia, não era provável que as autoridades estivessem ocupadas com outra coisa.

Os minutos se passaram sem sinal delas. Enquanto a meia-noite se aproximava, Harel e Aharoni andavam nervosos de um lado para outro na sala de espera de passageiros. Será que alguém os vira levando Eichmann para o avião? O aeroporto teria recebido alguma denúncia de que havia algo suspeito no voo? Haveria uma vistoria da polícia? Harel pensou em mandar um recado a Tohar para partir sem eles, mas decidiu esperar mais alguns minutos.

Então, Klein conseguiu localizar um funcionário da alfândega. O funcionário alto, de barba espessa, entrou na sala e pediu desculpas pela demora. Pelo sorriso sem graça, perceberam que fora apenas um mal-entendido. O funcionário lhes indicou a saída, carimbou os passaportes e desejou a cada um deles um caloroso: *"Bon viaje!"*

Quando Harel foi até o Britannia e subiu as escadas para entrar no avião, percebeu um homem de terno que saiu correndo do terminal por outra porta e falou urgentemente com um funcionário do aeroporto. Harel teve a sensação desalentadora de que havia algo errado. Depois, as portas do avião se fecharam atrás dele.

Na cabine do piloto, Tohar conferiu com a tripulação a lista de verificação pré-voo. Sistema elétrico. OK. Combustível. OK. Todos os instrumentos indicam funcionamento correto. OK. Enquanto Harel afivelava o cinto de segurança no banco sobressalente da cabine, Tohar ordenou que o mecânico de voo ligasse os motores. Os quatro motores a hélice foram ligados sem problemas.

Seguindo os procedimentos, Tohar chamou a torre de controle.

— El Al pronto para taxiar. Pede permissão para Recife.

Então lhes deu as coordenadas e a altitude que Shaul calculara para o plano de voo falso rumo ao Brasil.

A torre respondeu.

— El Al, siga para a pista. Aguarde permissão para decolar na rota de Recife.

Estavam quase lá, pensou Harel. O homem que vira sair correndo do terminal não era um problema, afinal de contas. Ainda assim, Harel desejou que já estivessem no ar.

Tohar soltou os freios e o Britannia avançou até a posição de decolagem. Quando o avião se afastou do terminal do aeroporto, a torre entrou em contato outra vez.

— El Al, mantenha sua posição. Há uma irregularidade no plano de voo.

Todos na cabine ficaram paralisados. Harel teve certeza de que tinham sido descobertos. Tohar não pediu mais esclarecimentos à torre. Em vez disso, parou o avião e virou-se na poltrona para ver o que Harel queria fazer. O resto da tripulação ficou em silêncio, quase incapaz de respirar.

— O que acontece se ignorarmos a ordem da torre e decolarmos para Dacar? — indagou Harel.

A tripulação sabia que Tohar era piloto de reserva da força aérea israelense e que já passara por tantas situações difíceis que saberia fazer o que era necessário. Ele duvidava que a força aérea argentina estivesse de plantão, mas se o voo partisse sem permissão podiam mandar um caça. Ele poderia levar o Britannia voando baixo perto do chão para fugir do radar, seguindo primeiro para o sul em vez de para o norte, rumo a Recife, desconcertando os perseguidores por algum tempo. Mas, disse ele a Harel, os riscos eram grandes.

— Ainda há outra opção — disse Tohar com calma deliberada. — Antes de atrair a força aérea argentina, vamos verificar se realmente sabem que Adolf Eichmann está a bordo. Não vamos criar problemas que não existem.

Harel concordou, embora qualquer atraso desse às autoridades tempo para alertar a força aérea ou para impedir totalmente que o Britannia partisse.

Tohar virou-se para Shaul.

— Estão dizendo que há irregularidades no plano de voo. Então vamos mandar quem o preparou até a torre para descobrir o que está havendo.

Shaul era o primeiro navegador, a responsabilidade era dele.

— Se não voltar em dez minutos — avisou Tohar —, decolamos sem você.

Klein estava junto à rampa, ao lado do terminal do aeroporto, completamente perdido, sem saber por que o avião parara. Verificara tudo várias vezes. Não havia razão para o Britannia não partir, a menos que o passageiro secreto tivesse sido descoberto. Klein tentou fazer contato ocular com alguém na cabine, mas ninguém se mexia e nenhuma janela se abriu para chamar a sua atenção. Depois de instantes que pareceram horas, Klein viu um dos pilotos acenar para que a escada fosse levada até a lateral do avião.

Então as portas do Britannia se abriram e Shaul saiu. Klein o encontrou ao pé da escada.

— Que diabos está acontecendo?

— A torre quer alguma coisa ligada ao plano de voo — disse Shaul.

Klein sentiu um alívio momentâneo com a explicação, embora soubesse que podia ser um mero pretexto. Era extremamente incomum que detivessem um avião e chamassem o navegador.

— Quer que eu vá com você? — perguntou Klein.

— Não, espere aqui. Vou sozinho.

Shaul entrou na torre, sem saber quem nem o quê o esperava, só que, se não voltasse ao avião em poucos minutos, o Britannia partiria sem ele, deixando-o no meio da tempestade. O pai de dois filhos, de 30 anos, subiu a escada como quem se aproxima da forca.

— Qual é o problema? — perguntou em inglês ao controlador, procurando algum sinal da polícia. Não havia nenhum.

— Falta uma assinatura — disse o controlador, erguendo na mão o plano de voo. — E qual é a alternativa de rota?

Shaul se recompôs. Era um simples mal-entendido.

— Porto Alegre — respondeu, antes de acrescentar o detalhe ao plano e assinar o documento. Depois, desceu correndo as escadas até lá fora.

— Está tudo bem. Faltava alguma coisa no plano de voo — disse Shaul a Klein, sem parar no caminho de volta ao avião.

O alívio na cabine foi perceptível quando Shaul contou o que acontecera. As portas se fecharam outra vez e Tohar chamou a torre.

— Aqui é El Al. Podemos prosseguir?

— Afirmativo.

À 00h05 de 21 de maio, o avião acelerou pela pista e decolou.

À meia-noite e meia, Nick Eichmann soube, por alguém do grupo de busca, que um avião de passageiros israelense tinha partido de Buenos Aires para Recife. Ele tinha certeza de que o pai estava a bordo. Com a ajuda de um ex-SS, avisou um contato no serviço secreto brasileiro sobre o voo e pediu que interceptassem o avião quando pousasse — exatamente a ameaça que o voo sem escalas para Dacar visava a contornar.

Tudo o que restava entre Eichmann e Israel era um voo transatlântico que nunca fora tentado num Britannia — um voo com margem mínima para erros.

26

QUANDO, DEPOIS DE ALGUNS MINUTOS de viagem, o Britannia saiu do espaço aéreo argentino, houve um clamor empolgado na cabine. Os "tripulantes da El Al" na primeira classe se ergueram das poltronas para se abraçar e comemorar o sucesso. Wedeles e alguns tripulantes de verdade que conheciam a identidade do passageiro especial também se uniram à comemoração. A explosão espontânea surpreendeu Harel e, embora hesitasse em informar a todos os outros a verdade sobre o voo, guardar segredo agora não fazia mais sentido. Ele deu a honra a Adi Peleg.

O chefe de segurança da El Al reuniu a tripulação e declarou:

— Vocês tiveram um grande privilégio. Estão participando de uma operação de suprema importância para o povo judeu. O homem que está conosco no avião é Adolf Eichmann.

O anúncio fez a tripulação sentir uma onda de choque e entusiasmo. A aeromoça sentada junto a Eichmann sentiu o coração afundar no peito. Ela não conseguia acreditar que esse homem magro e indefeso, que fumava com nervosismo, o pomo de adão subindo e descendo de medo, fosse Eichmann. Com nojo, se levantou e se afastou dele, enquanto os outros continuavam a comemorar. Aharoni sentou-se outra vez e tomou uma dose dupla de uísque. Sabia exatamente quem era o prisioneiro e a façanha que fora a captura.

Na cabine do piloto, o clima era muito mais sóbrio. O avião ganhou altitude e Tohar seguiu para nordeste, passando pelo Uruguai até o Atlântico, seguindo o curso que Shaul determinara e que lhes dava mais chances de chegar a Dacar. O mecânico de voo e o navegador verificaram todos os cálculos, que foram depois conferidos novamente pelos seus substitutos.

O comandante, os dois navegadores e Shimon Blanc tinham supervisionado o voo de prova do Britannia entre Nova York e Tel Aviv, no final de 1957. A viagem sem escalas cobrira uma distância de 9.270 quilômetros em 15 horas, mas num avião sem poltronas, sem cozinha de bordo, sem nada que fosse considerado desnecessário, sem passageiros, inclusive. Também tiveram o benefício de um forte vento de cauda de mais ou menos 105 km/h. Para esse voo, imaginaram que o alcance máximo em condições atmosféricas calmas seria de uns 7.550 quilômetros.

O voo de Buenos Aires a Dacar tinha uns 7.480 quilômetros. Esperavam que o avião voasse perto do teto de melhor desempenho, numa rota em que as previsões indicavam que podiam esperar ventos de cauda. Mas levavam umas quatro toneladas de peso adicional, o que fazia o aparelho voar 600 a 900 metros abaixo da altitude do voo de prova, consumindo mais ou menos cinco por cento a mais de combustível por hora. E não havia garantias de que as condições do vento se mantivessem favoráveis.

Shaul e Tohar tinham certeza de que chegariam a Dacar, mas também sabiam que qualquer imprevisto poderia acontecer. Podiam perder um motor, o que os forçaria a voar mais baixo e gastar mais combustível. As previsões indicavam ventos de 65 km/h, mas talvez fossem metade disso. Esse Britannia específico, o 4X-AGD, também podia queimar combustível mais depressa do que indicavam os gráficos de desempenho. Num voo de 13 a 14 horas, pequenos desvios podiam se somar e criar grandes problemas. Na melhor das hipóteses, talvez tivessem de recorrer a outro aeroporto, quem sabe Abidjã, na Costa do Marfim. Na pior, o combustível acabaria sobre o Atlântico. Por precaução, sempre se calculavam margens de erro nos planos de voo, mas as margens tinham sido consideravelmente reduzidas nessa operação.

Uma a uma, as horas se passaram, enquanto sobrevoavam a extensão vazia do Atlântico, seguindo primeiro para a pequena ilha vulcânica de Trindade, 200 quilômetros a leste do Brasil, e depois quase direto para o norte, rumo a Dacar. Periodicamente, os operadores de rádio verificavam as previsões do tempo, os navegadores ajustavam a rota, e Harel enfiava a cabeça na cabine para perguntar se estava tudo conforme o previsto.

Na primeira classe, Eichmann permanecia tão dócil quanto no esconderijo. O médico parara de ministrar sedativos depois que embarcaram, mas só lhe permitiu refeições leves, para o caso de ter de dar novas doses ao prisioneiro. Harel também instruiu os guardas a ficaram atentos, muito embora Eichmann estivesse algemado e de óculos, temendo que tentasse se matar. O prisioneiro fumava muito e não parava de se mexer na poltrona.

Agora que estavam voando, a maioria dos tripulantes da El Al mantinha distância dele. Só houve um confronto que revelou as emoções ocultas provocadas pelo criminoso de guerra nazista. Ao saber que ele estava a bordo, o mecânico-chefe, Arye Friedman, ficou arrasado demais e não conseguia parar de chorar. Na Polônia, Zadok, o seu irmão de 6 anos, fora arrastado e morto por um soldado alemão, e Arye suportou muitos outros pesadelos em guetos e campos de concentração durante toda a guerra. Durante o voo, Friedman ralhou com um dos guardas que vigiavam Eichmann, gritando:

— Você lhe dá cigarros! Ele nos deu gás!

Eichmann nada disse, olhando na direção de Friedman, mas incapaz de vê-lo por causa dos óculos. O mecânico sentou-se diante do prisioneiro e lhe fitou o rosto, vendo apenas Zadok e a mãe, enquanto revivia o passado. Depois se levantou e saiu da cabine.

Yosef Klein concluiu seu trabalho em Buenos Aires na manhã seguinte à partida do voo. Pagou todas as contas pendentes de serviços prestados à El Al e depois pegou um avião das Aerolíneas Argentinas de volta a Nova York. Não houve tempo para aquele passeio turístico pelo Brasil que planejara na viagem de ida. A recompensa de Klein fora ver as luzes de cauda do Britannia sumirem na noite, com Adolf Eichmann a bordo.

Na viagem de volta aos Estados Unidos, Klein sentou-se ao lado de um repórter do *Daily Express* (de Londres) que batucava na máquina de escrever Hermes uma notícia sobre a lua de mel da princesa Margaret, irmã da rainha Elizabeth. Era um "furo exclusivo", disse o repórter a Klein, explicando que fretara um avião para ir até a mansão à beira-mar. Klein sorriu, com vontade de dizer: "Ah, se você soubesse o furo que está sentado bem aqui ao seu lado..."

Em 21 de maio, de manhã cedo, Eitan, Malkin, Shalom, Dani e Judith acordaram em Tira, animados porque Eichmann não era mais responsabilidade deles e porque dera tudo certo na missão. Tinham ainda alguns detalhes a acertar. Apagaram todos os vestígios de sua presença nos vários esconderijos. Queimaram ou jogaram fora todo o material que não planejavam levar consigo. E devolveram o último carro. Não houve menção de Eichmann nos jornais nem no rádio, e Ilani lhes garantiu que a embaixada nada soubera sobre qualquer busca do governo a um criminoso de guerra nazista.

A última tarefa que restava aos agentes era sair do país. Dani e Nesiahu tinham passagem em voos do dia seguinte, mas com as comemorações da independência a pleno vapor não havia passagens de avião disponíveis para Eitan, Malkin e Shalom. Assim, no final da manhã, compraram passagens no trem noturno que os levaria a Mendoza, na fronteira entre Argentina e Chile. Lá, tomariam outro trem para cruzar os Andes até Santiago. Harel lhes garantira que a notícia da captura só seria dada quando estivessem todos em segurança em Israel.

As luzes vermelhas piscaram na cabine do Britannia enquanto Tohar descia rumo a Dacar.

Tinham voado quase 13 horas, bem mais que os 7.480 quilômetros previstos. Shaul ajustara a rota e a altitude durante a travessia do Atlântico para encontrar ventos mais favoráveis. A hora das piadas, como na vez em que o comandante saiu pela cabine perguntando se alguém tinha um isqueiro porque precisariam de todo o combustível que encontrassem, já passara. Há muito tempo tinham ultrapassado o ponto a partir do qual não poderiam mais voltar, e agora chegariam ou não ao litoral onde ficava o aeroporto de Dacar. Os instrumentos indicavam que o avião estava com pouquíssimo combustível.

A cabine estava em silêncio, todos concentrados. Tohar fitava a janela, procurando terra. As luzes continuavam a piscar. Seria por pouco, muito pouco. Os mecânicos de voo e navegadores sabiam disso sem olhar os instrumentos. Se houvesse algum problema em Dacar, se as pistas estivessem fechadas por alguma razão, não teriam combustível suficiente para sobrevoar o aeroporto e esperar que as pistas se abrissem para pouso, nem poderiam seguir para outro aeroporto. E isso *se* conseguissem chegar ao litoral. Ainda assim, a tripulação na cabine continuou certa de que conseguiriam, muito embora só tivessem nos tanques alguns minutos de combustível.

O trem de aterrissagem já fora baixado na hora em que avistaram terra, e já tinham avisado a torre de controle do aeroporto muito antes da chegada. Tohar reduzia sem parar a altitude e, finalmente, depois de 13 horas e dez minutos de voo, fez um pouso suave na pista de Dacar. Desligou dois motores assim que o avião se desacelerou o suficiente, sem saber se teria combustível para taxiar até o terminal.

Harel cumprimentou a tripulação da cabine pelo sucesso do voo, mas temia que as autoridades argentinas tivessem entrado em contato com Dacar para avisar que o avião da El Al poderia estar levando um passageiro suspeito. Se isso acontecesse, era garantida a revista meticulosa do avião. Assim, antes que a aeromoça abrisse a porta do avião, o dr. Kaplan deu mais sedativo a Eichmann e Gat sentou-se ao lado dele. Mais uma vez, a cortina da primeira classe foi fechada e as luzes apagadas.

Enquanto a equipe de apoio do aeroporto reabastecia o Britannia, um dos tripulantes da El Al entrou na cabine para avisar a Gat que estavam chegando dois inspetores de saúde senegaleses. Gat ouviu alguém que falava francês se aproximar. Pôs a cabeça de Eichmann em seu ombro e fingiu estar dormindo. Os inspetores só deram uma olhada geral na cabine. O resto da escala foi tranquilo. A tripulação levou mais comida para o avião, e Shaul e Hassin registraram o plano de voo para Roma, muito embora fossem diretamente para Tel Aviv.

Antes da partida, Harel avisou ao comandante que os senegaleses não eram a última ameaça. Ele não queria sobrevoar o litoral norte da África, temendo que os egípcios pudessem forçar o Britannia a pousar em seu país ou tentar derrubá-lo no céu caso descobrissem que o avião fora usado para levar Eichmann a Israel. Ninguém na cabine precisava ser lembrado dessa possibilidade. Há apenas cinco anos, um Constellation da El Al que se aproximara do espaço aéreo búlgaro fora derrubado por um MiG 15, matando todos os 51 passageiros e os sete tripulantes que estavam a bordo.

Shaul e Hassin já tinham calculado uma rota de 11 horas, com 7.240 quilômetros, que os manteria longe do espaço aéreo egípcio. Ambos sabiam que os ventos de cauda sobre o Mediterrâneo eram muito mais fortes do que no sul do Atlântico, fazendo com que a viagem não pusesse à prova os limites do avião em termos de combustível da mesma forma que o trajeto até Dacar. Ainda assim, o voo levaria três horas a mais do que pelo caminho direto.

Uma hora e vinte minutos depois de pousar, o Britannia partiu de Dacar. Voou até o litoral oeste da África e depois para nordeste, rumo à Espanha. Passou durante a noite pelo estreito de Gibraltar, ganhando velocidade com os ventos de cauda ao se virar quase diretamente para leste, na direção da Itália. A cabine informou ao controle de tráfego aéreo em Roma que seguiriam para Atenas. Então, o Britannia seguiu para sudeste, cruzando o Mediterrâneo antes que o operador de rádio avisasse a Atenas que iriam direto para Tel Aviv. Os israelenses passaram sobre o sul da Grécia, margeando a Turquia, antes de seguir para Israel. Evitaram o espaço aéreo egípcio em mais de 160 quilômetros, e o voo foi impecável.

Com o avião se aproximando de Israel, Harel lavou o rosto, fez a barba e vestiu roupas limpas, preparando-se para a série de atividades que o aguardava ao chegar. Informou os homens sobre seus deveres ao pousar e depois olhou pela janela, ansioso para ver o litoral israelense surgir no céu que clareava sem parar.

Às 6h55 de domingo, 22 de maio, Zvi Tohar percebeu uma faixa de terra no horizonte. Baixou o trem de aterrissagem e, 15 minutos depois, as rodas do Britannia tocaram o solo de Israel. Não houve comemoração, como ao deixarem Buenos Aires. A tripulação voava há quase 24 horas sem parar e os agentes que vigiavam Eichmann também não tinham descansado. O alívio foi a emoção que predominou no avião.

Tohar taxiou o aparelho até o terminal, para que a maior parte da tripulação pudesse desembarcar. Harel fez questão de apertar a mão de todos. O comandante também elogiou o trabalho dos tripulantes, agradecendo calorosamente a cada um quando saíram do avião. Os funcionários da alfândega tentaram embarcar, mas foram informados de que não haveria inspeção da cabine. As portas se fecharam e Tohar taxiou até os hangares de serviço da El Al, longe do terminal.

Dois carros os esperavam. No primeiro, estava Mordechai Ben-Ari, o vice-presidente da El Al; no outro, Moshe Drori, do Mossad. Drori foi o primeiro a entrar no avião, mas as congratulações foram logo esquecidas quando ficou claro que não tomara providências para o transporte nem para a detenção de Eichmann.

— Estava aguardando o senhor e as suas instruções — disse Drori com voz fraca, sua explicação contribuindo pouco para aplacar Harel, que saiu do avião furioso.

O chefe do Mossad foi até um dos hangares, onde encontrou um telefone sujo de graxa e ligou para a sede do Shin Bet.

— O monstro está algemado — disse a um dos auxiliares antes de pedir uma camionete.

Dali a pouco, uma camionete preta e sem janelas surgiu ao lado do avião. Tabor e Gat escoltaram Eichmann pela escada, trêmulo e vendado, até o banco de trás do veículo. Harel explicou a Gat que devia levar Eichmann para o centro de detenção secreto do Shin Bet, localizado numa velha casa árabe, nos arredores de Jaffa. Gat assentiu e sugeriu que, como a maioria dos guardas de lá eram sobreviventes do Holocausto, eles identificassem o prisioneiro como um espião importantíssimo. Revelar a identidade verdadeira poderia provocar um ataque. Harel concordou e a camionete se afastou.

Então, o chefe do Mossad correu para Jerusalém. Tinha esperanças de encontrar Ben-Gurion antes da reunião do gabinete, sempre às dez horas. Não queria chamar a atenção para si, interrompendo a reunião.

Yaki, o seu motorista de sempre, percorreu velozmente as colinas de Hebron até a cidade. O vento que entrava pela janela aberta pouco aliviava o calor escaldante. Chegaram alguns minutos antes da reunião. A secretária levou Harel até a sala do primeiro-ministro.

— Eu lhe trouxe um presente — disse Harel.

Ben-Gurion ergueu os olhos da escrivaninha coberta de papéis, surpreso de ver o chefe do Mossad.

— Trouxe Adolf Eichmann comigo. Ele já está em solo israelense há duas horas e, se o senhor autorizar, será entregue à polícia — continuou Harel.

Ben-Gurion se emocionou com a notícia e, por alguns instantes, ficou em silêncio.

— Tem certeza de que é Eichmann?

Não era a reação que Harel esperava, e ficou um pouco surpreso.

— É claro que tenho certeza. Ele mesmo admitiu.

— Alguém que o conheceu no passado o identificou?

— Não — disse Harel.

— Se for assim, é preciso encontrar alguém que o conheceu para examinar Eichmann na cadeia. Só depois de ser oficialmente identificado ficarei convencido de que é o homem certo.

Harel entendeu a reticência de Ben-Gurion, por conhecer as consequências de qualquer anúncio que ele fizesse. Ainda assim, em sua cabeça não havia nem sombra de dúvida de que estavam com o homem certo. Poucas horas depois, Moshe Agami, que fora representante da Agência Judaica durante a guerra e se reunira com Eichmann em Viena, foi levado até a cela onde estava o prisioneiro. Em poucos minutos, Agami confirmou que aquele era o homem que o fizera ficar em posição de sentido em sua sala no Palais Rothschild, em 1938, quando ele foi pedir permissão para os judeus emigrarem para a Palestina. Depois que Agami saiu da cela, Benno Cohen, ex-presidente de uma organização sionista da Alemanha em meados da década de 1930, também identificou Eichmann. Harel telefonou para o primeiro-ministro e deu a notícia.

Finalmente, Ben-Gurion se permitiu saborear o resultado da operação. Queria anunciar a captura no dia seguinte. Harel lhe pediu que esperasse; alguns agentes seus ainda estavam na América do Sul.

— Quantas pessoas sabem que Eichmann está em Israel? — perguntou Ben-Gurion.

Harel admitiu que já eram mais de cinquenta.

— Nesse caso, nada de esperar. Vamos anunciar!

De manhã cedo, no dia seguinte, 23 de maio — outro dia sem nuvens, de um calor de rachar —, Eichmann foi levado até o juiz Emanuel Halevi, em Jaffa. Quando o juiz perguntou a identidade do prisioneiro, ele respondeu, sem hesitar: "Sou Adolf Eichmann." Com a voz tensa, Halevi acusou-o do crime de genocídio e assinou o mandado oficial de prisão.

Então, Harel telegrafou a Haim Yitzhaki, o seu contato com Fritz Bauer, em Colônia. Harel e Haim Cohen, agora juiz da Suprema Corte israelense, achavam que o procurador-geral de Hesse merecia ser informado do sucesso da missão antes da imprensa.

Mais tarde, num restaurante no centro de Colônia, Bauer foi esperar Yitzhaki, que marcara uma reunião urgente, mas agora se atrasara. Bauer temia que tivesse acontecido algo terrível com a missão. Finalmente, Yitzhaki entrou no restaurante e foi rapidamente até a mesa, as mãos e roupas sujas de graxa depois de trocar um pneu furado. Quando Bauer ouviu a notícia sobre Eichmann, pulou da cadeira, com lágrimas enchendo os olhos, e beijou Yitzhaki nas duas bochechas.

Já era hora de o resto do mundo saber.

Às 16 horas, Ben-Gurion entrou no salão do Knesset. Havia boatos de que o primeiro-ministro tinha um anúncio especial a fazer, mas nenhum dos parlamentares e nenhum jornalista fazia ideia do que iria revelar. Ainda assim, encheram entusiasmados o salão e a galeria pública. Momentos antes de Ben-Gurion se levantar para falar à assembleia, Isser Harel e Zvi Aharoni entraram na galeria. Era a primeira vez que Aharoni ia ao Knesset, e ficou espantado com sua grandiosidade discreta.

Então, Ben-Gurion subiu ao pódio e houve silêncio no salão. Com voz solene entrecortada de emoção, ele anunciou:

— Tenho de informar ao Knesset que, há pouco tempo, Adolf Eichmann, um dos mais famosos criminosos de guerra nazistas, que, juntamente com os líderes do seu partido, foi responsável pela chamada "Solução Final da Questão Judaica", isto é, o extermínio de 6 milhões de judeus da Europa, foi encontrado pelos Serviços de Segurança israelenses. Ele já está preso em Israel e em breve será levado a julgamento, sob os termos da lei que trata do julgamento de nazistas e de seus cúmplices.

Ninguém se mexeu. Os parlamentares estavam presos às poltronas, sem saber se tinham ouvido direito o primeiro-ministro ou se o que ele dizia era verdade. Aos poucos, todos perceberam a enormidade da declaração, e foi como se ficassem sem ar. "Quando se recuperaram do golpe atordoante", noticiou naquela noite um jornalista israelense, "os ouvintes mergulharam numa onda de agitação, uma agitação tão profunda como nunca se viu no Knesset". Muitos empalideceram. Uma mulher soluçava. Outros pularam das poltronas, precisando repetir em voz alta que Eichmann estava em Israel para assimilar a notícia. Os jornalistas lotados no parlamento correram à sala de imprensa para transmitir o discurso de 62 palavras, feito em hebraico.

Ben-Gurion, então, desceu e saiu do salão. Ninguém sabia direito o que fazer enquanto a câmara zumbia com a notícia. Harel e Aharoni saíram tão discretamente como tinham entrado.

Golda Meir, então, tentou fazer o discurso programado sobre uma pesquisa recente do Ministério do Exterior sobre as relações internacionais israelenses, mas poucos deram ouvidos ao que tinha a dizer.

Eichmann. Capturado. Isso era tudo o que todos ouviam no salão. Eichmann. Capturado. Em poucas horas, Israel e o resto do mundo ficariam igualmente dominados pela tremenda notícia. O palco estava pronto para um dos julgamentos mais importantes do século.

27

EM 25 DE MAIO, AVRAHAM SHALOM pegou um ônibus até o hotel em Santiago, Chile. Ele, Eitan e Malkin tinham chegado ao país três dias antes, depois de uma viagem extraordinária de maria-fumaça pelos Andes, a partir de Mendoza. No dia em que chegaram à capital, o sul do Chile sofrera um terremoto devastador, o mais forte registrado na história, que matara milhares de pessoas e provocara tsunamis no Pacífico. Só naquele dia Shalom conseguiu mandar um telegrama à sede do Mossad para avisar Harel de que estavam sãos e salvos.

Olhou à toa por sobre o ombro do passageiro à frente, que folheava um jornal. Lá, em letras grossas, leu Eichmann. Espantado, Shalom saiu apressado do ônibus no ponto seguinte. Numa banca de esquina, comprou um maço inteiro de jornais, a maioria com a manchete Ben-Gurion anuncia a captura de Adolf Eichmann. Ninguém deveria saber da operação antes que voltassem a Israel. Quando Shalom mostrou os jornais a Eitan e Malkin, eles ficaram igualmente zangados, mas nada podiam fazer.

Alguns dias depois, conseguiram passagens para sair do país. Por acaso, Shalom e Malkin fizeram escala em Buenos Aires e passaram uma hora preocupados na pista de Ezeiza, antes da decolagem. Finalmente, chegaram de volta a Israel.

Quando Shalom voltou para casa e encontrou a esposa, percebeu que ela sabia que ele estivera na missão. A visita de Yaakov Gat há vários dias, para lhe assegurar que o marido estava bem e logo voltaria, deixara isso bem claro. Shalom sabia que ela nunca diria nada sobre o seu envolvimento.

Os outros membros da equipe tiveram experiências semelhantes, apesar de negarem tudo com firmeza. Na noite do anúncio, Moshe Tabor estava com a mulher num cinema de Tel Aviv, quando o filme foi interrompido para dar a notícia. Virando-se para ele, ela disse: "E eu achei que você estava na Índia!"

Tabor tentou desviar a atenção da mulher, mas ela lhe disse que a pistola de brinquedo que levara para o filho fora fabricada na Argentina.

No primeiro jantar de sábado de Malkin com a família, o irmão só falou no caso. Malkin fingiu ignorância, querendo saber o que acontecera enquanto estivera em "Paris" no mês passado. A mãe o instigou a contar onde realmente estivera.

— Ora, não recebeu as minhas cartas? — perguntou ele.

— Eram iguais a todas as suas cartas. Poderiam ter sido escritas no ano passado, ou amanhã... Você esteve envolvido nisso?

Malkin queria desesperadamente lhe contar que sim e que vingara a irmã.

— Por favor, mamãe... Já basta. Eu estava em Paris.

Aharoni deu a mesma desculpa quando o irmão lhe telefonou inesperadamente, querendo saber quando voltara.

— Não sou ingênuo — sondou o irmão. — Sei que você ficou dois meses viajando e escutei Ben-Gurion no rádio. Sei somar dois mais dois. Ou não sei? Bom trabalho!

Uma secretária do Shin Bet, que também ligara a ausência de Aharoni à notícia, abraçou-o no primeiro dia em que voltou ao escritório. Não foram necessárias palavras.

Todos os agentes estavam orgulhosos do sucesso, mas fazia parte da natureza do seu trabalho e teriam de levar para o túmulo o segredo das suas façanhas e dos perigos que tinham enfrentado.

Eichmann estava preso perto de Haifa, no norte de Israel, numa delegacia de polícia fortificada com o codinome de Campo Iyar. Estava confinado numa cela de três metros por quatro que só continha uma cadeira, uma mesa e um catre. As luzes do teto nunca se apagavam e um guarda ficava com ele o tempo todo. Outro guarda ficava de vigia numa abertura da porta blindada, para garantir que não haveria contato entre o guarda lá dentro e o preso. O comandante da prisão temia não só que Eichmann se suicidasse como também que houvesse um atentado contra a sua vida. Como precaução a mais, sua comida era sempre provada antes de ser servida e nenhum dos guardas tinha perdido parentes no Holocausto.

Às quatro e meia da tarde de 29 de maio, dois homens atravessaram o pátio da delegacia rumo ao bloco de celas. O comandante Ephraim Hofstetter e seu inspetor-chefe, Avner Less, pertenciam ao Bureau 06, unidade da polícia organizada para reunir provas, tomar o depoimento das testemunhas e interrogar Eichmann para o julgamento final. Hofstetter, que se encontrara com Lothar Hermann no início da caçada, foi o primeiro a ser escolhido para a unidade, com o vice que escolhera. Para interrogar o prisioneiro, ele selecionara Less, investigador criminal perspicaz e nascido em Berlim, cujo pai morrera nas câmaras de gás de Auschwitz.

Os dois entraram na sala de interrogatório, um espaço amplo mobiliado com uma escrivaninha simples e várias cadeiras rígidas. Estavam preparados para uma campanha prolongada para fazer Eichmann falar. Microfones secretos tinham sido instalados na sala. Seriam usados caso Eichmann não concordasse em gravar as sessões. Depois que se instalaram, Hofstetter mandou buscar Eichmann. Já encontrara o prisioneiro alguns dias antes, em Tel Aviv, onde servira de testemunha na identificação formal por Moshe Agami e Benno Cohen.

Dois guardas levaram Eichmann da cela até a sala. O prisioneiro, de camisa e calça cáqui, parecia tenso, e ficou em pé até mandarem que se sentasse.

— Suponho que me reconhece. Sou o coronel Hofstetter, da polícia israelense.

— Sim, senhor — respondeu Eichmann com voz robusta e seca, embora ambos os investigadores notassem que as mãos dele tremiam incontrolavelmente debaixo da mesa.

— Sr. Eichmann, disseram-me que o senhor está disposto, e até ansioso, para dar a sua versão do papel que teve no chamado Terceiro Reich. É verdade? — perguntou Hofstetter, esperando que a resposta fosse bem outra.

— Sim, é verdade.

— O senhor tem plena consciência de que não está sendo coagido de maneira alguma?

— Tenho, sim, senhor.

Sempre prestativo, Eichmann também concordou com o equipamento de gravação na sala.

O comandante continuou:

— Então o capitão Less ficará aqui com o senhor e tomará o seu depoimento.

— Acho que devemos começar com o seu currículo — disse Less.

Para surpresa dos dois, Eichmann começou a falar longamente sobre sua história pessoal. Entretanto, conforme as horas e depois os dias se passavam, Less notou que a franqueza do prisioneiro nada tinha de honesta; de fato, era ela o próprio logro. Como fizera no cativeiro em Buenos Aires, Eichmann ensaiava a defesa que apresentaria no tribunal, seguindo o rumo adotado pelos compatriotas em Nuremberg. Entre cigarros fumados um atrás do outro, mentiu sobre o seu envolvimento pessoal nas atrocidades até ser confrontado com provas em contrário, e sempre que isso acontecia afirmava que meramente obedecera às ordens.

Apesar dos rodeios, Eichmann nunca acreditou que seria levado a julgamento. Esperava que os israelenses lhe ministrassem o tipo de justiça que recordava dos seus dias na Gestapo. Na segunda semana de junho, um guarda interrompeu o interrogatório, explicando que levaria Eichmann para ver o juiz. Quando o vendaram, Eichmann cambaleou, os joelhos cederam e ele gritou para Less:

— Mas capitão! Ainda não lhe contei tudo!

Ele só se acalmou quando lhe garantiram que o juiz precisava vê-lo para renovar a ordem de detenção.

Enquanto Eichmann estava em Campo Iyar, o impacto do anúncio de Ben-Gurion continuava a se espalhar. Em Israel, o choque da captura evoluiu rapidamente do orgulho pelo que fora conseguido para a exigência de vingança rápida e, depois, para a opinião mais consolidada de que só se devia fazer justiça segundo os termos da lei.

Houve muitas opiniões discordantes, todas comentadas em resmas intermináveis de papel-jornal e horas de transmissões de rádio, sobre quem, em última análise, deveria julgar Eichmann: Israel, a Alemanha Ocidental ou um tribunal internacional. Ben-Gurion foi claro a respeito da sua intenção. "O Estado judeu é herdeiro dos 6 milhões de assassinados, o único herdeiro", escreveu a um representante da comunidade judaica americana que queria que Eichmann fosse extraditado para a Alemanha Ocidental. Portanto, em sua opinião, o julgamento deveria acontecer em Israel, para que se cumprisse o "dever histórico" do país para com os mortos. Quanto ao meio milhão de israelenses que eram sobreviventes do Holocausto, a maioria concordava que o julgamento deveria acontecer em Israel. Ainda assim, eram cautelosos a respeito da possível repercussão. Desde a guerra, a maioria guardara para si os sofrimentos vividos nas mãos dos nazistas. Sabiam muito bem que o julgamento provocaria a abertura dolorosa de antigas feridas.

A captura também teve consequências internacionais. O governo argentino alvoroçou-se, assim que a imprensa revelou que a captura acontecera em seu solo, feita por "agentes israelenses". Arturo Frondizi não teve escolha senão protestar, uma vez que já mantinha relações tensas com as forças armadas, que claramente consideravam o caso uma violação da soberania argentina e queriam usá-lo para chamar a atenção para a sua fraqueza. Frondizi também sofria pressões dos nacionalistas de direita e dos simpatizantes nazistas dentro do país.

Em 1º de junho, Diógenes Taboada, ministro do Exterior argentino, convocou Levavi, o embaixador israelense, para exigir uma explicação oficial e a volta de Eichmann. "Acho que isso não é possível", disse Levavi. Dois dias depois, o governo israelense divulgou um comunicado explicando que um grupo de "voluntários judeus, inclusive alguns israelenses", tinha sido responsável por encontrar Eichmann. Esses voluntários tinham "feito contato" com Eichmann e receberam dele permissão escrita para levá-lo a Israel, onde o entregaram aos órgãos de segurança israelenses. A carta concluía que Israel lamentava que esses voluntários tivessem violado a lei argentina, mas que a "importância especial de levar a julgamento o responsável pelo assassinato de milhões de pessoas pertencentes ao povo judeu deve ser levada em conta". Ben-Gurion encaminhou esse comunicado formal com uma carta pessoal a Frondizi, repetindo que houvera uma "justificativa moral suprema" para as ações dos voluntários.

Obviamente, os argentinos não acreditaram nessa história duvidosa. Taboada exigiu outra vez que Eichmann fosse levado de volta e que os responsáveis pela captura fossem punidos. A guerra diplomática de palavras esquentou e, muito embora Frondizi quisesse enterrar o caso levando o problema em silêncio para a ONU, outros membros do governo exigiam medidas mais gritantes. O embaixador argentino nas Nações Unidas, Mario Amadeo, nacionalista católico e ex-partidário de Benito Mussolini, comandou o ataque em Nova York. Ao contrário do desejo de Frondizi, Amadeo defendeu com vigor a volta de Eichmann, assim como o voto de condenação da ONU a Israel. A ONU convocou uma reunião de emergência do Conselho de Segurança para discutir a reclamação. Apesar do discurso comovente de Golda Meir em defesa de Israel, Amadeo conseguiu não só a condenação como também a ordem para que Israel fizesse a "apropriada reparação". Entretanto, anexado à resolução havia a declaração de que a ONU entendia que Eichmann devia ser levado a julgamento. O impasse entre os dois países persistiu até o final de julho, quando Levavi foi declarado *persona non grata* na Argentina e forçado a ir embora. No final, foi essa a única ação necessária para Frondizi manter as aparências.

Ainda assim, havia na Argentina quem se dispusesse a punir os israelenses. Incapazes de atacá-los diretamente, os grupos de direita fizeram uma série de ataques à comunidade judia da Argentina. O Tacuara foi responsável pelo pior dos incidentes, surrando vários estudantes judeus na Universidade de Buenos Aires e entoando: "Viva Eichmann! Morte aos judeus!" Um estudante levou um tiro e, mais tarde, num ataque cruel, radicais do Tacuara marcaram com uma suástica o peito de uma adolescente, cujo pai era suspeito de ter ajudado os israelenses. Nick e Dieter Eichmann penduraram uma bandeira com a suástica na frente da casa da rua Garibaldi e endureceram suas declarações.

Vera Eichmann exigiu que os tribunais argentinos abrissem processos contra os envolvidos no sequestro do marido. Em 12 de julho, um juiz aprovou o caso e abriu inquérito, auxiliado pelos órgãos de segurança argentinos. Ninguém da equipe de Harel corria risco, mas Luba Volk, que assinara numerosos documentos ligados ao voo da El Al, ainda estava no país. Certa tarde, quando ia para casa em Belgrano, sentiu que um carro a seguia. Depois de algumas voltas, teve certeza disso, mas se era a polícia ou algum atacante não sabia. Foi diretamente para a embaixada israelense, onde os agentes de segurança lhe disseram que não saísse de casa sozinha à noite e que vigiasse o filho com a máxima atenção.

Ela tentou ignorar o medo que sentia, dando continuidade às atividades cotidianas da melhor maneira possível. Dali a uma semana, ela e o marido foram chamados à sala de Joel Baromi, embaixador israelense em exercício. Baromi lhes disse que tinha informações seguras de que os argentinos, estimulados pelo processo aberto pela mulher de Eichmann, prenderiam Luba devido à sua ligação com o voo.

— Saia deste país o mais cedo possível, e pelo meio que conseguir, legal ou ilegal — aconselhou Baromi.

No dia seguinte, Luba e a família puseram os seus principais pertences em algumas malas e embarcaram num avião para o Uruguai. Depois de algumas semanas em Montevidéu, ela e o filho foram para Israel. O marido a seguiu logo depois, com a carreira empresarial em ruínas devido à saída apressada da Argentina e ao boato de que, na verdade, era agente do Mossad.

No outono, as relações entre Argentina e Israel melhoraram e o processo movido por Vera Eichmann não deu em nada. Os investigadores não conseguiram sequer descobrir o nome dos que tinham voltado no voo da El Al. O Mossad apagara bem demais os seus rastros. Além disso, o impulso para continuar o inquérito sofreu resistência, sem dúvida devido à vergonha de vários órgãos argentinos, como a polícia e os serviços de segurança, por terem sido enganados.

O outro ator principal desse drama foi a Alemanha Ocidental. O chanceler Konrad Adenauer repreendeu publicamente Israel pelo sequestro e pelo empenho em julgar o criminoso de guerra. Foi apoiado por uma série de editores dos principais jornais do país, que exigiram que Eichmann fosse extraditado e "julgado por juízes, não por vingadores". Mas Adenauer nunca fez nenhuma tentativa séria de pedir a extradição de Eichmann, sabendo que os israelenses não abririam mão do direito de julgá-lo. Ainda assim, com a aproximação do julgamento, Adenauer ficou cada vez mais preocupado com o que Eichmann poderia revelar sobre as atividades de Hans Globke, seu assessor de segurança nacional, durante a guerra. As autoridades israelenses e da Alemanha Ocidental tomaram providências nos bastidores para assegurar que o julgamento não criasse problemas para o governo do chanceler.

* * *

O CONTADOR DA MORTE e A HISTÓRIA DE EICHMANN, PRIMEIRA PARTE: EU OS TRANSPORTEI ATÉ O AÇOUGUE eram, respectivamente, as manchetes da revista alemã *Der Stern* e da americana *Life*. Durante o terceiro trimestre de 1960, as duas revistas publicaram vários episódios das memórias de Eichmann, levando a milhões de leitores os pensamentos e a história do criminoso de guerra nazista. Um dos números contava uma cena do final de 1941 em que Eichmann assistira aos primeiros preparativos para exterminar os judeus: "O general Heydrich me ordenou que visitasse Majdanek, aldeia polonesa perto de Lublin. Um capitão da polícia alemã me mostrou como tinham conseguido construir câmaras herméticas disfarçadas de cabanas camponesas comuns da Polônia, selá-las e injetar nelas o gás da exaustão do motor de um submarino russo. Lembro-me disso com muita exatidão porque nunca pensei que algo assim fosse possível, em termos técnicos." Essas declarações revelavam o desprezo insensível de Eichmann pelo sofrimento das vítimas.

As memórias vinham das 850 páginas de transcrição datilografada que Willem Sassen fizera das entrevistas com Eichmann gravadas em fita. Dias depois do anúncio de Ben-Gurion, Sassen procurara os editores do mundo todo para vender os direitos de publicação das entrevistas. Em troca de parte dos lucros, chegou a convencer Vera Eichmann a dar permissão para a venda. Mais tarde, ela declarou que não fazia ideia da natureza do conteúdo.

Mesmo antes da publicação, a notícia da existência das memórias provocou muita celeuma. Reinhard Gehlen, chefe do BND, órgão alemão do serviço de informações, pediu à CIA que verificasse se as memórias eram genuínas e, "caso sejam, quanto material é nocivo a integrantes do governo da Alemanha Ocidental, de modo a suprimir essas memórias se for possível e desejável". Finalmente, Allen Dulles, diretor da CIA, convenceu os editores da *Life* a eliminar qualquer menção a Globke. O Mossad soube das memórias vários dias depois do sequestro de Eichmann e obteve uma cópia parcial, sabendo que ela tornaria ainda mais sólido o caso contra Eichmann.

Embora as confissões e reminiscências chocantes de Eichmann prendessem a atenção do mundo, Avner Less e os outros integrantes do Bureau 06 usaram as memórias para questionar a sua rede de mentiras, meias verdades e negativas nos interrogatórios em andamento. O inquérito resultou em mais de 275 horas de fita, num total de 3.564 páginas de transcrição. O Bureau 06 também fez Eichmann se defrontar com centenas de documentos que indicavam o seu envolvimento no genocídio. Esses documentos, dentre as mais de 400 mil páginas que tinham sido coletadas, vinham de várias fontes, como os arquivos de guerra da Alemanha Ocidental e dos Estados Unidos e as coleções de Tuviah Friedman e Simon Wiesenthal.

No dia do anúncio de Ben-Gurion ao Knesset, Wiesenthal recebeu um telegrama de Yad Vashem informando-o da captura e afirmando: "Parabéns pelo excelente trabalho." Depois de um momento necessário para se recuperar da notícia inesperada, ele se dirigiu a Pauline, a filha adolescente:

— Você nunca via o seu pai quando era bebê. Estava dormindo quando eu ia trabalhar procurando esse homem, e já tinha adormecido quando eu chegava em casa. Não sei quanto tempo vou viver. Não sei se lhe deixarei alguma fortuna. Mas esse telegrama é o presente que lhe dou. Porque, com esse telegrama, agora faço parte da história.

Nos meses que se seguiram, Wiesenthal cedeu a Hofstetter tudo o que tinha sobre Eichmann. Ofereceu-se para procurar outros documentos incriminadores. Também forneceu informações importantes sobre a estratégia de defesa de Robert Servatius, o advogado de Eichmann, por meio de um informante íntimo da família de Eichmann.

Friedman também se mostrou disposto a ajudar. Na noite de 23 de maio, soube da notícia por telefone. O amigo em Tel Aviv teve de se repetir para que Friedman entendesse. Sentindo-se fraco, saiu do escritório e foi a uma banca de jornais, onde já havia uma edição extra com a cara de Eichmann na capa. Vários dias depois, Friedman se reuniu com o Bureau 06 e lhes entregou o seu arquivo de quatrocentas páginas sobre Eichmann. Finalmente, os anos de buscas obcecadas para descobrir cada detalhe possível sobre aquele homem teriam utilidade: provar a culpa de Eichmann.

Na coleta de provas, os investigadores do Bureau 06 buscaram mais do que documentos incriminadores e confissões do próprio Eichmann. Queriam testemunhas, pessoas que tiveram contato com Eichmann durante a guerra, que pudessem confirmar as atrocidades cometidas contra os judeus em todos os países ocupados pelos nazistas. Uma dessas testemunhas, que vira Eichmann nos dias que precederam a limpeza do gueto de Munkács, na Hungria, era Zeev Sapir.

Em 1º de novembro de 1960, Sapir foi à sede do Bureau 06 para uma entrevista. Muitos homens e mulheres se apresentaram por iniciativa própria, mas Sapir não foi um deles. Uma associação israelense de sobreviventes húngaros indicara o seu nome e só depois que os investigadores do Bureau 06 entraram em contato sobre a possibilidade de depor é que ele concordou em falar das lembranças dolorosas e candentes que tinha da guerra.

Depois de resgatado pelo Exército Vermelho em janeiro de 1945, Sapir levara meses para se recuperar num hospital. Um oficial russo o convidou a voltar com ele a Moscou para passar a Páscoa e, de lá, Sapir foi para Bucareste, onde foi auxiliado pelo Comitê Conjunto Judaico-Americano de Distribuição, que lhe deu algum dinheiro e lhe permitiu passar algumas semanas em seu campo de desabrigados. Com o dinheiro, comprou um terno; a roupa nova fez com que se sentisse humano outra vez. Em seguida, voltou para Dobradovo, sua cidade natal, mas ali nada lhe restara. De volta a Budapeste, quando foi registrar o seu nome junto às autoridades, como era exigido na época, percebeu o nome do irmão mais velho numa lista que já tinha uma semana. Sapir procurara o irmão por toda parte; sempre achara que teria morrido num campo de trabalho húngaro. Então, dali a algumas semanas, no trem para Viena, viu o rosto do irmão refletido num espelho e os dois se encontraram. Juntos, os dois foram para a Áustria e, por meio da rede da Brichah, embarcaram para a Palestina num navio. Sapir entrou para um kibutz e, como muitos outros refugiados, participou da luta pelo Estado judeu independente. Mais tarde, se casou, constituiu família e trabalhou como professor. Para ele, ainda era difícil falar do passado, mas nunca o esquecera.

Agora, sentado diante dos investigadores do Bureau 06, as lembranças lhe vinham interrompidas: a fábrica de tijolos de Munkács, Auschwitz, as minas de carvão de Dachsgrube. Também lhes contou que Adolf Eichmann fora ao gueto de Munkács e anunciara que os judeus não tinham razões para se preocupar. Dias depois, explicou aos investigadores, ele e o resto da sua aldeia foram despachados para o campo de extermínio.

28

NO VALE ABAIXO DA CIDADE VELHA ficava Beit Ha'am, a Casa do Povo, um edifício de quatro andares de mármore e pedra branca no meio da moderna e caótica Jerusalém. Às 8h55 da manhã de 11 de abril de 1961, cem policiais e guardas militares, com armas automáticas, cercaram o prédio. Lá dentro, Adolf Eichmann, vestindo um terno azul-escuro com gravata e usando óculos de aros grossos de chifre, foi levado à sala do tribunal, diretamente para uma cabine de vidro à prova de balas do lado esquerdo do auditório adaptado. Sentou-se de frente para o banco vazio das testemunhas. Dois guardas ficaram logo atrás dele.

Já sentados no salão, de olhos arregalados, os 750 espectadores o fitaram. Bem à frente deles, no primeiro nível de um estrado elevado com três degraus, estavam os cinco promotores e dois advogados de defesa com suas túnicas negras, sentados em mesas, lado a lado. Acima deles, estavam os estenógrafos e escrivães do tribunal.

Durante cinco minutos, houve pouco movimento na sala. Eichmann se manteve estoico e imóvel, raramente olhando além da cabine de vidro. Havia conversas em voz baixa enquanto os que estavam ali reunidos tentavam entender como esse único homem, com seu rosto bastante comum e comportamento comedido, podia ser responsável por tantas mortes. Ficariam menos surpresos se fosse um monstro, tentando roer as correntes. As câmeras e os microfones escondidos nas paredes com revestimento acústico gravavam cada momento, para que o mundo visse e ouvisse tudo.

Finalmente, os três juízes entraram no tribunal e ocuparam os seus lugares nas cadeiras de espaldar alto, na parte superior do estrado. Em hebraico tranquilo mas firme, o juiz-presidente, Moshe Landau, deu início aos trabalhos.

— Adolf Eichmann, levante-se!

Eichmann se pôs de pé no instante em que as palavras do juiz foram traduzidas pelo fone pendurado em seu pescoço.

— O senhor é Adolf Eichmann, filho de Adolf Karl Eichmann?

— Sou — respondeu.

Quando instruído pelos juízes, Eichmann virou-se para eles, o maxilar levemente inclinado, o rosto ainda impassível. Landau começou a ler a denúncia, de cabeça baixa, as mãos postas como se em oração.

— Primeira acusação. Natureza da infração: Crime contra o povo judeu. Detalhes da infração: (a) O acusado, durante o período entre 1939 e 1945, juntamente com outros, causou a morte de milhões de judeus, como responsáveis pela implementação do plano nazista de extermínio físico do povo judeu, plano conhecido pelo nome "Solução Final da Questão Judaica".

As palavras de Landau foram como gotas d'água contra uma pedra. A leitura durou quatro horas: 15 denúncias, com numerosas acusações em cada uma delas. Ele desenraizara populações inteiras. Reunira os judeus em guetos e os deportara em massa. Cometera homicídio em massa nos campos de extermínio de Auschwitz, Chelmno, Belzec, Sobibor, Treblinka e Majdanek. Escravizara judeus em campos de trabalho forçado e lhes negara os direitos humanos. Causara tortura e sofrimento desumanos. Saqueara a propriedade de judeus, por meio de roubo, terror e tortura. Estivera envolvido diretamente na morte de cem crianças em Lídice, na Polônia. Trabalhara em toda a Europa, assim como na União Soviética e nos países bálticos, Lituânia, Letônia e Estônia, sempre, sempre com a intenção de "destruir o povo judeu".

Quando o juiz perguntou a Eichmann se se considerava culpado, este respondeu com a mesma frase a cada denúncia: "No sentido da acusação, não." Era a mesmíssima declaração que Hermann Göring fizera em Nuremberg.

Logo depois de ouvida a declaração de Eichmann, Gideon Hausner, procurador-geral de 45 anos, homem de aspecto robusto e com velados olhos azuis, começou o arrazoado de abertura. Tinha os gestos do homem que sabe que fala para a história.

> Quando me levanto aqui diante de vós, juízes de Israel, para comandar a acusação contra Adolf Eichmann, não me levanto sozinho. Comigo estão 6 milhões de acusadores. Mas eles não podem se pôr de pé e apontar o dedo acusatório àquele que está no banco dos réus e gritar: "Eu acuso." Porque suas cinzas estão empilhadas nos morros de Auschwitz e nos campos de Treblinka, e jogadas pelas florestas da Polônia. Seus túmulos se espalham por toda a extensão e amplidão da Europa. Seu sangue grita, mas sua voz não é ouvida. Portanto, serei seu porta-voz.

O julgamento começou. Seguindo a orientação e a meta de David Ben-Gurion, tratou tanto de desnudar o programa nazista para exterminar os judeus quanto de processar um único homem. Durante os 56 dias seguintes, Hausner desenvolveu a acusação a Eichmann, colocando-o no centro do Holocausto. Apresentou a Eichmann os interrogatórios de Avner Less, os documentos alemães capturados, as declarações de ex-colaboradores seus, como Rudolf Höss, comandante de Auschwitz, as páginas das entrevistas a Sassen e o depoimento das testemunhas. Durante o processo, Eichmann se manteve atento e bem composto. Toda vez que entrava na cabine, antes das sessões, limpava a mesa e a cadeira com o lenço e arrumava à sua frente os seus papéis, como se estivesse se preparando para um dia no escritório. Em geral, mantinha os olhos concentrados no promotor. Às vezes, contudo, a cabeça se movia rapidamente para a esquerda, de um modo que parecia involuntário, ou ele sugava as bochechas a ponto de deixar a pele retesada sobre os ossos do rosto. "Em momentos assim", disse uma testemunha, "ele fica parecido com o Eichmann que gostaríamos de ver: um rosto inexplicavelmente impiedoso que me causa arrepios".

Em 28 de maio, Zeev Sapir foi chamado ao banco das testemunhas. Enquanto avançava pelo salão, Sapir olhou Eichmann e sentiu uma onda avassaladora de orgulho e júbilo ao ver o inimigo do seu povo sentado entre dois guardas israelenses. Depois que um dos juízes tomou o seu juramento, o jovem promotor-assistente Gabriel Bach começou as perguntas. As primeiras foram fáceis: nome, local de nascimento, data em que os alemães chegaram. Depois, perguntaram-lhe sobre a limpeza de Dobradovo.

— Quantos judeus havia em sua aldeia? — perguntou Bach.

— Centro e três indivíduos, inclusive crianças de todas as idades — respondeu Sapir. E continuou a falar, enquanto as lembranças do que lá se perdera lhe voltavam.

Bach, então, lhe indagou quando soube que um importante oficial da SS era esperado em Munkács. Sapir descreveu a convocação e o homem chamado Eichmann que chegou ao gueto, à frente de um grupo de oficiais alemães e húngaros.

— O senhor vê aqui o acusado. Pode identificá-lo como o homem que viu naquela época?

Mais uma vez, Sapir fitou Eichmann, sentado na cabine, os olhos desviados, rabiscando alguma coisa em seu caderno. O nome era o mesmo, mas faltava ao homem diante de Sapir a farda, a arma e a aura de poder. Além disso, 17 anos tinham se passado.

— É difícil comparar — disse Sapir. — Está diferente do que foi, mas consigo ver nele alguma semelhança. — A testemunha, então, contou os horrores que o aguardavam depois que Eichmann partira do campo. As lembranças ainda estavam frescas e cruas.

Sapir contou ao tribunal que, depois do processo de seleção em Auschwitz, nunca mais viu os pais nem os irmãos mais novos. Quase desmoronou ao lembrar a idade dos irmãos: 11, 8, 6 e 3 anos. O tribunal ficou em silêncio enquanto descrevia a marcha depois que partiram das minas de carvão, e o oficial Lausmann, das SS, se preparando para massacrar os que não conseguiam continuar:

— Trouxeram uma panela até a sala, e todos achamos que nela havia comida. Mas ele obrigou um a um a se curvar sobre a panela, para lhe dar um tiro na nuca.

Sapir estava com dificuldades para se manter em pé no banco das testemunhas. Um escrivão lhe trouxe uma cadeira. Ele se sentou inquieto e segurou nas mãos a cabeça baixa. Não tocou o copo d'água que lhe ofereceram. O promotor porpôs deixar passar a pergunta de como conseguira escapar, mas Sapir queria contar a história. Conquistara esse direito. Queria lhes dizer que fora obrigado a comer batatas congeladas para sobreviver, e contar sobre os fuzilamentos indiscriminados na floresta. O juiz Landau permitiu. Quando terminou de falar, Sapir puxou a manga e mostrou ao tribunal a tatuagem de Auschwitz: A3800.

Nessa hora, seria impossível saber o papel que o seu depoimento teria no resultado do julgamento, mas para ele o importante era que, agora, os fatos que vivera por causa de Eichmann eram conhecidos. Na verdade, dada a cobertura exaustiva dos jornais, do rádio e da televisão, a história de Sapir, como todos os outros aspectos do julgamento, tornou-se conhecida no mundo todo.

Vários agentes cuja operação bem-sucedida tornara possível o julgamento foram ver Eichmann na cabine de vidro. Muitos se deram por satisfeitos com uma só sessão; estavam ocupados com outras operações. Bastava saber que tinham conseguido levá-lo à justiça.

Quando Hausner terminou de apresentar a acusação, a defesa assumiu, afirmando que o Estado nazista é que fora responsável pelos crimes. Eichmann meramente obedecera às ordens, e o seu papel nas atrocidades fora limitado e desempenhado sem nenhuma iniciativa especial de sua parte. De fato, argumentou Servatius, na verdade Eichmann quisera salvar os judeus, promovendo a emigração. Finalmente, Eichmann falou em defesa própria.

Dado o seu modo militar de falar, com frases curtas, seria de se esperar dele respostas claras, mas Eichmann falou em trechos longos e obscuros, cujos inícios, de forma desconcertante, contradiziam muitas vezes o final. Entretanto, para ele os seus argumentos pareciam fazer muito sentido, assim como as longas digressões sobre a complexidade da hierarquia nazista, cheias do jargão indecifrável da SS. Os tradutores tiveram um trabalho exaustivo para transmitir o seu depoimento. Quanto à culpa como cúmplice do assassinato de milhões, ele explicou:

> Do ponto de vista da culpa humana, questão que devo julgar de maneira muito mais grave, porque nesse aspecto devo me sentar em julgamento comigo mesmo... nesse aspecto devo admitir que cumpri o meu papel, embora obedecendo a ordens. Do ponto de vista jurídico, como recebia ordens, não tinha opção senão segui-las. Até que ponto o fato de que tive de executar parte das deportações e de que os judeus que foram assim deportados encontraram a morte, até que ponto sou legalmente culpado disso, é uma questão que, na minha opinião, deveria esperar até que a questão da responsabilidade fosse examinada.

Eichmann raramente recuou durante as cinquenta horas seguintes de interrogatórios cruzados, nem quando se emaranhava nas próprias mentiras. As fitas de Sassen se mostraram incriminadoras, principalmente para demonstrar a disposição e o vigor de Eichmann ao cumprir os seus deveres contra os judeus. Ele ganhou muitas argumentações, a maioria delas quando Hausner tentou exagerar, envolvendo Eichmann em todas as facetas do genocídio judeu. Para desgosto do governo Adenauer, Eichmann lembrou ao procurador-geral que Hans Globke também teve o seu papel, mas como Globke nunca foi chamado a depor, essa menção causou pouco impacto.

Durante todo o interrogatório direto das testemunhas, Eichmann foi uma presença formidável, sem se comover com as várias tentativas do procurador-geral, algumas infelizes, de forçá-lo a admitir a sua culpa. Ainda assim, Eichmann não podia fugir ao peso das provas contra ele, principalmente aquelas relacionadas às suas ações na Hungria.

Depois de encerrar os depoimentos em 14 de agosto, os juízes adiaram o julgamento. Quatro meses depois, voltaram com o veredito. Eichmann foi considerado culpado em todas as denúncias, mas foi absolvido de várias acusações dentro dessas denúncias. Enquanto ouvia os juízes lerem a sentença de 211 páginas, Eichmann perdeu aos poucos o autocontrole. O rosto se contorcia, e ele olhava freneticamente de um lado para outro.

No final do segundo dia, Eichmann deu um depoimento, repetindo muitos argumentos que usara na defesa. Na sexta-feira, 15 de dezembro de 1961, o juiz Landau pediu que Eichmann se levantasse para ouvir a pena:

> Pelo despacho pelo acusado de cada trem a Auschwitz, ou a qualquer outro local de extermínio, levando mil seres humanos, fazendo com que o acusado fosse cúmplice direto de mil atos de homicídio premeditado. [...] Mesmo se considerarmos que o acusado agiu por obediência cega, como afirmou, ainda temos a dizer que o homem que participa de crimes dessa magnitude durante tantos anos deve cumprir a pena máxima conhecida da lei. [...] Mas consideramos que o acusado agiu por identificação íntima com as ordens que recebeu e por vontade feroz de cumprir o objetivo criminoso. [...] Esta corte condena Adolf Eichmann à morte.

Foi a primeira — e até hoje, a única — pena de morte decretada por um tribunal israelense.

Eichmann ficou imóvel, os lábios apertados como se quisesse sufocar até a mais leve reação. A garganta e o colarinho da camisa ficaram ensopados de suor. Oito minutos depois do início da sessão, o meirinho gritou: "Todos de pé!", e os juízes saíram. O julgamento terminara.

Eichmann apelou da decisão e houve novas audiências em março de 1962. Enquanto aguardava a decisão na prisão de Ramleh, a penitenciária fortemente guardada perto de Jerusalém onde permanecera durante os dois processos, redigiu a segunda biografia. Era a terceira tentativa de contar a sua história. As entrevistas a Sassen tinham sido a primeira; as memórias que escreveu em Campo Iyar, entre as sessões de interrogatório com Avner Less, foram a segunda. A cada vez, a meta fora justificar o seu papel no Holocausto e mostrar as suas ações pela luz que considerava a melhor possível: três documentos criados mais para si mesmo do que para os outros.

Eichmann começou a se encontrar com o reverendo William Hull, um missionário protestante canadense em Jerusalém. Por iniciativa própria, Hull pedira aos israelenses que lhe permitissem atuar como conselheiro espiritual de Eichmann. A princípio Eichmann recusou, mas Hull persistiu e, finalmente, os dois se encontraram na cela de Eichmann na prisão para a primeira das 13 sessões. Hull queria salvar a alma do criminoso nazista fazendo com que se arrependesse dos seus pecados, confessasse os feitos do passado e confirmasse que "o Senhor Jesus Cristo era seu Salvador", tarefa difícil, já que Eichmann passara os últimos 17 anos se convencendo exatamente de que não precisava pedir perdão pelo que fizera.

Eichmann participou dessas discussões com a seriedade de sempre. Explicou a Hull que acreditava em Deus, mas que o estudo de outras religiões, assim como de Nietzsche e Kant em sua "busca da paz pela verdade", o afastara da religião organizada. Acreditava num Deus panteísta, encontrado na natureza e em todas as coisas. Hull convenceu Eichmann a renovar o estudo da Bíblia (ele se recusou a ler o Velho Testamento, porque eram "fábulas judias"), mas além disso o pastor nada conseguiu além de conversar. Eichmann não temia o julgamento divino:

— O inferno não existe — declarou. Mais ainda, recusou-se a se confessar: — Não pequei. Estou em paz com Deus. Não fiz nada. Não fiz nada de errado. Não tenho do que me arrepender. — Hull pressionou, mas Eichmann estava rígido na fé que criara.

Em 29 de maio de 1962, o recurso de Eichmann foi negado. Ele se encheu de raiva quando o grupo de cinco juízes reafirmou as razões para que fosse considerado culpado. Mais tarde, no mesmo dia, pediu clemência ao presidente israelense. Dois dias depois, às 19 horas, o comissário das prisões, Arye Nir, que supervisionara durante dois anos o encarceramento de Eichmann, avisou ao prisioneiro que esse pedido também fora negado. Eichmann não tinha mais opção, e Nir o informou com rispidez que seria enforcado à meia-noite.

Eichmann pediu uma garrafa de vinho branco, cigarros, papel e caneta. Sentado à mesa da cela, com o guarda sempre presente por perto, escreveu uma última carta à mulher e aos filhos. Depois fez a barba, vestiu calças marrons e uma camisa, e escovou os dentes.

Às 23h20, quando o reverendo Hull chegou, Eichmann tomara meia garrafa de vinho, fumara os cigarros e demonstrava uma calma impassível.

— Por que está triste? — perguntou Eichmann ao pastor. — Eu não estou triste.

Passaram vinte minutos juntos, mas não haveria nenhum arrependimento de última hora por parte de Eichmann.

— Tenho paz no meu coração. Na verdade, fico espantado por sentir tamanha paz... A morte é apenas a libertação da alma.

Dois guardas e o diretor entraram na cela. Antes que amarrassem suas mãos às costas, Eichmann pediu um momento para rezar. Ficou um minuto num canto e depois anunciou: "Estou pronto."

Acompanhado por Hull, Eichmann foi escoltado pelo corredor da prisão. Andou rapidamente os 50 metros, e Nir teve de ordenar que os guardas fossem mais devagar. O grupo entrou na sala de execução improvisada por um buraco aberto numa das paredes. Antes, a sala do terceiro andar fora o alojamento dos guardas. Tinham construído uma plataforma de madeira sobre um buraco aberto no chão. Uma corda pendia de uma armação de ferro. Michael Goldmann, inspetor-chefe do Bureau 06, e Rafi Eitan, que viera assistir ao fim de Eichmann, esperavam por eles, como testemunhas da execução. Nos últimos meses, Eitan interrogara Eichmann várias vezes em Campo Iyar sobre como as SS tinham se organizado e como funcionavam.

Os guardas puseram Eichmann na plataforma e amarraram as suas pernas. Ele fitou Eitan e disse, cortante:

— Espero intensamente que a sua vez venha logo depois da minha.

Trouxeram um capuz branco, mas ele o recusou. Olhou os quatro jornalistas escolhidos para assistir à execução, que escreviam em seus blocos. Uma corda enrolada, forrada de couro para evitar abrasão, foi passada pela cabeça.

— Vida longa à Alemanha — declarou Eichmann. — Vida longa à Argentina. Vida longa à Áustria... Tive de obedecer às leis da guerra e à minha bandeira. Estou pronto.

Dois guardas foram para trás da cortina de cobertores que escondia do prisioneiro o mecanismo que soltava o alçapão. O aparelho fora montado de forma que só um dos dois botões abria realmente as portinholas da plataforma.

Eichmann sorriu de leve e bradou:

— Cavalheiros, logo nos encontraremos, pois esse é o destino de todos os homens. Acreditei em Deus durante toda a minha vida e morro acreditando em Deus.

Era exatamente meia-noite. O diretor gritou:

— Preparar!

Eichmann semifechou os olhos, olhando o alçapão sob os pés. O rosto estava pálido.

— Ação!

Os dois guardas apertaram os botões, e a plataforma se abriu com um clangor. Eichmann caiu 3 metros na sala debaixo sem nenhum som. A corda se endireitou, se retesou e depois balançou de um lado para outro.

Goldmann espiou pelo buraco no chão e disse que Eichmann não se movia. Um médico entrou na sala do segundo andar, examinou Eichmann e declarou formalmente que estava morto.

Todas as testemunhas assinaram uma declaração confirmando sua presença no enforcamento. Depois, Nir disse aos guardas relutantes que soltassem o corpo do laço. O rosto de Eichmann estava branco, e a corda lhe cortara o pescoço. Quando Shlomo Nagar, um dos guardas, ergueu

Eichmann, o ar que ainda estava no pulmão do morto saiu, produzindo um som que quase o fez desmaiar e que, durante anos, ouviria em pesadelos. Ele e vários outros guardas puseram Eichmann numa maca, cobriram o corpo com cobertores de lã cinzenta e o levaram para o pátio da prisão. Eitan ficou para trás. O que vira já bastava.

Goldmann, cujos pais e a irmã de 10 anos tinham sido separados dele em Auschwitz, acompanhou Nir e Hull atrás dos guardas e da maca até o pátio.

Havia neblina no ar e, com as luzes da prisão brilhando pela cerca de arame farpado, Goldmann se lembrou do campo de extermínio onde a família fora morta. Os guardas levaram o corpo pelos portões da prisão até a clareira de um laranjal. Ali, um homem que já trabalhara no crematório de um campo de extermínio cuidava de uma fornalha. Enquanto os guardas se esforçavam para colocar o cadáver no fogo em brasa com duas compridas forquilhas de ferro, um deles perdeu o equilíbrio e o corpo caiu. Todos ficaram paralisados ao ver aquilo. Goldmann arregaçou as mangas e avançou para ajudar a colocar o cadáver dentro da fornalha. No brilho ardente, Hull viu a tatuagem de Auschwitz no braço do inspetor do Bureau 06.

Duas horas depois, as cinzas foram retiradas do reservatório enegrecido. Encheram metade de um pequeno cilindro niquelado. Goldmann pensou quantos judeus deveria haver nas montanhas de cinzas junto de Auschwitz-Birkenau. No inverno, os guardas da SS o tinham obrigado a espalhar essas cinzas pelos caminhos, para evitar que os nazistas escorregassem no gelo.

Junto com Hull, Nir e Goldmann foram até o porto de Jaffa. Chegaram nas horas mortas da madrugada de 1º de junho. Vários outros observadores aguardavam ao lado do barco de patrulha *Yarden*, da polícia, e juntos zarparam para o mar aberto. Ao jogar as cinzas de Adolf Eichmann na água, não haveria lugar para prestar homenagem à sua vida nem para lhe construir um monumento. A quase 10 quilômetros da costa, logo depois das águas territoriais israelenses, o comandante desligou os motores. O barco ficou em silêncio, subindo e descendo nas ondas. Uma fímbria de luz vermelha surgia no horizonte. Enquanto Hull dizia uma oração em silêncio, Nir foi até a popa e esvaziou o cilindro nas ondas em movimento. As cinzas se ergueram na crista de uma onda e sumiram. Os motores foram ligados e o comandante voltou ao litoral. Chegaram à margem na hora em que o sol se erguia lentamente no céu e que Tel Aviv voltava à vida.

Epílogo

ELIE WIESEL, ganhador do Prêmio Nobel da Paz, escritor e sobrevivente de Auschwitz, compareceu como repórter ao julgamento de Eichmann. Anos depois, disse que a captura e o julgamento do criminoso de guerra nazista mostrou que

> a história judaica tinha uma imaginação tremenda. Alguns judeus o pegaram e o levaram à justiça. Não o mataram, o que poderiam ter feito em Buenos Aires. Não, eles o levaram ao Estado livre e soberano de Israel, onde homens pudessem lhe servir de juízes. O julgamento foi quase tão importante no campo da educação quanto no campo da justiça. Foi importante para que a juventude israelense soubesse o que acontecera, de onde vinham. E foi isso o que o julgamento de Eichmann realmente fez. Mas não só em Israel; a verdadeira guinada foi a consciência do mundo em relação à tragédia do povo judeu.

David Ben-Gurion realizara a sua ambição. O julgamento teve impacto profundo em Israel. Unificou o país como nunca, desde a guerra de 1948. Ensinou ao povo israelense, principalmente aos jovens, a verdadeira natureza do Holocausto. E, depois de 16 anos de silêncio, permitiu aos sobreviventes contar abertamente o que tinham vivido. O julgamento também reforçou nos israelenses a ideia de que o Estado soberano dos judeus era essencial para a sua sobrevivência.

Quanto ao resto do mundo, o caso de Eichmann fez o Holocausto criar raízes na consciência cultural coletiva. A cobertura intensa da imprensa e a onda de biografias de Eichmann e de descrições fantásticas de sua captura contribuíram para o processo. O debate provocado pelo julgamento, principalmente depois da publicação de *Eichmann em Jerusalém*, de Hannah Arendt, em 1963, alimentou e fortaleceu essas raízes. Os comentários dela sobre a banalidade do mal empalideceram em comparação à tempestade causada pela crítica que fez ao julgamento e pela sua condenação a vários judeus, que teriam sido cúmplices do próprio extermínio durante a guerra. Centenas de artigos e livros foram publicados para refutar ou apoiar os seus argumentos, provocando um reexame completo e apaixonado da história do genocídio. Finalmente, o Holocausto se arraigou na consciência do mundo, para nunca ser esquecido, com a onda de memórias de sobreviventes, obras acadêmicas, peças, romances, documentários, quadros, exposições em museus e filmes que vieram na esteira do julgamento e continuam até hoje. Essa consciência, em Israel e no mundo inteiro, é a herança duradoura da operação para capturar Adolf Eichmann.

A experiência marcou todos os envolvidos nos 15 anos de caçada.

Simon Wiesenthal e Tuviah Friedman receberam enorme atenção pela participação que tiveram. Muitas vezes o papel deles foi exagerado, principalmente pela longa ausência de declarações do Mossad. Encorajados pelo novo interesse público pelos crimes de guerra, ambos voltaram a caçar nazistas, embora Wiesenthal perseguisse seus alvos com mais vigor e sucesso do que Friedman. Apesar de Wiesenthal dizer à filha que o caso de Eichmann garantiria o seu nome na história, foram os 45 anos posteriores de atividade incansável para promover "justiça, e não vingança" que garantiram o seu legado.

Fritz Bauer, cujo envolvimento ficou em segredo durante duas décadas, logo passou para os casos de outros criminosos de guerra já em investigação. Nas semanas que se seguiram ao anúncio de Ben-Gurion, Bauer e seus colegas promotores da Alemanha Ocidental prenderam uma série de ex-nazistas envolvidos nas atrocidades, inclusive vários auxiliares de Eichmann. Até a sua morte, em 1968, o procurador-geral de Hesse combateu grupos fascistas alemães e lutou com vigor para derrubar ex-nazistas do poder, inclusive Globke. Continuou a levar à justiça os crimes de guerra, sendo os mais famosos os julgamentos de Auschwitz, em 1963.

Quanto à família Hermann, cujo contato com Bauer fora fundamental na caçada, sua experiência depois da captura foi desagradável. De algum modo, fosse devido à visita de Ephraim Hofstetter ou porque as autoridades judaicas de Buenos Aires investigaram a afirmação dele de que sabia onde estava Eichmann, alguém disse aos jornalistas, em março de 1961, que na verdade Hermann era Josef Mengele. Depois de preso e logo solto pela polícia, um jornal argentino o expôs ainda mais ao publicar notícias de que escondia informações sobre Mengele e Eichmann. Antes que a operação para pegar Eichmann fosse revelada, Sylvia Hermann partiu da Argentina para os Estados Unidos, onde mora até hoje. Em 1971, depois de um pedido pessoal de Tuviah Friedman à primeira-ministra Golda Meir, Lothar Hermann recebeu uma recompensa pelas informações que levaram à prisão de Eichmann. Até então, o papel dele e da filha na captura ficara em segredo.

Quanto à família Eichmann, durante vários anos Vera e Ricardo, o filho mais novo, mudaram-se de um lado para outro, entre Buenos Aires e a Alemanha Ocidental, antes de se instalarem em Osterburken, 65 quilômetros a oeste de Heidelberg. Vera nunca admitiu que o marido era culpado de seus crimes, e nunca se refez da execução. Ricardo mal se lembra do pai, e ter o nome dele é um peso que continua a levar consigo. Hoje professor de arqueologia na Alemanha, admite as façanhas terríveis de Adolf Eichmann e reluta em falar dele. Dos três filhos mais velhos, Horst continua morando em Buenos Aires e dizem que é um líder neonazista. Dieter e Nick se mudaram de volta para a Alemanha, para o Lago de Constança, no Reno. Continuam convencidos de que o pai só obedeceu a ordens e que a maior parte do que foi dito contra ele no julgamento era mentira. Além disso, não querem discutir o assunto.

Quarenta e sete anos se passariam até que os agentes do Shin Bet e do Mossad, assim como a tripulação da El Al, fossem publicamente reconhecidos pelo Estado israelense pelo papel que tiveram na operação. Quanto aos tripulantes, um bilhete simples mas sincero do primeiro piloto, Zvi Tohar, agradecendo-lhes pela "devoção extraordinária ao dever" naquele voo, "um marco no progresso da aviação israelense", foi a única recompensa que receberam. Todos voltaram ao trabalho e nada disseram sobre o caso até bem recentemente.

Depois de voltar para Israel, Zvi Aharoni foi transferido para o Mossad por Isser Harel e encarregado de comandar um novo grupo na caça a criminosos de guerra, principalmente Josef Mengele, Martin Bormann e Heinrich Müller. Em 1962, no dia em que Eichmann foi executado, Aharoni estava na América do Sul, à procura de Mengele. Recebera, de um ex-oficial da SS de Montevidéu, no Uruguai, a pista de que um alemão do Brasil ajudava o médico de Auschwitz a se esconder. Algumas semanas depois, Aharoni estava numa floresta, 40 quilômetros ao sul de São Paulo, quando avistou Mengele entre dois guarda-costas locais, descendo uma trilha. Tudo o que precisava fazer era continuar a segui-lo até que pudessem montar uma operação para levar o médico para a penitenciária de Ramleh. Ele tinha certeza de que isso poderia ser feito. Mas recebeu de Isser Harel a notícia de que precisava abandonar a missão imediatamente. Naquela primavera, um menino de 8 anos chamado Yossele Schumacher fora sequestrado e levado de Israel por judeus ortodoxos extremistas e contrários ao Estado sionista. Harel reuniu vários agentes, inclusive Aharoni, para levá-lo de volta. Yossele acabou sendo encontrado em Nova York, mas Mengele sempre conseguiu escapar à captura. O médico de Auschwitz se afogou no Brasil, em 1979. A essa altura, Aharoni já se aposentara do Mossad há muito tempo e se tornara empresário no sudoeste da Inglaterra.

Avraham Shalom continuou com o Shin Bet e chegou a ser seu diretor em 1981. Foi forçado a deixar o cargo dali a três anos quando dois jovens palestinos, que tinham sequestrado um ônibus com granadas de mão e foram presos pelo exército, foram surrados até a morte por ordens dele. Foi a conclusão ignóbil de uma carreira corajosa e extraordinária. Shalom entrou para o ramo de segurança particular e hoje mora em Tel Aviv e Londres.

Peter Malkin tornou-se chefe do departamento de operações do Shin Bet. Largou o mundo da espionagem em 1976 para seguir a carreira de artista plástico com que sempre sonhara. Seus quadros mais famosos são os que esboçou ainda em Buenos Aires. Malkin morreu em 2005.

Yaakov Gat também teve sucesso no Shin Bet. Mais tarde, entrou para uma empresa de segurança particular, onde trabalhou até se aposentar.

Moshe Tabor, que (entre muitos outros) fora voluntário para enforcar Eichmann quando a pena foi anunciada, passou muitos anos ainda nos serviços de segurança, até se aposentar. Morreu em 2006.

Shalom Dani morreu de enfarte em 1963. Os ex-colegas ainda falam dele com reverência.

Rafi Eitan gozou de uma carreira ilustre que, aparentemente, não tem fim. Ficou nos serviços de segurança israelenses durante 15 anos. Depois, tornou-se assessor de segurança antiterrorista de vários primeiros-ministros israelenses. Mais tarde, Eitan administrou a unidade de espionagem do Ministério da Defesa (quando recrutou o espião americano Jonathan Pollard), supervisionou a indústria química estatal israelense e, em 2006, foi eleito para o Knesset.

Três anos apenas depois da operação Eichmann, no auge do sucesso e com apenas 50 anos de idade, Isser Harel pediu demissão do cargo de chefe do Mossad e do Shin Bet. Nos corredores do poder israelense, alguns temiam que estivesse conquistando demasiada influência no governo e que se preparava para substituir Ben-Gurion. Depois que iniciou uma campanha fatal e indiscreta contra cientistas alemães especializados em foguetes que trabalhavam no Egito, os inimigos conseguiram afastá-lo dos favores do primeiro-ministro. Quando Harel saiu pela última vez da sede do Mossad, muitos membros da equipe estavam em lágrimas. Além de um breve mandato no Knesset, passou o tempo escrevendo livros e dando assessoria em questões de segurança. Morreu em 2003.

Harel e todos os seus agentes, por mais que permanecessem nos serviços de segurança ou aonde quer que a carreira os levasse, contaram com orgulho irrestrito o envolvimento na missão para capturar Eichmann e levá-lo a julgamento em Israel. Numa profissão famosa pelos atos dúplices, pelas concessões morais e pelas consequências muitas vezes imprevistas e indesejadas, isso é raro.

Rafi Eitan afirmou, com olhar firme, não só que a operação foi executada quase sem falhas como também que o seu impacto foi visível: "No mundo inteiro, e também em Israel, começamos a entender o Holocausto."

Para aqueles como Peter Malkin, cuja família foi destruída pelos nazistas, a participação trouxe satisfação pessoal ainda maior. Em 1967, num emprego em Atenas, Malkin recebeu um telefonema de Avraham Shalom, que lhe contou que sua mãe fora internada. Malkin voltou imediatamente a Tel Aviv e foi direto para a sua cabeceira. Os olhos dela estavam fechados, o rosto sem cor. Ela não reagiu quando ele lhe falou.

— Ela não fala — disse a velha no outro leito.

— Mamãe — cochichou Malkin junto ao seu ouvido —, quero lhe dizer uma coisa. Fiz o que prometi. Peguei Eichmann. — A mãe não abriu os olhos nem virou a cabeça. Fazia sete anos que ele agarrara Eichmann na rua Garibaldi. Malkin guardara segredo por causa do seu juramento, mas agora não suportaria que a mãe morresse sem saber o que fizera.

— Mamãe, Fruma foi vingada. Foi o irmão dela quem capturou Adolf Eichmann.

— Ela não pode ouvir — disse a velha, cada vez mais impaciente com a visita dele.

Quando Malkin perdia as esperanças, sentiu uma mão cobrir a sua, e a mãe a apertou.

— Entendeu? — perguntou Malkin, ansioso.

Os olhos dela se abriram.

— Sim — disse. — Entendi.

AGRADECIMENTOS

NOTAS

BIBLIOGRAFIA

ÍNDICE REMISSIVO

Agradecimentos

Enquanto escrevia esta história, baseada em pesquisas e entrevistas nos quatro continentes e envolvendo igual número de idiomas, recebi muita ajuda generosa. Sem o auxílio das pessoas a quem agradeço aqui, provavelmente *Caçando Eichmann* ainda seria uma ideia à espera de execução.

Primeiro, quero agradecer à minha competente equipe de assistentes de pesquisa, cuja dedicação para descobrir material novo nos arquivos, encontrar pessoas a entrevistar e seguir minhas listas de afazeres foi inabalável. Na Argentina: Valeria Galvan, Patricia Delmar e Matias Delmar. Em Israel: Nava Mizrahi e Franziska Ramson. Na Alemanha, a sra. Ramson também foi indispensável. Obrigado, muito obrigado.

No decorrer da pesquisa, várias pessoas me indicaram a direção correta e, em muitos casos, ofereceram os frutos do seu trabalho. Ron Frank, produtor de *The Hunt for Adolf Eichmann* [A Caça a Adolf Eichmann], e Peter Kessler, produtor de *I Met Adolf Eichmann* [Conheci Adolf Eichmann], me ofereceram as transcrições das suas entrevistas, um auxílio essencial, ainda mais porque muitas pessoas com quem conversaram para fazer os documentários já tinham morrido. Uki Goñi, autor de *A Verdadeira Odessa*, deu conselhos importantíssimos para a minha pesquisa na Argentina, assim como o professor Daniel Lvovich, o professor Ignacio Klich, Jorge Camarasa, Kenneth Marty e Richard Wald. Patricia Ambinder me ajudou a entender Peter Malkin. Stan Lauryssens e Roelf van Til me deram ideias sobre o relacionamento entre Sassen e Eichmann. Em Israel, os professores Leonardo Senkman e Shlomo Shpiro foram mais do que generosos com o seu tempo e as minhas muitas perguntas. Karen Broderick e Marvin Goldman foram providenciais na coleta das fotografias do encarte. Obrigado também a Zvi Aharoni e Wilhelm Dietl, pelas fotografias da operação.

Essa narrativa não seria possível sem as lembranças em primeira mão dos envolvidos na operação. Embora eu não conseguisse falar com Isser Harel, Peter Malkin e Zvi Aharoni, as suas memórias da operação foram essenciais para fazer essa história tomar vida. Quero agradecer a todos os citados na bibliografia que conversaram comigo no decorrer da pesquisa, mas principalmente a Avraham Shalom e Shaul Shaul. Eles responderam a questionários e questionários com paciência e detalhes minuciosos.

Ainda estaria brigando com o meu alemão ruim e ficaria totalmente perdido em espanhol e hebraico sem os meus competentes tradutores: Tanja Gonzalez, Olga Cudnik, Dan Shorer, Milagros Simarro, Sari Cohen e Judy Heiblum. A minha gratidão também a Melissa Sarver, que transcreveu várias entrevistas.

Eu teria afundado sem o meu time de craques na hora da publicação. Primeiro, Liz O'Donnell, a primeira linha de defesa, revisou o que chamei, com excesso de generosidade, de esboço. Tremo ao pensar no que faria sem ela. Depois, Susan Canavan, minha editora na Houghton Mifflin, foi importantíssima para levar minha obra ao mundo com entusiasmo e competência. Este é o terceiro livro que fazemos juntos. Meus sinceros agradecimentos também a toda a equipe da Houghton Mifflin, principalmente Megan Wilson, Lori Glazer, Larry Cooper e a revisora do manuscrito, Barb Jatkola. Também devo muito ao grande esforço de Scott Manning. Muito obrigado a Farley Chase, que assegurou a publicação deste livro no mundo todo. E por último, mas de modo algum sem importância, agradeço a Scott Waxman, que, como sempre, esteve com este livro desde a gestação.

Finalmente, agradeço à minha esposa Diane e às minhas menininhas Charlotte e Julia: vocês são tudo.

Notas

Ao citar obras nas notas, foram usados, em geral, os títulos resumidos. As obras mais citadas foram identificadas pelas seguintes abreviaturas:

AdsD	Archiv der Sozialen Demokratie der Friedrich Ebert Stiftung, Bonn
AGN	Archivo General de la Nación, Buenos Aires
EA	Entrevista com o autor
BArch	Bundesarchiv, Koblenz
ACS	Arquivos Centrais Sionistas, Jerusalém
HAE	*The Hunt for Adolf Eichmann*
HHStAW	Hessisches Hauptstaatsarchiv, Wiesbaden
IMAE	*I Met Adolf Eichmann*
AEI	Arquivos do Estado de Israel, Jerusalém
NA	National Archives, Washington
DHO	Instituto Harman de Judeidade Contemporânea, Divisão de História Oral, Universidade Hebraica, Jerusalém
YVS	Yad Vashem, Jerusalém

pág. CAPÍTULO 1

11 Do lado de fora de Mauthausen, um campo: "Memórias de Eichmann", p. 23; Aschenauer, p. 332-33.
Vestido com a farda: Boyle, p. 5; NA, RG 319, IRR, Adolf Eichmann, "Interrogation of Dieter Wisliceny" [Interrogatório de Dieter Wisliceny], 2 de dezembro de 1946.
12 "Mandem o Mestre": *The Trial of Adolf Eichmann*, p. 1.768; "Memórias de Eichmann", p. 24; Hausner, p. 135.
Ao longo dos 400 quilômetros: "Memórias de Eichmann", p. 23.
Além dessa parada: Cesarani, p. 162-67.
No cargo, Eichmann agia: *Ibid.*, p. 117-58.
13 O primeiro estágio: Zweig, p. 49-59.
Para evitar fugas: Cesarani, p. 162-69; Braham, *The Politics of Genocide*, p. 434-37; Aschenauer, p. 336.
14 Em todos esses planos: Cesarani, p. 166.
Quando chegaram: Braham, *The Politics of Genocide*, p. 386; Tschuy, p. 3.

Os agentes da Gestapo se espalharam: Höttl, p. 204; Lozowick, p. 246.
Eichmann instalou: Tschuy, p. 53-54.
Por medo de ser assassinado: Wighton, *Eichmann*, p. 154-55; NA, RG 319, IRR, Eichmann, "Interrogation of Dieter Wisliceny".
Ao romper da aurora: YVS, O. 3, Arquivo 6151, depoimento de Zeev Sapir, 9 de abril de 1990; entrevista de Z. Sapir, *IMAE*; Braham, *The Politics of Genocide*, p. 590-94; Mermelstein, p. 2, 74.

16 "Judeus, vocês não têm": YVS, depoimento de Zeev Sapir; entrevista de Z. Sapir, *IMAE*. Em seu relato, Sapir também explica com detalhes como Eichmann executou vários prisioneiros do gueto, mas como não há corroboração desse acontecimento em nenhum outro registro histórico, excluí o fato. Dito isso, fica claro, por outras histórias, que nessa época Eichmann estava mesmo percorrendo a Rutênia Cárpata e que essas visitas foram noticiadas pela imprensa. Ver Braham, *The Politics of Genocide*, p. 606-7; Hausner, p. 139.
Logo depois da visita de Eichmann: YVS, depoimento de Zeev Sapir; entrevista de Z. Sapir, *IMAE*; Levai, *Eichmann in Hungary*, p. 104-7; Nagy-Talavera, p. 289; Lengyel, p. 6-23.

17 Quatro dias depois: YVS, depoimento de Zeev Sapir; Levi, p. 18-19.
Seis semanas depois: Erez.

18 Cinco das seis: Braham, *The Politics of Genocide*, tabela 19.11. Esse número se baseia em estatísticas alemãs e inclui alguns judeus já deportados de Budapeste.
Todo dia, uma média: Gutman e Berenbaum, p. 88-89; Braham, *The Politics of Genocide*, p. 676.

19 Só os judeus: Hausner, p. 139-40; Braham, *The Politics of Genocide*, p. 742.
Mas havia forças: Erez.
Furioso com a interrupção: *Ibid.*
Uma semana depois: Braham, *The Politics of Genocide*, p. 771-75; Cesarani, p. 184-85; Braham e Miller, p. 138-40.

20 – Sob nenhuma circunstância: Hausner, p. 143.
Com a guerra: Por brevidade, não incluí o papel de Eichmann na famosa tentativa de trocar "sangue por caminhões" com Joel Brand (ver o capítulo 3). Para mim, é óbvio que Eichmann não tinha muita intenção de cumprir a sua parte no trato. Para quem quiser saber mais sobre esses fatos, há vários livros dedicados ao assunto, como a autobiografia de Brand, *Desperate Mission: Joel Brand's Story* (Nova York, Criterion Books, 1958); Andre Biss, *A Million Jews to Save*; e Yehuda Bauer, *Jews for Sale*.
Eichmann achou que isso fosse: *The Trial of Adolf Eichmann*, p. 1.518-19.
Cavalgava e dirigia seu veículo: Cesarani, p. 186-88; NA, RG 319, IRR, Eichmann, "Interrogation of Dieter Wisliceny"; *The Trial of Adolf Eichmann*, p. 1.789, 1.834, 1.855, 1.971; Levai, *Black Book*, p. 109.

21 "Viram, estou de volta": Yahil, p. 517.
O fato de que: *Ibid.*, p. 152-53; Levai, *Eichmann in Hungary*, p. 14, 164-66; Braham, *The Politics of Genocide*, p. 834-43.
Antes do encontro: Lauryssens, p. 76.
– Embora até agora: *The Trial of Adolf Eichmann*, p. 1.530.
Certa manhã, no final de dezembro: *The Trial of Adolf Eichmann*, p. 970-74; YVS, depoimento de Zeev Sapir; entrevista de Z. Sapir, *IMAE*; Gutman e Berenbaum, p. 50-57.

22 Quando chegara: YVS, depoimento de Zeev Sapir; entrevista de Z. Sapir, *IMAE*; *The Trial of Adolf Eichmann*, p. 970-74; Muller, p. 135-38; Lengyel, p. 16-20.
Agora, saindo em fila: YVS, depoimento de Zeev Sapir; entrevista de Z. Sapir, *IMAE*; *The Trial of Adolf Eichmann*, p. 970-74.

pág. CAPÍTULO 2

24 Em 12 de abril de 1945: Shirer, p. 1.105; Gilbert, *The Day the War Ended*, p. 8-9; Shephard, p. 7; Botting, p. 10.
Enquanto essas tropas: Shephard, p. 7-8; Miller, p. 762.
Já no verão: F. H. Hinsley, E. E. Thomas, C. F. G. Ransom e R. C. Knight, *British Intelligence in the Second World War: Its Influence on Strategy and Operations*, vol. 2 (Nova York, Cambridge University Press, 1981), p. 670-73.

25 "Aos hitleristas": Nizkor Project, "Holocaust Almanac — The Weczler-Vrba Report" [Almanaque do Holocausto — relatório Weczler-Vrba], http://www.nizkor.org/ftp.cgi/camps/auschwitz/ftp.py?camps/auschwitz//auschwitz.07.
Roosevelt fizera: Conot, p. 9.
"fuzilados": Overy, p. 6; Bower, p. 82.
"senão o mundo": Overy, p. 8.
Praticamente não: Botting, p. 202-6; Bower, p. 113-24.
"crimes notórios": Overy, p. 28.

26 Em contraste: Ziemke, p. 219; Bower, p. 111-13.
Guiado por ex-presos: Este, p. 687; Read e Fisher, p. 770; Read, p. 762-63.

27 "A indignidade da morte": Reilly, p. 58.
"Por que tivemos": *Ibid.*
Em 13 de abril: Read e Fisher, p. 261, 317.

28 — E então, Eichmann: Aschenauer, p. 415-16; Von Lang, *Eichmann Interrogated*, p. 257-58; *The Trial of Adolf Eichmann*, p. 140.
Eichmann tinha a ideia romântica: Höttl, p. 308-9; Von Lang, *Eichmann Interrogated*, p. 256; *The Trial of Adolf Eichmann*, p. 1.520; Farago, p. 160. Eichmann não era avesso às falsas bravatas, mas nesse caso parece que o seu depoimento, depois da guerra, é verdadeiro, já que foi confirmado por vários colegas seus na SS, como Wilhelm Höttl e Dieter Wisliceny. Ver NA, RG 319, IRR, Adolf Eichmann, "Summary of Interrogation Reports from Counter Intelligence War Room, London" [Resumo dos relatórios de informações do Centro de Comando Bélico de Contrainteligência], 19 de novembro de 1945, e NA, RG 319, IRR, Adolf Eichmann, "Interrogation of Dieter Wisliceny", 2 de dezembro de 1946.
— Nunca estive: Eichmann, "Meine Gotzen — 6 de setembro de 1961" [Meus ídolos], p. 536; Aschenauer, p. 416.

29 — Quanto a mim: "Memórias de Eichmann", p. 46; *The Trial of Adolf Eichmann*, p. 1.804.
De Praga: Eichmann, "Meine Gotzen — 6 de setembro de 1961", p. 538; "Memórias de Eichmann", p. 48-49; Aschenauer, p. 416-17; Von Lang, *Eichmann Interrogated*, p. 258-61.

30 Em 30 de abril: Botting, p. 46-47; Read e Fisher, p. 385-86.
Quinze metros abaixo: Gilbert, *The Day the War Ended*, p. 41-42; Roper, p. 119; Read, p. 909.

31 No mês anterior: Read e Fisher, p. 257-58.
Dos líderes mais importantes: Shirer, p. 1.135.
Quando Eichmann chegou: Höttl, p. 301-2; Black, p. 234-37.

32 "Você: você nos pertence": Cesarani, p. 31.
– Está tudo bem?: *Ibid.*, p. 315-17; "Memórias de Eichmann", p. 48-51; Aschenauer, p. 416--20; Von Lang, *Eichmann Interrogated*, p. 263-67; Lauryssens, p. 86.

pág. CAPÍTULO 3

34 Na manhã seguinte: "Memórias de Eichmann", p. 56; Lawson.

35 Moça católica inocente: NA, RG 319, IRR, Adolf Eichmann, "Interrogation of Dieter Wisliceny", 2 de dezembro de 1946; Pick, p. 114; Cesarani, p. 23-29, 43-45.
Eichmann comprou: "Memórias de Eichmann", p. 57-58. Houve muitas histórias de que Eichmann escondera centenas de quilos de ouro nas montanhas perto de Altaussee. A maioria delas começou com Wilhelm Höttl, oficial da SS que conheceu Eichmann na Hungria e o viu antes que fugisse, depois da guerra. Ver Höttl, p. 315-17, e também AEI, 3017/88-a, relatório do adjunto Höttl, 29 de outubro de 1949. A menos que esse ouro tenha sido roubado de Eichmann, ele nunca o possuiu, já que viveu na pobreza desde que chegou a Altaussee, em maio de 1945, até a sua captura, 15 anos depois.
– A guerra acabou: Lawson.
Depois, deixou instruções: Não tenho uma fonte específica para essa afirmativa, mas os fatos indicam que Eichmann e a mulher tinham combinado o que ela diria e faria depois da fuga dele. Ela foi coerente nas numerosas investigações feitas durante os sete anos em que ficou na Áustria.
Depois, Eichmann foi: Lawson; Aschenauer, p. 423.
36 Enquanto escalava: Matteson, p. 3-39.
Já estava escuro quando: "Memórias de Eichmann", p. 55-58; Cesarani, p. 202.
37 – Sabe, muitas vezes: Weissberg, p. 121.
Depois de garantida: exposições do Ministério da Justiça dos EUA, p. 95; Sayer e Botting, p. 201-5; Ziemke, p. 320.
38 Desde a libertação: Ziemke, p. 221; Sayer e Botting, p. 225.
"da Noruega": Bar-Zohar, *The Avengers*, p. 108.
No dia seguinte à fuga: Matteson, p. 31-39; Black, p. 258-59.
39 "Bem, cavalheiros": Bar-Zohar, *The Avengers*, p. 109.
Himmler seguiu: Gilbert, *The Day the War Ended*, p. 390-91.
Outros líderes nazistas: Overy, p. 33-35; Bloch, p. 44; Conot, p. 31, 37, 70-72.
40 "O jogo acabou": Bloch, p. 433.
Todo dia, mais de: Ziemke, p. 380.
Embora os russos: Botting, p. 201; Wiesenthal, *The Murderers Among Us*, p. 56.
Depois que a guerra: Briggs, p. 174; Cohen, p. 188-213; Segev, p. 140-49; Bar-Zohar, *The Avengers*, p. 23-26.
41 Com tanta gente: Overy, p. 37.
Eichmann e Jänisch: Eichmann, *Meine Flucht*; Aschenauer, p. 426.
A maioria só queria: Bischof e Ambrose, p. 7-9.
42 Assim que a noite: Eichmann, *Meine Flucht*.
Nascido numa pequena: Cesarani, p. 1-156. Nesse resumo biográfico de Adolf Eichmann antes da Hungria, me baseei muito na biografia meticulosa e equilibrada de David Cesarani, *Becoming Eichmann*. Boa parte da historiografia de Eichmann o descreve como um louco iludido que queria a destruição dos judeus desde que nasceu até quando morre, ou, graças a Hannah Arendt, como um funcionário público sóbrio e sem paixão. Cesarani revelou um retrato mais realista. Também aproveitei as seguintes fontes para completar esse resumo: "Memórias de Eichmann"; BArch, transcrições de Sassen, 6/110; *The Trial of Adolf Eichmann*; Lawson; Reynolds; Von Lang, *Eichmann Interrogated*; Bukey; Wighton, Eichmann; Clarke; Yahil; Mulisch; Arendt; Mendelsohn e Detweiler, vol. 8, p. 71-93. Todas as citações têm notas separadas.
Em Linz: Goldenhagen, p. 28-29.
43 "o inimigo mais perigoso": Cesarani, p. 51.
"Estão em minhas mãos": *The Trial of Adolf Eichmann*, p. 1.589.

"dureza requerida": Von Lang, *Eichmann Interrogated*, p. 157.
44 "O Führer ordenou": *Ibid.*, p. 81.
Eichmann foi enviado: *Ibid.*, p. 74-77.
"solução política": Cesarani, p. 115; Hausner, p. 11.
45 Em 20 de janeiro de 1942: Roseman, p. 93-157.
"os Papas": *The Trial of Adolf Eichmann*, p. 1.423.
"Estavam roubando": "Memórias de Eichmann", p. 14.
46 Estava ansioso: *Ibid.*, p. 202-3; Eichmann, *Meine Flucht*; Aschenauer, p. 426.
Nas montanhas: Cesarani, p. 202.
"Otto Eckmann": Eichmann, *Meine Flucht*; Aschenauer, p. 426.
47 Havia tanques e carros: Spender, p. 21-33, 77, 217; Ziemke, p. 242; Botting, p. 94-115.
"O que você faz": Adolf Eichmann, YVS, M. 9, Arquivo 584a, Interrogatório de Rudolf Scheide por Curt L. Ponger.
No final de junho: Aschenauer, p. 426; Eichmann, *Meine Flucht*.
Um mar de soldados: Bischof e Ambrose, p. 219-37; Pearlman, p. 29.

pág. CAPÍTULO 4

49 – Já ouviu falar: Wiesenthal, *The Murderers Among Us*, p. 100.
Há apenas quatro semanas: *Ibid.*, p. 10-14; Pick, p. 31-98.
50 "Major-general Katzmann, da SS": Pick, p. 86.
No final de julho: Wiesenthal, *The Murderers Among Us*, p. 100. De acordo com Wiesenthal, em julho, na Áustria, ele se encontrou com Asher Ben-Natan (Arthur Pier), chefe do Haganah e do Brichah. Entretanto, como Ben-Natan só chegou à Áustria em novembro — ver Pearlman, p. 15 —, é impossível que Wiesenthal o tenha encontrado nessa época. Ainda assim, é óbvio que Wiesenthal tinha essa informação, por isso supus que se encontrou com algum dos compatriotas de Ben-Natan, Ehud Avriel ou Gideon Raphael.
Raphael entregou a Wiesenthal: Pearlman, p. 14.
O nome Eichmann: Wiesenthal, *The Murderers Among Us*, p. 100.
51 Sem que Wiesenthal soubesse: NA, RG 319, IRR, Adolf Eichmann, "Summary of Interrogation Reports from Counter Intelligence War Room, London", 19 de novembro de 1945. Especificamente, nesse momento de julho, os Aliados já tinham interrogado Werner Goettsch, agente da SD, e Wilhelm Höttl, sendo que ambos conheciam Eichmann intimamente.
– Eichmann!: Wiesenthal, *Justice Not Vengeance*, p. 67.
Não aguentaria a ideia: Wiesenthal, *The Murderers Among Us*, p. 25.
Em 28 de julho: NA, RG 319, IRR, Adolf Eichmann, "Summary of Interrogation Reports from Counter Intelligence War Room, London", 19 de novembro de 1945; Wiesenthal, *The Murderers Among Us*, p. 101.
52 Numa fila de homens: Eichmann, "Meine Gotzen — 6 de setembro de 1961", p. 541; Eichmann, *Meine Flucht*; Aschenauer, p. 426.
Ao contrário da exibição pública: NA, RG 319, IRR, Adolf Eichmann, "Interrogation of Dieter Wisliceny", 2 de dezembro de 1946.
Em outubro: Pearlman, p. 30; Wighton, Eichmann, p. 227-28; Aschenauer, p. 426-27.
53 Voltou a Ober-Dachstetten: Aschenauer, p. 426-27.
Duas horas antes do amanhecer: Conot, p. 100-105; Maser, p. 187.
54 Depois de uma breve introdução: *Trial of German Major War Criminals*, vol. 2, p. 15-95.

55 "Suponho que teremos": Conot, p. 105.
"No sentido da acusação": *Trial of German Major War Criminals*, vol. 2, p. 96-97; Taylor, p. 166.
O privilégio de dar início: *Trial of German Major War Criminals*, vol. 2, p. 97-98.
56 "Juntamente com": *Trial of German Major War Criminals*, vol. 3, p. 501-2.
– Sim, Eichmann me entregou: *Trial of German Major War Criminals*, vol. 4, p. 354-73.
57 Em agosto, o CIC: Wiesenthal, *The Murderers Among Us*, p. 102.
No início de setembro: NA, RG 319, IRR, Adolf Eichmann, SHAEF Headquarters, Military Intelligence, Adolf Eichmann, 25 de setembro de 1945; NA, RG 263, Arquivo em nome de Adolf Eichmann [Adolf Eichmann Name File] (CIA), A SD Alemã e a Perseguição dos Judeus, 1933-44 [The German SD and the Persecution of Jews], 27 de agosto de 1945; NA, RG 319, IRR, Adolf Eichmann, relatório do CIC sobre Adolf Eichmann, 21 de outubro de 1945.
"procurado com urgência": NA, RG 319, IRR, Adolf Eichmann, Quartel-General do SHAEF, informações militares, Adolf Eichmann, 25 de setembro de 1945.
"da mais alta importância": NA, RG 319, IRR, Adolf Eichmann, "Summary of Interrogation Reports from Counter Intelligence War Room, London", 19 de novembro de 1945.
58 Mas no início: relatório do Ministério da Justiça dos EUA, p. 41; Botting, p. 202-6; Bower, p. 113-24. Há uma análise mais detalhada dos problemas da investigação de criminosos de guerra em Tom Bower, *Blind Eye to Murder*, que traz uma pesquisa impressionante e condenatória. Como também observo, os investigadores estavam ansiosos para fazer o seu serviço, mas faltava aos líderes políticos o compromisso de procurar criminosos de guerra além do escalão superior julgado em Nuremberg.
Todos foram fotografados: Overy, p. 32; Bischof e Ambrose, p. 218.
Alguns dias depois: NA, RG 319, IRR, Adolf Eichmann, relatório do CIC sobre Adolf Eichmann, 10 de janeiro de 1946.
"um tipo desesperado": NA, RG 263, Arquivo em nome de Adolf Eichmann (CIA), "SS Obersturmbannführer Adolf Eichmann", 1946.
No campo de Ober-Dachstetten: BArch, transcrições de Sassen, 6/96, p. 57-58; Eichmann, *Meine Flucht*; Pearlman, p. 31-33; NA, RG 65, Arquivo de Adolf Eichmann (IWG FBI), "The Chase That Doomed Eichmann", reportagem de Zwy Aldouby, sem fontes.
59 – Já faz algum tempo: Aschenauer, p. 428.
Concordaram em fazer: BArch, transcrições de Sassen, 6/96, p. 57-58; Eichmann, *Meine Flucht*; Pearlman, p. 31-33; NA, RG 65, Arquivo de Adolf Eichmann (IWG FBI), "The Chase That Doomed Eichmann".

pág. CAPÍTULO 5

60 Em fins de maio: Friedman, *The Hunter*, p. 117.
Quase no final: *Ibid.*, p. 10-98.
Entrou para a milícia: *Ibid.*, p. 104-55.
61 – E estamos ansiosos: *Ibid.*, p. 117-21.
62 Pier explicou que: *Ibid.*; Pearlman, p. 12-13; Diamant, manuscrito; Bar-Zohar, *The Avengers*, p. 71.
– Não é tarefa: Friedman, *The Hunter*, p. 117-24; Bar-Zohar, *The Avengers*, p. 76.
63 Cinco vingadores judeus: DHO, (1130)4, entrevista com Asher Ben-Natan Bar-Zohar, *The Avengers*, p. 59-62; Reynolds, p. 27-32; AEI, 3017/88-a, relatório do Dr. Nagel, s. d.
64 – Somos judeus: Bar-Zohar, *The Avengers*, p. 61.

– Juro pela minha mulher: Reynolds, p. 30.
Adolf Eichmann ainda estava: entrevistas de R. Tramer, M. Eggers e U. Schulze, *IMAE*; entrevista de O. Lindhorst, *IMAE*; Eichmann, *Meine Flucht*; BArch, transcrições de Sassen, 6/96.

65 Depois de fugir: NA, RG 65, Arquivo de Adolf Eichmann (IWG FBI), "A Woman Recalls a Friend Called Eichmann", reportagem de Fern Eckman, sem fonte; Pearlman, p. 32-33.

66 No final: entrevistas de R. Tramer, M. Eggers e U. Schulze, *IMAE*; Eichmann, *Meine Flucht*.
– Está tentando: Ben-Natan, p. 72-74; Friedman, *The Hunter*, p. 166-69; Diamant, manuscrito. Como acontece com boa parte da história da captura de Adolf Eichmann, há versões díspares sobre quem fez exatamente o quê. Isso acontece especialmente no estágio logo após a guerra, quando Friedman, Pier, Simon Wiesenthal, Manus Diamant e outros trabalhavam juntos. No caso dessa conversa com Weisl, tanto Diamant quanto Friedman afirmam ter comparecido ao interrogatório. Estudei alguns relatos diferentes e verifiquei que a descrição que Friedman faz do episódio era mais convincente e tinha o apoio de Arthur Pier (Asher Ben-Natan).

67 Friedman e Pier voltaram: NA, RG 319, IRR, Adolf Eichmann, "Interrogation of Dieter Wisliceny", 2 de dezembro de 1946; Pearlman, p. 16-18; Diamant, manuscrito.
Bonito e charmoso: Diamant, manuscrito; Ben-Natan p. 72-74.

69 – Obrigada: Diamant, manuscrito; Briggs, p. 164.

70 Centenas de cópias: NA, RG 319, IRR, Adolf Eichmann, relatório do CIC sobre Adolf Eichmann, 7 de junho de 1947.

pág. CAPÍTULO 6

71 Eichmann queria: Eichmann, *Meine Flucht*.
A captura e a confissão: Hoess, p. 174.
Certo dia, Eichmann leu: BArch, transcrições de Sassen, 6/96; Aschenauer, p. 429-30; Aharoni e Dietl, p. 47.

72 Começou a perguntar: Eichmann, *Meine Flucht*.
Em dezembro de 1947: Wiesenthal, *The Murderers Among Us*, p. 109-10.
Essa história: NA, RG 263, Arquivo em nome de Adolf Eichmann (CIA), SS Obersturmbannführer SS Adolf Eichmann, relatório de Berlim, 17 de junho de 1946.
Também lera: Adolf Eichmann, YVS, M. 9, Arquivo 584a, interrogatório de Rudolf Scheide por Curt L. Ponger; NA, RG 319, IRR, Adolf Eichmann, relatório do CIC de Gerald Steiner, 3 de dezembro de 1946.
Se o pedido de Vera Eichmann: Wiesenthal, *The Murderers Among Us*, p. 109-10.

73 Manus Diamant lhe contara: Diamant, *Geheimauftrag*, p. 228-29.

74 Naquele mês de dezembro: Friedman, *The Hunter*, p. 176-85.
Estavam em andamento: George Ginsburg, *The Nuremberg Trial and International Law* (Amsterdã. Martinus Nijhoff, 1990), p. 267.
Houve alguns julgamentos: Conot, p. 516-19; Ashman and Wagman, p. 17.

75 Quando 1947: Wiesenthal, *The Murderers Among Us*, p. 78-81.
"Se não tiver notícias": "Eichmann na Alemanha."
Na manhã da partida: Eichmann, *Meine Flucht*; Aschenauer, p. 429.

76 A carteira de identidade: Goñi, p. 298.
Antes de partir: entrevista de O. Lindhorst, *IMAE*.
Então, Eichmann pegou: Eichmann, *Meine Flucht*; Aharoni e Dietl, p. 147.
A cidade fervilhava: Aarons e Loftus, p. 40.

78 Em fevereiro de 1945: Meding, p. 50.
"Foi mera formalidade": Newton, p. xv; Meding, p. 50.
Perón descendia: Goñi, p. 1-3, 16-17; Rathkolb, p. 192.
Depois da derrota da Alemanha: Rathkolb, p. 205-20.
"ultraje que a história": Meding, p. 158.

79 "se abrigam como um quisto": *Ibid.*, p. 40; Rein, p. 55.
Comandados por chefe: Meding, p. 46-54; Goñi, p. 101-15. Nenhum escritor pode discutir a ida de criminosos de guerra para a Argentina sem citar *The Real Odessa*, de Uki Goñi, e *Flücht vor Nürnberg?*, de Holger Meding. Especificamente em relação a Adolf Eichmann, Goñi dá uma noção incrível das maquinações necessárias para que entrasse na Argentina.
A rede nunca teria: Meding, p. 76-83; Rathkolb, p. 247-49; Klee, p. 31-34; Lewy, p. xxiv; Goñi, p. 229-31; Aarons e Loftus, p. 30-31.

80 No pós-guerra, de acordo: NA, RG 59, 800.0128/55-1547, "La Vista Report"; Simpson, p. 185-87; Breitman, p. 350-420.
Entretanto, nenhuma: Goñi, p. 117, 231-35; Meding, p. 67-88.
Como Ricardo Klement: Cartão de imigração de Eichmann, Dirección Nacional de Migraciones (DDNM), Buenos Aires; lista de passageiros do *Giovanna C*, julho de 1950, DNM; Goñi, p. 292-317; Eichmann, *Meine Flucht.*

81 Durante a estada: Eichmann, *Meine Flucht.*
Junto com ele: "Entrevista com Klaus Eichmann"; Goñi, p. 299-300.

82 Quando o navio começou: Eichmann, *Meine Flucht.*
A viagem de um mês: Angolina Bascelli, EA.
Oito vezes maior: Gunther, p. 170-71; Prendle, p. 1, 7; Scobie, p. 3.
"as distâncias": Gunther, p. 171.

83 – Escute só: Eichmann, *Meine Flucht.*
Nome? Ricardo Klement: lista de passageiros do *Giovanna C*, julho de 1950, DNM.

pág. CAPÍTULO 7

84 Carlos Fuldner: Eichmann, *Meine Flucht*; AGN, arquivo de Martin Bormann; AGN, arquivo de Josef Mengele.
Buenos Aires estava cheia: Goñi, p. 166.
Eichmann descobriu que: Newton, p. 65-69; Rein, p. 171.
A derrota do: anotações de pesquisa, *HAE.*
"de todas as capitais": Freiwald, p. 169.

85 Como Paris ou Roma: "Buenos Aires: Argentina's Melting Pot", *National Geographic*, novembro de 1967; Posner e Ware, p. 96-97; Scobie, p. 166-67; Prendle, p. 168-70.
Eichmann tinha 485 pesos: Eichmann, *Meine Flucht*; AGN, arquivo de Martin Bormann; AGN, arquivo de Josef Mengele; Eichmann, "Meine Gotzen — 6 de setembro de 1961", p. 452-53; Camarasa, p. 152-53.

86 Em 30 de junho: entrevista de H. Luehr, *IMAE*; *Clarín*, 12 de fevereiro de 1992; Scobie, p. 17; Meding, p. 217.
"Companhia Alemã": Camarasa, p. 152-57; Meding, p. 215-16.
"passara por muitas": entrevista de H. Luehr, *IMAE.*
"o tio de seus filhos": Aharoni e Dietl, p. 67.

87 Assim, naquele dia: Eichmann, *Meine Flucht*; "Entrevista com Klaus Eichmann"; Lawson.
As bandeiras foram hasteadas: Fraser and Navarro, p. 163-65.
Dois dias depois: "Entrevista com Klaus Eichmann"; Lawson; Lauryssens, p. 39.

88 — Veronika: Lawson.
Assim que os trens: "Entrevista com Klaus Eichmann"; Lauryssens, p. 39; Aharoni, *On Life and Death*, p. 118.
— A sra. Eichmann e os filhos: Wiesenthal, *The Murderers Among Us*, p. 122-23; Arquivos do Estado de Israel, Arquivo 3017/88-9, Relatórios da Polícia Austríaca, 1950-54.
89 "Os nazistas perderam": Levy, p. 122.
"prolongava o campo de concentração": *Ibid.*, p. 123.
O seu compatriota: Friedman, *The Hunter*, p. 185-209.
"Você se afundou": *Ibid.*, p. 193.
90 — Tadek: *Ibid.*, p. 208-9; Levy, p. 122.
"Há algumas pessoas": ACS, Z 6/842, carta de Simon Wiesenthal a Nahum Goldmann, 30 de março de 1954; Wiesenthal, *The Murderers Among Us*, p. 123.
91 Quando voltou: Pick, p. 131-35; Wiesenthal, *The Murderers Among Us*, p. 124; Levy, p. 123-24.
"Há anos venho lidando": ACS, Z 6/842, carta de Simon Wiesenthal a Nahum Goldmann, 30 de março de 1954.
92 "Isso é importantíssimo": Pick, p. 136, 137.
"Não estamos": NA, RG 263, Arquivo em nome de Adolf Eichmann (CIA), recurso ao DCI por Mr. Adolph Berle e rabino Kalmanowitz, 20 de outubro de 1953. De acordo com um relatório secreto do CIC, de março de 1952, essa mesma falta de interesse em procurar Eichmann foi descrita como política de atuação do órgão. Entretanto, naquela época o governo dos Estados Unidos não era assim tão franco. O relatório afirma: "Tendo em vista a reputação do Sujeito [Eichmann] e o interesse expresso por elementos externos aos Estados Unidos por seu paradeiro e sua captura, fica a impressão de que, neste momento, o desinteresse pela sua prisão por parte das autoridades norte-americanas pode não ser recomendável. Consequentemente, em referência ao pedido de informações feito por autoridades policiais austríacas, talvez seja aconselhável confirmar o interesse constante na captura do Sujeito." Ver NA, RG 319, IRR, Adolf Eichmann, CIC Report from 430th CIC operations headquarters on Adolf Eichmann [relatório do CIC, da 430ª sede de operações do CIC sobre Adolf Eichmann], 31 de março de 1952.
"Chegou a hora": Wighton, *Adenauer*, p. 310.
Kalmanowitz passara: NA, RG 263, Arquivo em nome de Adolf Eichmann (CIA), carta de Simon Wiesenthal ao dr. Goldmann, 30 de março de 1954.
93 Desanimado com: ACS, Z 6/863, carta de Simon Wiesenthal ao dr. Goldmann, 21 de setembro de 1954.
Pouco tempo depois: Wiesenthal, *The Murderers Among Us*, p. 124.
"Temos outros problemas": Wiesenthal, *Justice Not Vengeance*, p. 74.

pág. **CAPÍTULO 8**

94 Nick era alto: *Clarín*, 27 de maio de 1960.
Sylvia também era bonita: Friedman, *The Blind Man*; A. Kleinert, EA.
— Seria melhor se: Harel, p. 17.
O que o convidado: A. Hahn, EA; A. Kleinert, EA.
95 Mesmo depois de seis anos: "Entrevista com Klaus Eichmann."
Como fizera: Lauryssens, p. 92.
Willem Sassen: S. Sassen, EA.
96 Gostaria de descrever: BArch, transcrições de Sassen, 6/110, p. 9-10.
Eichmann parou: Hausner, p. 83.

97 "uma história real": "Life and Eichmann."
Depois da guerra: Groeneveld, p. 358-66; Lauryssens, p. 48; Goñi, p. 239-40.
Sassen e Eichmann: P. Probierzym, EA; Hausner, p. 10; Rassinier, p. 144-47; Lauryssens, p. 72.
"Vamos escrever": Hausner, p. 10.
Assim começaram as sessões: S. Sassen, EA.
98 "Eu me sentava": Lauryssens, p. 77.
"Usamos o exemplo": Cesarani, p. 165.
"Mandei os meus": Lauryssens, p. 77.
Continuou com: BArch, transcrições de Sassen, 6/95.
Alugava aquela casa: AGN, arquivo de Martin Bormann; "Eichmann na Alemanha"; Goñi, p. 303.
99 "Cuidado com Klement": "Entrevista com Klaus Eichmann." Quando perdeu: *Ibid.*; Harris, p. 216.
Em Olivos, Eichmann: entrevista de R. Tonet, *IMAE.*
Certa noite, arrancou: Hull, p. 99-101.
Também não estava: Von Lang, *Eichmann Interrogated*, p. 286-90.
100 Klaus estava mais interessado: Lauryssens, p. 101.
O único desejo de Eichmann: Lawson.
Em Coronel Suárez: A. Hahn, EA; A. Kleinert, EA; Dr. E. Palenzola, EA; Harel, p. 16-19; Friedman, *The Blind Man.*
101 Lothar sabia que: AdsD, Nachlass Fritz Bauer, Caixa 1, carta de Lothar Hermann a Fritz Bauer, 25 de junho de 1960.
Nascido em Stuttgart: Fröhlich, p. 11-14; Perels e Wojak, p. 9-17.
102 Em dezembro de 1956: HHStAW, 461/32440/Arquivo 2, Mandado de prisão de Adolf Eichmann, 12 de dezembro de 1956.
Encarregou o seu principal: HHStAW, 461/32440/Arquivo 2, carta do Instituto de História Contemporânea, Munique, ao Promotor de Justiça, Frankfurt am Main, 13 de maio de 1957; HHStAW, 461/32440/Arquivo 2, carta da Polícia do Estado, Condado de Buchen, ao Promotor de Justiça, Frankfurt am Main, 31 de maio de 1957; HHStAW, 461/32440/Arquivo 2, carta do Escritório Federal de Investigações Penais ao Promotor de Justiça, Frankfurt am Main, 8 de julho de 1957; AdsD, Nachlass Fritz Bauer, Caixa 1, carta de Lothar Hermann a Fritz Bauer, 25 de junho de 1960.
De vestido azul: A. Hahn, EA; A. Kleinert, EA; Friedman, *The Blind Man*; Harel, p. 18-19. Para descrever a cena da visita de Sylvia Hermann à casa de Eichmann, me baseio nessas quatro fontes primárias, que se contradizem em vários níveis. O que está fora de dúvida é que Sylvia descobriu o endereço de Adolf Eichmann e foi até a casa ver se o pai de Nick era mesmo o criminoso de guerra nazista, um ato de tremenda coragem.

pág. CAPÍTULO 9

105 Em 19 de setembro: Vogel, p. 55, 62.
— Eichmann foi: Harel, p. 4.
Bauer conhecia bem: Perels e Wojak, p. 14; Shpiro, *Geheimdienste in der Weltgeschichte*, p. 306.
106 Embora o chanceler: Schwarz, p. 429-31; Fulbrook, p. 60-61.
Bauer destestava o fato: NA, RG 263, Arquivo em nome de Adolf Eichmann (CIA), O julgamento de Eichmann e acusações contra o secretário de Estado Globke [The Eichmann Trial and Allegations Against Secretary State Globke], 7 de fevereiro de 1961. Esse é um

relatório extraordinário do cônsul americano em Frankfurt. Revela que Bauer, com apoio de Zinn, ajudou os israelenses a capturar Eichmann. Revela também que Bauer esperava usar a captura de Eichmann para derrubar Globke. Bauer tinha esperanças de que Eichmann corroborasse as acusações de que Globke estivera envolvido na deportação de judeus gregos.
Antes de dar o primeiro passo: Harel, p. xviii-xix; Wojak, p. 39-41; HHStAW, 461/32440/Arquivo 2, carta ao Promotor de Justiça, Frankfurt am Main, do Escritório Federal de Investigações Penais, 8 de julho de 1957.
– Vou ser muito franco: notas dos produtores, *HAE*.

107 Não muito longe: A. Shalom, EA; Y. Gat, EA; Bar-Zohar, *Spies in the Promised Land*, p. 156; Bar-Zohar, *The Avengers*, p. 161.
Certo dia, no final de setembro: Harel, p. 1-2.

108 A busca de criminosos de guerra: A. Shalom, EA; Fried, p. 91-96; Bower, p. 393-94.
A falta de atividade: Fried, p. 1-4; Douglas, p. 154-56; Yablonka, p. 12.
Durante o processo: Zeev Eckstein, assassino de Kasztner, era informante remunerado do Shin Bet, e isso levou a acusações de que os serviços de segurança estavam por trás do homicídio, possibilidade improvável e não confirmada, que Harel negou com todo o vigor. Ver Black e Benny, p. 154-56.
Harel era o caçula: Bar-Zohar, *Spies in the Promised Land*, p. 3-40; Black e Benny, p. 25-47; Steven, p. 36-46.

110 Em 1947: Deacon, p. 56.
"Abdulá vai": Derogy e Carmel, p. 84-85.
Dois meses depois: Steven, p. 15-16.
"O senhor tem de pedir": Bar-Zohar, *Spies in the Promised Land*, p. 98.
"O passado acabou": Thomas, p. 40.

111 Nos anos seguintes: Black e Benny, p. 131, 161-68.
Com o sucesso: Steven, p. 63.
Harel não conseguia: Harel, p. 2-3.
Leu transcrições: Diamant, manuscrito; Bower, p. 393.
Ali estava um homem: Harel, p. 2-3.

112 Primeiro, Isser Harel: *Ibid.*, p. 4-9.
Ele fizera pesquisas: HHStAW, 461/32440/Arquivo 2, investigação de Maria Liebl, da Polícia do Estado de Buchen ao Promotor de Justiça de Frankfurt, 9 de junho de 1957.

113 Pouco depois: Harel, p. 10-12; Aharoni, *On Life and Death*, p. 117.

114 Quando Shaul Darom: Harel, p. 12-13.
O chefe do Mossad: AEI, 3037/22-a, biografia de Hofstetter, 21 de março de 1961.
No final: Harel, p. 14-15.
Do outro lado: anotações de entrevistas para o documentário, *HAE*; Y. Gat, EA; L. Volk, EA.

115 Ilani perguntou: A. Kleinert, EA.
– Meu nome é: Harel, p. 16-22; AdsD, Nachlass Fritz Bauer, Caixa 1, carta de Lothar Hermann a Fritz Bauer, 25 de junho de 1960.

pág. **CAPÍTULO 10**

118 No dia 8 de abril: Harel, p. 24-26; AdsD, Nachlass Fritz Bauer, Caixa 1, carta de Lothar Hermann a Fritz Bauer, 25 de junho de 1960; AEI, 6384/44-g, carta de Lothar Hermann a Tuviah Friedman, 5 de junho de 1960.

119 A carta de Lothar: Harel, p. 26-27.

Harel subira: A. Shalom, EA.
"se alguém mostrar": Bar-Zohar, *Spies in the Promised Land*, p. 106-7.

120 Caso se mostrasse: ACS, C 10/33702, Memorando do Instituto de Assuntos Judeus, relatório 8a; NA, RG 263, Arquivo em nome de Adolf Eichmann (CIA), Adolf Karl Eichmann, memorando do FBI, 15 de setembro de 1948; AEI, 3017/88-a, aviso em 7 de junho de 1951.
Descobrira um agente: Derogy e Carmel, p. 155.
Dado o tamanho: Aharoni, *On Life and Death*, p. 117-22; Y. Gat, EA. Embora Harel afirme, em sua autobiografia, que nunca perdeu o interesse pela pista de Bauer, é óbvio, pelos indícios e pelo depoimento dos agentes que, mais tarde, em 1960, participaram da operação para capturar Eichmann, que realmente engavetara o dossiê.
No final de agosto: Harel, p. 27.
"às vezes a gente monta": A. Shalom, EA.
Alguns meses antes: NA, RG 263, Arquivo em nome de Adolf Eichmann (CIA), Ligações no Oriente Próximo, 19 de março de 1958.

121 As duas organizações: Breitman *et al.*; Simpson. Esses dois livros fazem um exame abrangente do recrutamento de ex-nazistas pela CIA e pela Alemanha e aproveitaram bastante a Lei de Divulgação de Crimes de Guerra Nazistas, que levou a público dezenas de milhares de documentos secretos dos Estados Unidos.
"nascera em Israel": NA, RG 263, Arquivo em nome de Adolf Eichmann (CIA), Ligações no Oriente Próximo, 19 de março de 1958.
Ao mesmo tempo: Wojak, p. 30-31.

122 Nenhuma delas: Essa conjetura de que o BND e a CIA queriam proteger Globke se baseia no fato de que, depois que Eichmann foi capturado, as duas organizações fizeram tentativas gritantes de extirpar das memórias de Eichmann, que estavam vindo à luz, todas as menções a Globke. Ver NA, RG 263, Arquivo de Adolf Eichmann (CIA), telegramas da CIA, 16 a 20 de setembro de 1960.
Em fevereiro de 1959: "Entrevista com Klaus Eichmann"; *La Razón*, 24 de abril de 1961; *Ahora*, 6 de junho de 1960; Aharoni e Dietl, p. 100-102.

123 Depois de uma série: "Arquivo Eichmann", Tribunales Federales de Comodoro Py, Buenos Aires.
Jorge Antonio: Weber.
Em *Os Últimos Dez Dias de Hitler*:: Von Lang, *Eichmann Interrogated*, p. 287.
"O autor deveria ser": *Ibid.*, p. 288.
"1. Todo homem": *Ibid.*
Cada vez mais, Eichmann: P. Probierzym, EA.

124 Estou ficando cansado: Von Lang, *Eichmann Interrogated*, p. 291-92.

pág. CAPÍTULO 11

126 Ao anoitecer de: Friedman, *The Hunter*, p. 13-15.
Quando chegara a Israel: *Ibid.*, p. 208-20.
Erwin Schüle, diretor: Fulbrook, p. 69.

127 Friedman mandara a Schüle: AEI, 6384/44-g, carta de Erwin Schüle a Tuviah Friedman, 20 de agosto de 1959; Friedman, *Die Korrespondenz*, carta de Tuviah Friedman a Erwin Schüle, 13 de agosto de 1959; AEI, 3086/112-hz, carta do Ministério do Exterior, do sr. T. Miron ao sr. Tzur, 10 de outubro de 1959.
Foi até o telefone: Friedman, *The Hunter*, p. 236-50; AEI, 3086/112-hz, carta de L. Savir ao dr. Shinar, 23 de outubro de 1959; Wojak, p. 33.

128 "ordenasse que": Friedman, *The Hunter*, p. 251.
"totalmente errada": AEI, 6384/44-g, carta de Lothar Hermann a Tuviah Friedman, 17 de outubro de 1959.
De acordo com a sua fonte: Harel, p. 32.
129 Bauer resolvera: entrevista de Z. Aharoni, *IMAE*; Aharoni, *On Life and Death*, p. 123-26; Wojak, p. 40-41.
Ele não podia revelar: Apesar das muitas tentativas, na Alemanha e em Israel, para descobrir a identidade dessa fonte, não consegui provar as muitas teorias sobre sua identidade. Stan Lauryssens, autor da biografia de Sassen, sugere que Sassen foi o informante (com base, principalmente, no fato confirmado de que trabalhou mais tarde com o Mossad na tentativa de encontrar Mengele). Ver Lauryssens. Outros afirmam que a informação veio de contrabandistas nazistas capturados na Áustria, ou de um nazista fugido que queria acertar contas antigas com Eichmann. Ver Derogy e Carmel; Hausner. Suspeito que a informação veio de um agente dos serviços de informações alemães (provavelmente de um nazista fugido na Argentina), devido, principalmente, ao silêncio permanente sobre o assunto.
Em junho: NA, RG 263, Arquivo em nome de Adolf Eichmann (CIA), processo de extradição do nazista Josef Mengele, 24 de junho de 1960; AGN, arquivo de Josef Mengele, relatório da Polícia Federal sobre Mengele, 19 de julho de 1959; Posner e Ware, p. 125-32; Astor, p. 169.
130 Como Werner Junkers: Goñi, p. 290.
Desde então, Bauer: Friedman, *Die Korrespondenz*, carta de Erwin Schüle a Tuviah Friedman, outubro de 1959.
Na estrada: entrevista de Z. Aharoni, *IMAE*; Aharoni, *On Life and Death*, p. 121-25; anotações do produtor, *HAE*.
131 Nascidos judeus alemães: Aharoni, *On Life and Death*, p. 142-47; Segev, p. 263-64.
– Isso é simplesmente: Aharoni, *On Life and Death*, p. 123.
– Quero que Zvi: *Ibid.*, p. 125.
132 Harel concordou: entrevista de Z. Aharoni, *IMAE*; Harel, p. 32-37.
Embora da mesma altura: Bar-Zohar, *Spies in the Promised Land*, p. 110.
Haim Cohen logo se uniu: Harel, p. 37.
133 – Impeça Bauer: Derogy e Carmel, p. 177.
Harel já pensara: Shpiro, *Geheimdienste in der Weltgeschichte*.
Ben-Gurion não deixou dúvidas: Wojak, p. 40; Yablonka, p. 46-47; Harel, p. 38.
"Isser dará um jeito": Bar-Zohar, *Ben Gurion*, p. 1374.
Dali a três semanas: NA, RG 263, sinopse semanal de informações atuais [Current Intelligence Weekly Summary], nazistas/Alemanha Ocidental/pós-Segunda Guerra [Nazis/West Germany/ Post WWII], 18 de fevereiro de 1960; Williams, p. 478.
134 "lembrou imagens": Tetens, p. 149.
O chanceler Adenauer declarou: NA, RG 263, sinopse semanal de informações atuais, nazistas/Alemanha Ocidental/pós-Segunda Guerra, 18 de fevereiro de 1960; *Time*, 20 de janeiro de 1960; Fulbrook, p. 63; Tetens, p. 42-60; Prittie, p. 278-81.
"necessidade quase nacional": Tetens, p. 222; NA, RG 263, nazistas/Alemanha Ocidental/ pós-Segunda Guerra, relatório da CIA, "Crescimento do neonazismo" ["Growth of Neo-Nazism"], 21 de março de 1958.
Logo depois do incidente: anotações do produtor, *HAE*.
135 O chefe do Mossad já: Y. Gat, EA.
"intermediário influente": AEI, 2354/88-hz, anúncio do Comité International d'Auschwitz, 14 de janeiro de 1960.

"Por favor, não permita": Friedman, *Die Korrespondenz*, carta de Erwin Schüle a Tuviah Friedman, janeiro de 1960.
Em terceiro lugar, o chefe: DHO, (2228)2, entrevista com Joel Baromi; DHO, (2228)3, entrevista com Arye Levavi; Haim, "Jewish Leadership in Times of Crisis", p. 122-23.
"tomar as medidas cabíveis": Ben-Gurion, p. 574.
"Estou planejando": anotações do produtor, *HAE*.

pág. CAPÍTULO 12

136 Os seus documentos diplomáticos: transcrição do documentário, *HAE*.
Aharoni tinha o tipo: Aharoni, *On Life and Death*, p. 9-102.
137 "Sou absolutamente": Black e Benny, p. 138.
138 À sua espera fora do aeroporto: entrevista de Z. Aharoni, *IMAE*; Aharoni e Dietl, p. 88-91.
Aharoni sabia: Thomas, p. 68.
Dois dias depois: entrevista de Z. Aharoni, *IMAE*; Harel, p. 43-45.
139 Do outro lado: Y. Gat, EA.
Todas as tentativas: Harel, p. 40.
140 De 40 anos: Y. Gat, EA.
Quando voltou, Bloch: *Ibid*.
141 O caçador independente: *Ibid*.; Wiesenthal, *The Murderers Among Us*, p. 126-29; Pick, p. 143-46.
Como Tuviah Friedman: Pick, p. 144.
– Agora ele deve: Wiesenthal, *The Murderers Among Us*, p. 128.
De bom grado: Y. Gat, EA.
142 Gat queria: *Ibid*.; Pick, p. 144-45.
"Para o meu amigo": entrevista de Z. Aharoni, *IMAE*.
– Com licença: Aharoni e Dietl, p. 92-96.
143 Ao ouvir o relatório: anotações de entrevistas para o documentário, *HAE*; Harel, p. 48-51.
144 Naquela noite: Aharoni e Dietl, p. 88, 97.
Aharoni e Juan: *Ibid*., p. 97.
145 De manhã cedo: Harel, p. 53.
Isso era mais: *Ibid*., p. 98-103.
146 – Volte à oficina: anotações de pesquisa, *HAE*.
147 Em 11 de março: Aharoni e Dietl, p. 103-4.
– E o que quer: *Ibid*.; Harel, p. 59-60.
Num café: anotações de entrevistas para o documentário, *HAE*.
148 – O que aconteceu?: anotações de pesquisa, *HAE*.
– Ah, sim. Não se incomode: entrevista de Z. Aharoni, *IMAE*.

pág. CAPÍTULO 13

149 Aharoni percorreu: Aharoni e Dietl, p. 106-7.
Nela, Aharoni: *La Razón*, 24 de abril de 1961; *Ahora*, 7 de junho de 1960; Lauryssens, p. 117.
A casa mais parecia: Donovan, p. 105; Pearlman, p. 2.
Passando pela casa: entrevista de Z. Aharoni, *IMAE*.
150 Naquela noite: Aharoni e Dietl, p. 106-7.
Em Tel Aviv: Harel, p. 61; Weber, p. 40-41.

151 Dois dias depois: Kurzman, p. 410-11; Schwarz, p. 441-44; Shpiro, "Intelligence Services and Foreign Policy".
"Sou de uma nação": Vogel, p. 119-20.
152 Como não desejava: NA, RG 263, Arquivo em nome de Adolf Eichmann (CIA), O julgamento de Eichmann e acusações contra o secretário de Estado Globke, 7 de fevereiro de 1961.
Em 16 de março: entrevista de Z. Aharoni, *IMAE*; Aharoni e Dietl, p. 106-12.
153 — É possível que seja: anotações de pesquisa, *HAE*.
154 — *Pareciam* americanos: Eichmann, *Meine Flucht*.
Eichmann sabia que: "Entrevista com Klaus Eichmann"; Ben-Gurion p. 582; Von Lang, *Eichmann Interrogated*, p. 285.
155 Aqueles dois homens: Eichmann, *Meine Flucht*; "Entrevista com Klaus Eichmann".
Entretanto, os filhos: Aharoni e Dietl, p. 109-10.

pág. CAPÍTULO 14

156 Assim que descobriu: Aharoni e Dietl, p. 112-13.
157 Nas semanas anteriores: Harel, p. 76; fita-demo, *HAE*; Thomas, p. 75; Bar-Zohar, *Spies in the Promised Land*, p. 108-9; Rein, p. 143, 157-59.
158 Em virtude do que estava: R. Eitan, EA.
Rafi Eitan, chefe de operações: Raviv e Melman, p. 253-54; Black e Benny, p. 418-19; Thomas, p. 73-75; Harel, p. 83-84.
159 Aos 34 anos: Harel, p. 83-84; Malkin, *Eichmann in My Hands*, p. 110-11; Black e Benny, p. 419.
– Qual a probabilidade: Harel, p. 83-84.
– Vou colocá-lo: R. Eitan, EA; anotações do produtor, *HAE*.
– Nenhum deles: Harel, p. 84.
No domingo, 20 de março: Aharoni e Dietl, p. 116-18.
161 Vardi era um financista: Ben Natan, p. 84, 90.
Vardi entendeu: Aharoni e Dietl, p. 118-19.
162 Por meio de um contato: Aharoni e Dietl, p. 120; "Entrevista com Klaus Eichmann"; AGN, arquivo de Josef Mengele.
Por meio de um funcionário: J. Moskoviz, EA.
No domingo, 3 de abril: entrevista de Z. Aharoni, *IMAE*; Harel, p. 73-77.
163 Yaakov Gat foi buscar: Y. Gat, EA.
– Tem certeza absoluta: anotações de pesquisa, *HAE*.

pág. CAPÍTULO 15

165 Na manhã de 10 de abril: A. Shalom, EA.
O agente de operações: *Ibid*.
166 Suas especialidades: Malkin, *Eichmann in My Hands*, p. 122.
"Isser quer homens honestos": Steven, p. 39; Bar-Zohar, *Spies in the Promised Land*, p. 66-67.
167 – Como se sentiria: A. Shalom, EA.
Embora o chefe: Bar-Zohar, *Spies in the Promised Land*, p. 106.
O primeiro nome: A. Shalom, EA; Y. Gat, EA; fita-demo, *HAE*.
168 Alguns dias depois: A. Shalom, EA; Harel, p. 79-81.

169 Os dois principais advogados: Yablonka, p. 46; Papadatos, p. 52-62; Robinson, p. 103-6.
Na sede do Mossad: Steven, p. 111; A. Shalom, EA.
170 todo equipamento: A. Shalom, EA; Malkin, *Eichmann in My Hands*, p. 128.
171 "Vamos trazer": Malkin, *Eichmann in My Hands*, p. 120.
O que Eitan não: A. Shalom, EA.
Malkin entrou: Malkin, *Eichmann in My Hands*, p. 124.
Os dois eram: *Ibid.*; A. Shalom, EA.
– É melhor torcermos: Malkin, *Eichmann in My Hands*, p. 125-27.
172 Lá, Tabor, de 37: anotações de entrevistas para o documentário, *HAE*.
Nas horas seguintes: Harel, p. 89; *New York Times*, 16 de março de 1960.
173 Aharoni lhes mostrou: R. Eitan, EA.
Toda noite: Malkin, *Eichmann in My Hands*, p. 127.
Malkin tinha 11 anos: entrevista de Peter Malkin, Arquivo do Cinema Judaico Steven Spielberg; McKechnie e Howell; Malkin, *Eichmann in My Hands*, p. 19-72.
174 Nas primeiras missões: McKechnie e Howell.
Além de insistir: A. Shalom, EA.
Entretanto, essa missão: Malkin, *Eichmann in My Hands*, p. 54.
175 Só restava a viagem aérea: Harel, p. 38-39.
176 Essa não seria: B. Tirosh, EA; D. Alon, EA; Goldman, p. 23-29.
Depois que isso foi: entrevista de Yaakov Medad, Instituto Massuah; A. Shalom, EA; Harel, p. 94-95.
177 Uma semana antes: Harel, p. 86.
Em 18 de abril: *Ibid.*, p. 87; Y. Klein, EA.
178 – Olá, todo mundo: Malkin, *Eichmann in My Hands*, p. 140.
– Quero começar: fita-demo, *HAE*.
Costumava estimular: A. Shalom, EA; Steven, p. 38.
179 – Traremos Adolf: Malkin, *Eichmann in My Hands*, p. 140-41.

pág. CAPÍTULO 16

180 Em 24 de abril: Y. Gat, EA; Harel, p. 102-3.
181 Desde sua chegada: Aharoni e Dietl, p. 126.
Ao entrar no saguão: A. Shalom, EA; Davies, p. 111.
182 Como os colegas: A. Shalom, EA.
– Compatriota: *Ibid.*
183 – O que quer: *Ibid.*; Y. Gat, EA.
184 De manhã cedo: Y. Gat, EA.
Harel já determinara: Harel, p. 86-89, 99-100.
185 Havia dúzias: Y. Klein, EA; S. Shaul, EA; D. Alon, EA.
186 Harel conhecia bem: B. Tirosh, EA.
Judeu alemão: *Ibid.*; S. Alony, EA; Goldman, p. 44, 56, 61.
– Vejam, amigos: B. Tirosh, EA.
Peleg ficou visivelmente: Harel, p. 109.
187 Antes do fim: B. Tirosh, EA.
O comandante conhecia: S. Shaul, EA.
– É um voo: B. Tirosh, EA.
Deitados de barriga: A. Shalom, EA; Y. Gat, EA; Aharoni e Dietl, p. 128-29.

188 Tinham passado: Harel, p. 116-19.
Além de Maoz: A. Shalom, EA; anotações de entrevistas para o documentário, *HAE.*
189 Na melhor das hipóteses: A. Shalom, EA; J. Moskoviz, EA.
Em Nova York: Y. Klein, EA.
190 "Por via deste": L. Volk, EA.

pág. CAPÍTULO 17

191 – A equipe inicial: Harel, p. 111.
As autoridades de alto nível: Aharoni e Dietl, p. 7; Shpiro, *Geheimdienste in der Weltgeschichte*, p. 305; Malkin, *Eichmann in My Hands*, p. 129.
Harel entendia: fita-demo, *HAE.*
192 – Morto ou vivo: Bar-Zohar, Ben Gurion, p. 1375; Derogy e Carmel, p. 176.
Nada havia mais: Harel, p. 94, 111-13; Bar-Zohar, *Spies in the Promised Land*, p. 65.
Depois que estivessem: Harel, p. 210-11; NA, RG 263, Arquivo em nome de Adolf Eichmann (CIA), processo de extradição do nazista Josef Mengele, 24 de junho de 1960; relatório do Ministério da Justiça dos EUA, p. xx.
193 No domingo, 1º de maio: A. Shalom, EA.
"mais do que criminoso": Malkin, *Eichmann in My Hands*, p. 122.
Surpreendentemente, as buscas: Aharoni e Dietl, p. 131.
Outro problema era: entrevista de Yaakov Medad, Instituto Massuah; anotações de entrevistas para o documentário, *HAE*; A. Shalom, EA.
194 Enquanto Gat ficava: Harel, p. 121.
Em Maoz, naquela noite: A. Shalom, EA.
195 — Não podemos ser: Harel, p. 122.
— Sabe, isso não vai: Y. Klein, EA.
Por algum tempo: *Ibid.*; Harel, p. 123-25.
196 Klein pensou vagamente: Y. Klein, EA.
197 — Há mais coisa: L. Volk, EA.
— Na verdade: Y. Klein, EA.
Em 3 de maio: Harel, p. 135.
198 O primeiro ficava: Malkin, *Eichmann in My Hands*, p. 168; A. Shalom, EA.
Com o codinome: Malkin, *The Argentina Journal*, p. 48; Harel, p. 132.
199 Quando os funcionários: A. Shalom, EA; Harel, p. 130.
Na noite de 4 de maio: Malkin, *Eichmann in My Hands*, p. 153-56.
200 Só em Viena: Cesarani, p. 68-72.
Para Malkin, ler: Malkin, *Eichmann in My Hands*, p. 132-38; Malkin, *The Argentina Journal*, p. 11; McKechnie e Howell.
201 Agora, com as mãos: entrevista de Peter Malkin, Arquivo do Cinema Judaico Steven Spielberg; Malkin, *Eichmann in My Hands*, p. 155-56.
O que nem Malkin: Aharoni e Dietl, p. 130-31; entrevista de Z. Aharoni, *IMAE*; anotações de entrevistas para o documentário, *HAE.*

pág. CAPÍTULO 18

203 Desde que recebera: Thomas, p. 74-75.
Era óbvio: R. Eitan, EA.
Ainda assim, havia: A. Shalom, EA; Harel, p. 147-48.

Quanto à data da operação: Harel, p. 131-32.
204 Tinham de treinar: Y. Gat, EA.
No aeroporto de Ezeiza: Y. Klein, EA; Harel, p. 138.
205 – Talvez fosse melhor: L. Volk, EA.
Na noite de 5 de maio: Malkin, *Eichmann in My Hands*, p. 163-64.
O falsificador chegara: Harel, p. 136-37.
206 Ninguém sabia: Steven, p. 112; Black e Benny, p. 177.
A equipe usara: A. Shalom, EA; Y. Gat, EA; entrevista de M. Tabor, *IMAE*.
Ele e Moshe Tabor: entrevista de M. Tabor, *IMAE*; Malkin, *Eichmann in My Hands*, p. 210.
207 – Quando chegou: Malkin, *Eichmann in My Hands*, p. 163-64; Malkin, *The Argentina Journal*, p. 28.
Shalom examinou as rotas: A. Shalom, EA; Harel, p. 148.
Também ajudou: entrevista de Yaakov Medad, Instituto Massuah; Aharoni e Dietl, p. 132.
208 Continuaram vigiando: entrevista de Peter Malkin, Arquivo do Cinema Judaico Steven Spielberg; Malkin, *Eichmann in My Hands*, p. 132.
Também estava aprendendo: Malkin, *Eichmann in My Hands*, p. 158.
Muitas horas também: entrevista de M. Tabor, *IMAE*; A. Shalom, EA.
209 Sempre que todos: A. Shalom, EA; Y. Gat, EA.
No fim da noite: Malkin, *The Argentina Journal*, p. 31; Y. Gat, EA.
Em 8 de maio: Harel, p. 142-43.
De 40 e poucos: A. Shalom, EA; Malkin, *Eichmann in My Hands*, p. 169.
210 Como cobertura: D. Sasson, EA.
– Ainda bem que chegou: Malkin, *Eichmann in My Hands*, p. 169-70.
Na cidade: Harel, p. 160.
– O governo aprovou: A. Levavi, EA; DHO, (228)3, entrevista com Arye Levavi.
211 Harel recomendou: A. Levavi, EA.
Prenderam na parede: Malkin, *Eichmann in My Hands*, p. 143.
– Quando virmos: *Ibid.*, p. 175-77; Harel, p. 147.
212 Na opinião de Malkin: entrevista de P. Malkin, *HAE*.
Um dos carros ficaria: Harel, p. 147; Aharoni e Dietl, p. 133-34; A. Shalom, EA; entrevista de M. Tabor, *IMAE*; entrevista de P. Malkin, *HAE*.

pág. CAPÍTULO 19

214 Em 9 de maio: R. Eitan, EA.
Mais tarde: Harel, p. 147-49.
215 – E se ele: Malkin, *Eichmann in My Hands*, p. 179-80.
Mesmo com um dia: entrevista de M. Tabor, *IMAE*; A. Shalom, EA.
216 "Garanto-lhe": AdsD, Nachlass Fritz Bauer, Caixa 1, carta de Haim Cohen a Fritz Bauer, 10 de maio de 1960.
Em 10 de maio: "Entrevista com Klaus Eichmann"; Eichmann, *Meine Flucht.*
217 Assim que entrou: Lawson.
– Planejamos: Y. Klein, EA.
Depois que discutiram: *Ibid.*
218 Klein disse a Harel: *Ibid.*; Harel, p. 152-53.
Em Tira: entrevista de M. Tabor, *IMAE*; anotações do produtor, *HAE*; Malkin, *Eichmann in My Hands*, p. 168-69.

219 "Poderia me dizer": Aharoni e Dietl, p. 138.
Enquanto isso, na garagem: A. Shalom, EA.
– Vocês foram escolhidos: Harel, p. 150.
220 O que fariam: Aharoni e Dietl, p. 183.
O que aconteceria: *Ibid.*, p. 136; A. Shalom, EA.
E se fossem: Harel, p. 150.
O máximo possível: R. Eitan, EA.
221 – Alguma pergunta?: Y. Gat, EA.
Então, Harel disse: Harel, p. 150.
Deitado na cama: A. Shalom, EA.
222 No quarto: entrevista de P. Malkin, *HAE*; Malkin, *The Argentina Journal*, p. 77.
"Vou pegá-lo": entrevista de P. Malkin, *HAE.*

pág. CAPÍTULO 20

223 Quando acordaram: Malkin, *Eichmann in My Hands*, p. 181-83.
224 Adolf Eichmann começara: Lawson; Pearlman, p. 1.
Esse ônibus costumava: "Arquivo Eichmann", Tribunales Federales de Comodoro Py, Buenos Aires.
Na fábrica: *Ibid.*; *Clarín*, 27 de maio de 1960; Pearlman, p. 4.
Aharoni saiu da autoestrada: Malkin, *Eichmann in My Hands*, p. 184; entrevista de Peter Malkin, Arquivo do Cinema Judaico Steven Spielberg.
225 Gat estava ao seu lado: Y. Gat, EA.
Em cinco minutos: A. Shalom, EA.
Aharoni parou: Aharoni e Dietl, p. 136-37; entrevista de M. Tabor, *IMAE.*
226 "Obrigado!": Aharoni e Dietl, p. 137; Malkin, *The Argentina Journal*, p. 102.
Malkin se preparou: entrevista de P. Malkin, Arquivo Spielberg; entrevista de P. Malkin, *HAE*; entrevista de M. Tabor, *IMAE*; Pearlman, p. 53.
Não tinham armas: A. Shalom, EA.
Os faróis do ônibus: Harel, p. 162; entrevista de Z. Aharoni, *IMAE.*
Malkin olhou a casa: entrevista de P. Malkin, Arquivo Spielberg; entrevista de P. Malkin, *HAE*; McKechnie e Howell.
227 Shalom e Gat: A. Shalom, EA; Y. Gat, EA.
– Vamos embora: R. Eitan, EA.
Em pé, um ao lado: entrevista de M. Tabor, *IMAE.*
228 Bebericando um chá: Harel, p. 160-61.
Ela não iria: fita-demo, *HAE*; A. Shalom, EA.
Fitou as mãos: Harel, p. 161.
O ônibus 203: A. Shalom, EA; entrevista de P. Malkin, *HAE*; entrevista de P. Malkin, Arquivo Spielberg; anotações de pesquisa, *HAE*; entrevista de M. Tabor, *IMAE*; Y. Gat, EA; R. Eitan, EA; Aharoni e Dietl, p. 136-39; Harel, p. 163-65; Malkin, *Eichmann in My Hands*, p. 185-87.
233 *Nunca diga*: R. Eitan, EA.

pág. CAPÍTULO 21

234 Eichmann entrou: entrevista de M. Tabor, *IMAE*; entrevista de Peter Malkin, Arquivo do Cinema Judaico Steven Spielberg; Malkin, *The Argentina Journal*, p. 105.

Por um momento: Malkin, *Eichmann in My Hands*, p. 188.
Aharoni perguntou-se: Aharoni e Dietl, p. 140.
– Nenhum homem: NA, RG 263, Arquivo em nome de Adolf Eichmann (CIA), "General Expansiveness of" [cortado], 24 de agosto de 1961.
A princípio, Eichmann: Eichmann, *Meine Flucht.*
235 O médico encontrou: entrevista de P. Malkin, Arquivo Spielberg.
Aharoni queria começar: Aharoni, *On Life and Death*, p. 98-101.
– Como se chama?: Aharoni e Dietl, p. 142-43; Harel, p. 166-67; entrevista de Z. Aharoni, *IMAE*; anotações de pesquisa, *HAE*; entrevista de P. Malkin, Arquivo Spielberg; A. Shalom, EA; Friedman, *The Blind Man.* A transcrição exata do interrogatório não está disponível. Aharoni e Harel contaram suas versões como se fossem definitivas. Usei as duas, assim como as recordações de vários outros.
237 A equipe se encheu: A. Shalom, EA; Y. Gat, EA.
238 Shalom e Aharoni foram: A. Shalom, EA; Aharoni e Dietl, p. 143-44; entrevista de Yaakov Medad, Instituto Massuah.
Quando chegaram: Harel, p. 161.
– Assim que vi: anotações do produtor, *HAE.*
Shalom descreveu: A. Shalom, EA; Aharoni e Dietl, p. 143-44.
"A máquina de escrever": anotações de entrevistas para o documentário, *HAE.*
239 – É só isso?: Harel, p. 169-70.
Na casa da rua: Lawson; Lauryssens, p. 125.
– Vou voltar lá: Malkin, *Eichmann in My Hands*, p. 192.
240 Dali a algumas horas: Malkin, *The Argentina Journal*, p. 74.
Era improvável: A. Shalom, EA; Y. Gat, EA; Aharoni e Dietl, p. 155.
241 Se a polícia aparecesse: Harel, p. 199.
Tabor já resolvera: entrevista de M. Tabor, *IMAE.*
Deitado de costas: Malkin, *Eichmann in My Hands*, p. 193.

pág. CAPÍTULO 22

243 Em 12 de maio: Y. Gat, EA; A. Shalom, EA.
– Tenho apenas: Malkin, *Eichmann in My Hands*, p. 194.
– Por que usou: Harel, p. 190.
– Por que a sua família: entrevista de Z. Aharoni, *IMAE.*
244 – Não, isso não sei: Malkin, *Eichmann in My Hands*, p. 194.
245 – Está preparado: entrevista de Z. Aharoni, *IMAE.*
– O velho sumiu!: "Entrevista com Klaus Eichmann".
246 Juntos, saíram correndo: *Ibid.*; AGN, arquivo de Martin Bormann. Nas lembranças de Klaus Eichmann sobre esse dia, que contou à revista alemã *Quick*, ele só afirmou ter procurado o "melhor amigo" do pai, e não Carlos Fuldner. Entretanto, os arquivos argentinos revelam, numa entrevista/relatório de Fuldner à polícia, que os filhos de Eichmann foram procurá-lo, embora ele dissesse que isso só ocorreu depois que foi noticiado que Eichmann fora capturado por israelenses. Essa data posterior parece suspeita e a minha conclusão é de que Fuldner e o "melhor amigo" eram o mesmo indivíduo.
Também planejavam: S. Sassen, EA.
Vera Eichmann foi: "Arquivo Eichmann", Tribunales Federales de Comodoro Py, Buenos Aires; Weber, p. 135-39.

Na busca perto: Anderson, p. 98.
247 A notícia da captura: Y. Klein, EA.
"Vamos fazer": *Ibid.*
O fluxo de ideias: *Ibid.*; entrevista de M. Tabor, *IMAE*; Aharoni e Dietl, p. 156-60.
– Você está encarregado: A. Shalom, EA.
248 O voo da El Al: Harel, p. 185.
Enquanto isso, em Tel Aviv: B. Tirosh, EA.
Toda vez que um carro: Malkin, *The Argentina Journal*, p. 57.
Era obediente: entrevista de P. Malkin, Arquivo do Cinema Judaico Steven Spielberg.
Tabor recordou: entrevista de M. Tabor, *IMAE*; entrevista de Z. Aharoni, *IMAE.*
249 Judith era judia ortodoxa: Boletim de Informações e Terrorismo [Intelligence and Terrorism Information Bulletin] (Israel), janeiro de 2004; Malkin, *Eichmann in My Hands*, p. 96-97.
Quando um dos auxiliares: *Ibid.*, p. 155.
250 – A ideia de cozinhar: *Ibid.*, p. 198.
Nas primeiras horas: *Ibid.*, p. 199; Malkin, *The Argentina Journal*, p. 13, 18, 19, 31, 84.
251 Também examinaram: Harel, p. 209-10; *Clarín*, 13 de maio de 1960.
252 – Adolf Eichmann foi: Harel, p. 170-71.
– Vim informá-lo: Bar-Zohar, *Ben Gurion*, p. 1374-75.
"Hoje de manhã, recebi": Yablonka, p. 30.

pág. CAPÍTULO 23

253 Na casa de Willem: S. Sassen, EA; Lauryssens, p. 125-26.
Alguns colegas acharam: P. Probierzym, EA.
Numa casa de penhores: "Entrevista com Klaus Eichmann."
254 A Tacuara era: membros anônimos da Tacuara, EA; Gutman; Kenneth Marty, "Neo-Fascist Irrationality or Fantastic History? Tacuara, the Andinia Plan and Adolf Eichmann in Argentina" (dissertação de PhD, Universidade de Princeton, 1996).
Embora não fossem: "Entrevista com Klaus Eichmann"; membros anônimos da Tacuara, EA; fita-demo, *HAE*; Gutman. Na entrevista que concedeu à revista *Quick*, Klaus Eichmann se referiu a um "grupo jovem peronista" que os ajudou. As entrevistas com vários integrantes da Tacuara e a pesquisa de Marty e Gutman deixam claro que o grupo era mesmo esse. Mais tarde, o movimento da juventude fascista teve um papel mais destacado no caso Eichmann. Veja mais detalhes no capítulo 27.
Sem saber: L. Volk, EA.
255 Yosef Klein não: Y. Klein, EA.
Agora que estava: A. Shalom, EA.
256 – A busca do médico: Aharoni e Dietl, p. 149-50; A. Shalom, EA; R. Eitan, EA.
257 Tremera com as: anotações de entrevistas para o documentário, *HAE*; Malkin, *Eichmann in My Hands*, p. 170-72; Posner e Ware, p. 134-42.
Mais tarde: Aharoni e Dietl, p. 150-51.
258 – Pare de me insultar!: Aharoni e Dietl, p. 152.
Antes, quando: Harel, p. 194-98; entrevista de Z. Aharoni, *IMAE.*
Ao chegar a Budapeste: Levai, *Eichmann in Hungary*, p. 67-69; *The Trial of Adolf Eichmann*, p. 2014; Levai, *Black Book*, p. 86-88, 108; Hausner, p. 137; Nagy-Talavera, p. 286.
259 "Quando digo não": Cesarani, p. 180.
"A visão daquele": Harel, p. 184.

– Sei pelo que: Malkin, *Eichmann in My Hands*, p. 236.
Em 16 de maio: anotações de entrevistas para o documentário, *HAE*; Harel, p. 212-14.
260 – Dr. Menelle: Harel, p. 215.
261 Em 17 de maio: A. Shalom, EA; Y. Gat, EA; Harel, p. 194-98.
Algumas tarefas: entrevista de M. Tabor, *IMAE*; Aharoni e Dietl, p. 157-58.
262 – Até para ficar: Malkin, *Eichmann in My Hands*, p. 223.
– Foi você o homem: entrevista de Peter Malkin, Arquivo do Cinema Judaico Steven Spielberg; entrevista de P. Malkin, *HAE*; Malkin, *Eichmann in My Hands*, p. 201-4. Foi discutido se seria possível essas conversas de Malkin terem ocorrido. Em suas memórias, Isser Harel contou que Malkin falou muito com Eichmann, mas Aharoni descartou a possibilidade devido à falta de um idioma comum. Os outros agentes da missão disseram que Malkin não falou com Eichmann. Fora isso, as lembranças que Malkin tem dessas conversas são bem coerentes, tanto nas memórias quanto nas entrevistas anteriormente citadas. Tentei citar apenas as conversas que confirmei no livro de Malkin e nas entrevistas, mas tive de fazer uma leve revisão para que os leitores as entendessem.

pág. CAPÍTULO 24

264 Em Tel Aviv: Eban, p. 306-13; Kurzman, p. 424.
Depois da Segunda Guerra: Bar-Zohar, *The Avengers*, p. 24-25.
265 Entretanto, todo aquele: Harel, p. 221-26; S. Alony, EA; D. Alon, EA; "Arquivo Eichmann", Tribunales Federales de Comodoro Py, Buenos Aires.
"Anunciando a partida": Reynolds, p. 9.
Exatamente: S. Shaul, EA.
266 Vinte de maio era: Harel, p. 216-17.
267 Com a chegada das delegações: A. Shalom, EA.
As notícias do rádio indicavam: *La Nación*, 19 de maio de 1960; *La Razón*, 19 de maio de 1960.
Naquela noite: "Entrevista com Klaus Eichmann"; membros anônimos da Tacuara, EA; S. Sassen, EA; A. Levavi, EA.
268 – Não façam nada estúpido: "Entrevista com Klaus Eichmann".
– Vou lhe perguntar: Malkin, *Eichmann in My Hands*, p. 218.
– Você percebe: *Ibid.*, p. 218.
Eichmann não se abateu: *Ibid.*, p. 220.
269 – Gosto tanto de vinho: entrevista de Peter Malkin, Arquivo do Cinema Judaico Steven Spielberg; Harel, p. 208-9; Y. Gat, EA; entrevista de Yaakov Medad, Instituto Massuah; Aharoni e Dietl, p. 152-53. A assinatura da declaração de Eichmann é o tema de muitas histórias conflitantes. Em suas memórias, Aharoni afirmou que foi ele quem fez Eichmann assinar, afirmativa confirmada por Avraham Shalom e Yaakov Gat. Enquanto isso, Malkin, corroborado pelo relato de Isser Harel, afirmou ter obtido a assinatura. Dado que Harel teve acesso a todos os relatos depois da operação, preferi apresentar a versão de Malkin, embora aceite a possibilidade de que tenha sido um processo mais cooperativo. De fato, é assim que Rafi Eitan se lembra de como foi conseguida a assinatura.
270 Eu, Adolf Eichmann: AEI, 2150/44-hz, carta de Michael Comay, representante israelense na ONU, ao presidente do Conselho de Segurança da ONU, 21 de junho de 1960.
– Que data devo: Hausner, p. 275.
– Que diabos: Malkin, *Eichmann in My Hands*, p. 232; entrevista de Yaacov Medad, Instituto Massuah.

271 O comandante Shmuel Wedeles: depoimento coletivo da tripulação do voo da El Al, EA.
272 Dez minutos depois: B. Tirosh, EA; S. Shaul, EA; D. Alon, EA.
273 A caminho: A. Shalom, EA; Aharoni e Dietl, p. 161.
Estavam ali vários diplomatas: L. Volk, EA.
Klein corria pelo: Y. Klein, EA.
274 Finalmente, às 16h05: S. Shaul, EA.
Klein acompanhou: Y. Klein, EA.
– Quem são esses aí?: L. Volk, EA.
275 Arye Friedman e Mordecai Avivi: Harel, p. 228.
Shalom e Aharoni observaram: A. Shalom, EA; Aharoni e Dietl, p. 161-62.
Num café perto: Harel, p. 230-31.
276 Reuniu em sua suíte: A. Shalom, EA; D. Alon, EA.
Altas horas: Y. Gat, EA; A. Shalom, EA.
Todos se acalmaram: Harel, p. 235; Aharoni e Dietl, p. 162.

pág. CAPÍTULO 25

278 Naquela manhã fria: A. Shalom, EA; Malkin, *Eichmann in My Hands*, p. 235-41.
279 Em Maoz, Shalom Dani: Harel, p. 243-44.
Tabor passou a maior: entrevista de M. Tabor, *IMAE*; R. Eitan, EA.
Avraham Shalom também: A. Shalom, EA.
Ele dividiu os seus: Harel, p. 240.
280 Harel mandara: *Ibid.*, p. 244-25; "Entrevista com Klaus Eichmann".
281 Em Tira: Y. Gat, EA; Malkin, *Eichmann in My Hands*, p. 240-41.
– Não é necessário: Malkin, *Eichmann in My Hands*, p. 241-43; Aharoni e Dietl, p. 163; A. Shalom, EA; Y. Gat, EA; R. Eitan, EA.
282 – Vamos antecipar: S. Shabtai, EA; D. Alon, EA; D. Sasson, EA.
283 – Vai para o: L. Volk, EA.
No aeroporto: Harel, p. 249; A. Shalom, EA.
284 No escritório: S. Shaul, EA.
Aharoni dirigiu com cautela: Aharoni e Dietl, p. 164; Y. Gat, EA.
285 No ponto marcado: Harel, p. 250-51.
– Fique em silêncio: Y. Gat, EA.
286 – Dê um jeito: R. Eitan, EA.
– Formem um círculo: D. Alon, EA.
Wedeles ficou logo: Y. Gat, EA; Y. Klein, EA; Harel, p. 251-52.
– Finjam dormir: D. Alon, EA; S. Shabtai, EA; D. Sasson, EA.
Quando o Britannia: Harel, p. 254-55.
287 Harel saiu da mesa: A. Shalom, EA.
– Você me surpreendeu: Y. Klein, EA.
Os minutos se passaram: Aharoni e Dietl, p. 165.
288 Quando Harel foi: Harel, p. 255.
– El Al pronto: S. Shaul, EA; B. Tirosh, EA; O. Kabiri, EA.
289 Klein estava junto: Y. Klein, EA.
290 – Qual é o problema?: S. Shaul, EA.
À meia-noite: "Entrevista com Klaus Eichmann."

pág. CAPÍTULO 26

291 Quando, depois: S. Shabtai, EA.
– Vocês tiveram: Harel, p. 260.
292 O comandante: O. Kabiri, EA; S. Shaul, EA; D. Alon, EA.
Uma a uma, as horas: S. Shaul, EA; Harel, p. 260-66.
293 Yosef Klein concluiu: Y. Klein, EA.
"furo exclusivo": *Ibid.*
294 A última tarefa: A. Shalom, EA; R. Eitan, EA.
As luzes vermelhas: D. Sasson, EA; D. Alon, EA; O. Kabiri, EA; S. Shaul, EA; Y. Gat, EA.
295 Harel cumprimentou: Harel, p. 268-69.
Assim, antes que a aeromoça: Y. Gat, EA.
O resto da escala: A. Shalom, EA.
Antes da partida: S. Shaul, EA.
Há apenas cinco anos: Goldman, p. 51.
Shaul e Hassin já: S. Shaul, EA.
296 Voou até: *Ibid.*; D. Alon, EA.
Com o avião: Harel, p. 269.
Às 6h55: Aharoni e Dietl, p. 116.
Não houve comemoração: S. Shabtai, EA.
O comandante também elogiou: S. Shaul, EA.
Os funcionários da alfândega: entrevista de M. Tabor, *IMAE*; Y. Gat, EA; B. Tirosh, EA.
297 – Estava aguardando: Aharoni e Dietl, p. 166.
– O monstro está: B. Tirosh, EA.
Tabor e Gat escoltaram: Y. Gat, EA; Reynolds, p. 10-11.
– Eu lhe trouxe: Harel, p. 271; Bar-Zohar, Ben Gurion, p. 1.374-77.
298 Poucas horas depois: AEI, 3039/11-a, memorando de Hofstetter; Harel, p. 274.
– Quantas pessoas: R. Eitan, EA.
"Sou Adolf Eichmann": Yablonka, p. 31. É curioso que Halevi emitiu o mandado citando o Tratado Internacional da Convenção para a Prevenção e Punição do Crime de Genocídio (conforme o estatuto da ONU), que só se aplicaria a crimes cometidos depois de 1949. A lei correta teria sido a Lei dos Nazistas e seus Colaboradores, de Israel (1950).
Então, Harel telegrafou: AdsD, Nachlass Fritz Bauer, Caixa 1, carta de Haim Cohen ao dr. Fritz Bauer, 22 de maio de 1960; Harel, p. 274-75.
299 – Tenho de informar: "The Beast in Chains", *Time*, 6 de junho de 1960; Robinson, p. 105.
"Quando se recuperaram": Robinson, p. 106.

pág. CAPÍTULO 27

301 Em 25 de maio: A. Shalom, EA.
Quando Shalom voltou: *Ibid.*; Y. Gat, EA.
302 "E eu achei": entrevista de M. Tabor, *IMAE*.
– Ora, não recebeu: Malkin, *Eichmann in My Hands*, p. 250.
– Não sou ingênuo: Aharoni e Dietl, p. 167.
Eichmann estava preso: Von Lang, *Eichmann Interrogated*, p. xix-xx; entrevista de S. Nagar, *IMAE*.
303 Às quatro e meia da tarde: Yablonka, p. 66-67.
Os dois entraram: AEI, 3039/11-a, memorando de Hofstetter.
– Suponho que: Von Lang, *Eichmann Interrogated*, p. 4-5.

304 – Mas capitão!: *Ibid.*, p. viii.
Em Israel, o choque: Yablonka, p. 36.
"O Estado judeu": Cesarani, p. 239.
305 Quanto ao meio: Yablonka, p. 36-37.
"agentes israelenses": *Time*, 1º de junho de 1960.
Arturo Frondizi não teve: A. Levavi, EA.
Frondizi também: Rein, p. 177-79; Cesarani, p. 238.
"Acho que isso": A. Levavi, EA.
"voluntários judeus": AEI, 2150/44-hz, carta do Representante Permanente de Israel ao presidente do Conselho de Segurança, 21 de junho de 1960.
"justificativa moral suprema": *Ibid.*
Obviamente, os argentinos: Rein, p. 179-81.
306 Incapazes de atacá-los: *Ibid.*, p. 206-7; Haim, "Jewish Leadership in Times of Crisis".
Em 12 de julho: "Arquivo Eichmann", Tribunales Federales de Comodoro Py, Buenos Aires.
Certa tarde: L. Volk, EA.
307 No outono: "Arquivo Eichmann."
O chanceler Konrad Adenauer: Wolffsohn, p. 25.
Ainda assim, com: Gardner-Feldman, p. 134-35; Lavy, p. 87-88; Vogel, p. 125-26. Embora não houvesse um acordo às claras, as autoridades de ambos os lados aludiram a esse entendimento.
308 "O general Heydrich me ordenou": Eichmann, "Memoirs".
Dias depois do: Lauryssens, p. 128.
Reinhard Gehlen, chefe: NA, RG 263, Arquivo em nome de Adolf Eichmann (CIA), Existência de Memórias de Eichmann, 13 de setembro de 1960; NA, RG 263, Arquivo em nome de Adolf Eichmann (CIA), Vida e Memórias de Eichmann, 16 a 20 de setembro de 1960.
O Mossad soube: NA, RG 263, Arquivo em nome de Adolf Eichmann (CIA), Caso Adolf Eichmann, 15 de agosto de 1960; AEI, 3039/11-a, memorando de Hofstetter.
Embora as confissões: entrevista de M. Gilead, *IMAE*; Cesarani, p. 243.
309 Esses documentos: Yablonka, p. 73.
"Parabéns pelo excelente": Levy, p. 89.
– Você nunca via: *Ibid.*
Nos meses: AEI, 3039/11-a, memorando de Hofstetter.
Na noite de 23 de maio: Friedman, *The Hunter*, p. 255-56.
310 Em 1º de novembro: YVS, TR. 33, Arquivo 1052, depoimento de Zeev Sapir, 11 de janeiro de 1960.
Uma associação israelense: Yablonka, p. 95.
Depois de resgatado: YVS, TR. 33, Arquivo 1052, depoimento de Zeev Sapir, 11 de janeiro de 1960; depoimento de Zeev Sapir no julgamento de Eichmann, Arquivo do Cinema Judaico Steven Spielberg; entrevista de Z. Sapir, *IMAE*; YVS, O. 3, Arquivo 6151, depoimento de Zeev Sapir, 9 de abril de 1990.

pág. CAPÍTULO 28

311 No vale abaixo: Musmanno, p. 11-13; Arendt, p. 3.
312 – Adolf Eichmann, levante-se: Guri, p. 2.
– Primeira acusação: *The Trial of Adolf Eichmann*, p. 3-10.
313 Quando me levanto: *Ibid.*, p. 62.

"Em momentos assim": Mulisch, p. 37.
Em 28 de maio: entrevista de Z. Sapir, *IMAE.*
– Quantos judeus: *The Trial of Adolf Eichmann*, p. 970-74; depoimento de Zeev Sapir no julgamento de Eichmann, Arquivo do Cinema Judaico Steven Spielberg; entrevista de Z. Sapir, *IMAE.*
315 Quando Hausner terminou: Cesarani, p. 272-74.
Dado o seu modo: Mulisch, p. 127.
Do ponto de vista: *The Trial of Adolf Eichmann*, p. 1.575.
316 Durante todo o interrogatório: Cesarani, p. 272, 282-305. O tribunal israelense só permitiu que pequena parte dos documentos de Sassen fossem considerados provas: apenas as páginas que Eichmann redigira à mão ou às quais acrescentara comentários ao revisar as suas memórias na Argentina.
Pelo despacho: *The Trial of Adolf Eichmann*, p. 2.218.
317 Eichmann ficou imóvel: Guri, p. 299.
Enquanto aguardava: Eichmann, "Meine Gotzen — 6 de setembro de 1961"; Eichmann, "Meine Memoiren — June 16, 1960"; BArch, transcrições de Sassen, 6/95, pasta 1.
Eichmann começou: Hull, xi-xiv.
"busca da paz": *Ibid.*, p. 35.
318 – O inferno não existe: *Ibid.*, p. 24.
Não pequei: *Ibid.*, p. 83.
Dois dias depois: entrevista de M. Gilead, *IMAE.*
– Por que está triste?: Hull, p. 155.
Acompanhado por Hull: *Ibid.*, p. 155-60; R. Eitan, EA; entrevista de M. Gilead, *IMAE*; entrevista de S. Nagar, *IMAE.*
319 – Espero intensamente: Malkin, *Eichmann in My Hands*, p. 173.
– Vida longa à Alemanha: Hull, p. 159; Arye Wallenstein, "Eichmann Dies on the Gallows", Reuters, 1º de junho de 1962.
Os dois guardas apertaram: Hull, p. 160-69; entrevista de M. Gilead, *IMAE*; Hausner, p. 446.

pág. EPÍLOGO

321 "a história judaica tinha": entrevista de E. Wiesel, *HAE.*
O julgamento teve: Yablonka, p. 250-51.
322 Quanto ao resto: Cesarani, p. 324-57.
Simon Wiesenthal e Tuviah Friedman: "The Eichmann Chase"; Pick, p. 151-327.
Nas semanas que se seguiram: NA, RG 263, sinopse semanal de informações atuais, nazistas/Alemanha Ocidental/pós-Segunda Guerra, 7 de julho de 1960; Cesarani, p. 335.
323 Quanto à família Hermann: DHO, (228)4, entrevista com Nathan Lerner; ACS, Z 6/2412; A. Kleinert, EA; *Clarín*, 25 de março de 1961; Goñi, p. 318; Friedman, *The Blind Man.*
Hoje professor: Ricardo Eichmann, carta ao autor, dezembro de 2006.
Dos três filhos: Aharoni e Dietl, p. 176-77.
"devoção extraordinária": carta de Zvi Tohar a Daniel Sasson, 24 de maio de 1960.
324 Depois de voltar para Israel: Aharoni e Dietl, p. 179-81; carta ao autor de Wilhelm Dietl, setembro de 2008. Ao contrário das notícias de setembro de 2008, baseadas numa entrevista de Rafi Eitan, o autor não recebeu a confirmação de nenhum outro agente de que o Mossad tivesse realmente localizado o médico durante a operação para capturar Eichmann. Avraham Shalom disse ao autor, com bastante firmeza, que naquela época não tinham localizado Mengele.

325 Rafi Eitan gozou: Thomas, p. 86-91; Aharoni e Dietl, p. 181.
Três anos apenas: Thomas, p. 42-46; *Guardian*, 20 de fevereiro de 1993.
"No mundo inteiro": R. Eitan, EA.

326 Ela não fala: Malkin, *Eichmann in My Hands*, p. 258; entrevista de Peter Malkin, Arquivo do Cinema Judaico Steven Spielberg.

Bibliografia

ARQUIVOS E BIBLIOTECAS

Archiv der Sozialen Demokratie der Friedrich Ebert Stiftung, Bonn.
Archivo General de la Nación, Buenos Aires.
Biblioteca National, Buenos Aires.
Bundesarchiv, Koblenz.
Central Zionist Archives, Jerusalém.
Columbia University Library, Nova York.
Direción Nacional de Migraciones, Buenos Aires.
Instituto Harman de Judeidade Contemporânea, Divisão de História Oral, Universidade Hebraica, Jerusalém.
Hessisches Hauptstaatsarchiv, Wiesbaden.
Arquivos do Estado de Israel, Jerusalém.
Instituto Massuah para o Estudo do Holocausto, Kibutz Tel Itzhak, Israel.
National Archives and Records Administration, Washington, DC.
New York Public Library, Nova York.
New York University Library, Nova York.
Arquivo do Cinema Judaico Steven Spielberg, Universidade Hebraica, Jerusalém.
Tribunales Federales de Comodoro Py, Buenos Aires.
United States Holocaust Museum, Washington, DC.
Yad Vashem, Jerusalém.
YIVO Institute for Jewish Research, Nova York.

MATERIAL E ENTREVISTAS DOCUMENTAIS

The Hunt for Adolf Eichmann, dirigido por Dan Setton, 1998. Transcrição de entrevistas de Zvi Aharoni, Manus Diamant, Michael Gilead, Isser Harel, Peter Malkin, Moshe Tabor e Elie Wiesel.

I Met Adolf Eichmann, dirigido por Clara Glynn, 2003. Transcrição de entrevistas de Zvi Aharoni, Martha Eggers, Michael Gilead, Otto Lindhorst, Heinz Lühr, Shlomo Nagar, Zeev Sapir, Ursula Schulze, Moshe Tabor, Roberto Tonet e Ruth Tramer.

ENTREVISTAS COM O AUTOR (EA)

Roberto Alemann, Dan Alon, Shmuel Alony, membros anônimos da Tacuara, Angolina Bascelli, Rafi Eitan, Yaakov Gat, Amelia Hahn, Oved Kabiri, Yosef Klein, Anthony Kleinert, dr. Leonhardt, Arye Levavi, Jose Moskoviz, dr. Ernesto Palenzola, Pedro Probierzym, Saskia Sassen, Daniel Sasson, Shamri Shabtai, Avraham Shalom, Shaul Shaul, Baruch Tirosh e Luba Volk.

FONTES PRIMÁRIAS DE EICHMANN

Eichmann, Adolf. *Meine Flucht*. Hessisches Hauptstaatsarchiv, Alliierte Prozesse, 6/247, pasta 1.

Eichmann, Adolf. "Meine Gotzen — 6 de setembro de 1961". Arquivos do Estado de Israel, Jerusalém. Disponível também em http://www.mazal.org/various/eichmann.htm.

Eichmann, Adolf. "Meine Memoiren — 16 de junho de 1960". Em *The Trial of Adolf Eichmann: Record of Proceedings in the District Court of Jerusalem*. Vol. 9. Jerusalém: Fundo para a Publicação do Processo do Julgamento de Eichmann, 1992. Microficha.

Transcrições de Sassen. Coleção de Robert Servatius. Hessisches Hauptstaatsarchiv, Alliierte Prozesse, 6/95-111.

OBRAS DERIVADAS

a. Aschenauer, Rudolf. *Ich, Adolf Eichmann: Ein historischer Zeugenbericht*. Augsburg, Druffel-VV 1980. Versão resumida das transcrições de Sassen.
b. "Memórias de Eichmann", National Archives and Records Administration, CIA Records Search Tool.
c. Eichmann, Adolf. "Memoirs", *Life*, 28 de novembro e 5 de dezembro de 1960.

"Interrogation of Adolf Eichmann by Avner Less, Bureau 06", em *The Trial of Adolf Eichmann: Record of Proceedings in the District Court of Jerusalem*. Vols. 7 e 8. Jerusalém: Fundo para a Publicação do Processo do Julgamento de Eichmann, 1992.

OBRAS DERIVADAS

Von Lang, Jochen, org., *Eichmann Interrogated*, Nova York, Farrar, Straus & Giroux, 1983.

LIVROS E ARTIGOS

Aarons, Mark, e John Loftus, *Unholy Trinity: How the Vatican's Nazi Networks Betrayed Western Intelligence to the Soviets*, Nova York, St. Martin's Press, 1991.

Aharoni, Zvi, *On Life and Death: The Tale of a Lucky Man*, Londres, Minerva, 1998.

Aharoni, Zvi, e Wilhelm Dietl, *Operation Eichmann: The Truth About the Pursuit, Capture and Trial of Adolf Eichmann*, Londres, Orion, 1998.

Ambrose, Stephen, *The Supreme Commander: The War Years of D. D. Eisenhower*, Nova York, Doubleday, 1970.

Anderson, Jack, *Peace, War, Politics: An Eyewitness Account*, Nova York, Forge, 2000.

Andrus, Burton, *The Infamous of Nuremberg*, Londres, Leslie Frewin, 1969.

Arendt, Hannah, *Eichmann in Jerusalem: A Report on the Banality of Evil*, Nova York, Penguin Books, 1987.

Aronson, Shlomo, *Hitler, Allies, and the Jews*, Nova York, Cambridge University Press, 2004.

Ashman, Charles, e Robert Wagman, *Nazi Hunters*, Nova York, Pharos Books, 1988.

Astor, Gerald, *The Last Nazi: The Life and Times of Dr. Joseph Mengele*, Nova York, Donald I, Fine, 1985.

Bar-Zohar, Michael, *The Avengers*, Nova York, Hawthorn Books, 1968.

———, *Ben Gurion: A Biography*, Tel Aviv, Biblioteka-Aliia, 1987.

———, *Spies in the Promised Land: Iser Harel and the Israeli Secret Service*, Boston, Houghton Mifflin, 1972.

Bauer, Yehuda, *Jews for Sale: Nazi-Jewish Negotiations*, 1933-1945, New Haven, Connecticut, Yale University Press, 1994.

Ben-Gurion, David, *A Personal History*, Nova York, Funk & Wagnalls, 1971.

Ben-Natan Asher, *The Audacity to Live: An Autobiography*, Tel Aviv, Mazo, 2007.

Bernstein, Victor, *Final Judgment: The Story of Nuremberg*, Nova York, Boni & Gaer, 1947.

Bischof, Gunter e Stephen Ambrose, *Eisenhower and the German POWs*, Baton Rouge, Louisiana State University Press, 1992.

Biss, Andre, *A Million Jews to Save: Check to the Final Solution*, Londres, A. S. Barnes, 1975.

Black, Ian, and Morris Benny, *Israel's Secret Wars: A History of Israel Intelligence*, Londres, Hamish Hamilton, 1991.

Black, Peter, *Ernst Kaltenbrunner: Ideological Soldier of the Third Reich*, Princeton, New Jersey, Princeton University Press, 1984.

Bloch, Michael, *Ribbentrop*, Nova York, Crown, 1993.

Botting, Douglas, *In the Ruins of the Reich*, Londres, George Allen & Unwin, 1985.

Bower, Tom, *Blind Eye to Murder: Britain, America and the Purging of Nazi Germany — A Pledge Betrayed*, Londres, Andre Deutsch, 1981.

Boyle, Kay, *Breaking the Silence: Why a Mother Tells Her Son About the Nazi Era*, Nova York, Institute of Human Relations Press, 1962.

Braham, Randolph, *Eichmann and the Destruction of Hungarian Jewry*, Nova York, Twayne, 1961.

———, *The Politics of Genocide: The Holocaust in Hungary*, Nova York, Columbia University Press, 2000.

Braham, Randolph, and Scott Miller, orgs., *The Nazis' Last Victims: The Holocaust in Hungary*, Washington, United States Holocaust Memorial Museum, 1998.

Breitman, Richard, *et al*, *U.S. Intelligence and the Nazis*, Nova York, Cambridge University Press, 2005.

Briggs, Emil, *Stand Up and Fight*, Londres, George G. Harrap, 1972.

Bukey, Evan Burr, *Hitler's Hometown: Linz, Austria 1908-1945*, Bloomington, Indiana University Press, 1986.

Camarasa, Jorge, *Odessa al Sur: La Argentina Como Refugio de Nazis y Criminales de Guerra*, Buenos Aires, Planeta, 1995.

Cesarani, David, *Becoming Eichmann: Rethinking the Life, Crimes, and Trial of a "Desk Murderer"*, Nova York, Da Capo Press, 2006.

Clarke, Comer, *Eichmann: The Man and His Crime*, Nova York, Ballantine Books, 1960.

Cohen, Rich, *The Avengers*, Nova York, Alfred A, Knopf, 2000.

Conot, Robert E., *Justice at Nuremberg*, Nova York, Harper & Row, 1983.

Cookridge, E. H. *Gehlen: Spy of the Century*, Nova York, Random House, 1972.

Crassweller, Robert, *Peron and the Enigmas of Argentina*, Nova York, W. W. Norton, 1987.

Davies, Howell, org., *The South American Handbook 1960*, Bath, Inglaterra, Trade and Travel Publications, 1960.

Dawidowicz, Lucy S., *The War Against the Jews, 1933-1945*, Nova York, Bantam Books, 1986.

Deacon, Richard, *The Israeli Secret Service*, Londres, Hamish Hamilton, 1977.

Derogy, Jacques, e Hesi Carmel, *The Untold History of Israel*, Nova York, Grove Press, 1979.

Diamant, Manus, *Geheimauftrag: Mission Eichmann*, Viena, 1995.

———, manuscrito, Massuah Archives, Israel.

Donovan, John, *Eichmann: Man of Slaughter*, Nova York, Avon, 1960.

Douglas, Lawrence, *The Memory of Judgment: Making Law and History in the Holocaust*, New Haven, Connecticut, Yale University Press, 2001.

Dwork, Deborah, e Robert Jan van Pelt, *Auschwitz, 1270 to the Present*, Nova York, W. W. Norton, 1996.

Eban, Abba, *Personal Witness*, Nova York, G. P. Putnam's Sons, 1993.

"The Eichmann Chase", *Newsweek*, 25 de julho de 1960.

"Eichmann na Alemanha", *Der Stern* 13, nº 25 a 27, 1960.

Eichmann in the World Press, Jerusalém, Ministério de Relações Exteriores de Israel, 1960.

Eisenhower, David, *Eisenhower at War*, Nova York, Random House, 1986.

Elkins, Michael, *Forged in Fury*, Nova York, Ballantine Books, 1971.

"Entrevista com Klaus Eichmann", *Quick*, janeiro de 1966.

Erez, Tsvi, "Hungary — Six Days in July", *Holocaust and Genocide Studies* 3, nº 1 (1988): 37-53.

Eshed, Haggai, *Reuven Shiloah: The Man Behind the Mossad*, Londres, Frank Cass, 1997.

Este, Carlo, *Eisenhower: A Soldier's Life*, Nova York, Henry Holt, 2002.

Farago, Ladislas, *The Aftermath: Martin Bormann and the Fourth Reich*, Nova York, Simon & Schuster, 1974.

Fitzgibbon, Constantine, *Denazification*, Nova York, W. W. Norton, 1969.

Fraser, Nicholas, e Marysa Navarro, *Eva Peron*, Nova York, W. W. Norton, 1985.

Freiwald, Aaron, *The Last Nazi: Josef Schwammberger and the Nazi Past*, Nova York, W. W. Norton, 1994.

Fried, Tal, "Official Israeli Institutions in Pursuit of Nazi War Criminals, 1945-60", diss. PhD, Universidade de Haifa, 2002.

Friedlander, Henry, *The Origins of Nazi Genocide: From Euthanasia to the Final Solution*, Chapel Hill, University of North Carolina Press, 1995.

Friedman, Tuviah, *The Blind Man Who Discovered Adolf Eichmann in Argentina*, Haifa, Institute of Documentation in Israel, 1987.

———, *Die Korrespondenz*, Haifa, Institute of Documentation in Israel, 1993.

———, *Die Korrespondenz der zwei Nazi-Forscher Tuwiah Friedman und Simon Wiesenthal in den Jahren 1946-1950, Part I*, Haifa, Institute of Documentation in Israel, 2005.

———, *The Hunter*, organizado e traduzido por David C. Gross, Haifa, Institute of Documentation in Israel, 1961.

Fritzsche, Hans, *Sword in the Scales*, Londres, Allan Wingate, 1953.

Fröhlich, Claudia, *Wider die Tabuisierung des Ungehorsams — Fritz Bauers Widerstandsbegriff und die Aufarbeitung von NS-Verbrechen*, Frankfurt. Campus Verlag, 2006.

Fulbrook, Mary, *German National Identity After the Holocaust*, Cambridge, Inglaterra, Polity Press, 1999.

Gardner-Feldman, Lily, *The Special Relationship Between West Germany and Israel*, Londres, George Allen & Unwin, 1984.

Gilbert, G. M., *Nuremberg Diary*, Nova York, Da Capo Press, 1995.

Gilbert, Martin, *The Day the War Ended: May 8, 1945; Victory in Europe*, Nova York, Henry Holt, 1995.

———, *The Holocaust: A History of the Jews of Europe During the Second World War*, Nova York, Holt, Rinehart & Winston, 1985.

Goldenhagen, Daniel, *Hitler's Willing Executioners: Ordinary Germans and the Holocaust*, Nova York, Alfred A. Knopf, 1996.

Goldman, Marvin, *El Al: Star in the Sky*, Miami, Flórida, World Transport Press, 1990.

Goñi, Uki, *The Real Odessa: How Perón Brought the Nazi War Criminals to Argentina*, Londres, Granta, 2003.

Groeneveld, Gerard, *Kriegsberichter: Nederlandse ss-oorlogsverslaggevers 1941-45*, Nijmegen, Holanda, Vantilt, 2004.
Gunther, John, *Inside South America*, Nova York, Harper & Row, 1966.
Guri, Haim, *Facing the Glass Booth: The Jerusalem Trial of Adolf Eichmann*, Detroit, Wayne State University Press, 2004.
Gutman, Daniel, *Tacuara: Historia de la Primera Guerrilla Urbana Argentina*, Buenos Aires, Vergara Grupo Zeta, 2003.
Gutman, Yisrael, and Michael Berenbaum, eds, *Anatomy of the Auschwitz Death Camp*, Bloomington, Indiana University Press, 1994.
Haim, Avni, *Argentina and the Jews: A History of Jewish Immigration*, Tuscaloosa, University of Alabama Press, 1991.
———, "Jewish Leadership in Times of Crisis: Argentina During the Eichmann Affair", em *Studies in Contemporary Jewry*, org. Peter Medding, vol. 11, *Values, Interests and Identity*, 117-23, Nova York, Oxford University Press, 1995.
Harel, Isser, *House on Garibaldi Street*, Londres, Frank Cass, 1997.
Harris, Whitney, *Tyranny on Trial: The Trial of the Major German War Criminals*, Dallas, Southern Methodist University Press, 1999.
Hausner, Gideon, *Justice in Jerusalem*, Nova York, Harper & Row, 1966.
Hoess, Rudolf, *Commandant of Auschwitz*, Londres, Pan Books, 1959.
Hohne, Heinz, e Hermann Zolling, *Network: The Truth About General Gehlen and His Spy Ring*, Londres, Secker & Warburg, 1972.
Höttl, Wilhelm, *The Secret Front: The Story of Nazi Political Espionage*, Londres, Weidenfeld & Nicolson, 1953.
Hull, William, *The Struggle for a Soul*, Nova York, Doubleday, 1963.
Klee, Ernest, *Persilscheine and Falsche Passe*, Frankfur, Fischer Taschenbuch Verlag, 1996.
Korey, William, "Reporting the Eichmann Case", *Survey*, nº 39 (dezembro de 1961).
Kurzman, Dan, *Ben-Gurion: Prophet of Fire*, Nova York, Simon & Schuster, 1983.
Lauryssens, Stan, *The Eichmann Diaries*, versão em inglês, não publicada, fornecida pelo autor.
Lavy, George, *Germany and Israel: Moral Debt and National Interest*, Londres, Frank Cass, 1996.
Lawson, Colin, "Eichmann's Wife Speaks", *Daily Express*, 12 de dezembro de 1961.
Lengyel, Olga, *Five Chimneys: The Story of Auschwitz*, Nova York, Howard Fertig, 1995.
Levai, Eugene, *Black Book on the Martyrdom of Hungarian Jewry*, Zurique, Central European Times, 1948.
Levai, Jeno, org., *Eichmann in Hungary: Documents*, Nova York, Howard Fertig, 1987.
Levi, Primo, *Survival in Auschwitz: The Nazi Assault on Humanity*, Nova York, Collier Books, 1961.
Levy, Alan, *The Wiesenthal File*, Londres, Constable, 1993.
Lewy, Gunter, *The Catholic Church and Nazi Germany*, Nova York, Da Capo Press, 1964.
"Life and Eichmann", *Newsweek*, 5 de dezembro de 1960.
Lozowick, Yaacov, *Hitler's Bureaucrats: The Nazi Security Police and the Banality of Evil*, Nova York, Continuum, 2002.
Malkin, Peter, *The Argentina Journal*, Nova York, VWF Publishing, 2002.
———, *Eichmann in My Hands*, Nova York, Warner Books, 1990.
Marwick, Arthur, *The Sixties: Cultural Transformation in Britain, France, Italy, and the United States*, Nova York, Oxford University Press, 1999.
Maser, Werner, *Nuremberg: A Nation on Trial*, Nova York, Charles Scribner's Sons, 1979.

Matteson, Robert, *The Capture and the Last Days of SS General Ernst Kaltenbrunner*, não publicado, R. E. Matteson, 1993.

McKechnie, Gary e Nancy Howell, "Double Exposure", *Orlando*, dezembro de 1988.

Meding, Holger, *Flücht vor Nürnberg? Deutsche und Osterreichische Einwanderung in Argentinien, 1945-1955*, Köln, Böhlau Verlag, 1992.

Mendelsohn, John, e Donald Detweiler, *The Holocaust*, Nova York, Garland, 1982.

Mermelstein, Mel, *By Bread Alone: The Story of A-4685*, Los Angeles, Crescent Publications, 1979.

Miller, Merle, *Ike the Soldier: As I Knew Him*, Nova York, Putnam, 1987.

Ministério da Justiça dos EUA, Escritório de Investigações Especiais, "In the Matter of Josef Mengele: A Report to the Attorney General of the United States, October 1992", relatório e exposição, 1992.

Mulisch, Harry, *Criminal Case 40/661: The Trial of Adolf Eichmann*, Filadélfia, University of Philadelphia Press, 2005.

Muller, Filip, *Eyewitness Auschwitz: Three Years in the Gas Chambers*, Nova York, Stein & Day, 1979.

Musmanno, Michael, *The Eichmann Kommandos*, Filadélfia, Macrae Smith, 1961.

Naftali, Timothy, "New Information on Cold War CIA Stay-Behind Operations in Germany and on the Adolf Eichmann Case", Nazi War Crimes Interagency Working Group, Washington, 2006.

Nagy-Talavera, Nicholas, *The Green Shirts and the Others: A History of Fascism in Hungary and Romania*, Oxford, Center for Romanian Studies, 2001.

Newton, Ronald, *Nazi Menace in Argentina, 1931-47*, Stanford, Califórnia, Stanford University Press, 1992.

Overy, R. J. *Interrogations: The Nazi Elite in Allied Hands*, Nova York, Viking Press, 2001.

Padfield, Peter, *Donitz: The Last Fuehrer*, Nova York, Harper & Row, 1984.

Page, Joseph, *Peron: A Biography*, Nova York, Random House, 1983.

Papadatos, Peter, *The Eichmann Trial*, Nova York, Praeger, 1964.

Pearlman, Moshe, *The Capture of Adolf Eichmann*, Londres, Weidenfeld & Nicolson, 1961.

Perels, Joachim, e Irmtrud Wojak, orgs., *Fritz Bauer: Die Humanität der Rechtsordnung*, Frankfurt, Campus Verlag, 1998.

Pick, Hella, *Simon Wiesenthal: A Life in Search of Justice*, Boston, Northeastern University Press, 1996.

Posner, Gerald, e John Ware, *Mengele: The Complete Story*, Nova York, McGraw-Hill, 1986.

Potash, Robert, *The Army and Politics in Argentina, 1945-1962*, Stanford, Califórnia, Stanford University Press, 1980.

Prendle, George, *Argentina*, Oxford, Oxford University Press, 1963.

Prittie, Terence, *Konrad Adenauer, 1876-1967*, Ann Arbor, Michigan, Tom Stacey, 1972.

———, *Willy Brandt: Portrait of a Statesman*, Nova York, Schocken Books, 1974.

Rassinier, Paul, *The Real Eichmann Trial, or, The Incorrigible Victors*, Torrance, Califórnia, Steppingstones Publications, 1979.

Rathkolb, Oliver, *Revisiting the National Socialist Legacy*, Innsbruck, Studien Verlag, 2004.

Raviv, Dan, and Yossi Melman, *Every Spy a Prince: The Complete History of Israel's Intelligence Community*, Boston, Houghton Miflin, 1990.

Read, Anthony, *The Devil's Disciples: Hitler's Inner Circle*, Nova York, W. W. Norton, 2003.

Read, Anthony, e David Fisher, *The Fall of Berlin*, Nova York, Da Capo Press, 1992.

Reilly, Joanne, *Belsen: The Liberation of a Concentration Camp*, Nova York, Routledge, 1998.

Rein, Raanan, *Argentina, Israel, and the Jews: Peron, the Eichmann Capture and After*, Bethesda, University Press of Maryland, 2003.

Reynolds, Quentin, com Zwy Aldouby e Ephraim Katz, *Minister of Death: The Adolph Eichmann Story*, Nova York, Viking Press, 1961.

Robinson, Jacob, *And the Crooked Shall Be Made Straight: The Eichmann Trial, the Jew wish Catastrophe, and Hannah Arendt's Narrative*, Nova York, Macmillan, 1965.

Rojer, Olga, *Exile in Argentina, 1933-45: A Historical and Literary Introduction*, Nova York, Peter Lang, 1989.

Roper, Hugh Trevor, *The Last Days of Hitler*, Nova York, Macmillan, 1947.

Roseman, Mark, *The Wannasee Conference and the Final Solution*, Nova York, Metropolitan Books, 2003.

Sayer, Ian, e Douglas Botting, *America's Secret Army: The Untold Story of the Counter Intelligence Corps*, Londres, Grafton, 1989.

Schwarz, Hans-Peter, *Konrad Adenauer: A German Politician and Statesman in a Period of War*, Oxford, Berghahn Books, 1991.

Scobie, James, *Argentina: A City and a Nation*, Oxford, Oxford University Press, 1964.

Segev, Tom, *The Seventh Million: The Israelis and the Holocaust*, Nova York, Hill & Wang, 1993.

Shephard, Ben, *After Daybreak: The Liberation of Belsen, 1945*, Londres, Jonathan Cape, 2005.

Shields, Stephen, "Triumph and Tragedy", *American Heritage*, dezembro de 1989, 82-93.

Shirer, William, *The Rise and Fall of the Third Reich: A History of Nazi Germany*, Nova York, Simon & Schuster, 1990.

Shpiro, Shlomo, *Geheimdienste in der Weltgeschichte: Spionage und verdeckte Aktionen von der Antike bis zur Gegenwart*, Munique, Verlag C. H. Beck, 2003.

———, "Intelligence Services and Foreign Policy", *German Politics*, 11, abril de 2002, p. 23-442.

Silverstein, Ken, *Private Warriors*, Nova York, Verso, 2000.

Simpson, Christopher, *Blowback: America's Recruitment of Nazis and Its Effect on the Cold War*, Londres, Weidenfeld & Nicolson, 1988.

Skorzeny, Otto, *Skorzeny's Secret Mission: War Memoirs of the Most Dangerous Man in Europe*, Nova York, E. P. Dutton, 1959.

Smith, John, *The Plot to Save Eichmann*, Chicago, Domino Publications, 1961.

Spender, Stephen, *European Witness*, Londres, Hamish Hamilton, 1946.

Steven, Stewart, *The Spymasters of Israel*, Nova York, Macmillan, 1980.

Szita, Szabolcs, *Trading in Lives? Operations of the Jewish Relief and Rescue Committee in Budapest, 1944-45*, Nova York, Central European University Press, 2005.

"Tale of Epic Capture", *Life*, 20 de junho de 1960.

Taylor, Telford, *The Anatomy of the Nuremberg Trials*, Nova York, Alfred A. Knopf, 1992.

Teicholz, Tom, *The Trial of Ivan the Terrible: State of Israel vs, John Demjanjuk*, Nova York, St. Martin's Press, 1991.

Tetens, T, H, *The New Germany and the Old Nazis*, Londres, Secker & Warburg, 1961.

Thomas, Gordon, *Gideon's Spies: The Secret History of the Mossad*, Nova York, St. Martin's Press, 2000.

Toland, John, *The Last 100 Days: The Tumultuous and Controversial Final Days of World War II in Europe*, Nova York, Random House, 1966.

The Trial of Adolf Eichmann: Record of Proceedings in the District Court of Jerusalem, 9 vols. Jerusalem: Trust for the Publication of the Proceedings of the Eichmann Trial [Fundo para a publicação do processo do julgamento de Eichmann], 1992.

Trial of German Major War Criminals: Proceedings of the International Military Tribunal, Nuremberg, November 14, 1945-October 1, 1946, Londres, publicado sob a autoridade do Procurador de Sua Majestade, 1946.

Tschuy, Theo, *Dangerous Diplomacy: The Story of Carl Lutz, Rescuer of 62,000 Hungarian Jews*, Grand Rapids, Michigan, William B. Eerdmans, 2000.

Van der Vat, Dan, *The Good Nazi: The Life and Lies of Albert Speer*, Nova York, Weidenfeld & Nicolson, 1997.

Vogel, Rolf, *The German Path to Israel*, Londres, Oswald Wolff, 1969.

Von Lang, Jochen, *The Secretary: Martin Bormann, the Man Who Manipulated Hitler*, Nova York, Random House, 1979.

Wald, Richard, "The Tolerated Kidnapping: The Impact of the Eichmann Affair on Argentina", diss. PhD, Universidade de Edimburgo, 1993.

Weber, Gaby, *La Conexion Alemana: El Lavado del Dinero Nazi en Argentina*, Buenos Aires, Edhasa, 2005.

Weissberg, Alex, *Advocate for the Dead: The Story of Joel Brand*, Londres, A. Deutsch, 1958.

Wiesenthal, Simon, *Justice Not Vengeance*, Nova York, Grove-Weidenfeld, 1989.

———, *The Murderers Among Us: The Simon Wiesenthal Memoirs*, Nova York, McGraw-Hill, 1967.

Wighton, Charles, *Adenauer: A Critical Biography*, Nova York, Coward-McCann, 1963.

———, *Eichmann: His Career and Crimes*, Londres, Odhams Press, 1961.

Williams, Charles, *Adenauer: The Father of the New Germany*, Boston, Little, Brown, 2000.

Wojak, Irmtrud, *Eichmann Memoiren: Ein Kritisches Essay*, Frankfurt, Campus Verlag, 2001.

Wolffsohn, Michael, *Eternal Guilt? Forty Years of German-Jewish-Israeli Relations*, Nova York, Columbia University Press, 1993.

Yablonka, Hanna, *The State of Israel vs. Adolf Eichmann*, Nova York, Schocken Books, 2004.

Yahil, Leni, *The Holocaust: The Fate of European Jewry, 1932-1945*, Nova York, Oxford University Press, 1990.

Ziemke, Earl, *The U. S. Army in the Occupation of Germany, 1944-46*, Washington, Center of Military History, 1975.

Zweig, Ronald W., *The Gold Train: The Destruction of the Jews and the Looting of Hungary*, Nova York, HarperCollins, 2002.

Índice remissivo

ESTA OBRA FOI COMPOSTA POR ABREU'S SYSTEM EM ADOBE GARAMOND E IMPRESSA EM PROCESSO SOB DEMANDA PELA UM LIVRO SOBRE PAPEL OFFSET PARA A EDITORA SCHWARCZ A PARTIR DE 2025